출퇴근의 역사
RUSH HOUR

RUSH HOUR

출퇴근의 역사

매일 5억 명의 직장인이 일하러 가면서 겪는 일들

이언 게이틀리 지음 | 박중서 옮김

책세상

차례

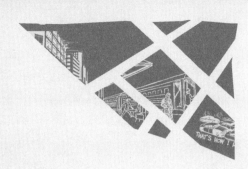

서문

황무지를 지나서

2014년 1월 13일 월요일 오전 6시 55분. 나는 햄프셔 주 교외의 보틀리Botley 역 승강장에 서서, 런던 워털루Waterloo 역으로 가는 07시 01분 열차를 기다리고 있다. 내가 이처럼 통근 열차를 이용하게 된 데에는 감상적인 이유가 있다. 3년 전, 나는 바로 이 자리에서 똑같은 열차를 기다렸다. 새로운 직장으로 출근하기 위해서였다. 런던에 있는 한 사무실에서 양복을 갖춰 입고 9시부터 5시까지 일해야 하는 직장이었다. 내가 사는 집에서 사무실까지는 직선거리로 110킬로미터였지만, 자동차와 기차와 지하철로 갈아타며 출근하려면 두 시간 반이나 걸렸다. 나는 앞서 10년 동안 대부분 떠돌이 생활을 했기에, 통근 생활로의 복귀는 고된 상황 속으로 투항하는 것이라기보다는 오히려 하나의 도전처럼 보였다. 알람이 오전 5시 55분을 알리자 나는 흥분을 느끼며 침대에서 벌떡 일어났다.

2011년, 출근을 위한 나의 여정은 다리미판 앞에서 와이셔츠의 주름을 펴는 일로 시작되었다. 의무적인 일이긴 했지만, 처음에는 마음을 안정시키는 측면도 있었다. 몇 년 만에 하는 다림질이었고, 일단 시작하자 흠 없이 하기 위해 노력해야 할 것 같았다. 그것은 나에게는 사색의 기회이기도 했는데, 애초에 이 와이셔츠라는 물건을 다림질하게 된 이유가 무엇인가 하는 수수께끼 역시 그런 사색의 주제 가운데 하나였다. 혹시 우리는 빳빳한 가슴판에 은밀하게 속박되어 있는 걸까? 그것이 우리 문화에 깊이 뿌리내리기라도 한 걸까?* 새로운 통근 생활에 접어든 지 일주일 만에 내가 내린 결론은, 우리가 다림질을 하는 이유는 젊어 보이기 위해서라는 것이었다. 즉 우리가 옷을 통해 전달하려는 메시지는, 우리가 주름살이 생기기 전의 피부를 통해 전달했던 메시지와 똑같다. 다림질 덕분에 우리가 깔끔하고 사무적으로 보일 수 있다는 것은 부차적인 사실에 불과하다.

셔츠를 다리고, 면도를 하고, 구두를 닦고, 양복과 외투를 걸치면 드디어 출발 준비가 끝났다. 오전 6시 20분, 나는 자동차에 시동을 걸고, 송풍기와 와이퍼를 켜고, 집 안에서 미지근한 물을 가져다가 앞 유리창에 낀 얼음을 녹였다. 그리고 오전 6시 24분, 안전벨트를 매고 도로에 나섰다. 12월의 눈보라가 몰고 온 눈이 들판에 아직 남아 있었고, 산울타리 아래에도 쌓여 있었다. 크리스마스 때 만든 눈사람이 아직 앞마당에 남아 있는 집들도 있었다. 시속 80킬로미터로 달리노라면 앞 유리창이 다시 얼어붙어, 창 안팎을 뒤덮은 얼음 결정의 격자 때문에 반대편에서 오

---

* 옷을 매끈하고 판판하게 만들려는 욕망은 바이킹 침략 시절부터 영국에 존재했다. 바이킹의 무덤에서 고래뼈 '다림판'(대개는 뒷면에 무시무시한 짐승 문양이 새겨진)이 발견되었기 때문이다. 고고학자들은 바이킹 처녀들이 다림판 위에 천을 놓고 롤빵처럼 생긴 유리 덩어리로 문질러서 주름을 폈을 것이라고 추정한다. 그때 이후 이런 관습이 줄곧 지속된 셈이다.[1]

는 자동차의 헤드라이트 불빛이 산산이 흩어지고 굴절되었다. 나는 손으로 앞 유리창을 문질러 눈앞에 물안경 크기의 구멍을 하나 내고, 그것을 통해 도로변에 늘어선 고드름 번쩍이는 나무들과 산울타리들을 바라보곤 했다. 구름 없는 밤이었다면 도로 가장자리가 지나치게 번쩍여서 나는 거기에 시커먼 빙판이 있음을 깨닫고 발끝으로 걷듯 조심조심 운전했을 것이다. 새로운 직장으로 출근한 지 일주일째 되던 날 나는 그만 빙판에서 미끄러지고 말았지만, 산울타리에 충돌하기 전에 가까스로 제어 능력을 되찾았다. 그때 느낀 흥분은 정말이지 엄청났다. 뭔가를 생각할 틈조차 없었다. 제어 능력을 잃었을 때는 미끄러지는 방향에 역행하지 말고 '순행하여' 핸들을 조작하라는 말이 뒤늦게야 떠올랐고, 혹시 방금 내가 한 일이 바로 그것이었나 하는 생각이 들었다.

매일의 여정에서 다음 과제는 1~2분의 시간을 들여 보틀리 역에 주차 공간이 아직 남아 있는지 확인하느냐 마느냐 하는 것이었다. 사실 주차 공간이 없어도 큰 문제는 아니었다. 길 건너편에 있는 술집 '레일웨이 태번'에 하루 4파운드짜리 주차 공간이 넉넉했기 때문이다. 그래도 공짜라는 이점과 집 방향의 도로변에 주차한다는 이점 때문에 나는 기차역을 먼저 확인하곤 했다. 그곳에 접어들면 나는 늘 편집증적 전율을 느꼈다. 보틀리 역의 주차 공간은 기껏해야 승용차 스무 대를 수용하는 정도고, 그나마도 다른 사람들을 생각해 바싹바싹 붙여서 주차했을 때만 그렇다. 주차장 끝에 건설용 모래와 자갈을 취급하는 공장이 있어서, 화물을 싣기 위해 대기 중인 트럭들이 마지막 남은 주차 공간을 차지해버리는 경우도 종종 있었다. 공장에서는 재빨리 일을 처리해 트럭을 내보내기 때문에 잠깐 옆에서 기다려도 되었지만, 그것도 오전 6시 51분까지였다. 그 시간이 지나면 술집 주차장으로 잽싸게 달려 들어가야만 기차 탈 시간을 충분히 확보할 수 있었다.

　원래의 보틀리 역은 화장실과 대합실이 있고 주철 기둥으로 떠받쳐진 목제 캐노피가 1번 승강장을 덮고 있는, 정사각형의 멋진 빅토리아 시대풍 건물이었는데 1963년에 철거되었다. 지금은 지도상의 한 점에 불과한 이 역에 승차권 발매기 하나, 강화 플라스틱으로 된 가건물 하나, 그리고 주차장과 승강장 사이의 철조망 담장 하나가 설치되어 있을 뿐이다. 승차권 발매기 옆에 놓인 플라스틱 안내판은 사우스 웨스트 철도South West Rail와 햄프셔 주 의회의 공동 협찬으로 설치된 것인데, 실제로는 있지도 않은 대합실이며 휠체어 출입구 같은 시설들에 관한 설명이 적혀 있다. 주차장 저편의 식수대는 빅토리아 여왕 즉위 60주년을 기념하는 것이며, 그 옆에 놓인 석비石碑는 탤벗 국방군 연대 소속의 존 디긴스John Diggins가 여행자 토머스 웹Thomas Webb을 살해한 죄로 교수형에 처해진 자리를 표시하고 있다. 1800년 2월 11일에 디긴스가 웹의 물건을 빼앗은 뒤 그를 총검으로 찌르고 구덩이에 버려두어 피를 흘리며 죽어가게 만들었던 것이다.

　나와 함께 07시 01분 열차를 기다리는 사람들은 보통 여남은 명쯤 되었다. 그들은 승강장을 따라 켜진 오렌지색 불빛 앞에 삼삼오오 모여, 각자의 입김으로 수증기 구름을 만들었다. 모두가 옷자락을 꼭꼭 여몄고, 어떤 이들은 이리저리 거닐다가 때때로 멈춰 서서 강철 기둥에 매달린 LED 전광판을 바라봤는데, 거기에는 곧 도착할 다음 열차 세 편에 관한 세부 정보가 줄줄이 스쳐 지나갔다. 전광판 아래에 설치된 스피커에서는 때때로 상충되는 정보가 흘러나왔다. 아마 철로에 설치된 압력 센서의 신호에 따라 컴퓨터가 사전에 녹음된 메시지를 재생했을 것이다. 차분하고 마치 사람을 달래는 것 같은, 여성의 목소리였다. '태노이 스피커 아주머니Big Sister on the Tannoy'라고나 할까. 그녀는 종종 일구이언의 죄를 지었다. "1번 승강장에 도착할 열차는 베이징스톡Basingstoke을 경유해 런던 워털루에 도착하는 07시 01분 열차입니다. 이스틀리Eastleigh, 윈체스터Winchester, 미첼데버Micheldever로 가실 손님께서는 이 열차를 이용하시기 바랍니다. 객차는 모두 다섯 량입니다." 아나운서는 이렇게 말하지만, 전광판에는 07시 01분 열차가 07시 26분은 되어야 도착할 예정이라고 나오는 것이었다. 곧이어 아나운서는 "열차가 들어올 때 승강장에서 한 걸음 뒤로 물러서" 달라고 경고했지만 역은 여전히 정적과 어둠에 잠겨 있을 뿐이었다.

열차가 정말로 가까이 다가오면 철로가 웅웅거리기 시작했다. 열차의 접근을 알리는 그다음 지표는 헤드라이트로, 400미터쯤 떨어져 있을 때부터 보였다. 서리가 내린 아침이면 열차가 철로의 잔 얼음들을 휘날리는 까닭에, 헤드라이트 불빛 주위로 하얀 점들이 마치 비듬처럼 소용돌이친다. 승강장 한가운데에 서 있으면, 첫 번째와 두 번째 객차는 쏜살같이 지나갔고, 세 번째 객차는 꾸물꾸물 지나갔고, 네 번째 객차는 내 발치에 멈춰 서서 부르르 몸을 떨었다. 곧이어 출입문 개폐장치 주위에 불이 켜지고 땡 하는 소리가 나면 객차 안으로 들어갈 시간이다. 오랜만에 기차를 타던 출근 첫날, 나는 열차에 오르기 전 어린 시절에 들은 미신이 머릿속에 떠오르는 것을 애써 억눌러야만 했다. 그날의 07시 01분 객차에 4444라는 차량번호가 새겨져 있었던 것이다. 나는 어렸을 때 홍콩에서 자랐는데, 중국 수비학數祕學에서는 4444가 '죽음, 죽음, 죽음, 죽음死死死死'이라는 뜻이었다. 이보다 더 나쁜 것은 세상에 또 없었다(예외가 있다면 44444 정도일 것이다).

보틀리 역의 통근자 수는 비록 적었지만, 우리가 기차에 오르는 짧은 순간에도 험난한 일투성이였다. 거기에는 시간이 걸려야 배우게 되거나 피할 줄 알게 되는 몇 가지 의례와 함정이 있었다. 객차에 오를 때는 비공식적으로나마 줄을 서게 마련이니 맨 앞에 서려면 승강장의 딱 알맞은 자리에서 기다리는 것이 중요했는데, 문제는 그 '알맞은 자리'가 매일 1미터씩은 달라진다는 것이었다. 내 앞에 사람이 너무 많을 경우, 앞으로의 여정이 힘들어질 수도 있었다.

열차 출입문으로 일단 들어서면, 왼쪽 또는 오른쪽 통로를 따라 바쁘게 걸어가면서 빈 좌석을 찾는데, 그것은 의자 뺏기 놀이 도중 음악이 딱 멈춘 순간과 흡사했다. 07시 01분 '일반석' 객차의 내부 모습을 보면, 모든 것이 정말 놀이와 유사하게 느껴졌다. 아이들 놀이터에 있는 (또는 동물원의 영장류 우리에 있는) 놀이 기구처럼 밝은색과 둥근 모서리가 주를 이루었기 때문이다. 이런 시설이 자아내는 흥겨움을 방해하는 것도 있었는데, 바로 벽과 출입문과 창문에 잔뜩 붙은 '금연', '긴급 상황 시 대처 요령', '차내 정숙' 같은 경고 문구들이었다. 대략 좌석들 중 3분의 2에 '노약자석'이라는 표시가 붙어 있었는데, 이 비율만 놓고 보면 우리 가운데 임신부나 장애인이 어마어마하게 많아야만 할 것 같았다.

객차마다 통로의 한쪽에는 2인석이 늘어서 있고, 다른 한쪽에는 3인석이 두 개씩 서로 마주 보게 늘어서 있었다. 그중 열차 진행 방향으로 앉게 되어 있는 2인석의 창가 쪽 자리가 가장 좋은 자리로 여겨졌다. 왜냐하면 그 자리에서는 창밖 풍경이 자기에게서 멀어지는 것이 아니라 자기에게로 다가오며, 다른 사람과의 접촉도 최소화되기 때문이다. 다른 사람의 몸이 자기 몸의 한쪽에만 닿으니 말이다. 처음에 나는 이처럼 고치 속으로 들어가고 싶어 하는 듯한 열망이 놀랍다고 생각했고, 동료 모험가들께서 서로 멀찍이 떨어져 있고 싶어 하는 공통의 열망을 가진 것처럼 보이는 이유가 무엇인지 궁금했다. 그런 모습만 놓고 보면, 그들은 마치 꿈속에서 만나고 있는 사람들 같았다. 서로 만지거나 입이라도 맞추면 몸이 스러지기라도 할 것처럼 굴었던 것이다.

오랜만에 다시 기차를 타고 다니게 된 후 처음 한 달 동안, 나는 옛날로 되돌아간 알코올 중독자와 비슷한 기분을 느꼈다. 다시 술을 마시는 일의 위험과 기쁨을 모두 맛보는 듯했던 것이다. 외부자인 동시에 내부자로서 나는 그 기차에 탄 다른 통근자들에 대해서 호기심을 품게 되었다. 그들은 왜 인생의 상당 부분을 기차로 이동하며 보내기로 한 것일까? 내가 기차 통근을 시작한 것은 런던에 가면 더 많은 월급을 받을 수 있고, 딕 휘팅턴Dick Whittington*처럼 황금을 찾아 그곳으로 가는 것이 당연해서였다. 그렇다면 다른 사람들도 나처럼 돈 때문에(이동에 많은 시간이 걸리더라도 더 많은 월급을 받을 수 있기 때문에) 여행을 하는 걸까, 아니면 뭔가 다른 이유가 있는 걸까? 혹시 그들은 모험가들의 고귀한 계보에 속해 핏속에서 방랑벽이 들끓는 사람들일까, 아니면 그저 정보시대보다는 산업시대에 속하는 철도라는 쇠퇴해가는 기술의 '광팬'에 불과한 걸까?

교통수단을 이용해 한 사람의 일터와 쉼터를 분리한다는 의미에서 통근, 즉 원거리 출퇴근은 (적어도 이론상으로는) 지극히 합리적인 행위이다. 그 덕분에 사람들은 (최상의 일터와 최상의 쉼터는 아니더라도) 최상의

---

* (옮긴이주) 중세 영국의 실존 인물인 딕 휘팅턴(1354?~1423)은 런던 시장을 여러 차례 지냈으며, 훗날 '휘팅턴과 고양이'라는 전설을 통해 자수성가의 대명사가 되었다. 이 전설에서 휘팅턴은 '런던에 가면 황금이 길바닥에 깔려 있다'는 헛소문을 곧이듣고 상경한 시골 출신의 고지식한 고아 소년으로 묘사된다.

절충점에 도달할 수 있다. 즉 충분한 보상이 주어지는 일과 쾌적한 집을 동시에 가질 수 있다. 이때 여행은 이 두 가지 목표를 실현하기 위해 반드시 지불해야 하는 비용이다. 통근자들은 각자의 자유를 대중교통 운영업체에 헌납하거나 도로 정체에 헌납하며 일종의 황무지를 지나간다. 이 과정에서 지나치는 다른 역들이나 분기역分岐驛들은 진행을 알려주는 표지에 불과하며(그 이상의 무엇은 결코 아니다) 그들이 굳이 제 발로 찾아가지 않을 가능성이 큰 곳들이다. 이런 황무지는 결과적으로 우리의 일상을 형성하는 생산과 여가라는 양극단 사이에 놓인 일종의 연옥처럼 여겨진다. 통근이라는 것을 그 자체로 하나의 세계로 여긴다면, 실상은 이러할 것이다. 즉, 통근은 러시아워 이후까지도 우리의 행동에 영향을 끼치며, 과거에도 우리 문화에 상당한 영향을 끼쳤고 현재에도 여전히 끼치고 있지만, 그럼에도 불구하고 아직까지 제대로 탐사되지 않은 우리 삶의 일부분이라는 것이다. 또한 통근은 평판보다 훨씬 더 매혹적이며, 참여자들에게 자유를 제공하는 것은 물론이고, 심지어 참여자들이 사무실에서도 집에서도 경험해보지 못했을 법한 기쁨까지 제공한다. 나는 기차, 버스, 전차, 지하철, 자동차, 강 유람선, 도서島嶼 연락선으로 통근한 경험이 있다. 통근 시간이 짧은 적도 있었지만(겨우 20분 만에 끝난 경우도 있었으니까) 깨어 있는 시간 가운데 거의 3분의 2를 통근에 바친 적도 있었으며, 그 일은 나에게 지루함과 고통 못지않게 기쁨도 안겨주었다. 예를 들어 07시 01분 열차를 타고 런던까지 가는 나의 여정은 그 목적지에서 내가 수행해야 하는 일, 즉 경영 분야의 전문용어를 이용해 기업 운영에 관한 문서를 작성하는 일보다 더 흥분되고 만족스럽다. 일단 자동차를 운전하는 것도 재미있고, 보틀리 역에 주차 공간이 있느냐 없느냐에 집착하는 편집증도 익숙해지고 나니 오히려 원기를 북돋우는 요소가 되었다.

기차를 타고 가는 동안 뭔가를 읽거나, 잠을 자거나, 아니면 스쳐 지나가는 창밖의 교외 풍경에서 변화하는 계절의 흔적을 감상할 수도 있다.

지금이야 일상적인 일이지만, 한때 통근은 파격적인 행위였다. 과거와의 단절을 상징하는 동시에 새로운 삶의 방식을 상징하는 행위였다. 통근의 짧은 역사의 대부분 동안, 사람들은 통근을 긍정적으로 생각해왔다. 통근을 금욕적인 행위라기보다는 오히려 열망할 만한 행위로 간주해왔다. 전 지구적 기반에서 보면, 지금도 여전히 그렇다. 빅토리아 시대에 최초의 철도 열풍과 함께 장거리 통근이 생겨났을 때만 해도 통근은 이동의 자유를 상징했으며, 그 도전을 받아들일 만큼 용감한 사람들에게 새로운 지평을 열어주었다. 그러나 초창기에 통근은 위험의 요소를 내포하고 있었다. 최초의 통근자들은 첫날부터 자기들이 생명의 위험을 감수하고 있다고 생각했다. 하지만 운송혁명에 가속도가 붙으면서, 한때 극소수였던 통근자는 결국 다수가 되었다. 이런 변화는 (다른 무엇보다도) 일, 주거, 여가의 패턴을 바꿔놓았고, 심지어 시간 자체의 개념까지도 바꿔놓았다.

이 책의 1부에서는 과거의 통근을 살펴볼 것이다. 즉 한때는 개인 우주여행처럼 먼 미래의 일로 느껴졌던 통근이 결국 전 세계에서 5억 명 이상이 일상적으로 하는 일이 되기까지의 과정을 탐사할 것이다. 2부에서는 현재의 통근을 살펴볼 것이다. 다시 말해 통근자가 매일의 여정에서 마주하는 어려움들, 그 어려움들을 극복하는 방법, 그리고 과연 그런 여정에 그만한 가치가 있는지를 살펴볼 것이다. 한편으로 통근은 갖가지 문제(예를 들어 스트레스, 비만, 과잉행동, 발기부전, 심장질환에 이르는 신체적·심리적 문제)를 야기한다는 이유로 비난을 받지만, 통근자는 여러 측면에서 인생의 승리자이게 마련이다. 통근자들은 인생을 살면서 벌 수 있는 돈을 거의 다 벌고, 충분히 오래 살고, 자녀를 좋은 출발점에 놓아줄 수 있기 때문이다. 마지막 3부에서는 통근의 미래를 살펴볼 것이다. 오늘날 우리의 세계를 변화시키고 있는 '대대적인 디지털화'로 인해 통근조차 불필요하게 되어서, 이제는 사람이 일을 찾아가는 것이 아니라 일이 사람을 찾아오게 되는 것은 아닐까? 통근은 시간과 자원 모두를 낭비하는 시대착오적 행위로 간주되어 폐기되는 것은 아닐까? 이 질문에 명확하게 답할 수는 없다. 통근이 그렇게 쉽사리 없어질 것 같지는 않으며, 비유하자면 우리가 집에 불을 피울 땔감을 구해 오는 여정에 쓰는 시간을 결코 낭비나 헛수고라고 말할 수는 없다고 대답할 수 있을 뿐이다. 어쨌거나 우리는 통근 덕분에 이중의 삶을 영위할 수 있다. 즉 집에서는 배우자이고 부모이고 반항아인 동시에, 일터에서는 효율성의 화신으로서 특유의 초연함과 침착함과 합리성으로 존경받는 일이 가능한 것이다. 일터로의 여정은 우리에게 "우리가 만날 얼굴들을 위한 얼굴을 준비하는"[2] 시간을 부여하고, 우리가 특정한 장소에 얽매이거나 특정한 도시에 갇히지 않고 탈주할 수 있게 해준다. 어쩌면 우리는 통근이라는 현실을 한탄하기보다는, 차라리 1세대 통근자들과 같은 개척자 정신을 되살려야 할지도 모른다. 그들에게 통근은 그때까지 존재 고유의 특성이나 다름없었던 고된 노동에서 벗어날 기회를 상징하는 동시에, 자신이 사는 세계를 개조할 자유를 상징했기 때문이다.

1부

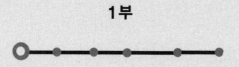

통근의
탄생·성장·승리

1장
—
하루에 두 번 런던에 간 사람

럭비 스쿨의 교장을 역임한 고故 토머스 아널드Thomas Arnold 박사는 런던-버밍엄 철도 노선의 개통을 문명의 행진에서의 또 한 번의 위대한 걸음으로 간주했다. "이 모습을 보게 되어 기쁘군." 그는 철도 위에 놓인 육교들 가운데 하나에 올라서서 이렇게 말했고, 기차가 자기 발밑으로 쏜살같이 지나가 멀리 떨어진 산울타리 사이로 멀어지는 모습을 지켜보았다. "이 모습을 보게 되어, 봉건제가 영영 사라졌다고 생각하게 되어 기쁘군. 어떤 악惡 하나가 진정으로 사멸했다고 생각할 수 있다는 것은 정말이지 크나큰 축복이 아닐 수 없어."[1]

_새뮤얼 스마일스Samuel Smiles,
《공학자들의 생애Lives of the Engineers》(1862)

"사무실과 사생활은 별개이지. 나는 사무실로 갈 때는 성城을 두고 가고, 성으로 올 때는 사무실을 두고 오니까."[2] 찰스 디킨스의《위대한 유산

Great Expectations》(1861)에서 변호사의 사무장인 존 웨믹은 이렇게 말한다. 일부 문학평론가들은 그를 이 작품에서 가장 현대적인 인물로 간주하는데, 어쩌면 그가 매우 현대적인 분열증을 보여주기 때문일 것이다. 일터에서 그는 야심만만하고 세속적이며, 머지않아 교수형에 처해질 사람들의 '소지품'을 훔친다. 그리고 가정에서, 즉 스스로 지은 성에서는 그는 유쾌하고 괴짜이고 다정하다. 그는 19세기 초반에 점점 더 많은 사람들이 맞닥뜨릴 수밖에 없었던 하나의 딜레마를 상징한다. 당시에 이르러 일터와 가정은 때때로 상충하는 기준의 지배를 받는 별개의 세계가 되었다. 농장이나 대장간에서 일할 때는 일터와 쉼터가 동일했기에 사람들은 낮이고 밤이고 한결같았고, 항상 같은 사람들을 상대했다. 그러나 사무실이나 공장에서 일을 하게 되자 사람들의 옷차림과 행동이 매우 달라질 수밖에 없었던 것이다.

일터와 거주지의 분리를 옹호하는 도덕적 차원의 주장은 충분히 설득력이 있었지만, 그보다 우선하는 것은 위생적인 고려였다. 웨믹이 뒤로하고 떠난 디킨스 시대의 런던에서는 하나의 하수도 양쪽에 수많은 공장과 빈민가가 이어져 있었다. 콜레라가 20년에 한 번씩 돌았고, 웬만한 가정에서는 방 하나에 다섯 명이 살았으며, 성인의 체격이 조부모보다 작았고 기대 수명도 겨우 35년에 불과했다. 디킨스의 명성은 어떤 면에서는 석탄불과 아궁이에서 나오는 검댕이 뒤섞인 런던의 비를 맞고 살아가는 주정뱅이 거지들이 개방식 하수도 옆 지하실에 살면서 미래의 범죄자를 길러내는 섬뜩한 이야기를 써서 얻은 것이었다. 그런데 당시의 현실은 소설보다 더 나빴고, 산업혁명으로 인해 변모하고 있던 영국 다른 도시들의 상황도 런던과 마찬가지였다.

1832년, 한때 찰스 다윈과 함께 에든버러 대학에서 의학을 공부했던 정치가 겸 교육가 제임스 필립스 케이James Phillips Kay가《맨체스터의 면화 제조업에 고용된 노동계급의 도덕적·신체적 상태*The Moral and Physical Condition of the Working-Class Employed in the Cotton Manufacture in Manchester*》라는 책을 냈다. 이 책이 베스트셀러가 되면서, 여기에 묘사된 도시의 더러움과 질병과 타락의 장면들을 읽은 중산층 독자들은 자기 집 문 앞까지 들이닥친 질병에 대해 각성하게 되었고, 가급적 빨리 도시에서 벗어나야 하는 이유를 무척이나 많이 깨닫게 되었다. 예를 들어 케이가 보고한 맨체스터의 팔러먼트 스트리트Parliament Street의 상황은 이러했다. "주민이 380명에 달하지만 변소는 단 하나뿐이고, 그나마도 좁은 골목에 자리하고 있어서 인접 주택으로 악취가 스며드는데, 이것은 십중팔구 질병의 매우 비옥한 원천으로 입증될 것이다. 또한 이 거리에는 격자 뚜껑이 덮인 시궁창이 주택 출입문 가까운 곳에 있어서, 거기에 쌓인 역겨운 오물에서 유독한 악취가 항상 흘러나온다."[3] 심지어 그의 모교가 있는 에든버러에도 '북부의 아테네Athens of the North'라는 명성이 무색하게 "낡아빠지고 쥐가 들끓는 건물들이 밀집한" 빈민가가 있었으며, 그곳에서 인간의 비참함이 수두룩하게 펼쳐졌다.

아궁이와 사냥터를 분리하려는 열망, 즉 건강한 곳에서 살고 수익이 가장 많은 곳에서 일하려는 열망은 19세기가 진행되면서 점점 더 강화되었다. 이런 분리는 증기력을 이용한 운송수단이라는 형태로 나타난 기술 덕분에 가능해졌으며, 결국 통근의 꽃봉오리가 맺히고 머지않아 활짝 꽃을 피웠다. 이것은 '철도 문화locomotivity'라고 일컬어진 더 커다란 발전의 일부였다. 1830년대에 시작된 이런 발전은 향후 50년 동안 영국을 변모시키게 된다. 철도의 도래와 함께 이 나라가 분주히 움직이게 된 것이다.

초창기의 철도는 사람이 아니라 화물을 옮기려고 건설되었다. 예를 들어 광산에서 생산한 석탄을 공장이며 도시로 운반하고, 지방에서 생산한 식량을 도시로 운반하고, 공장에서 생산한 옷감을 항구로 운반하는 식이었다. 그러나 철도가 개통된 1833년 이래 철도 운영업체들은 막대하고도 자발적인 여객 수요가 있음을 깨닫게 되었다. 예를 들어 스톡턴-달링턴 철도Stockton and Darlington Railway는 원래는 더럼 주County Durham에 있는 여러 탄광과 스톡턴온티스Stockton-on-Tees에 있는 여러 공장을 연결하기 위해 만들어졌는데 증기 열차가 도입된 1833년부터 이 지역 사람들이 철도에 큰 관심을 드러냈다. 개통 당일에만 무려 500명이 열차에 올라탔다. 그날 운행한 열차는 석탄 화차 21량과 객차 1량으로 이루어져 있었으며, 이 객차에는 적절하게도 '익스페리먼트Experiment(실험)'라는 이름이 붙어 있었다. 사냥꾼들이 말을 타고 기차를 따라왔고, 종착지에는 만 명의 군중이 모여 있었다. 1838년에 이르러 스톡턴-달링턴 철도 노선은 매

스톡턴-달링턴 철도

년 20만 명의 승객을 실어 날랐고, 여객 운임 수입이 화물 운임 수입을 훨씬 뛰어넘었다. 마찬가지로, 리버풀-맨체스터 철도Liverpool and Manchester Railway도 본래 생生면화를 맨체스터로 운송하고 완제품을 리버풀의 부두로 운송하기 위해 만들어진 것이었다. 이 업계의 큰손들이 굳이 철도 건설에 자금을 댄 것은, 오로지 운하에만 의존하는 상황을 타개하기 위해서였다. 운하 운영업체들이 과도한 이용료를 부과했을 뿐만 아니라, 겨울에 물이 꽁꽁 얼거나 여름에 가뭄으로 수위가 너무 낮아지면 운송이 아예 불가능했다. 하지만 이런 화물 전용 철도도 첫해에 40만 명의 승객이 이용했으며, 여객 운임 수입이 화물 운임 수입의 "두 배 수준에 달했다".[4]

하지만 때로는 철도 회사가 마지못해 승객을 태우는 경우도 있었다. 런던-사우샘프턴 철도London and Southampton Railway*는 수도와 지방과 해안을 연결하며 연료, 생선, 소떼, 수입품을 실어 나르려는 의도로 건설되었지만, 윌리엄 제임스 채플린William James Chaplin의 간섭으로 인해 방향을 틀게 되었다. 채플린은 "역마차의 나폴레옹Napoleon of Coaching"[5]으로 통하던 인물로, 그의 회사는 모두 64대의 역마차와 1,500마리의 말을 보유하고서 런던 발착 역마차를 매일 92회나 운행했다. 당시 그는 국가적 사업의 주요 운영자 중 한 명이었다. 역마차는 철도가 생기기 전 육로에서 유일무이한 장거리 여객 운송수단이었다. 영국은 광범위한 동시에 (영국의 내재적 한계를 고려할 때) 효율적인 연결망을 보유하고 있었기에, 여행자가 런던에서 에든버러까지 단 사흘 만에 갈 수 있었다.** 하지만 역마차는 기차에 비해 속도가 느리고 크기

---

* 이 철도 회사는 얼마 지나지 않아 런던-사우스 웨스턴 철도London & South Western Railway로 이름을 바꿨고, 1841년에 보틀리 역을 만들었다.
**(옮긴이주) 런던과 에든버러 사이의 거리는 약 533킬로미터로, 부산과 평양 사이의 거리와 비슷하다.

도 작았다. 런던-슈루즈베리Shrewsbury 구간 역마차는 평균 시속 약 20 킬로미터로 '경이의 역마차'라는 별명을 갖고 있었는데, 이처럼 화제가 될 만한 속도를 달성하려면 약 250킬로미터의 여정 동안 무려 150 마리의 말을 동원해야 했다. 그러나 이 역마차 역시 대부분의 역마차와 마찬가지로 한 번에 승객 8명과 수화물밖에는 운반하지 못했다. 채플린은 철도 개통으로 자기 사업이 망할 거라고 예견했다. 그래서 기존 사업을 매각하고 얻은 수익을 런던-사우스 웨스턴 철도에 투자했다. 그 대가로 그는 이사회의 일원이 되었고, 회사 운영에 대해 발언권을 갖게 되었다. 얼마 지나지 않아 부분적으로 완성된 노선에서 승객을 태우는 시험 운행이 실시되었는데, 1838년 더비 경마 개최일에 엡섬Epsom까지 열차를 운행한 것도 그러한 시험 운행 중 하나였다. 역이 문을 여는 오전 8시 전부터 런던 종점인 나인 엘름스Nine Elms에 5,000명의 사람들이 모여들었고, 이후에도 사람들은 점점 더 늘어나 객차에 다 탈 수 없는 지경이 되었다. 급기야 "인파 속에서 여성의 비명이 들리더니, 군중이 예약 카운터를 뚫고 들어가 개찰구를 넘어 승강장으로 침입해 들어갔고, 다른 승객들이 예약해놓은 열차 안으로 무턱대고 몰려들었다".[6]

이 시험 운행은 비록 엉망진창이긴 했지만 수익이 제법 쏠쏠했기 때문에 애스콧 경마Ascot races* 때에도 반복되었다. 3개월이라는 기간 동안 런던-사우스 웨스턴 철도는 하다못해 수소 한 마리, 석탄 한 자루도 운송하지 않고, 오로지 10만 명가량의 승객만 받았다. 1840년 런던-사우샘프턴 노선이 최초로 완공되어 영국 왕세자Duke of Cornwall가 참석한 가운데 악대 연주와 21발의 축포와 연회가 이어졌을 때, 채플린은 이 회사의 부

---

* (옮긴이주) 1711년 잉글랜드 버크셔 주 애스콧에 개장한 경마장에서 열리는 경마 대회.

회장으로 재직 중이었다. 이 행사를 기념하는 설교는 "많은 사람들이 오가며, 지식이 증대할 것이다"라는 구약성서 〈다니엘서〉 12장 4절을 토대로 했는데, 결국 여객 운송이 이 회사의 미래라는 그의 전망이 옳았음을 시사하는 것이었다.

철도 열풍이 점차 가속화하면서, 런던 사우스 웨스턴 철도의 개통식과 비슷한 축하행사들이 전국 각지에서 벌어졌다. 연회, 깃발, 악대, 설교, 어린이 합창단이 동원되는 행사가 의무사항처럼 여겨졌다. 이 열풍이 절정에 달한 1846년에는 무려 294건에 달하는 의회 법안이 통과되어 서류상으로 거의 1만 5,000킬로미터에 달하는 새로운 철도의 건설이 예정되었지만, 실무를 담당한 업체 가운데 '선로 건설 기록track record*'을 보유한 곳은 극소수에 불과했다. 이런 열풍은 이듬해에 결국 사그라들었으며, 그과정에서 크고 작은 투자자들의 인생을 망치고 말았다. 브론테 자매 세명 가운데 두 명도 철도 주식에 손을 댔다가 예금을 날려버렸고, 전국 곳곳의 장원 저택과 목사관에서 많은 사람들이 고통을 겪었다. "중산층에는 이보다 더 치명적인 공황이 없었다. (……) 공황은 대도시의 모든 가정에 도달했고, 모두의 가슴을 슬프게 만들었다. (……) 금지옥엽으로 자란 딸들이 일용할 양식을 찾아 밖으로 나섰다. 아들들은 학업을 중단했다. (……) 주택은 집행관에게 모독을 당했다."[7]

비록 손실이 크긴 했지만, 거품이 꺼진 뒤 철도 열풍이 남겨놓은 유형 자산도 없지는 않았다. 1840년대에 무려 9,500킬로미터 이상의 철도가 완공되었던 것이다. 이후 증기 열차는 영국 풍경에서 하나의 특징이

---

* 철도 열풍 때 생겨난 표현이다. (이 시기에 나온 '선로 건설 기록'이라는 표현이 오늘날에도 '확고한 실적, 지금까지의 성과'라는 뜻으로 널리 통용된다―옮긴이주)

되었다. 요란한 색을 칠한 이 철 괴물들이 덜컹거리며 들판을 가로지르고, 언덕 속으로 사라지고, 강을 건너고, 불을 내뿜고, 짐승처럼 헐떡이고, 두 개의 허파를 가진 그 어떤 생물보다 빠르다는 것을 확인한 사람들은 너나없이 승차권을 구입하고 싶어 했다.

하지만 철도에 분개한 사람들도 상당히 많았다. 철도 선로들은 영국의 국토뿐 아니라 계급체계에도 흠집을 냈으며, 철도 열풍이 지나간 뒤의 손실은 가뜩이나 아픈 상처에 소금을 뿌리고 문지르는 격이 아닐 수 없었다. 노샘프턴을 관통하는 새로운 노선에 반대하는 항의 집회에서는 철도가 "우리 지역을 망치고 우리 하인들을 버려놓을 것"[8]이라는 주장이 나왔다. 철도가 자연의 절경과 고대의 기념물들을 더럽히기 때문에 지역을 망친다는 것이었고, 철도가 속박되어 노동에 종사하는 하인들에게 단조로움에서 벗어날 기회를 제공하기 때문에 하인들을 버려놓는다는 것이었다.

철도가 풍경을 훼손한다는 비난은 타당했다. 철도 앞을 가로막는 것이라면 무엇도 온전할 수가 없었다. 예를 들어 루이스Lewes에서는 중세 유적인 세인트 팽크러스 수도원St. Pancras Priory의 유서 깊은 제단을 철도가 뚫고 지나갔으며, 웨스트멀랜드Westmorland 소재 샵Shap에서도 선사시대의 스톤 서클stone circle을 철도가 뚫고 지나갔다. 둘 다 발전을 명분 삼아 고대 유물을 훼손한 경우였다. 얼마 지나지 않아 철도는 그 시대의 환경 보호론자라 할 수 있는 낭만주의자들 사이에서 주된 증오의 대상이 되고 말았다.

잉글랜드의 국토 그 어디도 안전하지 않단 말인가,
저 무분별한 공격으로부터?

윌리엄 워즈워스는 1844년에 쓴 시 〈켄들-윈더미어 철도 계획에 부침On the Projected Kendal and Windermere Railway〉에서 이렇게 물었다. 이에 대한 답변은 '그렇다'인 것처럼 보였다. 그레이트 웨스턴 철도Great Western Railway는 심지어 스톤헨지 한가운데를 지나가는 노선의 건설 계획을 내놓기도 했다. 이 계획은 결국 취소되었지만, 그것은 어디까지나 그 노선이 불필요하다는 의회 결정 때문이었다. 다시 말해, 그 기념물이 철도 노선보다 더 중요해서 그런 결정이 나온 것은 아니었다는 뜻이다.

도시에서도 이와 유사한 반달리즘이 발생했다. 런던에서는 로마 시대, 중세, 엘리자베스 시대의 건물이 철거된 자리에 기차역이 들어섰다. 상징적인 경관조차도 높이 설치한 철로 때문에 가려지기 일쑤였다. 예를 들어 스트랜드Strand 가街에서 보이던 세인트 폴스 대성당St. Paul's Cathedral의 모습이 러드게이트 철도교Ludgate viaduct 때문에 가려지고 말았는데, 훗날《임페리얼 가제티어 오브 잉글랜드 앤드 웨일스Imperial Gazetteer of England and Wales》는 이 철도교를 가리켜 "세계 전체를 통틀어, 모든 시대를 막론하고, 지금까지 건설된 것 중에서 가장 보기 흉한 물건"[9]이라고 묘사했다. 이런 파괴는 1860년대까지 계속되었으며, 이 시기에 런던 내에 약 1,500킬로미터의 신규 철로를 건설할 수 있도록 승인을 구하는 법안이 무려 200개나 의회에 상정되었다.《펀치Punch》잡지는 이러다가 세인트 폴스 대성당까지 기차역으로 바뀌는 건 아니냐는 뼈 있는 농담을 던졌다. "모든 철로가 런던으로 집결하는 상황에서 그 건물에 무슨 다른 용도가 있겠는가?"[10]

빈민가는 물론이고 기념물까지도 싹 철거되고 새로운 종착역들이 들어섰다. 낭만주의자들은 그 모습을 지켜보며 눈물을 조금 흘렸을 뿐이지만, 수만 명의 노동자들은 그로 인해 새로운 집을 찾아야 하는 상황에 내몰렸다. 철도 때문에 여행이 가능해진 사람도 있었지만 철도 때문에 이주가 불가피해진 사람도 있었던 것이다. 시골 사람들도 철도를 적대시했다. 농민들은 목초지를 가로질러 쏜살같이 달려가는 저 철 괴물의 소음과 연기 때문에 자기네 암탉들이 알 낳기를 멈췄다고, 자기네 양들의 털이 검어졌다고, 자기네 소들이 미쳐 날뛴다고 불평했다.

증기 열차는 가축뿐 아니라 인간도 혼란스럽게 만든다고 여겨졌다. 철도 반대자들은 그 부자연스러운 속도가 승객들의 정신 상태에 심각한 결과를 가져올 수도 있다고 경고했다. 1836년 《런던 새터데이 저널London Saturday Journal》은 이 새로운 이동의 자유가 끔찍스러운 속도로 "전 세계를 움직이게 만들었"으므로 재난에 가까운 결과가 나오리라고 예언했다. "천천히 걸어 다니던 시민들이 마치 혜성처럼 이리저리 날아다니게 되었고 (……) 이는 지력知力의 경거망동을 조장할 것이다. 성실하던 사람이 예측불허의 거짓말쟁이가 될 것이다. 그들의 모든 생각은 그들의 막대한 거리 개념에 의해 과장될 것이다."[11] 그러니 모두들 제자리에 가만히 있는 게 더 낫다는 이야기였다.

존 러스킨John Ruskin을 비롯한 심미가들도 철도 이용을 삼가야 한다고 믿었다. 러스킨의 견해에 따르면, 철도가 제공하는 속도와 편안함은 승객들을 비인간화했다.

철도 여행의 전체 시스템이 겨냥하는 대상은 서두르는 사람, 따라서 결국에는 비참해질 사람뿐이다. 할 수만 있다면 아무도 그런 식으로 여행하려 하지 않을 것이다. 시간 여유를 갖고 느긋하게 언덕을 넘고 산울타리 사이를 지나가지, 터널을 통과하고 제방 사이를 지나가지는 않을 것이다. (……) 철도는 (……) 여행자였던 인간을 졸지에 살아 있는 소포로 변모시켰다. (……) 인간은 철도라는 유랑 능력을 위해 자신의 인간성에서 더 고귀한 특성들과 결별하고 말았다. 뭔가를 보고 감탄하라고 인간에게 요구하지 마라. 그래봤자 헛된 일일 뿐이니까.[12]

훗날 철도가 만들어낸 새로운 여행의 자유가 널리 받아들여지자, 한때 철도에 대해 편견을 가졌던 사람들도 결국 물러서고 말았다. 하루에 두 번 런던에 간 사람에 관한 1840년대의 일화는 철도로 인해 어떤 기회가 생겨났는지를 잘 요약해준다. 그가 출발한 장소는 이 일화가 이야기되는 지역에 따라 달라졌고, 그의 여행 목적이나 그 선구적인 인물의 다른 세부사항들 역시 그랬다. 어떤 사람은 그가 투기꾼이라고 묘사했고, 또 어떤 사람은 그가 중혼자重婚者라고 묘사했다. 하지만 그 일화에서 중요한 것은 그 사람의 정체가 아니라, 그런 일이 가능했다는 사실이었다. 철도가 생기기 전에는 대부분의 사람들이 평생에 두 번 런던에 가기만 해도 운이 좋은 셈이었기 때문이다.

1831년의 순조로운 출발 이후, 영국 내에서 여객 수는 매년 증가해 1840년에는 연간 100만 명에 달했다. 1850년에는 연간 6,700만 명이었고, 1860년에는 연간 1억 5,400만 명, 1870년에는 연간 3억 1,600만 명이었다. 그중 일부는 (철도가 생기기 전의 기준으로 보면) 뭔가 엉뚱한 이유 때문에 그처럼 긴 여행을 떠났다. 예를 들어 경마 구경, 절주협회 모임 참석, 일생에 딱 한 번뿐인 형제자매와의 재회를 위해서였다. 하지만 그중 대다수는 일터에 다녀오는 사람들이었다. 바야흐로 통근이 시작된 것이다.

사업의 상당 부분을 통근자에게 의존한 최초의 철도 노선은 1836년에 개통한 런던-그리니치 철도London and Greenwich Railway로, 길이가 6킬로미터에 불과했다. 이 노선은 당시 휴일과 나들이를 위한 승객 수송을 상당 부분 담당하던 템스 강 증기선과 경쟁하기 위해 만들어졌다. 그 노선을 달리는 기관차에는 '권투선수'라는 별명이 붙었는데, 움직일 때 권투선수처럼 몸을 흔들기 때문이었다. 속도는 시험 운행 때 시속 95킬로미터를 기록했을 정도로 빨랐다. 이 노선 열차의 차량들은 화물보다는 사람을 위해 설계되었으며, 1844년에 이르러 연간 200만 명 이상의 승객을 실어 나르고 있었다. 승객들의 여행 목적 분석에 따르면 상당수가 일터에 가려고 승차한 경우였고, 성령강림절에 수도를 벗어나 그리니치에 가서 실컷 술을 마시려고 승차한 경우는 오히려 많지 않았다.

그동안 런던-사우스 웨스턴 철도 회사는 갓 생겨난 통근 수요가 무척이나 많다는 것을, 따라서 단지 기차역을 짓는 것만으로도 철로 주변 땅의 인구 통계를 변화시킬 수 있다는 것을 깨달았다. 한번은 런던-사우스 웨스턴 철도 회사가 킹스턴 어폰 템스Kingston upon Thames에 있는 철로 옆 부지의 사용 허가를 신청했다가 그 지역 역마차 회사들과 심미가들의 방해로 거절당하자, 1838년에 거기서 2.5킬로미터 떨어진 곳에 새로운 기차역을 지었다. 그로부터 3년도 지나지 않아서, "사우스 웨스턴 철도변에 킹스턴어폰레일웨이Kingston-upon-Railway라는 이름의 신흥도시가 생겨나 급속도로 성장하고 있으며, 800채의 주택이 이미 지어지거나 또는 지어지는 중"[13]이라는 이야기가 나왔다. 킹스턴어폰레일웨이의 기차역은 훗날 간선에 편의를 제공하기 위해 거기서 800미터 떨어진 곳으로 자리를 옮겼고, 인근 농장의 이름을 따서 '서비턴Surbiton'이라는 새로운 이름을 얻었다. 1855년에 서비턴은 자치도시로 성장해 있었으며, 특히 라파엘 전파 화가들이 즐겨 찾는 장소가 되어 있었다. 그 예술가들은 철도에 대해 품어봤을 철학적 반론을 모조리 접어두는 대가로, 편리한 자연 접근과 런던으로부터의 역逆통근이라는 혜택을 얻었다.

19세기 중반에 이르러 통근은 퍼져가는 유행으로 인식되었다. 1849년《사우스포트 비지터Southport Visiter》는 리버풀-크로스비-사우스포트 철도Liverpool Crosby & Southport Railway의 개통 덕분에 자기네 도시가 "사업하는 신사들, 즉 매일 리버풀에 있는 각자의 사무실로 출근하고, 저녁이 되면 건강한 사우스포트에 있는 가족에게 돌아가는 사람들"[14]의 안식처가 되었다고 보도했다. 이듬해에 디오니시어스 라드너Dionysius Lardner(잉글랜드계 아일랜드인인 그는 과학과 진보의 경이를 대중에게 설명하는 것이 주특기였으며, 한때 히비사이드Heaviside 부인과 밀회를 즐기다가 근위용기병대의 히비사이드 대위에게 말채찍으로 얻어맞은 적도 있었다)는《철도 경제학The Railway Economy》에서 철도 문화가 새로운 생활 방식을 만들어내고 있음을 지적했다.

> 이제는 사업 장소를 (런던) 중심가에 두고, 그곳에서 25킬로미터 내지 30킬로미터 떨어진 곳에서 가족과 함께 거주하는 사람이 드물지 않게 되었다. 그럼에도 불구하고 이들은 아침 일찍 각자의 상점이며 회계 사무소며 사무실에 도착하고, 저녁이면 평소와 같은 시간에 각자의 거처로 아무런 불편 없이 돌아갈 수 있다. 그리하여 철도가 연결된 곳이면 대도시의 사방팔방 어디나 거주자가 곱절로 늘어났다.[15]

이런 수요에 발맞춰 철도 회사들은 '정기권'[16]을 발매했는데, 이것은 사전 구매자들에게 휴가철 내내 할인 혜택을 제공하던 해안지대의 증기선 운영자들을 모방한 방식이었다. 정기권 도입에는 자발적인 면도 있었고 강요된 면도 있었다. 예를 들어 1851년 레딩Reading 기차역의 한 직원이 승객의 압박에 못 이겨 일 년 정기권의 판매 가격 산정을 요청했고, 그 결과 가격이 50파운드로 정해졌다. 노동자의 평균 연봉에 해당하는 가격이었다. 이렇듯 가격이 매우 비쌌는데도 정기권 판매가 시작되자 수요가 솟구쳤다. 예를 들어 노스 이스턴 철도North Eastern Railway의 경우 1860년부터 1875년 사이에 정기권 판매량이 800퍼센트 증가했다.

정기권이 그토록 비쌌다는 사실을 토대로, 우리는 1세대 통근자들의 사회적 지위가 어떠했는지를 알 수 있다. 디오니시어스 라드너와《사우스포트 비지터》가 모두 지적한 것처럼, 그들은 주로 사업가나 전문직 종사자들이었다. 런던에서 약 15킬로미터 떨어진 켄트 주 브롬리Bromley에는 1858년에 첫 번째 기차역이 생겼는데, 이곳의 인구 조사 보고서를 보면 더 많은 사실을 알 수 있다.[17] 철도의 도입 이후 이 도시 또는 이 도시 근처에 정착한 사람들 중에는 남아프리카 출신의 상인 한 명, 증권 중개인 한 명, 로이즈Lloyd's의 보험인수업자 한 명, 그리고 빈민구호위원회 위원을 겸직하는 건축가 한 명이 포함되어 있었다. 이 초창기 통근자 집단은 좋은 교육을 받았고, 자기주장이 강했고, 부유했다. 이들은 열차 운행이 자기들의 기대에 미치지 못하면《타임스The Times》에 편지를 써서 알렸다. 1864년 1월 15일 자 독자 편지에서 가져온 아래의 인용문은 이들의 수가 상당히 빠르게 늘어났음을, 아울러 (철도 문화에서 너무나 자주 일어나는!) 이유 없는 운행 지연이야말로 예나 지금이나 이용자들을 격분하게 만드는 요소임을 잘 보여준다.

저는 다른 수천 명의 사람들과 함께 미드 켄트 철도Mid Kent Railway 노선을 이용하며 살고 있습니다. (……) 런던 브리지London Bridge 역에서 약 15킬로미터 떨어진 곳에서 출발하는 우리는 매일 아침 시간을 엄수해 시내에 도착하기를 바랍니다. 그런데 최근 들어 이른바 '신설 노선의 설비*' 때문에 우리의 사업 여정은 끔찍하게 방해를 받고 말았습니다. (……) 집에 가려고 런던 브리지 역에 도착했을 때 (……) 우리가 탈 기차는 이미 채링 크로스Charing Cross로의 여정에 올라 있었고, 200명 내지 300명에 달하는 우리는 안전하지 않고 춥고 비바람에 노출된 좁디좁은 승강장에 남겨진 채 (……) 위험하리만치 가까운 거리에서 기관차와 열차가 이리저리 오가는 가운데 발만 동동 구르고 있었습니다.[18]

우리는 이 편지에서 위험과 시간 엄수에 관한 언급을 보면서, 초기의 통근자들이 짜증스러워했던, 또는 열중했던 문제가 무엇인지에 대해 단서를 얻게 된다. 우선 그들은 용감할 필요가 있었다. 빅토리아 시대의 철도는 정말로 위험했다. 매표소에서 승차권뿐만 아니라 '레일웨이 패신저스 보험 회사Railway Passengers' Assurance Company'의 생명보험도 함께 판매했다. 증기 열차가 당시 사람들의 삶과 신체에 가한 위협을 가장 생생하게 보여주는 사건은 1830년 9월 15일 리버풀-맨체스터 철도 개통식 때 저명한 하원의원 윌리엄 허스키슨William Huskisson이 조지 스티븐슨George Stephenson의 '로켓' 기관차에 치여 두 다리를 잃은 것이다. 허스키슨은 사고 몇 시간 뒤에 사망했다. 스톡턴-달링턴 철도 개통식 역시 무임승차자 한 명이 한쪽 발을 잃는 심각한 부상을 입음으로써 분위기가 가라앉았다. 당시에는 기차가 한 번 움직일 때마다 사람들이 불구자가 되거나 사

---

* 현대의 완곡어법으로는 보통 '기술적 문제engineering works'라고 지칭하는 것을 말한다.

망하는 것만 같았다. 탈선, 충돌, 폭발 같은 일반적인 사고들 역시 확실한 유혈 사태였다(예를 들어 1865년의 스테이플허스트Staplehurst 철도 사고에서는 10명이 사망하고 40명이 부상했다). 찰스 디킨스가 직접 겪은 스테이플허스트 충돌 사고의 경우, 포크스톤Folkestone에서 출발해 런던으로 향하던 열차가 내리막길에서 시속 80킬로미터로 달리다가 철도교에 접어들었는데, 하필이면 그곳의 철로가 수리를 위해 제거된 상태였다. 앞선 여섯 량의 객차는 강바닥으로 떨어졌고, 디킨스가 애인과 함께 타고 있던 일곱 번째 객차는 다리에 대롱대롱 걸려 있게 되었다. 이 저명한 작가는 우선 자기 객차의 승객들을 구조한 뒤, 강 쪽으로 내려가 휴대용 브랜디 병을 꺼내 들고 부상자를 돌보았다. 두개골이 골절된 한 남자에게 브랜디를 조금 주었고, 얼굴이 온통 피범벅인 한 여자에게도 조금 주었는데,

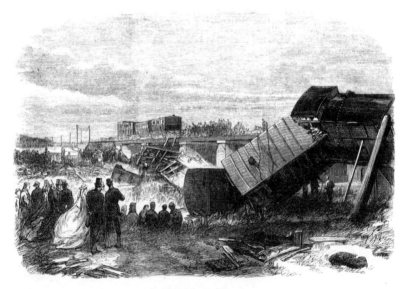

스테이플허스트 철도 사고

두 사람 다 그가 지켜보는 가운데 사망하고 말았다.

열차 충돌에 관한 보도는 흥미진진한 읽을거리가 되었으며, 언론은 최신 재난 사건에 관한 무시무시한 보도로 섬뜩한 매혹을 조장했다. 선정주의를 정당화하기 위해 언론이 내놓은 변명은, 열차 충돌 사고는 (예를 들어 대서양 한복판에서 일어난 선박 침몰이라든지 칠레 광산에서 일어난 매몰 사고와는 달리) 어디까지나 우리 잉글랜드의 초원에서 일어난 사건이므로 독자들과도 관련이 있을 수 있다는 것이었다. "이제 우리 모두가 철도 여행자입니다." 1868년《새터데이 리뷰 Saturday Review》는 이런 설명을 내놓았다. "이 열차와 충돌 사고, 기차역과 기관차 기타 등등은 귀에 익은 단어일 뿐만 아니라, 나아가 우리 일상의 일부분이기도 합니다."[19]

시간 엄수는 초기 통근자들에게 강박관념이나 마찬가지였다. 그들은 시간에 대한 사고방식을 바꿔야 했을 뿐 아니라, 죽음의 위험도 아랑곳하지 않아야 했다. 철도가 생기기 전에는 시간을 정확히 지켜야 하는 사람은 오로지 군주뿐이었다. 대부분의 영국인은 하루를 시와 분으로 구분하지 않고 단순히 오전과 오후로만 구분했다. 그뿐 아니라 영국에서는 그리니치의 동쪽이나 서쪽으로 여행하다 보면 시간 자체도 바뀌어버렸다. 예를 들어 리버풀의 시간은 런던보다 12분 늦었고, 노리치 Norwich의 시간은 런던보다 5분 빨랐다. 공식 시간 역시 마을마다 달랐는데, 각자 자기 마을의 교회 종에 맞추었기 때문이었다. 만약 어떤 사람이 마을 몇 곳과 조금씩 거리를 두고 있는 어떤 들판에 서 있었다면, 같은 시간을 알리는 종소리가 마을마다 서로 다른 순간에 울리는 것을 들을 수 있었을 것이다. 이웃 교구와의 경계선을 넘어서는 순간 7분 더 나이를 먹을 수도 있고, 펄쩍 뛰어 자기 교구로 돌아오는 순간 잃어버린 젊음의 일부분을 되찾을 수도 있었다. 철도가 생기기 전, 그러니까 장거리를 여행하면서 기대할 수 있는 최대 속력이 '경이의 역마차'를 이용한 시속 20킬로미터 정도였던 시절에는 이런 시간 차이가 전혀 중요하지 않았다. 하지만 기차를 타야 하는 상황이 되자 시계의 정확성이 중요해졌다.

철도는 표준 시간에 맞춰서 운행되어야 했다. 그래야만 충돌 사고를 방지할 수 있기 때문이었다. 그래서 1838년에 런던-버밍엄 철도가 만든 것을 본보기 삼아 '운행 시간표'가 인쇄되어 승객들이 언제 어디서 기차를 타야 하는지를 알려주게 되었다. 처음엔 철도 회사마다 운행 시간표의 기준으로 사용하는 시간이 조금씩 달랐지만, 결국 대부분의 회사들이 1840년 11월 그레이트 웨스턴 철도가 도입한 '철도 표준 시간railway time', 즉 그리니치 표준시GMT(Greenwich Mean Time)를 채택하게 되었다.* 상당수의 운행 시간표에 각 역에서 사용하는 지역 시간local time과 GMT의 차이가 자세히 설명되어 있었고, 주요 역의 안내판에도 노선을 따라 늘어선 목적지마다 서로 다른 시간이 적혀 있었다. 그럼에도 불구하고 사람들이 기차를 놓치는 일이 여전히 잦았는데, 마을 고유의 시간을 따랐기 때문인 경우도 있었고, 1분이 큰 차이를 만들 수 있다는 것을 아직 이해하지 못해서인 경우도 있었다. 철도 회사들은 한편으로는 수익을 극대화하기 위해, 또 한편으로는 발길질과 고함을 통해서라도 시골 지역을 19세기로 이끌기 위해, 철도 표준 시간을 기차 승강장 너머로까지 확장해 전국에 보급했다. 리버풀-맨체스터 철도의 대표 헨리 부스Henry Booth는 자신의 동포인 영국인들을 다음과 같은 시대로 초청했다. "세인트 폴스의 커다

---

* 당시의 운행 시간표는 한 달이 멀다 하고 자주 바뀌었는데, 시효가 지난 시간표는 쓸모없을 뿐만 아니라 자칫 사고를 유발할 위험도 있었다. 그래서 런던-사우스 웨스턴 철도 회사는 이전 운행 시간표의 유포를 막는 한편, 너그러운 회사라는 평판을 얻기 위해서 매달 쓸모없게 된 운행 시간표를 정신병원에 기부해 환자들이 그 종이를 자르고 줄에 꿰어 화장지로 사용하게 했다.

란 종이 '한 번' 울리면, 동시에 모든 도시의 시계들과 마을의 종들이, 존 오 그로츠John of Groat's에서 랜즈 엔드Land's End까지* 어디에서나 딱 '한 번' 울리는 것이다. (……) 모든 시계와 크로노미터의 바늘이 (……) 똑같은 시간을 가리키는 것이다!" 그의 주장에 따르면, "온 나라가 한 번의 자극에 의해 움직인다는 발상에는 숭고함이 있다. 어떤 일에서나 하나의 공통된 신호가 심지어 권세 있는 인물의 움직임까지도 규제하는 것이다".[20] 이런 변화에 저항하는 사람들도 있긴 했지만(대표적인 예가 엑서터Exeter 대성당의 주교였다. 그는 1852년까지 이 대성당의 13세기 시계를 GMT보다 14분 늦게 맞춰놓았다) 공통 시간common hour이라는 명백한 상식은 널리 퍼지게 되었고, 영국 인구의 98퍼센트가 '철도 표준 시간'을 따르기로 한 뒤 엑서터 대성당의 주교도 결국 항복했다.

정확한 시간을 알아야 하는 필요성 때문에 시계 수요가 크게 늘었으며, 이는 시계 제조의 혁명으로 이어졌다. 과거에는 오로지 배의 선장들이나 바람피우는 사람들만 시계를 갖고 다녔지만, 이제는 수백만 명의 사람들이 혹시나 기차를 놓칠까 봐 걱정하게 되었다. 표준화된 부품을 이용한 저렴한 회중시계가 생산되어 이들의 집단적인 공포를 누그러뜨려주었다. 시계는 점차 흔한 물건이 되었고, 기차역 주변에서는 특히 그랬다. 불안해하는 여행자들이 《이상한 나라의 앨리스*Alice in Wonderland*》에 나오는 흰토끼처럼 주머니를 뒤지면서 "오, 이런, 오, 이런, 이러다가 늦고 말겠어"라고 혼잣말로 중얼거리는 것이었다. 의학 학술지는 이런 새로운 병적 애착에 관해 개탄했으며, 늦는 것에 대한 두려움이 열차 충돌

---

* (옮긴이주) 존 오 그로츠는 스코틀랜드 북동쪽 끝에 있고 랜즈 엔드는 잉글랜드 남서쪽 끝에 있다. 따라서 '존 오 그로츠에서 랜즈 엔드까지'란 영국 전체를 뜻한다.

사고를 겪는 것보다 사람들의 마음에 더 해가 되는지를 놓고 토론을 벌였다. 일정에 늦을지도 모른다는 공포 때문에 급사急死한 사례도 보고되었다.《어소시에이션 메디컬 저널*Association Medical Journal*》에 소개된 사례로, 런던으로 가던 한 통근자가 "기차역 승강장에서 쓰러져 사망했다. 이미 움직이기 시작한 기차에 무리하게 올라타려 한 대가로 그는 생명을 몰수당하고 말았다".[21]

　　이런 편집증이 과연 정당화될 수 있을까?[22] 빅토리아 시대에 증기 열차를 타고 일하러 가는 것은 어떤 기분이었을까? 21세기에 보틀리에서 워털루까지 가는 07시 01분 열차를 타는 것과는 어떻게 달랐을까? 분명 그때는 지금보다 훨씬 더 시끄러웠을 것이다. 열차가 역에 도착하기 훨씬 전부터 달려오는 소리가 들렸을 것이고, 열차가 바로 앞에 멈춰 설 때 나는 소음도 어마어마했을 것이다. 당시의 브레이크는 객차마다 대기 중인 제동수制動手가 철제 레버를 잡아당겨서 나무 받침을 열차 바퀴 가장자리에 마찰시키는 방식이었으므로, 째지는 소리가 나고 철로도 울렸을 것이다. 기차의 경적과 증기 배출구에서도 날카로운 소리가 났을 것이다. 객차들은 덜컹거리고 서로 부딪친 뒤에야 멈춰 섰을 것이고, 주위에는 수증기가 자욱했을 것이다. 맨 앞의 탱크식 기관차는 비록 현대의 기관차보다 작지만, 크기의 부족을 존재감으로 보완했을 것이다. 즉 그 기관차는 마치 악마나 용처럼 보였을 텐데, 긴 주둥이에 불꽃이 넘실거리고, 콧구멍에서 연기가 흘러나오고, 동력 바퀴와 연결봉의 움직임이 마치 커다란 턱이 들썩이는 것처럼 보였을 것이기 때문이다. 기관사실의 둥근 창문은 마치 눈처럼 보였을 것이고, 화실火室의 문이 열려 있는 경우에는 마치 붉게 타오르는 것처럼 보였을 것이다.

지금과 마찬가지로 그때에도 열차에서 좋은 자리를 고르는 기술이 있었다. 한가운데에 위치한 객차가 가장 안전하고 가장 편안한 곳으로 여겨졌다. 충돌 사고나 보일러 폭발 사고가 일어날 경우 보통 앞쪽 객차의 승객들이 먼저 죽음을 맞이하고, 뒤쪽 객차의 승객들은 불꽃과 재를 뒤집어썼기 때문이다. 물론 의회에서는 증기 열차가 "각자의 연기를 소비"[23] 해야 한다는, 즉 아무 데나 불꽃과 오물을 내뱉어서는 안 된다는 법령을 공포했지만, 철도 회사들은 이런 규제를 느슨하게 따를 뿐이었다. 또한 뒤쪽 객차는 기차가 굽이를 돌 때마다 깜짝 놀랄 정도로 흔들렸으며, 때로는 앞 객차와의 연결이 아예 끊어져서 철로 한복판에 덩그러니 놓여 있기도 했다. 그럴 경우 다음에 오는 열차와 충돌할 위험이 있었다.

승객들은 출입문 아래에 놓인 사다리를 통해 저마다 선호하는 객차에 올라탔다. 좌석에는 1등석, 2등석, 3등석 이렇게 세 등급이 있었지만, 1870년대 이후로는 대부분의 통근 열차가 1등석과 3등석만 제공했다. 1등석 객차는 나무와 철로 만든 토대 위에 역마차용 차체 세 개를 접합하고 그 밑에 철로 테를 두른 바퀴 네 개를 부착해 만들었다. 각각의 객실은 독립적인 공간으로 양쪽에 문이 나 있었고, 옆 객실과는 소통이 전혀 불가능했다. 객실 안에는 좌석이 좌우에 세 개씩 마주 보게 놓여 있었고, 좌석과 좌석 사이에는 팔걸이가 있었다. 좌석은 앉는 부분에 속을 채워 푹신했고, 객차의 내부는 나무 판벽과 유리창들로 이루어져 있었으며, 창문은 바깥쪽으로 열게 되어 있었다. 머리 위쪽 우묵한 곳에 파라핀 램프를 설치해 조명을 밝혔고, 추위를 느끼는 승객은 발난로를 요구할 수도 있었다. 각 객차마다 지붕 양쪽 끝에 좌석이 하나씩 있어서 제동수나 짐꾼이 거기에 앉아서 갔고, 그 사이에는 철책이 있어서 수화물을 보관했다.

제동수와 짐꾼은 열차의 지붕과 옆면을 타고 마치 스파이더맨처럼 돌아다녔다. 위험천만한 직업이었다. 객차를 연결하는 과정에서 손가락이 잘려 나가거나, 터널에서 머리나 팔이 잘려 나가는 등의 사고가 꾸준히 일어났다. 소화물에 붙은 불을 끄려다가 불타 죽는 경우도 있었다. 이들은 섬뜩한 유머 감각을 지녔던 것으로 보인다. 예를 들어, 1853년에 그레이트 웨스턴 철도가 불Bull이라는 이름의 짐꾼을 해고했는데, 차양이 처진 자신의 철제 좌석 내부에 분필로 '2번 관棺'[24]이라고 적어놓았다는 것이 해고 사유였다.

선택한 객차에 올라탄 통근자들의 다음 목표는 열차의 진행 방향을 등지고 앉는 좌석을 확보하는 것이었다. 그런 좌석이 기차의 움직임을 그나마 덜 부자연스럽게 느끼도록 해준다고 여겼기 때문이다. 반면에 열차의 진행 방향을 바라보는 승객은 창문을 통해 들어오는 차갑고 더러운 공기를 얼굴에 고스란히 맞게 마련이었다. 1862년에 발간된《철도 여행자 안내서*The Railway Traveller's Handy Book*》는 철도 여행과 관련된 실용 지식과 예절을 안내하는 지침서였는데, 초심자에게 "초록색이나 검은색 안경, 이른바 보안경"을 쓰라고, 그리고 밑으로 내려 턱 밑에서 묶을 수 있는 귀덮개가 달린 모자*를 쓰라고 조언했다.

출발 신호에는 종과 경적과 깃발이 동원되었으며, 기차는 선박이 출항할 때에 버금가는 수준의 의례를 거친 다음에야 비로소 출발했다. 기관차가 출력을 높여 객차를 끄는 과정에서 나는 소리는 정말 끔찍스러웠다. 마치 거인이 숨 쉬는 소리가 점차 빨라져서 헐떡임으로 변하는 것 같

---

* 《실버 블레이즈 사건*The Adventure of Silver Blaze*》에서 셜록 홈스가 이런 여행용 모자를 쓴 것으로 묘사되었지만, 시드니 패짓Sidney Paget이 훗날 삽화본에서 사냥용 모자로 바꿔 그렸다.

았으며, 기차가 속도를 더할수록 점점 더 다급한 소리가 되었다. 출발의 흥분이 가라앉으면, 빅토리아 시대의 통근자는 창밖 풍경을 자유롭게 감상하거나, 좌석 위에 설치된 광고판을 읽거나, 흡연이나 음주를 금하는 따위의 표지판을(이런 주제넘은 행동을 비판한 누군가의 주장에 따르면, 그것은 "프랑스나 러시아의 경찰 포고문"[25]을 약간 수정해서 놋쇠판에 새겨놓은 것에 불과했다) 읽었다.

지금과 마찬가지로 그때에도 승객들은 대화를 피했다. 통근자들과 일반 철도 여행자들 사이에서는 침묵의 규약이 신속하게 발전했으며, 이것이 마피아의 비밀 유지 서약만큼이나 잘 준수되는 것처럼 보였다. 이것도 처음에는 탄식의 대상이었다. "도대체 어째서 여섯 명이나 되는 사람들이, 저마다 생각할 머리와 그 생각을 표현할 혀를 가졌음에도 불구하고 그저 입을 다물고 서로를 바라보며, 말하는 기능을 사용하기를 두려워하는 것처럼 굴어야 한단 말인가? 도대체 어째서 영국인이 마치 유령처럼 있어야 하며, 누군가가 먼저 말을 걸기 전에는 말을 하지 않아야 한단 말인가?"[26] 하지만 이것은 일면 불가피한 일로 이해되었다. 빅토리아 시대 사람들은 계급의식이 높았던 반면, 기차는 평등한 것으로 악명이 높았기 때문이다. 예를 들어 귀족 한 사람이 타고 있는 객실에, 1등석 티켓을 구매할 만큼 여유 있는 평민 한 사람이 함께 탔다고 치자. 귀족 입장에서야 일단 기차에서 내리기만 하면 그 평민의 존재를 굳이 인지하고 싶지 않을 테니 '안녕하세요'라고 인사를 건네는 것조차 꺼릴 수 있었다. 한편 중산층은 남들 앞에서 망신을 당할까 봐 노심초사하게 마련이었고, 노동자는 누가 말을 걸지 않는 이상 감히 먼저 말을 꺼내지 않았고 자기들끼리 있을 때만 자유롭게 이야기를 나누었다.

물론 이런 규약이 깨질 때도 있었다. 대부분의 철도 회사가 음주를 금지했고, 이를 위반할 경우 (강제력까지는 없는) 벌금을 부과했지만, 빅토리아 시대 사람들은 종종 아침 식사 때 술을 마셨기 때문에 일터로 갈때 혀가 자유롭게 풀리기도 했다. 이런 경우 일종의 안전장치 규약이 작동하게 마련이었다. 열차에서의 대화는 어디까지나 열차에서 끝나야 한다는 것이었다.《철도 여행자 안내서》의 표현을 빌리자면 "기차에서 맺은 친분은 여행과 함께 끝나게 마련이며, 설령 여러분이 누군가와 마치 20년은 알고 지낸 사이처럼 자유로운 대화를 나누었다 해도, 나중에 길에서 상대방에게 다가가 인사를 건네는 행위는 정당화되지 않는다".[27] 그뿐만 아니라 "퉁명스러운, 또는 신랄한 대답"에 사용되는 갖가지 어휘는 물론이고 "이의 제기나 불만을 나타내는 툴툴거리는 표현도 여러 가지"가 있어서, 숙련된 통근자라면 이것들을 이용해 수다스러운 사람을 침묵하게 만들고 상대방의 괴롭힘으로부터 벗어날 수 있었다.

원치 않는 대화를 피하는 최고의 방어 수단은 책이나 신문이었다. 당시에는 "기차 타는 사람은 책을 읽게 마련"이라는 격언까지 있었다. 영국에서 철도는 문자 이용 능력의 급증을 야기한 요인으로 평가된다. 대부분의 승강장에는 신문이나 (《브래드쇼 월간 철도 안내서Bradshaw's Monthly Railway Guide》같은) 여행 안내서를 판매하는 소년들이 있었고, 상당수의 기차역에는 제동수 출신의 장애인이나 사망한 제동수의 아내가 운영하는 매점이 있어서 로맨스 소설과 모험소설을 판매했다. 얼마 지나지 않아 이런 매점 대신 연쇄점이 들어서면서(잉글랜드에서는 W. H. 스미스W. H. Smith, 스코틀랜드에서는 존 멘지스John Menzies 같은 업체가 대표적이었다) 대체로 건전하고 눈 높은 승객들을 위한 물건들을 판매하게 되었다. W. H. 스미스의 경영자 윌리엄 헨리 스미스William Henry Smith는(그는 이름이 같은 창업자의 손자였다) 기차역에서 책과 신문을 판매하는 관습을 도입하는

데 기여한 인물인 동시에 기독교지식진흥협회Society for Promoting Christian Knowledge의 회계 담당자였고 '구닥다리 도덕주의자'라는 별명을 갖고 있었다. 출판사들은 이런 연쇄점에 철도용 특별판을 공급했는데, 대부분이 "맥주 두 병"[28] 값보다 저렴했고 상당수의 고전 작품과 다수의 현대 작품을 망라하고 있었다. 당시의 통근자라면 덜컹거리는 열차를 타고 도시로 향하는 도중에 다윈의 《종의 기원On the Origin of Species》이나 매콜리Macaulay 의 《영국사History of England》를 읽었을지도 모른다.

기차에서 뭔가를 읽는 열풍에 대해서는 칭찬 못지않게 비난도 있었다. 비난하는 사람들은 다음과 같이 우려를 표시했다. "객차 안에 남녀가 가까이 앉은 상태에서 몸이 흔들리는 가운데 책의 이야기를 따라가다 보면 감정이 고조된다. 정신적 자극과 신체적 자극의 이러한 조합은 자칫 신경쇠약이나 도덕적 판단의 중지로 귀결될 가능성이 있다."[29]

딱히 읽을 것이 없거나 읽을 엄두가 나지 않는 사람들이 이동 중에 할 수 있는 다른 소일거리도 있었다. 《철도 여행자 안내서》는 콧노래를 불러보라고 추천한다. 왜냐하면 "기차가 움직이면서 나는 소음은 그 어떤 곡조에도, 예를 들어 쾌활한 곡조나 슬픈 곡조에도 다 잘 어울려서, 한 승객이 자기가 좋아하는 노래를 콧노래로 부르기 시작하면 곧바로 반주가 따라붙을 것"이기 때문이다. 콧노래는 화장실이 필요한 승객에게 특히 추천되었다. 영국의 기차는 1890년대에 와서야 비로소 화장실을 갖추기 시작했기에, 초기의 승객들은 기차에서 내릴 때까지 생리적 욕구를 꾹 참아야 했다. 따라서 생리적 욕구에 응하고 싶은 승객은 잠자코 다리를 꼬거나, 아니면 바지 안에 집어넣어서 사용하는, 고무 튜브와 주머니로 이루어진 "휴대용 비밀 화장실"[30]을 구입해야만 했다.

1세대 통근자들은 대부분 부유해서 1등석으로 여행했지만, 그보다 사회계급이 낮은 다수의 사람들은 3등석을 탔으며, 때로는 객차 전체가 3등석으로만 이루어진 열차를 타기도 했다. 1844년의 철도규제법은 "가난한 계급의 여행자들이 적절한 요금으로 '악천후'로부터 보호되는 열차에 탑승해 철도 여행을 할 수 있는 방도"를 제공할 의무를 철도 회사에 부과했다. 이를 위해 철도 회사들은 전 노선의 상행선과 하행선에 매일 한 번씩 시속 약 12마일(20킬로미터)의 최저 속도로 운행하며 모든 역에 정차하는 열차를 배차했는데, 요금이 대략 1마일당 1페니 꼴이었다. 철도규제법은 이른바 '노동자 전용 열차'를 낳았다. 이런 열차는 대개 철도 회사의 수익 창출에 방해가 되지 않도록 운행 일정이 편성되었으며, 그렇다보니 가난한 사람들도 가급적 요금이 더 비싼 다른 열차를 이용하지 않을 수 없었다. 예를 들어 런던-사우스 웨스턴 철도의 리치먼드 노선 Richmond line에서 시외 방면으로 운행하는 노동자 전용 열차는 오전 6시에 런던에서 출발해 퇴근 시간 전인 오후 3시에 런던으로 돌아왔다. 특정 회사들은 운행을 더 늘리라는 요청도 받았는데, 그것은 그 업체들이 철로와 기차역을 건설하는 과정에서 이주시킨 빈민가 주민들을 위한 보상 차원이었다. 일부 철도 회사들은 의무를 이행하면서 수익을 냈다. 예를 들어 그레이트 이스턴 철도는 1861년에 리버풀 스트리트Liverpool Street 역의 건설 허가를 받는 대가로 "에드먼턴Edmonton과 월섬스토Walthamstow 사이에 노동자 전용 열차를 하루 2회"[31] 운행하기로 합의했으며, 하층민 여객 운송을 한 노선에 집중시킴으로써 그 노선을 수익성 높은 사업으로 바꿔놓았다.

　　하지만 노동자 전용 열차의 운임도 대개는 노동계급의 주머니 사정을 훨씬 뛰어넘었다. 일주일에 닷새 동안 하루 두 번씩 20킬로미터를 오가는 데 드는 비용이 일반 육체노동자의 일주일 치 급여의 절반에 달했다. 따라서 3등석의 주요 승객은 막노동꾼이나 무두장이가 아니라 재단사, 소목장, 하급 사무원 등이었으며, 이들은 1850년대부터 비로소 통근을 시작했다.

3등석 객차는 역마차가 아니라 일반 마차를 본떠 설계되었다. 사방 벽이 휜히 뚫려 있어서 비바람이 그대로 들이닥쳤다. '악천후'로부터 승객을 보호하라는 의회의 명령 때문에 마지못해 단단한 재질의 지붕을 씌우고, 그 위에 제동수를 위한 좌석과 화물 보관용 난간을 설치했을 뿐이었다. 나무 벤치를 좌우에 세 개씩 마주보게 배치해 좌석을 만들었고, 벤치와 벤치 사이에는 가슴 높이쯤 되는 칸막이가 설치돼 있었다. 벤치 하나당 대여섯 명이 앉게 되어 있었고, 벤치의 폭은 1등석의 3인용 좌석과 비슷했다. 벤치에는 깔개가 없어서 일부 통근자는 치질 예방용으로 '공기 주입식 고무'[32] 방석을 갖고 다녔다. 기차에서 떨어져 죽는 사람이 너무 많아서 3등석의 사방 벽은 최소한 90센티미터 이상의 높이를 유지해야 한다는 규정이 생겼지만 그래도 벽은 여전히 낮은 편이었고, 기차가 갑자기 기울면 자칫 승객이 밖으로 떨어질 위험이 있었다. 노동자 전용 열차에 승객이 너무 많이 타는 경우도 많았다. 어떤 노선은 규정 인원의 몇 배나 되는 승객을 태웠으며, 심지어 화물 보관용 선반에 아이들 몇 명이 올라가 있기도 했다.

노동자 전용 열차는 시끄럽고 유쾌한 곳이기도 했다. 승객들은 목청을 높여 서로 이야기를 주고받거나 아예 함께 노래를 부르기도 했다. 때로는 사방이 막힌 객차를 탈 만큼 여유 있는 사람이 일부러 사방이 뚫린 객차를 타는 경우도 있었는데, 동행이 필요해서, 또는 기차가 흔들리는 동안 바깥바람을 쐬는 즐거움을 누리고 싶어서였다. 배를 탔을 때 선실 안에만 갇혀 있지 않고 갑판 위에 나와 있으려는 것과 비슷했다. 예를 들어 글래스고Glasgow에서는 "가장 부유하고 영향력 있는 상인들" 가운데 일부가 "자가용 마차를 타고 기차역까지 와서는 정작 그리녹Greenock까지는 선 채로 여행한"[33] 경우도 있었다. 하지만 이런 행동은 자기 계급에 대한 배반으로 여겨져 비판을 받았다. 심지어 산업계의 거물이자 백만장자인 윌리엄 크로셰이William Crawshay 같은 사람은 자기 지역의 철도 회사에 황당한 제안을 했다. 굴뚝 청소부들을 고용해 3등석에 대기시키다가, 혹시나 하층민과 함께 여행하려는 상류층 인사들이 있으면 겁을 주어 쫓아내게 하라는 것이었다. 또한 3등석을 타는 것은 열차에서 내린 뒤에도 사회적 반감을 얻는 일로 여겨졌다. 《철도 여행자 안내서》에는 짧지만 진지한 우화가 하나 소개되어 있는데, 인색한 고용주가 열차 뒤쪽에서 여행하는 반면에 그의 직원은 1등석에서 여행하는 이야기이다. 하루는 두 사람이 우연히 승강장에서 마주쳤는데, 직원이 자기가 3등석을 타고 여행하면 자기 동네 정육점이며 청과점 주인의 귀에까지 소문이 번질 거라고, 그러면 그들이 자기를 거지로 여겨 외상도 주지 않을 거라고 자기 행동의 이유를 설명했다. 그러자 고용주도 자기가 몇 페니 아끼려다가 품위를 떨어뜨리고 있음을 깨닫고 이후에는 1등석으로 여행하게 되었으며, 자기를 일깨워준 그 직원의 봉급을 대폭 인상해주었다는 것이다.

하지만 현실은 많이 달랐으니, 일단 옷을 아끼는 사람이라면 결코 3등석을 타지 않았다. 3등석의 승객들은 계절의 변화에 따라 소나기와 우박과 진눈깨비와 함박눈 세례를 받았으며, 열차의 속도로 인해 생겨나는 강풍 급의 바람에 시달렸고, 검댕 소나기와 증기 이슬비에 항상 노출되었다. 그래서 목적지에 도착해 기차에서 내렸을 때는 혹한에 북쪽 바다에서 난파당한 증기선의 생존자와 비슷한 몰골이 되어 있곤 했다.

1등석 객차에 탄 빅토리아 시대 통근자들은 두려움 때문에, 또는 각자 들고 있는 읽을거리로 인해 식욕이 생기게 마련이었고, 3등석 객차에 탄 승객들 역시 차가운 공기를 허파 가득 들이마시며 쉴 새 없이 이야기를 하다 보면 허기를 느끼게 마련이었으므로, 결과적으로 일터로 가는 길에는 인내심 테스트까지 추가로 감내해야 했다. 상당수의 기차역 내부에는 휴게실이 갖춰져 있었고, 기차역 인근에는 역마차 정거장 주위에 여관이 즐비한 것처럼 카페가 즐비했지만, 그런 곳에서 나오는 음식의 질은 형편없었다. 디킨스의 설명에 따르면, 손님이 기대할 수 있는 최상의 음식이라고 해봐야 "입에 넣으면 모래알로 변하는 오래된 스펀지케이크" 또는 "정신을 쇠약하게 하고 위장을 더부룩하게 만들고 피부에까지 스며들고 눈을 통해 줄줄 흘러나올 지경인 수프"[34]처럼 무시무시한 것들뿐이었다. 디킨스와 다른 비판자들에게 최악의 혹평을 받은 음식은 당시에 최신 유행이던 샌드위치였는데, 유리 카운터 아래 놓인 모습만 보면 길이와 폭이 철도망에 버금갔다. 악명 높은 영국 국영 철도의 이 샌드위치는 연원이 제법 오래된 것이었다. 1869년에 앤서니 트롤럽Anthony Trollope은 "잉글랜드의 진정한 수치는 바로 철도 샌드위치"[35]라고 썼고, 철도 개혁가 윌리엄 골트William Galt도 일반적인 기차역에 전시되는 "화석 샌드위치"야말로 "국가적 수치가 확실하다"[36]며 같은 생각을 피력했다. 그 결과 상당수의 통근자들이 음식을 챙겨서 다녔다. 노동자들은 아예 대합실에서 청어를 구워 먹었으며, 디킨스 같은 1등석 승객들은 휴대용 브랜디 병을 가지고 다니면서 이동 중에 불안한 마음을 진정시켰다.

런던에 도착한 뒤에도 여전히 배가 고픈 사람은 무엇이든 마음껏 먹을 수 있었다. 주요 기차역 안이나 주변에서 행상인들이 "뱀장어 요리, 고등 식초 절임, 생선 튀김, 양 족발, 햄 샌드위치, 감자 구이, 완두콩 요리 (……) 말고기, 커피와 차, 진저비어 (……) 엘더베리 술"[37] 또는 "박하수" 같은 음식을 손수레나 바구니에 놓고 팔았기 때문이다. 이들은 특유의 호객 행위에 자부심을 갖고 있었다. 일터로 향하는 빅토리아 시대 통근자들을 맞이하는 전반적인 불협화음에 이들의 목소리가 더해졌다. 목적지에 도착하자마자 방금 마친 첫 여행에 관해 숙고할 조용한 시간을 기대한 신참 통근자가 있었다면 아마 실망했을 것이다. 역 광장은 승객들과 그들을 맞이하러 나온 사람들로 가득했다. 짐꾼들이 군중을 헤치고 이리저리 오가며 상자와 꾸러미를 날랐다. 구두닦이, 소매치기, 거지에다가 심지어 개종자를 찾아 나선 선교사들도 있었다. 군중의 소음 위로 기차가 덜컹거리고 삐걱거렸으며, 종이 울리고 경적이 비명을 질러댔다.

윌리엄 프리스William Frith의 대형 회화 〈기차역The Railway Station〉은 1861년 패딩턴Paddington 역에 모인 군중의 모습을 보여준다. 이 그림은 그 아수라장을 생생하게 옮긴 기록화이다. 이 작품은 어마어마한 인기를 누렸다. 무려 2만 1,000명 이상의 사람들이 1실링씩 내고 이 그림을 구경했

윌리엄 프리스, 〈기차역〉

고 그림에 묘사된 인물 100여 명 각각의 이야기를 모조리 해독하려고 노력했다. 그중에는 뒤쪽의 열차 안에 들어앉은 굳은 표정의 통근자들과 애인에게 작별을 고하는 징집 대상자들도 있었고 런던 경찰국의 형사인 마이클 헤이던Michael Haydon과 제임스 브렛James Brett처럼 눈에 띄는 인물들도 있었다. 갈색 수염을 기르고 실크해트를 쓴 두 형사는 한쪽은 영장을 꺼내 들고 다른 한쪽은 수갑을 꺼내 든 채, 통근 열차를 향해 걸어가는 도주자를 체포하는 모습으로 묘사된다. 아이언 듀크급Iron Duke Class 4-2-2 '설턴Sultan'이라고 적혀 있는 그림 속 기관차는 그로부터 12년 뒤 일링Ealing에서 화차와 충돌해 승객 여섯 명의 목숨을 앗아가며 폭발하고 말았다.

사실, 빅토리아 시대의 신참 통근자가 방금 자기가 내디딘 거대한 한 걸음에 관해 숙고할 만한 조용한 장소를 찾고자 했다면, 최선의 장소는 선교사들이 감동적인 찬송가를 부르고 있는 승강장이었을 것이다. 전도자들은 기차역이야말로 구원받아야 할 죄인을 낚을 수 있는 최고의 장소라고 여겼으며, 세월이 흐르면서 기차역 광장에는 그런 전도자들이 점점 더 많아졌다. 1865년에 결성된 구세군은 '할렐루야 승차권'이라는 것을 나눠 주었는데, 그것만 있으면 '어린 양 예수를 영원히 찬양'할 수 있는 '영광의 나라'로의 편도 여행이 가능하다고 했다. 기차역의 벽에는 여행자들의 교화를 위해 성서를 여러 권 비치해 도난 방지용 쇠사슬에 묶어 두었는데, 이곳을 방문한 어느 프랑스인은 이 광경을 보고 깜짝 놀라면서, 기독교인답지 않게 믿음을 결여한 처사라고 생각하기도 했다. 1881년에는 철도 선교회Railway Mission라는 특수한 단체가 결성되었는데, 이 선교회는 정기간행물인《철도 신호—선로를 따라 늘어선 빛Railway Signal : or, Lights along the Line》을 통해 "영적인 통근자"가 되라고 독자들에게 호소했다. 이 책자에는 기도회 시간표도 들어 있었는데, 거기에는 예를 들어 엔필드Enfield에서 출발하는 05시 57분 열차에 탑승하는 노동자들을 위한 일일 성경 수업이 리버풀 스트리트에서 열린다는 정보 등 결코 놓쳐서는 안 될 행사들에 대한 정보가 담겨 있었다.

철도 종착역에서 활동하는 전도자들은 자기들의 메시지가 현대적으로 들리게 하기 위해 애썼다. 급기야 철도 특유의 어휘가 일상어에까지 스며들기에 이르렀다. 예를 들어 '탈선하다going off the rails', '김을 내뿜다getting steamed up', '옳은 노선을 지키다on the right lines' 같은 말들은 기관차의 움직임을 표현하는 데뿐만 아니라 사람의 감정과 정신 상태를 표현하는 데도 사용되었다. 나중에 가서 이런 표현들은 통근자를 겨냥한 찬송가인 새뮤얼 피치Samuel Peach의 〈주님 섬길 때 믿음 주소서In Thy Service Faithful Keep Us〉에 통합되었는데, 이 찬송가는 러시아워의 요람기에 러시아워 동안 울려 퍼졌다.

저희 지켜봐 불붙이소서
최대 출력을 내게 하소서
아직 못다 한 승격 위하여
우리 보상을 얻을 때까지

(후렴)
주님 섬길 때 믿음 주소서
밤과 낮으로 보호하소서
마지막 신호 예비하소서
준비, 바로 지금![38]

2장

–

일터와 집이 분리되다

새로운 힘들, 새로운 열망들, 새로운 목표들, 이 모든 것이 반응의 지각 아래에
조용히 모였고, 갑자기 폭발하여 눈에 띄게 되었다.[1]

_존 리처드 그린John Richard Green,

《영국인 약사略史*A Short History of the English People*》(1874)

  19세기 후반의 일반적인 1등석 통근자들은 1등급의 생활 방식을 누
렸다. 철도 문화, 풍부하고도 저렴한 건축용지, 국토계획법의 사실상 부
재 등으로 인해 통근자들은 기차역에서 가까운 교외에 저마다 꿈의 집을
지을 수 있었으며, 그러면서도 도시에서 근무하는 시간을 여전히 지킬
수 있었다. 이런 변화의 속도는 처음에는 느렸지만("1850년대 중반만 해
도 런던으로 들어오는 통근자의 수는 매일 2만 7,000명가량에 불과했다"[2]) 결

국 영국의 주거 패턴을 변화시킨 첫걸음이 되었다. 사실상 통근이 교외를 만들어냈고 나아가 교외의 생활 방식을 만들어냈으며, 서비턴과 브롬리와 일링 등지로 오간 여행자들은 통근의 선구자들이었다.

일단 이들이 길을 개척하자 많은 사람들이 그 뒤를 따랐다. 19세기 내내 통근을 해야 하는 이유는 곱절로 늘어났다. 절주節酒 운동은 (1750년대의 '진gin 광풍' 동안에 호가스William Hogarth가 그림으로 묘사한 것처럼) 좀비 같은 주정뱅이들이야말로 실재하고 현존하는 위협이라는 생각을 되살렸다. 당시 런던의 이스트 엔드에서 영혼을 구제하던 선교사들의 수는 대영제국 내의 나머지 모든 장소에서 활동하던 선교사들의 수보다 많았다. 그리고 불결함과 인구과밀과 전염병은 여전히 런던의 고질적인 문제였다. 1861년 솔즈베리Salisbury 경은 의회에서 자국 수도의 상태가 "우리 문명의 불명예"라고 발언했다. 이후 20년 동안 그 중심부를 떠나 교외로 향한 사람은 무려 13만 5,000명 이상이었다. 역사가 로이 포터Roy Porter의 견해에 따르면, "실질 수입의 증가, 화이트칼라 직종의 확장, 근무 시간의 감축, 돈을 빌릴 새로운 기회, 그리고 사회적 경쟁이 결국 이름 높은 주소지에 최상의 부동산을 구매하려는 결심으로 표출되었으며",[3] 이 대탈출에 추가적 유인을 제공했다.

사람들의 가슴 역시 머리와 마찬가지로 통근을 옹호했다. 비록 낭만주의 운동이 수그러들면서 감상주의가 되기는 했지만, 그 운동이 보여준 교외 예찬과 도시의 악마화(도시는 인간의 조건에 대해 묵상하거나 아이를 키우기에 결코 좋은 장소가 아니라는)는 미래의 통근자들의 구미에 딱 들어맞았다. 정착해서 자녀를 기르기에 알맞은 장소를 찾아내는 것이(아울러 이 과정에서 자신의 경력을 훼손시키지 않는 것이) 특히나 중요했다. 아마도 이때가 역사상 최초로 사랑이 결혼의 필수 요소로 느껴진 때였을 것이다. 사랑이 이렇게 격상된 데는 현실적인 이유가 있었다. 19세기의 로미오와 줄리엣은 (도시에 살 경우) 조상들이 누린 것보다 더 많은 이동의 자유를 누렸고, 더 많은 선택권을 누렸다. 그들은 더 이상 땅에 묶여 있지 않았고, 예전보다 빨리 부모에게서 독립했으며, 매년 한 번 있는 마을 축제 때만이 아니라 매일매일 낯선 사람들을 만났다. 또한 그들은 자기 배우잣감이 인접한 곳에 농토를 갖고 있는지 따위의 세부사항을 고려할 필요가 없었다. 이런 새로운 자유에 걸맞게 관습도 변했다. 남자는 여자의 아버지가 아니라 여자에게 직접 청혼을 하게 되었는데, 자기는 그녀의 지참금인 토지가 아니라 그녀 자체를 사랑한다고 생각했기 때문이다. 신혼부부는 둘만의 보금자리를 마련했으며, 점차 대가족보다는 핵가족이 표준처럼 되었다.

그리하여 경제적 여유가 있는 사람은 누구나 통근의 기회를 잡았다. 그렇게 하면 위생과 절주, 낭만과 아버지다움*을 동시에 달성할 수 있었다. 또한 그렇게 하면 도시 쥐의 분주함과 시골 쥐의 느긋함을 모두 누릴 수 있었다. 또한 그렇게 하면 자신의 분신들 사이를 오가는 하루 두 번의 기차 여행을 짜릿하게 즐길 수 있었다. 1856년 《빌더*Builder*》잡지의 한 통신원은 통근으로 얻는 보상을 다음과 같이 잘 요약했다.

> 런던 주민에게는 이것이 도덕적으로나 신체적으로나 더 낫다. (……) 하루 일을 마치고 시골이나 교외로 가면 도시의 소음과 군중과 불결한 공기를 피할 수 있다. 또한 카지노와 무도장을 비롯해 내가 차마 거명조차 못할 온갖 복마전이 있는 인근 지역으로부터 가족을 멀리 떨어뜨려

---

* 왜냐하면 빅토리아 시대의 통근자는 대부분 남자였기 때문이다.

놓을 수 있다는 것은 남자에게는 적지 않은 이득이라 하겠다.[4]

철도 통근자들의 첫 번째 물결은 기차역과 가까운 곳에 정착했으며, 이들의 이주는 얼마 지나지 않아 이들이 뿌리 내린 장소의 성격을 바꿔놓았다. 예를 들어 일링은 원래 들판 한가운데 있는 작은 마을에 불과했지만, 1838년에 그레이트 웨스턴 철도 노선이 닿으면서부터 기차역 인근에 단독주택들이 생겨나기 시작했으며, 1861년에 이르러서는 '전문직 및 관리직'으로 분류되는 사람들이 그곳의 주택 가운데 6분의 1을 차지하고 있었다. 반면 인근의 액턴Acton에서는 1871년에야 여객 운송이 가능한 철도가 생겼기 때문에 지위가 높은 사람이 전체 인구의 20분의 1에 불과했다.

지주들과 건설업자들은 이 유행을 목도하자마자 통근에 적합한 교외 지역에서 투기성 개발을 시작했다. 예를 들어 작은 마을이었던 서비턴 인근에 런던-사우스 웨스턴 철도의 기차역이 생긴 직후에 토머스 풀리Thomas Pooley라는 그 지역의 엿기름 제조업자가 농장을 하나 구입해 새로운 도시의 핵을 마련했다. 그는 넓은 부지에 널찍한 길들과 초승달거리(크레센트crescent)를 조성하고, 신고전주의 양식의 멋진 주택들을 짓고자 했다. 하지만 그의 계획은 인근 킹스턴어폰템스에 있는 사업 공동체의 분노를 자아냈다. 그 마을에 기차역을 세우겠다는 런던-사우스 웨스턴 철도의 요청을 거절했던 그 공동체는 개발이 완료되기 전에 풀리를 파산시키기로 공모했다. 철도 때문에 자기들의 역마차 사업이 쇠락했기에, 그들은 부유한 고객들이 경쟁 지역으로 이주하는 것을 지켜보면서 증오심을 품을 수밖에 없었다. 이처럼 당시에는 통근으로 인해 지도가 다시 만들어졌으며, 어떤 지역은 다른 지역의 희생에 기대어 득을 보았다.

새로운 통근자 주택의 건축 양식은 제각각이었다. 투기꾼들은 《건설업자 실무 지침서*The Builder's Practical Director*》,《신사의 집*The Gentleman's House*》,
《교외 및 시골 건축*Suburban and Rural Architecture*》 같은 책에서 집의 설계를 따
왔다.[5] 초기의 집들 가운데 상당수는 신고전주의 양식이었는데, 여기에
영감을 준 것은 세인트 존스 우드St. John's Wood의 에어 단지Eyre estate*에 있
는 빌라들로, 이른바 "변형과 품질 저하를 거쳐 모든 교외 주택의 기원"[6]
이 되었다고 평가되는 것들이었다. 세월이 흐르면서 건축 양식도 점점
더 모험적이 되었다. 1840년대의 이상적인 통근자 주택은 "이탈리아 코
모 호수에서 영국 서리Surrey 주로 기적적으로 옮겨 온 것 같은 빌라"였고,
1870년대에는 "17세기 네덜란드 농가"를 본뜬 주택이 유행했으며, 1890
년대에는 구닥다리 네덜란드 주택 대신 "그림처럼 아름다운 스위스 양
식이라고 부를 만한 것, 즉 화려한 발코니와 베란다가 있는 목조 주택"[7]
이 유행했다. 통근자 주택들은 대부분 건축적으로는 두드러질 것이 없었
지만, 전반적으로 범속한 가운데 몇몇 보석이 있기는 했다. 예를 들어 홈
버리 세인트 메리Holmbury St. Mary에 있는 졸드윈즈Joldwynds 주택은 예술공
예운동Arts and Crafts Movement의 대표적 건축가인 필립 웹Philip Webb이 1874
년에 지은 것으로, 3층 높이의 8각형 홀이 한가운데에 있었고, 실험실과
당구장이 있는 별채가 대각선으로 붙어 있었다. 그 주택의 소유주는 거
기서 멀지 않은 서리 주 길드퍼드Guildford 인근의 곰셜 앤드 셰어Gomshall
and Shere** 기차역을 이용해 왕립 런던 안과 병원Royal London Ophthalmic Hospi-
tal으로 출근했다. 이 기차역의 부지는 경쟁 끝에 결정되었다. 이 노선 주

---

* (옮긴이주) 18세기 중엽에 런던의 와인 제조업자 헨리 새뮤얼 에어가 매입한 이 지역 토지를 그
의 후손들이 19세기 중반에 고급 주택 단지로 개발했다.
** (옮긴이주) 가까이에 '셰어'라는 마을이 있어서 처음에 '곰셜 앤드 셰어' 역으로 불리다가 나중에
는 '곰셜' 역으로 불리게 되었다.

위의 몇 곳이 기차역 후보지로 선정되었고, 한 날을 정해서 그날 사람이 가장 많이 모이는 곳을 최종 낙점하기로 했다. 그러자 철도를 놓는 과정에서 토목 공사 인부들을 손님으로 맞아 짭짤한 수익을 올렸던 곰셜 소재 술집 '블랙 호스Black Horse'의 주인이 기차역 부지 선정 예정일에 맞춰서 공짜 맥주를 나눠 주었고, 그로 인해 인파가 몰리면서 곰셜이 승리를 거두었다.

건축 양식이 팔라디오 양식이건 신新네덜란드 양식이건 베네치아 고딕 양식이건 예술공예운동 양식이건, 아니면 이 모든 양식들과 또 다른 양식을 혼합한 꼴불견 양식이건 간에, 1등석 기차 통근자들은 보통 자기 소유의 부지에 집을 지었다. 이들은 이웃이 아니라 정원을 원했다. 사생활에 대한 이런 열망은 외국 관찰자들의 눈에 영국인 고유의 특이한 점으로 보였으며, 영국인들의 삶 거의 모든 국면에 연장되었다. 예를 들어 1853년《쾰니셰 차이퉁Kölnische Zeitung》은 일반적인 잉글랜드인을 가리켜 "비非군거성 동물로 (……) 심지어 커피 하우스와 식당에서도 높은 칸막이 사이에 스스로를 가둬놓는다"라고 묘사했다.[8]

정원은 우선 주택과 주택을 서로 떼어놓는 유용한 기능을 담당했으며, 나아가 통근자의 꿈에서 필수적인 요소였다. 각각의 정원은 한 조각의 푸른 공간이었으며, 정원 소유주는 이곳을 개인 공원이나 초소형 제국으로 상상한 듯, 인도산産 관목과 오스트레일리아산 유칼립투스 같은 이국적인 식물들을 심어놓았다. 정원은 텃밭 가꾸기보다는 여가나 과시를 위한 것이었으며, 따라서 감자밭보다는 잔디밭과 암석정원이 우선시되었다. 좋은 잔디는 특히 귀중한 자산이었다.[9] 빅토리아 시대의 통근자들은 놀이에 탐닉했고, 집 잔디밭에서 크로케, 잔디밭 볼링, 양궁, 스파이리스티케Sphairistike* 같은 놀이를 즐겼다.

초창기 통근자들 가운데 상당수는 사립학교 재학 중에 놀이에 대한 취향을 갖게 된 사람들이었다. 당시에는 철도, 중산층과 발맞추어 사립학교가 열풍이었다. 1860년대에는 잉글랜드에만 무려 3,000개의 사립학교가 있었는데, 그중에는 598년에 에설버트Ethelbert 왕이 자신의 세례를 기념하기 위해 설립한 캔터베리 소재 킹스 스쿨부터, 중산층을 위한 국교회 기숙학교의 설립을 소명으로 생각한 의전儀典사제 너새니얼 우더드Nathaniel Woodard의 새로운 고안품이었던 우더드 학교까지 종류가 다양했다. 랜싱Lancing, 허스트피어포인트Hurstpierpoint, 아딩리Ardingly 같은 곳에도 우더드 학교가 세워졌다. 우더드 학교에서는 "확고하게 기독교 신앙에 근거를 둔 건전한 원칙과 건전한 지식을 학생들에게"[10] 가르쳤다. 기독교 중에서도 남성적인 측면이 강조된 셈이었다. 더 오래된 사립학교들과 마찬가지로 우더드 학교들은 학생들에게 럭비와 축구 같은 스포츠를 통해 팀워크를 다질 것을 권장했다.

사립학교에 다닌 학생들은 졸업 후에도 스포츠에 대한 사랑을 생생하게 간직했다. 통근을 하고, 새로운 교외 주거 공동체에서 집을 구입한 사람들도 스포츠에 대한 열정을 마음껏 발휘할 수 있는 여가 시설들을 지었다. 실제로 영국의 통근자들은 주거 패턴의 변화뿐 아니라 여가 활동의 변화까지 가져왔다. 이들은 동물을 이용한 오래된 교외 스포츠(예를 들어 개싸움, 오소리 괴롭히기, 황소 괴롭히기 등)를 삼가고 그 대신에 공을 이용한 놀이를 즐겼다. 사냥 대신에 골프와 테니스를 즐겼다. 잉글랜드에

---

* 고대 그리스어에서 온 말로, '공놀이'라는 뜻이다. 1873년에 월터 윙필드Walter Wingfield 소령이 "유서 깊은 놀이인 테니스를 위한 새롭고도 개선된 코트"의 특허를 신청하면서 이 새로운 명칭을 고안했다. 훗날 '스티키sticky'로 명칭이 축약되었다가 '잔디밭 테니스lawn tennis'라는 명칭을 거쳐 결국 오늘날의 '테니스'가 되었다.

서는 1850년만 해도 골프장이 (블랙히스Blackheath에) 딱 한 곳밖에 없었지만 1900년에 이르러서는 거의 1,000곳에 달하게 되었으며, 대부분이 교외의 기차역과 주거지에서 최대한 가깝게 지어졌다. 브롬리, 서비턴, 일링에도 모두 바로 이 시기에 최소한 한 곳 이상의 골프장이 생겼다. 1897년에는 심지어 액턴에도 한 곳 생겼다. 잔디밭 테니스도 골프 못지않게 빠르게 인기를 얻었다. 일반적인 빌라에는 테니스 코트를 만들 만한 공간이 넉넉했다. 1877년부터 1904년까지 윔블던 테니스 대회의 챔피언은 모조리 영국인이었으며, 그중 상당수가 통근자의 자녀들이었다.

철도 통근자들의 교외 주거지와 일터 사이의 공간에는 골프장뿐만 아니라 다른 주택들도 들어서게 되었다. 도시마다 위성도시들을 향해 팽창을 거듭했기 때문이다. 그 성장은 승합마차의 등장으로 더욱 촉진되었다. 승합마차는 여객 마차를 정해진 경로로만 운행하고 거리(마일)당 요금을 받았다. 승합마차는 영국 최초의 철도와 나란히 등장했으며, 서리주에 예술공예운동 양식의 저택을 보유할 여력도 없고 철도 정기권을 구매할 여력도 없는 사람들에게 통근의 기회를 제공했다.[11]
영국 최초의 승합마차 회사를 시작한 사람은 조지 실리비어George Shillibeer라는 뚱뚱하고 쾌활한 마차 제조업자로, 한때 파리에서 초대형 마차를 설계한 적이 있었다. 1827년에 잉글랜드로 돌아온 그는 뉴잉턴 여학생 아카데미로부터 25개의 좌석이 있는 특수한 지역 운송수단을 만들어달라는 의뢰를 받았는데, 이것이 사상 최초의 스쿨버스였던 것으로 여겨진다. 이 프로젝트에서 영감을 얻었는지, 그는 1829년에 런던에서 패딩턴 역과 잉글랜드 은행(영국중앙은행) 사이를 오가는 여객 운송을 시작했다. 이 마차는 겨우 시속 8킬로미터 속도로 움직였지만, 워낙 튼튼하고 널찍하고 편안해서 마차 설계에서 새로운 돌파구가 되었다. 그의 승합마차는 말 세 마리가 끌었고, 22명의 승객을 태울 수 있었으며, 승객 모두에게 각각 좌석이 할당되었다. 이 노선이 곧바로 성공을 거두면서 경쟁업체들이 나타났다. 승객을 차지하기 위한 다툼이 벌어졌고, 결국 실리비어는 경쟁에서 밀려나 파산하고 말았다. 하지만 적어도 한동안은 그가 처음 런던에 도입한 승합마차가 그의 이름을 따서 '실리비어Shillibeers'라고 불리기도 했다.

승합마차의 요금은 1실링이었는데, 일반 노동자들에게는 너무 과한 금액이었다. 게다가 실리비어와 모방자들은 오전 8시부터 승합마차의 운행을 시작했는데, 그때쯤이면 "노동계급은 벌써 일터에 도착해"[12] 있었다. 다시 말해 승합마차의 주요 고객은 화이트칼라 노동자였다. 《타임스》는 자기네 독자 가운데 일부가 승합마차를 타고 사무실에 출근한다는 사실을 인정했고, 1836년에는 행동 수칙 열두 가지를 신문에 게재함으로써 이동 중에 어떻게 처신해야 하는지를 독자들에게 알려주었다. 그중에는 다음과 같은 것이 포함돼 있었다.

공개적인 장소에서는 언쟁과 논쟁을 삼가라. 당신의 목소리는 당신의 귀에는 음악처럼 들릴 수 있지만 당신의 동승자에게는 아마 그렇지 않을 것이다.

정치나 종교에 관한 이야기를 꺼낼 경우에는 절제해서 이야기하라. 모든 사람이 각자의 의견에 대해 똑같은 권리를 갖고 있으며, 각자의 의견에 대해 터무니없는 공격을 받지 않을 권리도 똑같이 갖고 있기 때문이다.

바닥에 깐 밀짚 위에 침을 뱉지 마라. 당신이 있는 곳은 돼지우리가 아니라, 고상함을 만천하에 자랑하는 나라에서 운행되는 승합마차다.[13]

이후 수십 년에 걸쳐서 승합마차는 크기와 속도 모두 향상되었다. 1845년에는 일부 노선에서 지붕 위 좌석을 추가로 설치했는데, 이것은 2층 버스의 선조 격이라 할 수 있다. 승객들은 차량의 좌우 벽에 설치된 '나무 등받이 좌석'에 마주 보고 앉았다. 말 네 마리가 승합마차를 끌었고, 평균 시속은 11~12킬로미터 이상이었다. 승합마차는 당시 대도시와 1등석 기차 통근자 거주 지역 사이에 생겨난 새로운 원형 교외 지역으로까지 승객들의 거주 범위를 확장시켰다. 1862년 작가 조지 로즈 에머슨George Rose Emerson은 《런던—대도시의 성장 과정London : How the Great City Grew》에서 프림로즈 힐Primrose Hill 주위의 광경을 다음과 같이 묘사했다. "지금으로부터 60년 전에는 이 언덕이 외지고 시골 같은 곳이었으며, 대

런던 승합마차(1847)

도시의 소음과 분주함으로부터 완전히 떨어져 있어서, 서식스Sussex나 데 번셔Devonshire의 언덕과 매한가지였다. 그런데 지금은 런던 쪽을 바라보기만 해도, 저 대도시가 팔을 뻗어서 우리를 끌어안고 있다는 것을, 비록 숨 막힐 정도로 꽉 끌어안은 것은 아니지만 그래도 그 도시가 불길하리만치 가까이 있다는 것을 깨닫게 된다."[14]

이처럼 대두하는 교외 지역에 살던 승합마차 통근자들은 철도 통근자들의 집과 같은 널찍하고 멋진 주거 환경을 전혀 누리지 못했다. 그곳에서는 대부분의 개발이 조금씩 느릿느릿 이루어졌다. 한 건설업자가 여기에는 연립주택을 만들고 저기에는 초승달거리를 만드는 식이었으며, 그 부지에 포함된 주택들이 완공되기도 전에 건설업자가 파산해버리는 경우도 종종 있었다. 1872년에는 "건설 회사 가운데 80퍼센트가 대략 대여섯 채의 주택을 짓고 있었다".[15] 한편에는 한적한 곳에 보금자리를 만들고 정원을 가꾸어 아이들이 나비를 쫓아다니고 새소리에 귀 기울이게 만들려는 중산층의 목가가 있었고, 다른 한편에는 이보다 평범한 현실이 있었다. T. M. 토머스T. M. Thomas라는 사람이 이 양쪽의 차이를 잘 요약했다. 토머스는 맨체스터에 살면서 철도를 통해 런던을 오가며 사업을 하기 시작했고, 조만간 수도로 이사하고 싶어 했다. 1851년 주간지《하우스홀드 워즈Household Words》에 수록된 에세이에서 토머스가 한 설명은 이러했다. 그는 열차 창문 옆을 스쳐 지나가는 런던 인근의 멋진 철로변 풍경이 마음에 들었고, 아예 지도를 하나 사서 자기 사무실에서 승합마차나 기차로 통근할 수 있으면서도 외관이 적절하게 목가적인 지역을 모조리 표시해두었다. 그가 맨 처음 살펴본 곳은 '아가 타운Agar Town' 소재 '솔즈베리 크레센트Salisbury Crescent'였다. 두 곳 모두 가공의 지명이었지만, 독자들은 그곳이 세인트 팽크러스St. Pancras 인근의 신흥 소규모 교외 지역 가운데 한 곳이라고 이해하고 있었다. 그런데 그곳의 초승달거리는 알고 보니 황무지와 전쟁터의 중간 상태였고, 한때 그곳에 살았던 가난에 찌든 빈민 한 사람의 말에 따르면 "황소도 쓰러뜨릴 수 있을 만큼"[16] 지독한 악취까지 풍겼다. 그곳의 주택은 기초가 얕았으며, 모서리에 설치된 배수구에 배출장치가 전혀 없어서, 집주인이 "운 좋게도 문 앞에 도랑이라도 하나 두고 있어서" 하수가 빠져나갈 수 있는 상황이 아닌 한 집에서 미처 빠져나가지 못한 하수가 마룻바닥 바로 아래까지 차오르곤 했다. 초승달거리 자체가 포장이 돼 있지 않아서, 비라도 올라치면 그곳에 거주하는 사람들은 시커먼 진창을 건너야만 자기 집 현관에 도달할 수 있었다. 주택 역시 거리 못지않게 난장판이었다. 새로 지은 집들에서 벌써 습기가 차올랐으며, 실내 장식이 벽에서 떨어지고 창틀 주변의 틈새들로 외풍이 술술 들어왔다.

날림으로 지은 주택, 잘못 만들어져 허울뿐인 하수구와 도로 등은 승합마차가 다니는 새로운 교외에서 흔해빠진 문제였다. 흉측한 조망과 까다로운 이웃 역시 그에 못지않게 흔해빠진 문제였다. 그런 지역의 조망은 통근자들을 따라 도시에서 빠져나온 공장주들 때문에 종종 망가지고 말았다. 벽돌 공장이며 석탄 하치장, 심지어 증기 기관을 돌리는 공장까지 교외에 들어섰고, 창밖을 내다보면 건초 밭이나 사과 과수원 대신 어디서나 '쓰레기 더미'가 보였던 것이다. 표현 자체는 무해해 보이지만, 빅토리아 시대의 '쓰레기 더미'는 한마디로 악성 폐기물 더미였다. 찰스 디킨스가 묘사한 전형적인 사례에서는 "커다란 언덕 하나가 (……) 작은 교외의 오두막들 인근에 커다란 검은 산처럼 우뚝"[17] 솟아 있었다. 그 언덕은 건물의 잔해와 산업 및 상업 폐기물, 가내 폐기물로 이루어져 있었다. 빅토리아 시대 사람들은 막대한 양의 쓰레기를 배출했는데, 이전 시대에만 해

빅토리아 시대의 쓰레기 더미를 묘사한 그림(1880)

도 그것은 상당한 부富를 의미했다. 현재의 기준으로 보면 빅토리아 시대 사람들은 검소했지만, 그들의 선조들의 기준으로 보면 터무니없을 정도로 낭비가 심한 편이었다. 시 의회는 쓰레기 수거 권리를 입찰에 붙여 짭짤한 수입을 올렸다. 쓰레기 수거와 관련된 직업이 무려 일곱 가지나 되었는데, 단순한 수거자부터(대개 할머니나 소녀들이 런던의 대로에서 개똥을 모아다가 무두질 공장에 판매하는 경우였다) 넝마주이는 물론이고, 재활용을 통해 한재산 마련한 매매업자까지 있었다.[18] 쓰레기 더미, 그리고 그것을 샅샅이 뒤질 만큼 용감한 사람들이 얻는 막대한 부, 이 두 가지는 디킨스의 소설《우리 공통의 친구Our Mutual Friend》(1865)의 핵심 소재이자, 통근으로 인해 촉진된 새로운 사회적 이동 능력의 상징이 되었다.

더구나 승합마차 통근자들이 사는 교외 지역은 빠르게 퇴락할 수도 있었다. 빅토리아 시대의 부동산 시장은 롤러코스터처럼 오르락내리락

했다. 도시보다는 도시 주변 지역의 집세가 더 저렴했고, 지주들은 종종 세가 안 나가는 집들을 기꺼이 더 잘게 쪼갰다. 일부 개발지는 애초에 사업가나 의사의 입주를 염두에 두고 형성되었지만, 실제로는 노동계급 사람들이 돈을 아끼기 위해 공동으로 거주했다. 그리하여 신흥 주거지인 빅토리아 크레센츠Victoria Crescents와 앨버트 로즈Albert Roads의 일부 지역에는 소형 빈민굴이 생겨나기도 했다. 실제로 누가 이웃이 될지는 아무도 확신할 수 없었다. 제인 엘리자베스 팬턴Jane Elizabeth Panton의 《교외 주택, 그 문제와 해결법Suburban Residences and How to Circumvent Them》(1896)에 따르면, "아주 넓은 장소를 갖고 있지 않은 한 누구나 집 지을 땅을 보유한 이웃과 가까이 있을 수밖에 없게 되고, 결국 그 이웃 때문에 죽기 일보직전까지 갈 수밖에 없게 된다".[19] "개 짖는 소리, 문을 쾅쾅 닫는 소리, 이웃의 가축 사육"부터 "'빨래를 밖에 내놓아 말리고, 동시에 자기 몸도 밖에 내놓아 말리는' 하인들"까지 온갖 거슬리는 일들이 있었다.

빅토리아 시대에는 교외 내곽의 급속한 등장과 혼란스러운 면에 경악한 관찰자들도 많았는데, 이들은 통근으로 가능해진 새로운 생활 방식이 풍경을 약탈했을 뿐 아니라, 통근을 추구하는 사람들의 성격까지 손상시켰다고 생각했다. 예를 들어 러스킨은 교외가 철도 여행 못지않게 나쁘다고 생각했으며, 《건축의 일곱 가지 등불The Seven Lamps of Architecture》(1849)에서 교외에 대해 벼락같은 일갈을 날렸다.

나는 우리 수도 주위의 진흙 벌판에 곰팡이처럼 무성하게 솟아난 저 석회석과 진흙으로 이루어진 천박한 응고물을 바라본다. 쪼개놓은 나무토막과 모조 석재로 이루어진 저 얄팍하고 비틀거리고 기초도 없는 건물을 바라본다. 차이도 없고 교우도 없어 비슷비슷하면서 고독한, 저 형식화된 엄밀함의 우울한 배열을 바라본다. 괴롭힘을 당한 눈에 노골적으로 혐오감을 드러내며 바라보는 것이 아니라, 그저 모독당한 풍경에 대한 슬픔을 느끼며 바라보는 것이 아니라, 어떤 고통스러운 예감을 느끼며 바라본다. 다시 말해, 저것들이 우리의 국토를 마구잡이로 덮칠 때 우리의 국가적 위대함이 십중팔구 깊이 손상되리라는 예감, 위로를 주지도 않고 영예롭지도 않은 저 거주지야말로 대중의 불만스러운 마음이 심대하고 만연해 있다는 징조라는 예감, 저것들이야말로 모든 사람이 자신의 본래 자리보다 더 높은 영역에 있는 것을 목표로 삼는 시대를 상징한다는 예감 말이다.[20]

또한 교외는 소설을 통해 뭔가 수상한 평판을 얻기도 했다. 과거에는 없었던 것이 새로 생겨났다는 점에서 교외에는 수수께끼 같은 데가 있었기에, 작가들은 그곳의 거리며 건물을 도덕조차 유예되는 장소, 이상성격자와 무신론자와 사악한 무리와 요부가 익명성 속에서 출몰하는 장소로 묘사하기 시작했다. 그리하여 교외는 악덕의 성역聖域으로 묘사되었을 뿐만 아니라, 심지어 부주의한 사람들을 끌어들여 결국 파괴하는 파멸의 소용돌이로도 묘사되었다. 윌키 콜린스Wilkie Collins는 1852년에 출간한 《배질 — 현대 생활의 이야기Basil: A Story of Modern Life》에서 교외가 포함하고 있을 법한 허구의 흥분과 위험을 부각했는데, 그것은 선정적 소설이라는 장르의 초창기 사례에 해당한다.[21] 소설 제목과 이름이 같은 주인공은 잉글랜드에서 가장 오래되고 가장 속물적인 가문 중 한 곳의 상속자로, 어느 날 승합마차를 타고 가다가 마거릿이라는 십대 소녀와 사랑에 빠지게 된다. 마거릿은 교외에 사는 포목상의 딸이다. 두 사람은 비밀리에 결혼하는데, 알고 보니 마거릿의 어머니가 정신병자였다. 또한 마거릿의 또 다른 연인이 나타났고, 배질은 격투 끝에 상대방의 한쪽 눈을 멀게 만든다. 배질의 아버지는 아들과 의절하고, 마거릿은 발진티푸스로 사망한다. 이후로 모든 것이 몰락의 길로 질주하다가 결국 콘월에서 무시무시한 대단원과 함께 최후의 화해가 이루어진다. 그리고 이때쯤 배질은 폐인이 되고 만다. 문예평론지《애서니엄*Athenaeum*》은 이 소설을 가리켜 "끔찍한 가족사로 혐오감을 안겨주는 범죄소설"[22]이라고 평가했고,《웨스트민스터 리뷰*Westminster Review*》는 이 소설을 가리켜 "굉장히 역겹다"[23]라고 단언했다. 이 소설로 인해 교외는 대중의 상상력 속에서 무슨 일이든 가능한 장소로 굳어졌으며, 이후 빅토리아 시대의 모든 소설에 등장하게 되었다.

    교외 생활의 단점에 관한 비판자들의 지적과 소설가들의 추측은 대부분 별다른 주목을 받지 못했다. 19세기를 통과하는 동안 통근을 선택할 여력이 되는 사람들은 점점 더 많아졌다. 1850년부터 1900년까지의 기간 동안 실질 임금은 75퍼센트 상승했고, 1인당 소득은 거의 두 배로 늘어났다. 1861년부터 1891년까지의 기간 동안 런던의 인접 교외는 '10년마다' 50퍼센트씩 늘어났는데, 이런 성장에 부분적으로 박차를 가한 것은 지하 철도의 등장이었다. 영국 최초이자 전 세계 최초의 지하 노선은 1860년에 착공해 1862년에 완공한 메트로폴리탄 철도Metropolitan Railway의 패딩턴-패링던 노선이었다. 당시 재무부 장관이었던 윌리엄 글래드스턴William Gladstone은 이 지하 노선 개통 직전에 시찰에 나섰다. 기록 사진을 보면 그의 일행은 지붕 없는 객차의 딱딱한 나무 벤치에 앉아 있는데, 그것은 원래 터널 공사에 동원된 노동자들이 공사가 진척된 지점까지 오가는 데 사용하던 화차였다. 메트로폴리탄의 최초 노선은 길이가 6킬로미터였으며 에지웨어 로드Edgware Road, 베이커 스트리트Baker Street, 포틀랜드 로드Portland Road, 가워 스트리트Gower Street, 킹스 크로스King's Cross에 각각 역이 있었다. 이 노선은 어마어마한 인기를 누렸다. 한편에서는 (사망자를 땅에 묻는 문화이다 보니*) 지하로 다니는 것에 대한 부정적인 연상이 없지 않았으며, 지하 철도가 자칫 지옥문을 통과할 수도 있다고 경고하는 설교자들도 있었다. 하지만 개통 첫날에만 무려 3만 6,000명이 이 지하 철도를 이용했으며, 메트로폴리탄 측은 군중의 수요에 맞추기 위해 부랴부랴 그레이트 웨스턴 철도에서 객차를 빌려 와야만 했다. 운행 첫해에 이 노선을 이용한 승객은 무려 900만 명에 달했다.

메트로폴리탄은 증기 기관차를 이용했기에, 좁은 터널 안은 물론이

메트로폴리탄 철도 시찰 중인 윌리엄 글래드스턴

---

* 영국에서는 1885년에야 화장火葬이 합법화되었다.

고 승강장 위로도 검댕과 불꽃의 칵테일이 분출되었다. 객차는 1등칸, 2등칸, 3등칸으로 나뉘어 있었는데, 모두 사방이 막혀 있었고, 그레이트 웨스턴 철도에서 빌려 온 바퀴 8개짜리 객차를 모방해서 제작되었다. 객차 내부의 조명은 가스등이었으며, 지붕에 설치한 가스통에서 연료를 공급했다. 초창기의 지하 철도는 탈선할 가능성이 높았는데, 지상의 철로에 비해 지하의 철로에 급커브가 더 많아서였다. 운영업체가 토지 소유주들에게 보상을 하지 않으려고, 가급적 기존의 도로나 공공 통행로를 따라 지하 철도를 놓은 결과였다. 메트로폴리탄 철도에 뒤이어 일종의 합작 회사인 메트로폴리탄-디스트릭트 철도Metropolitan and District가 1868년에 웨스트민스터-사우스 켄징턴Westminster and South Kensington 노선을 개통했고, 최초의 지하 철도 운영업체 두 곳의 합작으로 1871년에 내부 순환 노선이 개통되었다.

　최초의 지하 철도들은 주요 철도 노선의 기차역들을 서로서로 연결하고 도심과도 연결함으로써 철도 통근자들이 일터에 좀 더 가까이 가닿게 만드는 것을 목적으로 했다. 하지만 지하 철도는 점차 망을 넓혀가며 런던 외곽으로 뻗어갔고, 급기야 기존 철도 운영업체들과 경쟁을 벌이기 시작했다. 또한 지하 철도들이 점차 전력화하기 시작했고, 그러면서 증기 기관차가 내뿜는 오염 물질이 사라지고 여행이 훨씬 편안해졌다. 최초의 전기 철도(아울러 최초의 심층 지하 철도)는 1890년의 시티-사우스 런던 철도City and South London Railway로, 킹 윌리엄스 스트리트King Williams Street에서 출발해서 템스 강 밑으로 연결된 터널을 지나 스톡웰Stockwell까지 달렸다. 이 터널은 공학의 위업인 동시에 건설 노동자들의 무덤이기도 했다. 공사 예정지의 흙에 이미 물이 스며들어 있었으므로, 공학자들은 한 구간의 공사를 끝내고 새로운 구간을 시작할 때마다 펌프로 압축 공기를 집어넣어 벽이 함몰되지 않게 했다. 이 과정에서 노동자 다수가 잠수병*으로 사망하고, 공사 현장에서 빠져나온 공기가 몇 미터 위의 수면을 흔들어 물 위를 오가던 선박이 전복되는 등, 의도하지 않은 여러 결과가 초래되었다. 이 노선이 완공되자 왕세자가 스톡웰 역을 시찰했다. 이 장면을 묘사한 동판화를 보면 왕세자가 신형 객차 가운데 하나를 구경하는데, 그것은 단거리 통근에서의 편안함의 결정판이었다. 객차는 크기가 작고 사방이 완전히 막혀 있었으며, 속을 채워 푹신한 좌석들이 서로 마주 보도록 배열되어 있었다. 이 노선은 워낙 인기가 좋아서 러시아워에는 사람이 지나다닐 수 없을 정도로 꽉 찼으며, 얼마 지나지 않아 《펀치》지는 시티-사우스 런던 철도에 "정어리 통조림 철도"[24]라는 별명을 부여했다. 또한 이 노선의 객차는 '푹신한 독방'이라는 별명으로 통하게 되었다.

이 지하 철도들과 이 철도들의 지상 연장 노선 덕분에 더 많은 사람들이 통근의 기회를 얻게 되었으며, 이는 런던 근교의 교외화를 재촉했다. 일부 지역에서는 지하 철도 통근자들이 철도 통근자들을 대체하기까지 했다. 예를 들어 윌즈덴Willesden은 1844년 기차역이 생겨난 직후에 부유한 도시 상인 몇 명이 개척한 도시였는데, 1880년에 메트로폴리탄 연장 노선이 이곳까지 연결되면서 "사무원과 장인匠人"이 "일주일에 100명씩 우르르 몰려들었다".[25] 그 상인들의 빌라는 팔리고 찢겨 나갔으며, 그들의 정원에는 연립주택이 들어섰다. 윌즈덴과 인근 킬번Kilburn의 주민은 불과 15년 만에 8만 명으로 늘어났다. 1879년에 메트로폴리탄-디스트릭트가 리치먼드 노선의 지선을 개통하면서, '교외의 여왕Queen of the

---

* 수압으로 인해 발생하는 감압 질환을 말한다.

Suburbs'으로 통하던 일링에도 저소득자들이 몰려들었다. 사무원들이 잔뜩 몰려들면서, 1세대 통근자들의 빌라는 얼마 지나지 않아 연립주택의 바다에 고립되어버렸다.

철도가 개통된 교외의 외곽 지역에서도 이와 유사한 패턴이 뚜렷하게 나타났다. 실질 수입이 늘어나고 정기권을 구입할 여력이 생기자, 이런 곳들에도 통근자들이 넘쳐나게 되었다. 한때는 예쁘장했던 시장 도시 크로이던Croydon은 19세기 중에 인구가 5,743명에서 13만 3,895명으로 늘어났다. 1876년에는 "단조로운 거리와 빌라들의 대열"이 그 도시 주위를 "빠르게 에워싸고"[26] 있었다. 기차역이 처음 생긴 1840년대에 이곳으로 이주한 통근자들은 '쾌적하고 그림 같은' 근교 풍경과 런던으로의 손쉬운 여행을 모두 즐기려는 목표를 갖고 있었지만, 새로 건물들이 들어서면서 전망이 가려지고 새로 이주해 온 사람들 때문에 열차 좌석을 빼앗기면서 좌절을 겪게 되었다.

1900년에 이르러서는 기차와 승합마차와 지하철을 망라한 통근으로 런던과 그로부터 반경 약 50킬로미터 이내에 있는 지역들이 완전히 변모해 있었다. 처음에는 부유층이, 그다음에는 중산층이 교외로 물러났고, 그러면서 한때는 탁 트인 벌판이었던 곳에 방대한 주거지가 형성되었다. 일터와 가정을 연결하는 통근이 가능해지면서 양쪽의 분리는 영국 중산층에게 새로운 규범이 되었다. 심지어 당사자들조차 그 변화의 속도에 깜짝 놀랐으며, 그 결과에 탄식해 마지않았다. 세기 전환기의 《빌딩 뉴스Building News》는 사설에서 그 결과를 다음과 같이 요약했다.

우리가 어디로 가든, 이 거대하고 웃자란 대도시의 북쪽, 남쪽, 동쪽, 서쪽 어디든, 주택들의 마치 버섯 같은 성장은 도시에서 교외와 마을에 이르기까지 모습을 드러낸다. (……) 사방에서 우리는 작고 꾸미지 않은 주택들이 그처럼 외적으로 성장하는 것을 목도한다. 대개는 중산층과 장인匠人의 필요에 맞춰 지어진 주택 유형이 반복된다. 지금으로부터 50년 전에 있었던 더 크고 더 넉넉한 거주지는 철거되거나 이런 작은 주택들의 파도에 삼켜지고 말았다. 한때 커다란 저택이 한 채 있었던 곳에 지금은 열 채 또는 백 채의 주택이 지어졌고, 그러면서 정원과 개인 공원이 있던 부지가 거기에 흡수돼버렸다. 이것이야말로 이 시대의 사회적 혁명 가운데 하나이다.[27]

하지만 런던 주위에서 "마치 버섯 같은 성장"을 보이는 주택에 거주하던 주민들은 오히려 자신들이 사는 곳을 마음에 들어 했던 것으로 보이며, 또한 수적으로 늘어나면서 자신들의 행복을 대변해주는 동시에 자신들에게서 발달했다고 여겨지는 반어적 유머 감각까지도 칭찬해줄 옹호자들을 얻게 되었다. 일반적인 교외 통근자의 삶은 당연히 완벽하지 않았겠지만, 최소한 유쾌하기는 했다. 물론 비판자들은 교외를 향해 계속 경멸 어린 말들을 퍼부었다. 예를 들어 소설가 겸 역사가인 월터 베전트Walter Besant 경이 보기에, "아무런 사교 활동도 없는 교외 생활, 즉 사교 모임이나 단체가 없는 것"은 "인간이 이제껏 감내해본 생활 중에서 가장 지루한 생활"[28]이었다. 또한 작가인 G. K. 체스터턴G. K. Chesterton은 "무신론이 교외의 종교"이며, 교외는 "소설이나 종교 가운데 어느 하나를 통해 찬미되든가 아니면 하늘에서 내려온 불이나 땅에서 타오른 횃불에 의해 파괴되어야 마땅하다"[29]라고 주장했다. 하지만 이런 견해를 상쇄하는 더 긍정적인 의견도 있었다.

1859년에 간행된 에밀리 이든Emily Eden의 소설《반半단독주택The Semi-

Detached House[*]》은 교외를 배경으로 한 최초의 인기 높은 풍속 희극이었고, 교외라는 소재를 다룬 동시대의 작품들과 뚜렷하게 구별되었다.[30] 왜냐하면 그때까지의 다른 작품들은 (예를 들어 콜린스의《배질》처럼) 교외가 풍경에 가한 상처나 교외가 기존 질서에 가한 위협을 주로 다루었고, 교외가 지닌 쾌락의 잠재력은 외면했기 때문이다. 지금에 와서 생각해보면 이런 태도 변화는 결코 놀라운 것이 아니었다. 교외가 애초에 수요에 반응해 대두했으며, 그곳의 주민들은 돈이며 쾌적한 주택이며 여가를 위한 시간까지 모두 보유하고 있었기 때문이다. 그들은 놀이를 좋아하고 심지어 DIY까지 좋아하는 정력적인 사람들이었기에, 그런 긍정적인 성격에 부응하는 간행물만 해도 여러 가지가 있었으며, 대표적인 것이 바로《펀치》였다.《펀치》는 교외와 교외 주민들의 약점을 조롱했지만(예를 들어 교외 주민들이 자신의 주택과 정원에 붙이는 잰체하는 이름을 풍자한다든지), 다른 한편으로는 교외의 존재를 예찬하기도 했다. 심지어 심미가들도 그들을 향해 미소를 짓기 시작했다. 맥스 비어봄Max Beerbohm은 단편소설 〈디미누엔도Diminuendo〉(1896)에서, 교외의 빌라야말로 아름다움과 진리에 헌신하고 싶은 사람들을 위한 완벽한 휴식처라고 (빈정거리는 말투로) 주장했다.

새로운 통근자 생활 방식에 관한 가장 희극적인 이야기는 조지와 위던 그로스미스 형제George·Weedon Grossmith의 소설《어느 평범한 사람의 일기Diary of a Nobody》(1892)에 등장했다.[31] 이 소설은 찰스 푸터Charles Pooter라는 인물의 일기 형식으로 돼 있는데, 사무원인 그는 아내 캐리와 함께 어퍼 홀러웨이Upper Holloway 소재 브릭필드 테라스Brickfield Terrace의 '로렐스

---

* (옮긴이주) 두 집이 벽 하나를 공유한 형태의 주택.

The Laurels'라는 반단독주택에 살면서 기차를 타고 출근한다. 푸터는 그의 계급 특유의 소소한 결점들을 모두 갖고 있다. 그는 철두철미한 속물이며, 이 책의 유머 대부분은 그가 자기와 같은 교외 주민들 앞에서 자기 취향과 행동의 우월성을 입증하려 하는 것에서 비롯된다. 하지만 푸터에게는 나름의 장점도 있다. 그는 사랑 넘치는 남편이며, 친구들과 고용주에게 성실하게 신의를 지키고, 변변치 못한 아들 루핀을 올바른 길로 이끌기 위해 노심초사한다. 허세와 성실의 이런 조합 덕분에 《어느 평범한 사람의 일기》는 작은 고전이 되었다. 훗날 교외의 생활 방식을 신랄하게 비판한 에벌린 워Evelyn Waugh조차 이 작품을 "세상에서 가장 재미있는 책"[32]이라고 평가했다.

이처럼 웃기 좋아하는 교외 주민들의 성격은 빅토리아 시대의 연극에도 영향을 주었다. 통근자들은 이동 능력을 이용해 일터만이 아니라 오락의 장소에도 오갔으며, 그 덕분에 런던의 극장가는 번영을 누렸다. 19세기 말에 가장 인기 있었던 희가극 또는 소극笑劇은 이 새로운 관객들의 취향을 반영한 결과물이었다. 사보이 극장Savoy Theatre에서는 길버트와 설리번Gilbert and Sullivan의 본 공연 직전에 "교외의 아마추어 동호회들"이 무대에 올라 유명 아리아로 이루어진 "즉석 연주회"를 선보였는데, 이 동호회들에게는 이런 곡들이 "국가인 〈영국 만세Rule Britannia〉나 〈영국 국교회 찬송가Hymns, Ancient and Modern〉 못지않게 친숙"[33]했다.

오락에 대한 취미를 형성하는 것 말고도, 통근자들은 (이성의 목소리까지는 아니더라도) 최소한 중산층의 목소리를 대변함으로써 주류로 진입하고 있었다. 정치와 경제 분야에서 영향력 있는 저술가였던 월터 배젓Walter Bagehot은 "승합마차 뒷좌석에 앉은 대머리 아저씨의 의견"이 "교육을 받긴 했지만 여전히 가장 일반적이고 평범한 인간군"[34]의 생각을 가장 온전하게 드러내는 것이라고 믿었다.

1900년에 이르러서는 통근과 통근의 결과물인 교외로 인해 영국의 풍경은 물론이고 주민들의 문화와 행동까지도 바뀌어 있었다. 이것은 욕망의 지원을 받은 조용한 혁명이었다. 오로지 완벽주의자들과 회고주의자들만 이러한 혁명에 반대했다. 우리의 할아버지의 할아버지들은 사랑하는 가정으로부터 돈을 많이 받는 일터로 이동할 수 있기를 꿈꾸었다. 현실은 이들의 꿈과 딱 맞아떨어지지는 않았지만, 그래도 그 꿈에 충분히 근접했다. 시골에 남아 가난하고 뒤처지고 고립된 상태로 있는 것보다는 나았고, 새로운 바빌론의 공동주택에 꼴사납고 빈곤하게 남아 있는 것보다는 나았다.

하지만 통근에서 촉발된 사회혁명이 당시 인구의 거의 85퍼센트를 차지하고 있던 노동계급에 도달하는 과정은 느리기만 했다. 1844년부터 의회의 명령으로 노동자 전용 열차가 운행되었지만, 철도 회사들은 대부분 의무적으로 정해진 횟수만큼만 운행했다. 1882년에 런던행 노동자 전용 열차의 1일 승차권 판매량은 2만 5,000장이 안 되었는데, 이는 전체 판매량의 10퍼센트도 안 되는 것이었다. 다른 도시들에서는 그 비율이 더 낮았다. 리버풀에서는 기차로 통근하는 노동자가 1,700명에 불과했다. 사실 노동계급의 상황은 통근이 시작된 이후에도 별로 나아지지 않고 있었다. 대부분의 사람들이 여전히 도심의 비위생적인 숙소에서 함께 살거나 일터에서 걸어서 다닐 수 있는 거리의 공동주택에서 살았다. 1854년부터 1866년 사이에 런던에는 또다시 콜레라가 유행했다. 하수도 시스템은 1858년의 '대악취Great Stink' 동안 전혀 작동하지 않았다. 그

해의 여름 가뭄 동안 템스 강 상류 교외 지역의 무두질 공장과 도살장과 수세식 변기*에서 배출된 오물이 강물에 뒤섞여 엄청난 악취를 내뿜었던 것이다. 냄새가 너무 지독해서 강변에 있던 의회가 폐회하고, 대법원조차 세인트 올번스St. Albans로 대피할 계획을 세웠다. 1860년대 내내 공학자 조지프 베이절제트Joseph Bazalgette가 런던의 하수도를 완전히 뜯어고치고, 시내의 분뇨 구덩이 22만 개를 대부분 메워버렸지만, 일반 노동자(즉 통근을 감당할 만한 여력이 없는 사람들)의 생활 조건은 여전히 고약하기만 했다. 심지어 그들의 거주지 주위의 공기도 유독하다고 여겨졌다. 응급의학과 열대병 연구의 개척자였던 저명한 외과의사 제임스 캔틀리James Cantlie 경은 1885년 한 강연에서, 런던의 공기를 들이마시는 것이 "도시 질환urbomorbus"으로 귀결되는 경우가 너무도 많다고 주장했다. 그의 주장에 따르면, 런던 주민에게 특유한 이런 문제의 원인은 바로 오존 부족이었다. 오존은 오로지 "신선한 공기"에서만 발견되며, 도심까지는 결코 도달하지 못한다는 것이었다. 왜냐하면 "수백 미터에 걸쳐 있는 인간의 바깥쪽 원이 신선한 공기를 흡수해버리고, 나아가 다양한 오염 물질을 공기에 덧붙이며, 그래서 특정 지역에서 들이마시는 공기, 예를 들어 채링 크로스라든가 템스 강둑 같은 곳에 집중된 공기는 50년 내지 100년 동안 신선한 공기가 전혀 공급되지 않은 상태"[35]이기 때문이었다.

이 문제가 부각된 것은 1880년대에 이르러 전국 차원에서나 지역 차원에서나 정치가들이 주택 문제를 다루는 열쇠는 바로 재정주와 위생이

---

* 나중에 '크래퍼Crapper'라는 별명을 얻게 되었다. 당시에 화장실 용품을 만들던 회사의 이름이 '토머스 크래퍼 사Thomas Crapper & Co.'였기 때문이다. (한때는 영어 단어 'crapper-변기'가 'crap-배설물'에서 비롯되었다는 민간 어원설이 유행했지만, 지금은 저자의 설명처럼 'Crapper'라는 인명에서 유래했다는 것이 정설로 통한다—옮긴이주)

라고 결정하면서부터였다. 운송에서 이미 혁명이 일어났고, 이제는 노동자들이 그것으로 득을 볼 때였다. 그 첫걸음은 1883년의 염가열차법으로, 노동자 전용 열차의 수를 늘리도록 강제하는 것을 목표로 했다. 이 조치는 큰 성공을 거두었다. 일부 철도 회사에서는 염가 열차를 필요 이상으로 더 자주 운행하기도 했다. 예를 들어 그레이트 이스턴 철도는 매일 49회 운행했는데, 의무적으로 운행해야 하는 횟수는 5회에 불과했다. 이 회사는 염가 열차를 이스트 런던 노선에 집중시킴으로써 수익성 좋은 사업으로 변모시켰다. 그것은 철저하게 노동자를 위한 차편이었다. 이 회사의 총지배인 윌리엄 버트William Birt는 이런 열차가 부유한 계급에는 결코 어울리지 않는다고, 또한 계급을 막론하고 여성에게는 결코 어울리지 않는다고 생각했다. "나와 친족관계에 있는 여성들이 하루 24시간 중에 하필이면 노동자들이 여행하는 시간에 맞춰서 그레이트 이스턴 철도의 3등칸을 이용하게 된다면, 나로서는 매우 유감일 수밖에 없다."[36] 그럼에도 불구하고 그 차편은 토트넘Tottenham에 노동계급 통근자들을 위한 교외를 만들어내는 데 기여했다. 개발업자들은 통근자들이 거주할 똑같은 모양의 연립주택을 건설했고, 그런 주택들이 마치 "사열을 받는 병사들처럼" 1에이커(약 4,000제곱미터)당 40~50채씩 줄지어 늘어섰다. 토트넘의 인구는 1851년에 9,100명이었다가, 1891년에는 9만 7,000명으로 치솟았다. 그곳의 통근자들은 자유 시간에도 골프나 테니스를 즐기는 경우가 별로 없었다. 애초에 골프장이나 테니스 코트를 만들 만한 공간이 전혀 없었기 때문이다. 대중적인 여가 활용법은 놀이에 참여하는 것이 아니라 놀이를 관람하는 것이었다. 그 지역의 홋스퍼 축구단Hotspur Football Club은 1882년 토트넘 마시스Tottenham Marshes 소재 공유지에서 시작되어 1899년 화이트 하트 레인White Hart Lane 소재 전용 구장으로 옮겨 갔으며,

그곳에 들어오는 관객들에게 입장료를 받았다.

노동계급 통근자를 위한 열차 운행에서는 그레이트 이스턴 철도가 선도적이었지만, 일부 다른 업체들도 법이 정한 것보다 더 많은 혜택을 제공했다. 예를 들어 런던-사우스 웨스턴 철도와 시티-사우스 런던 철도 모두 오전 7시 30분 이전에 운행하는 모든 열차에서 노동자용 승차권을 판매했다. 1893년에 이르러 런던-사우스 웨스턴 철도는 이런 종류의 승차권을 매년 200만 장 가까이 발매했다. 한편 메트로폴리탄 철도는 매일 아침 일찍 노동자 전용 열차를 2회 운행하면서 평소의 요금인 9펜스가 아니라 3펜스로 요금을 내리는 동시에, 귀가 시에 승객이 원하는 어떤 열차로든 갈아탈 수 있게 했다. 하지만 일부 회사들은 염가열차법에 분개했으며, 정치가들의 변덕으로 피해를 입은 순교자처럼 굴었다. 《레일웨이 뉴스Railway News》는 1890년의 한 사설에서 그런 회사들의 입장을 대변했다. "철도 회사들은 염가열차법에서 의무로 정한 것보다 전반적으로 더 많이 봉사하고 있다. 회사 운영에서 큰 불편을 겪고 최소한의 수익을 거두면서도 노동자들이 일터로부터 멀리 떨어져 살 수 있도록 열차를 운행해왔으니, 이런 열차가 없었다면 그들에게 그런 삶은 불가능했을 것이다."[37] 몇몇 철도 회사는 여기서 한 걸음 더 나아가, 자기들이 의무적으로 태워야 하는 빈민들을 파손범이자 무임승차자로 낙인찍었다. 예를 들어 메트로폴리탄은 자사의 노동자 전용 열차를 이용하는 승객들이 객차의 가죽 손잡이 끈을 훔쳐간다고 주장했다.

노동자를 위한 통근 차편과 관련해 운송 업체들이 받는 정치적 압력은 1890년대 내내 점점 더 커졌다. 특히 지방에서 그랬다. 1888년의 지방정부법에 따라 선거를 통해 구성된 의회가 주 정부를 좌우하게 되었고, 해당 지역의 주택과 위생에 대한 책임도 떠맡게 되었다. 최초의 의회 선거는 1889년에 치러졌으며, 이때 자유당과 노동 운동 지도자들과 페이비언 협회Fabian Society 회원들이 연합한 진보당이 런던 주 의회에서 다수당이 되었다. 진보당은 노동자들의 필요가 철도 회사들의 필요보다 우선이라고 생각했다. 1893년 런던 주 의회 산하 공중보건·주택위원회는 "노동계급의 교외 이주를 더욱 독려해야 하는 시급한 필요를 고려하여" 추밀원 상업위원회에 "열차 수를 늘리고, 열차 운행 시간을 연장하고, 요금의 균일성을 강화하고, 더 편안하고 일률적인 승차권 발급 시스템을 갖추기 위해 영향력을 행사해줄 것"[38]을 요청하기로 의결했다. 하지만 일부 진보당원들은 이런 접근법이 미진하다고 생각했다. "노동계급의 주택 문제를 다룬 저명한 저술가" 제임스 홀James Hole은 "모든 열차를 노동자 전용 열차로 만들지 말아야 할 이유를 전혀 찾을 수 없다"[39]고까지 단언했다.

런던 주 의회는 결의만 한 것이 아니라 직접적인 행동에도 나섰다. 1890년의 노동계급주택법을 통해 주택 건설에 필요한 토지의 강제 매입 명령을 가능하게 했고, 법률 수정을 거쳐 그 토지의 경계 너머에 있는 토지까지 매입해 '노동계급의 공동주택'을 지을 수 있도록 조치했다. 또한 1870년에는 전차로법을 만들어서 21년 이상 된 전차 노선을 주 정부가 인수하도록 허락했다. 런던의 전차는 공공 운송수단의 일종으로서 변화무쌍한 역사를 갖고 있었다. 고정된 철로를 따라 말이 끄는 방식의 운행은 1860년대부터 이루어졌지만, 그 철로가 다른 형태의 운송수단에 방해가 된다는 이유로 도심에서는 대부분 금지되었으며, 또한 전차가 부동산 가격에 부정적인 효과를 미친다는 의견도 있었다. 그럼에도 불구하고 몇몇 업체들은 교외에서 전차를 운행했으며, 그중 일부는(특히 브릭스턴-케닝턴Brixton-Kennington 노선을 보유한 메트로폴리탄 철도, 그리고 바우-화이트채플Bow-Whitechapel 노선을 보유한 노스 메트로폴리탄 철도North Metropolitan)

상당히 많은 수의 노동계급 통근자를 실어 날랐다. 런던 주 의회는 1895년부터 전차 운영업체들을 인수하기 시작했다. 1895년에 런던 스트리트웨이스 회사London Streetways Company를 인수했고, 1896년에는 노스 메트로폴리탄 철도를 인수했다. 같은 해에 런던 주 의회는 런던주의회법에 의거하여 전차 노선을 운영하고 소유하는 권한을 갖게 되었다. 런던 주 의회는 강제 구매 명령을 통해 투팅Tooting 소재 토터다운 필즈Totterdown Fields에 근로자를 위한 소형 주택단지를 만든 뒤, 자체 전차 노선을 이용해서 이곳과 런던 중심부의 엠뱅크먼트Embankment 역을 연결했다. 이곳의 소형 주택들은 예술공예운동 양식으로 지어졌으며, 1911년 공사가 마무리되었을 때는 1,229채의 소형 주택에 8,788명의 주민이 살고 있었다.

런던 주 의회가 통근 차편을 직접 운영하고 주택을 직접 건설하게 된 것은 공공 정책의 중대한 변화를 상징했다. 이것은 초창기의 국영화 실험인 동시에, 통근이 진보에 불가결하다는 사실에 대한 인정이기도 했다. 이제 산업국가에서는 일터와 쉼터의 분리야말로 노동의 분업만큼이나 중요한 요소였다. 대량 운송은 곧 공공 운송이 될 수 있었고(심지어 '마땅히' 그래야만 했고), 따라서 너무나도 중요한 문제였기에 시장의 힘에만 맡겨놓을 수 없었다. 다른 지방 정부들도 비슷한 노선을 추구했다. 글래스고 시 의회는 1894년부터 전차 노선을 운영했고, 전차는 이후 60년간 그곳의 대중교통 시스템을 지배했다. 1900년에는 통근자 가운데 50퍼센트 이상이 시 의회의 전차를 이용했으며, 민간 업체의 열차를 이용하는 사람은 10퍼센트에 불과했다.

이런 크나큰 변모는 전국에서 나타났다. 1900년 보수당의 각료 A. J. 밸푸어A. J. Balfour는 노동계급 주택 공급의 방법과 입지에 관해 하원에서 벌어진 토론 중에 이렇게 말했다.

저는 과밀이라는 크나큰 질환에 대한 치료법을 (제아무리 철저한 치료법이라 하더라도) 단순히 비위생적인 지역을 처리하는 것에서만 찾을 수는 없으리라고 매우 확신합니다. 건물을 더 높게 지어 한정된 지역 내에 더 많은 인구가 살게 할 수 있다면, 그것은 잘된 일이고 좋은 일일 것입니다. 하지만 그것이 불가능하다면, 우리는 과밀 상태인 지역 중심부의 좁은 구역에서 벗어나 바깥으로 나가야만 할 것이고, 또한 시간을 파괴하는 철도 같은 현대적인 발명품과 현대적인 개선 사항들에 의지해야 할 것입니다.[40]

이제 통근은 현대 생활의 필수 요소가 되었을 뿐만 아니라, 모든 계급이 누릴 수 있는 것이 되어야 했다.

3장
–
'뱀 대가리'와 '미식가'

미국에서는 자연과 가정 생활이 교제와 도시 생활의 예절보다 좋다. 따라서 지각 있는 사람이라면 조만간 어느 정도씩은 기꺼이 도시의 소란으로부터 벗어나게 마련이다.[1]

_앤드루 잭슨 다우닝Andrew Jackson Downing, 1848

철도로 인해 공간이 죽어 나가자 우리에게는 오로지 시간만 남게 되었다.[2]

_하인리히 하이네Heinrich Heine, 1843

통근은 철도와 함께 전 세계로 전파되었다. 영국과 같은 시기에 미국에서도 통근이 뿌리를 내렸다. 미국 최초의 열차 통근자는 뉴욕-할렘 철도New York and Harlem Railroad를 이용했는데, 1837년에 이 철도는 대도시 뉴욕에서 17세기의 네덜란드인 마을 할렘까지(얼마 지나지 않아 더 먼 크로 턴 폴스Croton Falls까지) 이른바 '좌석' 열차로 승객을 실어 나르고 있었다. 동시대의 기록에 따르면 이 노선은 특히 경치가 좋아서, 창밖으로 "초록 이 우거진 풀밭, 나무들이 우거진 숲, 울퉁불퉁한 바위, 아름답고 깨끗한 브롱크스 강" 등으로 장식된 "멋진 시골" 풍경을 볼 수 있었다.[3] 사방팔방 에서 다른 뉴욕행 노선들도 개통되었는데, 그중에는 남서쪽 뉴저지에서 오는 것도 있었다. 사실 '통근하다commute'라는 단어는 패터슨-허드슨 강 철도Paterson and Hudson River Railroad에서 유래했다. 1843년에 승객 가운데 일정 기간 동안의 승차 요금을 미리 '일괄 지불commute'하고 싶은 사람, 즉 할인을 조건으로 정기권을 구입하고 싶은 사람은 "회사의 대리인과 만나 약정서를 작성"[4]하라는 권유가 있었던 것이다.

미국에서 사람들이 통근을 하는 이유는 영국의 이유와 같았다. 미국 의 대도시 역시 과밀하고 비위생적이었다. 예를 들어 뉴욕에는 시립 빈 민생활조건향상협회라는 것이 있었는데, 이 기관이 관심을 기울이는 사 람들은 "어둡고 비좁고 잘못 지어지고 환기가 잘 안 되고 역겹도록 지저 분한" 숙소에 살고 있었다. 1만 8,000명에 달하는 쪽방 거주자들의 숙소 에는 종종 썩은 진흙물이 범람하곤 했다. 콜레라가 1832년에 뉴욕에서 처음 유행했으며, 1849년, 1854년, 1866년에 또다시 유행했다. 1847년, 1848년, 1851년, 1864년에는 장티푸스도 유행했다. 19세기 중반에 이 도 시에서 태어난 아이 가운데 19퍼센트는 첫 번째 생일을 맞기도 전에 사 망했다.

보금자리 마련도 하나의 동기가 되었다. 〈즐거운 나의 집Home! Sweet Home!〉(1823)은 이 시대에 가장 사랑받은 노래 가운데 하나이며, 그 가사 에 표현된 정서 덕분에 많은 사람들이 저마다 주택을 열망하게 되었다.

목사인 윌리엄 G. 엘리엇 2세William G. Eliot Jnr.는 주택 건설에 대한 당시의 강박관념이야말로 미국의 건강에서 핵심이라고 주장했다. "우리의 자유로운 제도의 기반은 우리 국민 전체가 갖고 있는 가정에 대한 사랑 안에 있다. 우리 조국의 힘은 모든 인간이 자유롭고 평등하다는 선서에 있는 것이 아니라, 오히려 난롯가의 조용한 영향력에, 가족이라는 울타리 안에 사람들을 하나로 엮어주는 유대에 있다. 우리 공화국의 주춧돌은 바로 벽난로의 바닥돌인 것이다."[5] 시인 월트 휘트먼Walt Whitman도 이에 동의했으며, 재산 소유권이야말로 인간다움의 본질적인 한 부분이라고 생각했다. "집과 그 집이 서 있는 땅을 소유하지 않는 한, 인간은 온전하고 완전한 인간이 아니다."[6]

한편으로 미국인의 통근은 지나친 과세를 피하는 수단이기도 했다. 도시에서는 주민세가 비쌌지만, 도시를 벗어나면 상당히 저렴해졌다. 뉴욕 시의 주민이 이스트 강을 건너 "아름다운 브루클린"으로 가기만 해도 고지서의 금액이 무려 90퍼센트나 줄어들었다. 그래서 많은 사람들이 연락선을 이용해 통근을 하게 되었다. 1854년에 주요 연락선 운항 업체인 유니언 연락선 회사Union Ferry Company는 "하루에 1,250번 도강"을 했다. 그로부터 몇 년 전 휘트먼은 《브루클린 이글Brooklyn Eagle》의 자기 사무실에서 그 모습을 지켜보면서 재미있어했다. 그는 특히 러시아워 동안의 광경에 주목했다. "아침이면 (뉴욕의 직장에 고용된) 사람들이 하나의 끊이지 않는 흐름을 이루어 연락선으로 향한다. 이 쇄도는 6시 정각이 지나자마자 시작된다. (……) 일부 젊은 신사들에게서 드러나는 광란을 지켜보는 것은 교훈적 가치가 있다. (……) 그들은 마치 목숨이 달린 일인 것처럼 앞으로 쇄도하며, 뚱뚱한 여성이나 온갖 종류의 다루기 힘든 사람이 앞을 가로막으면 격분해 마지않는다."[7]

연락선들이 승객을 확보할 수 있었던 것은 교외로 점점 더 깊숙이 들어가고 있던 철도 덕분이었다. 통근자가 급속히 증가하면서 뉴욕 시에서는 세입 감소가 큰 문제가 되었다. 1847년 《뉴욕 트리뷴*New York Tribune*》에 실린 머리기사는 이 문제를 다음과 같이 부각했다.

> 상당한 재산이 우리 도시의 가혹한 과세를 피해 지속적으로 우리 도시에서 빠져나가고 있다. 이곳에서 부를 마련한 사람 가운데 상당수가 먼 곳에 가서 그 부를 소비하고 누리는 것이다. 수천 명의 사람들이 이곳에서 사업을 계속하면서 다른 어딘가에 가서 거주하고 세금을 내는 것이다. (……) 따라서 뉴욕의 모든 교외 지역이 급속하게 성장하고, 30킬로미터 내지 50킬로미터 떨어진 마을들이 이곳에서 벌어 그곳에서 쓰는 돈 때문에 유지가 되는 반면, 우리 도시에는 그에 버금가는 급속한 성장이 없다.[8]

영국과 마찬가지로 미국에서도 1세대 통근자들은 대부분 중산층이거나 매우 부유했다. 교외에서 뉴욕이나 보스턴까지 가는 요금은 할인을 받아도 하루에 25센트가량이었는데, 당시의 평균 임금이 하루에 1달러였으니 교통비를 떼면 평균 7인 가족의 식비는 빠듯할 수밖에 없었다. 당시 미국에는 노동자 전용 열차 같은 것도 없었다. 전형적인 통근자들은 화이트칼라 전문직, 즉 변호사나 무역업자, 토지 투기꾼, 기업가 등이었다. 이 시기의 만화를 보면 말끔하게 차려입고 구레나룻을 무성하게 기른 자신감 넘치는 젊은 남자들이 열차 좌석에 앉아 있어서, 열차 안이라기보다는 마치 사설 클럽처럼 보일 지경이었다.

미국 러시아워의 개척자들 역시 열차를 타면서 영국 사람들과 똑같은 두려움을 이겨내야 했다. 당시에는 열차 충돌이나 폭발이 늘상 있는 일이었는데, 그것의 선례는 미국에서 제작한 최초의 기관차인 '베스트 프렌드 오브 찰스턴Best Friend of Charleston'이었다. 이 기관차는 1831년에 폭발 사고를 일으켰으며, 그 과정에서 자기 스카프로 안전밸브를 묶어서 고치려고 시도하던 화부 한 명이 사망하고 말았다. 이와 유사한 재난 사고가 이후 19세기 내내 거의 매월 일어나다시피 했으며, 미국의 신문들은 이를 위한 지면을 항상 배정해놓고 있었다.*

미국의 기차는 심지어 아이언 듀크급 4-2-2 '설턴' 같은 기관차들보다 더 위험했다. 대개 석탄 대신 장작을 연료로 사용했기 때문에, 보닛 모양의 그 기묘한 배기관에서는 불덩어리뿐만 아니라 이글거리는 잉걸불 소용돌이가 분출되었다. 밤이면 그 모습이 마치 불꽃놀이처럼 보여서, 철도 여행 경험이 많아 두려움이 없다고 자부하는 외국인들조차도 겁을 먹었다. 1842년에 미국을 방문한 찰스 디킨스도 그곳에서 처음 기차를 탔을 때 깜짝 놀랐다. "거듭, 거듭, 거듭. 미친 용 같은 기관차가 열차를 이끌고 내달렸고, 그러자 엔진의 장작불에서 튀어나오는 타오르는 불꽃 소나기가 사방에 흩어졌다. 기차는 끽끽대고 쉭쉭대고 삑삑대고 헐떡댔다. 그러다가 마침내 이 목마른 괴물이 물을 마시기 위해 급수탑 아래에 멈춰 서고, 사람들이 주위에 모여든 뒤에야, 비로소 우리도 숨 쉴 시간을 얻었다."[9]

그런가 하면 특유의 위험 요소도 있었는데, 그중에서도 가장 무서운 것은 이른바 '뱀 대가리snakeheads'였다. 미국 최초의 철도 가운데 일부는

---

* 훗날 마크 트웨인은 철도 여행의 위험에 대한 언론의 강박관념을 조롱하는 에세이 〈침대에 누워 사망할 위험The Danger of Lying in Bed〉(1871)을 발표했다. 여기서 그는 대부분의 사람들이 기차 충돌이나 기타 사고로 사망하기보다는 침대시트에 둘러싸여 사망하므로, 여행 보험에 들기보다는 차라리 침대를 구입해야 할 것이라고 지적했다.

진짜 철로 만들어진 레일이 아니라 철판 띠를 못질해서 덧댄 각목들의 레일로 이루어져 있었는데, 그것은 원래 광산이나 채석장에서 말이 끄는 광차鑛車가 지나가도록 만들어진 레일이어서, 무게가 80톤이나 되는 기관차를 지탱할 만큼 튼튼하지 못했다. 급기야 각목이 부러지고, 기관차 바퀴에 눌린 철판 띠가 휘어지면서 그 끄트머리가 객차를 찌르거나 심지어 객차 안의 승객을 찌르는 사고까지 일어났다. 예를 들어 1843년에 아이삭 스타츠Isaac Staats라는 사람이 뉴저지에서 기차를 탔는데 "열차가 겨우 몇 킬로미터쯤 갔을 때 '뱀 대가리'가 객차를 찌르고 들어와, 스타츠는 턱 아래를 찔려 즉사했다".[10]

미국의 초창기 통근자들은 신체적 위험뿐만 아니라 정신적 위험에도 의연하게 대처할 필요가 있었다. 철도 건설이 진행된 수십 년 동안 미국에서는 낭만주의와 형이상학을 뒤섞은 초절주의자들의 주장이 유행하게 되었는데, 이들은 기차 여행이 영혼에 나쁘다고 생각했다. 이들의 반대가 유난히 씁쓸한 까닭은, 기차 여행 초창기에만 해도 이들이 오히려 기차 여행을 예찬했기 때문이었다. 랠프 월도 에머슨Ralph Waldo Emerson은 1844년에 한 독창적인 강연 〈젊은 미국인Young American〉에서 시대정신을 규명하려 하면서, 철도가 "우리 땅에 있는 무한한 자원에 대한 (……) 인식의 증대"를 자신의 주제에 제공했다고 밝혔다. 또한 철도는 시간을 폐지하고 이 나라를 경이의 땅으로 만들었는데, 왜냐하면 철도의 강철이야말로 "마법사의 지팡이로서, 땅과 물에 포함되어 잠자던 에너지를 일깨우는 힘을 가졌기 때문"이라고 설명했다. 하지만 10년 뒤에 똑같은 주제를 다루면서 그는 이제 너무 많은 미국인이 너무 많은 시간을 기차에서 보낸다고, 이러한 수동성은 사람들에게 나쁘다고 생각하게 되었다. "이제 사물이 안장에 올라/인류를 타고 가는구나Things are in the saddle/And ride mankind."[11] 헨리 데이비드 소로Henry David Thoreau 역시 비슷한 심경 변화를 일으켰다. 처음에는 철도 여행의 잠재력에 매료되었지만("나는 하루에 다섯 번이라도, 불과 한 시간 안에 보스턴까지 바람처럼 달려갈 수 있게 되었다")[12] 나중에는 반대한 것이다.

철도 사망자 등록부와 초절주의자들의 훈계를 무시할 만큼 충분히 대담하기만 하다면, 미국에서 열차를 타는 것은 충분히 보람 있는 일이었다. 세계 나머지 국가들의 기준과 비교할 때, 미국의 기차는 바퀴 달린 사치품이었다. 그곳에는 1등칸과 3등칸의 구분이 없었다. 객차는 신사용과 숙녀용 둘뿐이었고, 디킨스에 따르면 "이 둘의 주된 차이"라고는 "앞의 객차에서는 모두가 담배를 피우고, 뒤의 객차에서는 아무도 담배를 피우지 않는다는 것"[13]뿐이었다. 양쪽 모두 실내 공간이 넉넉했다. 1852년에 미국 철도 여행을 처음 해본 《일러스트레이티드 런던 뉴스Illustrated London News》 소속 기자는 상당한 지면을 할애해 자기가 탄 객차의 실내 장식을 칭찬했다. 좌석은 "푹신푹신하고, 질 좋은 플러시 천으로 덮여 있으며", 팔걸이는 "광택을 낸 검은 호두나무 또는 마호가니로 만들어졌다"[14]는 식이었다.

미국의 객차는 영국의 객차보다 훨씬 길었다. 미국의 객차는 끝에서 끝까지 통로가 이어지고, 양쪽에 2인용 벤치가 배열된 형식이었다. 그런데 미국인들은 열차의 진행 방향을 등지는 것을 싫어했기 때문에, 좌석마다 '전후 이동식' 등받이를 설치해 통근자가 항상 열차의 진행 방향을 바라볼 수 있게 했다.* 전후 이동식 등받이 덕분에 승객들은 다른 사람

* (옮긴이주) 등받이를 고정시키지 않고 앞이나 뒤로 젖혀서 앉는 방향을 바꿀 수 있게 한 것을 말한다.

들과 어울리고 싶을 때는 네 명씩 함께 앉을 수도(그리고 역방향을 바라보는 것에 대한 편견을 극복할 수도) 있었다. 겨울이 되면 객차에 목탄 난로가 설치되었고, 차장은 난로가 벌겋게 달아오를 정도로 불을 활활 지피면서 창문을 함부로 열지 못하게 감독했다. 그래서 영국의 열차가 겨울이면 얼어붙을 듯이 추운 반면에 미국의 열차는 덥고 답답하고 공기가 탁했다. 여름이면 미국의 열차에는 냉수 공급기와 사슬 달린 공용 컵이 설치되었다. 물론 이 설비는 불결하기로 악명 높았으므로, 그 세기 말에 위생 열풍이 불어닥치면서 없어졌다. '물 배달원'이 목이 긴 주전자에 얼음물을 넣어 들고 다니며 승객을 위해 컵에 물을 따라주었고, 일부 노선에서는 차가운 음료수를 공짜로 주기도 했다. 보스턴-우스터 노선Boston and Worcester line에서는 물 배달원이 은제 항아리와 잔을 들고 다녔다. 마지막으로, 결코 무시할 수 없는 미국 객차의 상대적 장점 가운데 하나는 바로 화장실이었다. 화장실이란 객차 한쪽 구석에 마련된 작은 격리 구역으로 크기가 찬장 정도였는데, 거기 설치된 목제 변기의 뚜껑을 열면 곧바로 열차 아래의 철로가 보였다.

하지만 객차 간의 이런 물리적 차이보다 더 큰 차이는 영국인 통근자와 미국인 통근자의 예절에서 찾아볼 수 있었다. 영국인이 침묵을 선호한 반면에 미국인은 말하는 것을 선호했다. 모르는 사람들이 서로 말을 걸기도 하고, 정치와 종교에 관해 토론을 하기도 했는데, 둘 다 영국인 여행자에게는 금기시되는 행동이었다. 일부 영국인 방문객은 그런 친근한 분위기를 견딜 수 없어 했다. 19세기의 철도 작가들 가운데 일인자였던 윌리엄 미첼 액워스William Mitchell Acworth 경에 따르면, 영국식이 최선이었다. "잉글랜드에서 '고즈넉하고 답답한 칸막이'를 유지하는 것은 단지 우리가 그걸 좋아하기 때문이며 (……) 나는 풀먼Pullman이 제작한 것 중에서도 가장 사치스러운 객차 안에서 '일반 대중과 대화를 즐기는 특권'을 갖느니, 차라리 미들랜드Midland의 3등칸에 갇혀 있는 편을 택하겠다."[15]

미국의 통근자들은 이동 중 대화만 즐긴 것이 아니라, 온갖 종류의 놀이에 몰두했다. 당시 뉴욕에서 간행되던 풍자 잡지《트루스The Truth》에 수록된 만화를 보면, 옷을 잘 차려입은 승객들이 책을 읽거나, 파이프 또는 시가를 피우거나, 아령을 들거나, 카드놀이를 한다. 통근자들이 매일 퇴근 길에 네 명씩 모여 앉아 카드놀이의 일종인 휘스트whist를 하는 일은 흔했다. 그들은 각자의 좌석 등받이를 '젖힌' 다음 베이즈 천을 덮은 판자를 자신들의 무릎 위에 올려놓았고, 중요한 카드 한 장을 마무리하느라 내려야 할 역을 지나치는 경우도 종종 있었다.

일부 미국 통근자들은 객차를 바퀴 달린 클럽으로 바꾸는 데 그치지 않고, 아예 공동으로 전용 객차를 사거나 대여함으로써 서로의 유대를

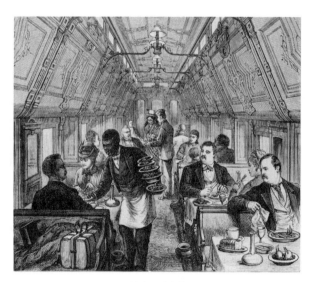

풀먼 호화열차

강화했다. 이런 객차를 만든 풀먼 호화열차 회사Pullman Palace Car Company 는 1862년에 설립되었는데, 가죽 안락의자와 카드놀이용 탁자, 도서관, 술집, 흡연칸과 비흡연칸을 모두 갖춘 장거리 여행용 호화판 객차를 전문적으로 만들었다. 이런 예약 객차는 오전과 오후의 특별 운행에 동원되었으며, 그 객차의 승객들은 일터와 가정에서 기둥 역할을 하는 거물들끼리 약간의 부동산 투기와 내부자 거래를 할 기회를 얻을 수 있었다.

　이론상으로는, 감당할 여력이 있는 사람이라면 누구나 이런 사치를 누릴 수 있었다. 하지만 현실적으로는, 흑인이 이런 개인용 예약 객차의 내부 장식을 구경하려면 그 열차의 차장이나 급사가 되는 방법밖에 없었다. 미국의 열차는 인종에 따라 분리되어 있었다. 남북전쟁(1861~1865) 전에 남부에는 노예 전용 특별칸이 있었는데, 디킨스에 따르면 그것은 "크고 엉성하고 투박한" 궤짝에 불과했고, 가축 운반용 화차나 매한가지였다. 미국의 나머지 지역에는 전쟁 전에도 후에도 철도 여행을 하려는 흑인을 위한 '검둥이' 객차가 있었다. 이런 차별을 지켜본 외국인 방문객은 혐오감을 느꼈다. 1857년에《일러스트레이티드 런던 뉴스》에 실린 만화를 보면 "열차에서 쫓겨나는 검둥이, 필라델피아"라는 제목하에, 허름한 옷차림의 한 백인이 자기보다 훨씬 잘 차려입은 흑인을 향해 격분해서 야단을 치는 모습이 묘사되어 있는데, 아마도 흑인을 그 객차에서 쫓아내려는 것처럼 보인다.

　영국과 마찬가지로 미국에서도 통근 열풍은 교외 건축 열풍을 가져왔다. 영국에 비해 미국의 교외 주거지는 밝은 평판을 얻었다. 그곳은 새로운 사회적 목가였으며(왜냐하면 도시에서 충분히 가까우면서도 세금은 적게 내는 아르카디아였으니까) 철도가 도달하는 곳 어디에나 생겨나서 인기를 누렸다. 미국인은 교외에 대해 자부심을 가졌다. 고립된 독방들의 집합체가 아니라, 새롭게 창설된 공동체였기 때문이다. 대개는 주민 수가 충분히 늘어날 때까지 굳이 기다리지 않고 개발 과정에서 교회와 도서관을 미리 지었다.

이런 새로운 장소에 구세계의 이름을 붙이는 경우가 종종 있었다. 미국으로 몰려온 수백만 명의 이민자는 자유뿐만 아니라 친숙함도 원했기 때문이다. 17세기에 필라델피아 인근에서 가장 좋은 통근 가능 지역에 자리를 잡은 웨일스 출신 지주들과 퀘이커 교도들은 자신들의 농장과 도시에 고향의 지명을 붙였다. 그러니 전 세계에서 가장 부유한 통근자 정착지들 몇 곳을 지나가는(즉 버윈Berwyn에서 메리온Merion을 거쳐 브린 모어 Bryn Mawr까지 가는) 펜실베이니아 메인 노선Pennsylvania Main Line의 여정은 만약 그 모국에서였다면 갈지자를 그릴 수밖에 없었을 것이다.*

학교와 클럽은 철도 가까이에 지어진 것은 물론이고, 신新식민주의 양식의 주택들에도 가까운 곳에 지어졌다. 근처에 좋은 학교가 있거나 새로운 학교를 찾아낼 가능성이 있다는 것은 빅토리아 시대의 미국인 통근자가 종종 내세운 통근의 이유였다. 또 영국에서처럼 미국에서도 공놀이에 대한 선호가 나타났다. 1855년에 설립되어 미국에서 가장 오래된 컨트리클럽인 메리온 크리켓 클럽Merion Cricket Club은 펜실베이니아 메인 노선에서 180미터 이내에 있어야 한다는 조건에 따라 현재의 자리에 들어섰다. 메리온에서는 크리켓 말고 테니스 경기도 자주 열렸으며, 1896

---

* (옮긴이주) 저자가 언급한 미국의 3개 지명의 원조인 웨일스의 3개 지역은 서로 멀리 떨어져 있기 때문에, 웨일스에서라면 미국처럼 하나의 철도 노선이 세 곳을 연이어 지나갈 수가 없음을 지적한 것이다.

년에는 이곳의 두 골프장 중 첫 번째 것이 만들어졌다.

통근자의 유입이 항상 환영받는 것은 아니었다. 뉴잉글랜드에서는 최초의 증기 열차가 지나갈 때마다 주변 농지의 농부들이 돌을 던졌다. 그리고 플러싱 철도Flushing Railroad에서는 통근자 수를 억제하려고 1862년에 정기권을 없애버렸다. 통근자들 때문에 회사가 유람이나 화물 관련 사업을 발전시키지 못한다는 판단 때문이었다.《플러싱 저널Flushing Journal》의 편집자는 정기권의 폐지를 안타까워했다. "그들의 인사, 그들의 고함, 자기 기분을 거스르는 모든 것에서 잘못을 찾아내는 그들만의 권리, 그리고 그들의 좋고 나쁜 모든 특징들이 개혁의 빗자루 앞에서 단숨에 사라지고 말았다."[16] 하지만 이런 부고는 지나치게 때 이른 것으로 드러났다. 불과 2년 만에 통근요금제가 되살아났으며, 곧이어 새로운 노선들이 롱아일랜드로 뻗어나가면서 통근자들을 뉴욕 밖으로 유혹했기 때문이다. 1869년에 알렉산더 T. 스튜어트Alexander T. Stewart(그로 말하자면 19세기의 샘 월턴Sam Walton이었으며, 미국에서 가장 부유한 사람 가운데 하나였다)는 헴프스테드 플레인스Hempstead Plains의 토지 약 8,600에이커(35제곱킬로미터)를 구입해 중산층을 위한 주택지인 가든 시티Garden City를 만들고, 롱아일랜드 센트럴 철도Central Railroad of Long Island를 통해 그곳의 거주민이 뉴욕 시까지 오가게 해주었다. 처음에는 반응이 신통치 않았다. 가든 시티가 거주자의 조건을 까다롭게 규제했고, 그곳에 들어온 사람들에게도 주택에 대한 완전한 소유권을 주지 않았기 때문이다. 하지만 스튜어트가 사망한 후 그의 아내가 남편의 무덤 위에 성육신成肉身 대성당Cathedral of the Incarnation을 건립하고 소유권 관련 규제도 없애자, 헴프스테드 플레인스에 보금자리를 얻기 위해 통근자들이 몰려들었다.

가든 시티 측은 처음에는 자기가 원하는 통근자를 거주시키려고 까

다룹게 굴었지만, 롱아일랜드
의 나머지 지역은 지방세를 내
고 새로운 공동체를 건설하려
는 사람이라면 누구라도 환영했
고, 뉴욕 인근의 다른 교외 지역
들도 상황은 대부분 비슷했다.
철도 회사들과 철도 노선이 지
나가는 지역들 모두 유명인사를
동원해 자기들의 장점을 지면
에서 찬양하게 만들었다. 뜻밖
의 인물들까지 교외 홍보 열풍
에 동참했다. 예를 들어 거의 평
생을 오페라를 만들고 바그너의
천재성을 미국인에게 납득시키

《컨트리 라이프Country Life》지에 실린 가든 시티
광고(1917)

려고 노력하며 보낸 인물인 구스타브 코베Gustav Kobbé는 뉴저지 철도New
Jersey Railroad로부터 사례금을 받고 그 노선 인근의 토지에 관한 서정적인
발언을 했다. 그는 미사여구의 산문을 여러 페이지 써서 그 철도 회사에
넘겨주었는데, 뉴요커들을 철도에 오르게 만들어 교외로 유혹하는 것이
그 글의 목표였다. 글은 당신들도 이제 엘리트 대열에 합류할 수 있다고
미래의 통근자들에게 확신시키는 것으로 시작되었다.

뉴욕 최고의 시민 수천 명이 이제는 그 도시의 시민이 아니게 되었다.
아침이면 그들은 이 대도시의 업무 구역으로 밀물처럼 들어선다. 그리
고 저녁이면 썰물처럼 사라진다. (……) 그 시민 아닌 시민들 가운데 가

장 지적이고 진보적인 사람들은 뉴저지 센트럴 철도Central Railroad of New Jersey를 통해 이 도시에 도달하는 사람들이다. 의심의 여지 없이 그것은 그들이 각자의 가정으로 선택한 장소의 매력적이고 건강한 주변 환경 때문이고, 또 최고의 속도와 안전은 물론이고 최고의 편안함까지 조합한 철도 덕분에 그들이 각자의 업무 장소까지 오갈 수 있기 때문이다.[17]

코베는 자기가 돈을 받고 홍보하기로 한 교외를 기독교인의 낙원과 거대한 놀이공원의 조합인 양 묘사했다. 그리고 그곳의 교회와 경마장과 컨트리클럽을 열거하고, 도시 바깥에서 산다는 것이 도시를 완전히 떠난다는 뜻은 결코 아니라고 주장했다. 통근자의 아내들 역시 여전히 도시에 가서 쇼핑을 하고, 함께 모여 점심을 먹고, 브로드웨이에서 낮 공연을 관람할 수 있었다. 코베의 이런 과장은 당시 미국 전역에 만연했으며, 이처럼 어떤 도시의 미덕을 과장되게 표현해 새로운 주민을 끌어모으는 것이 매우 일반적인 현상이어서 이를 지칭하는 '과다격찬boosterism'이라는 단어까지 생겼다. 과다격찬은 오하이오, 일리노이, 위스콘신, 미네소타 같은 서부의 주들에서 맹위를 떨쳤다. 그곳에서는 모두들 자기 집 문 앞으로 철도가 지나가기를 원했는데, 그래야만 자기 농장을 군구郡區township로 바꿀 수 있을 것이고, 그 과정에서 토지를 매각해 한재산 마련할 수 있을 것이기 때문이었다. 급기야 인구 극소수의 이름 없는 마을들이 철도 회사에 자기들 땅에 철도를 건설하라고 로비하고, 연방 정부에는 철도 건설에 필요한 땅을 자기들한테 팔라고 로비하기에 이르렀다. 이들은 자기 동네의 매력과 전망을 묘사할 때도 경쟁적으로 과장했고, 그리하여 심지어 열병이 자주 발생하는 늪지 한가운데의 마을까지도 약간의 과다격찬만 덧붙이면 축복 같은 주변 환경을 지닌 제2의 뉴욕처럼 보일 지경이었다.

과다격찬의 대표적인 사례로 미네소타 주의 덜루스Duluth를 들 수 있는데, 1869년에 불과 14명이 살던 이 초라한 정착지는 세인트 폴St. Paul로 가는 새로운 철도가 자기네 동네로 지나가기를 원했다. 연방 소유의 토지 가운데 철도 건설에 필요한 땅을 내주기로 한 법안이 하원에 상정되자, 켄터키 주 의원 프록터 노트J. Proctor Knott가 이에 관해서 연설을 했다. 50년 가까운 공직 생활 동안 그가 남긴 재치 있는 말은 전부 이 연설에 담겨 있는데, 여기서 그는 이 법안을 지지하기 위한 증거로 제시된 과장된 선전들을 꼬집었다. 즉 노트는 덜루스와 그곳에 사는 소수 주민들의 주장을 받아들이는 척하면서 도리어 조롱했다. 급기야 덜루스라는 지명은 아둔함의 상징이 되었다.

이 똑똑하고 경쟁력 있고 유능하기 짝이 없는 증인들이 내놓은 증거를 경청한 사람이라면 [웃음] 사도 도마만큼 의심 많은 사람이 아닌 한 누가 감히 의심을 하겠습니까? 세인트 크로이 강의 모래 계곡 안에, 그리고 소나무로 뒤덮인 언덕 위에 미국의 '고센Goshen*'이 건설될 예정이라는 이들의 주장을 말입니다. [웃음] 누가 감히 벌떡 일어나 반론을 내놓을 만큼 철면피하겠습니까? 그 지역 전체에서 생산되는 작물이라고는 소나무 덤불을 제외하면 10년이 걸려도 메뚜기 한 마리 살찌울 수 없는 양에 불과하다는 반론을 말입니다. [큰 웃음][18]

---

* 이집트의 파라오가 요셉과 그의 동포 이스라엘인들에게 하사한 매우 비옥한 지역.

점잖기 짝이 없었던 이 하원의원의 연설에 동료 하원의원들은 깜짝 놀랄 수밖에 없었다. "그들은 악어를 통나무로 착각합니다. 그 위에 걸터앉기 전까지는 말입니다." 노트는 이후 재치 있는 인물이라는 평판을 얻었고 덜루스는 그와 관련해 명성을 얻었으니, 최후의 승자는 덜루스 주민들이었다. 오늘날 그곳은 방대한 교외까지 합쳐서 인구 28만 명이 넘는, 슈피리어 호반의 항구 도시이다.

그런가 하면 역逆 과다격찬이라 할 만한 것도 있었는데, 여기서는 교외 후보지가 자기네 지역의 미덕을 자랑하는 대신에 대도시 생활의 단점을 비판한다. 1871년의 대화재 이후 시카고 인근에서 이런 전술이 특히 성공을 거두었는데, 당시 이 화재로 도시 중심부의 3제곱마일(7.5제곱킬로미터) 이상 되는 지역이 파괴되고 10만 명 이상이 집을 잃었다. 화재는 2차 대각성운동이라는 복음주의 부흥운동 중에, 또한 첫 번째 절주節酒운동 시기에 일어났는데, 마침 양쪽 운동의 참가자들 모두가 도시야말로 죄인과 음주자들의 집결지라고 확신하고 있었다. 당시 사람들의 음주 습관은 놀랄 만했다. 당시의 미국인들은 유난히 독주에 매료되어서 (특히 미국산 럼과 위스키를) 잔뜩 마셔댔다. 이는 그로부터 100여 년 전의 유명한 '진 광풍' 때 영국인들이 보였던 모습과도 비슷했다. 당시 런던 거리는 중세의 '죽음의 춤danse macabre'과도 유사했으며, 그로 인한 사망자 수가 전염병 유행 때와 맞먹었다. 시카고 인근에는 개별 기독교 종파가 건설한 위성도시가 여럿 생겼는데, 대부분은 적극적인 프로테스탄트 종파였으며 금주 조치를 시행했다. 동부의 여러 주에서처럼, 이 종파 가운데 상당수가 대학과 학교를 설립했으며, 따라서 그 위성도시들은 학문적 성과의 중심지가 되었다. 일부 위성도시는 역설적으로 보헤미안의 외관을 얻기도 했다. 예를 들어 대화재 직후에 급속히 성장한 오크 파크Oak Park는

"문인 및 종교인이 선호하는 휴양지"[19]로 알려져 있었다. 건축가 프랭크 로이드 라이트Frank Lloyd Wright는 1889년 그곳에 첫 번째 자택을 짓고 시카고로 통근했다. 그는 오크 파크에 주택을 여러 채 지었으며, 이후에도 계속 교외 주택을 지었다.

 미국에서는 시카고의 무역업자가 매일 퇴근해서 자기 집이 있는 제니버Geneva로 돌아가고, 밀워키의 양조업자가 벌린Berlin으로 돌아가고, 뉴욕의 변호사가 베이온Bayonne에서 숙면을 취할 수 있었지만, 이들의 자택이 위치한 곳과 이름이 똑같은 유럽 여러 지역에서 통근이 가능하기까지는 이후로도 수십 년을 더 기다려야 했다.* 철도는 영국에서 시작되어 대륙으로 매우 신속하게 전파되었지만(프랑스와 독일 모두 1830년대에 첫 번째 노선이 개통되었다) 이후로는 발전이 느렸다. 통근을 가로막은 주된 장애물은 자유 기업의 부재였다. 유럽 대부분의 국가에서 철도는 (정도는 조금씩 달랐지만) 국가 소유이거나 국가의 통제를 받고 있었다. 이런 공공 소유권은 전차 운행을 직접 관장한 런던 주 의회의 결정과는 구별되어야 한다. 런던 주 의회가 노동자의 이동의 자유를 확보하는 것을 목표로 삼은 반면, 유럽의 여러 정부는 오히려 그런 이동을 통제하는 것을 목표로 삼았다. 유럽 각국의 정부들은 자기네 신민과 시민이 각자의 가정과 직업 생활을 분리하는 것에 관심이 없었고, 철도의 역할에 대해서도 다른 우선순위를 갖고 있었다. '독일 철도의 아버지'인 경제학자 프리드리히 리스트Friedrich List가 이에 관해 다음과 같이 요약한 바 있다(그는 《정치경

---

* (옮긴이주) 미국의 이 세 지명은 스위스의 제네바, 독일의 베를린, 프랑스의 바욘에서 따온 것이다.

제학의 국가 체제*National System of Political Economy*》의 저자인 동시에, 독일 통일을 옹호하고 자유 무역을 철저히 반대한 인물이다). ① 국토 방위 ② '민족 문화 향상' ③ 식량 분배 ④ 민족적 동일성의 창조. 그의 주장에 따르면, "철도는 일종의 신경계가 되어서 한편으로는 여론을 강화하고, 다른 한편으로는 치안과 통치 목적을 위한 국가의 영향력을 강화"하는 것이었다.

프랑스에서도 상황은 유사했다. 부르주아에게 이동의 자유를 부여하는 것보다는, 오히려 방어 및 다른 전략적 고려가 더 우선시되었다. 심지어 운하 운영업체들이 철도를 반대하기도 했다. 영국에서 그런 것처럼 자칫하면 자기네 화물 사업을 모조리 빼앗길지도 모른다는 우려 때문이었다. 결국 프랑스에서는 철도가 느리게 발달했으며, 일부는 민영이고 일부는 공영인 상태에서 지역적 독점의 양상을 드러냈다. 유럽에서 통근의 성장을 저해한 요인은 철도가 정부 소유라는 것뿐만이 아니었다. 도시 구획 및 계획에 대한 규제 역시 적잖은 방해 요인이었다. 대부분의 도시들은 옆으로 퍼지게 주택을 짓지 않고 위쪽으로 올라가게 지었으며, 주민들은 아파트 단지에 살았다. 도시 경계 바깥에 있는 빌라 몇 채나 반단독주택 여러 채를 철거하는 것조차 불법이었으므로, 미국과 같은 과다격찬 따위는 설 자리조차 없었다. 마지막 요인은 유럽 대륙 사람들이 영국과 미국 사람에 비해 더 오랜 시간 일하고 더 적은 보수를 받았다는 사실이다. '여행에는 돈과 시간이 들기' 때문에 통근에 대한 수요 자체가 없었다.

하지만 세월이 흐르면서 통근이라는 관습이 점차 나타나기 시작했다. 유럽의 통근에는 영국과 미국의 통근과 유사한 특성도 일부 있었지만, 지역적 차이도 분명히 있었다. 유럽 대륙의 통근자 역시 영어권 통근자와 마찬가지로 안전에 대해 불안을 느꼈다. 예를 들어 프랑스에서는 1842년에 베르사유 열차 충돌 사고가 일어나(이 사고는 "그때까지 기록된,

역사상 가장 유명하고 무시무시한 철도 학살"[20]로 평가된다) 미래의 철도 이용자들의 머릿속에 뚜렷한 인상을 남겼다. 루이 필리프Louis-Philippe 왕의 생일을 맞아 음주자들을 잔뜩 태운 유람 열차가 파리로 돌아오던 중 베르사유에서 기관차의 차축이 부러지면서 탈선하고 말았다. 객차들이 서로를 덮치면서 불길이 치솟았고(하필 객차의 문은 모조리 잠겨 있었다), "가장 섬뜩한 묘사로밖에 설명할 수 없는 진정한 대학살"이 뒤따랐다. 최소 50명, 최대 200명의 사망자가 나왔다. 시신 가운데 상당수가 "잿더미가 되어 신원을 확인할 수 없는 덩어리로 합쳐져"버렸기 때문에 사망자 수를 정확히 집계할 수가 없었다. 이후 승객을 객차에 태우고 문을 잠그는 관행은 폐지되었지만, 이 사건은 무려 수십 년 동안 여행자들에게 두려움을 안겨주었다.

영국인과 마찬가지로 프랑스인 역시 철도 여행의 평등주의를 환영했다. 가장 지위가 낮은 공화주의자까지도 (쌈짓돈을 줄여서 돈을 모을 수만 있다면) 가장 지위 높은 사람들과 똑같은 열차를 타고 여행할 수 있었다. 비록 서로 다른 등급의 네 종류 객차가 있긴 했지만, 프랑스에서 철도는 "평등과 우애에 관한 지속적인 교훈"[21]을 제공했다. 하지만 프랑스인들은 미국에 사는 동료 공화주의자들과 달리 이동 중에 자유롭게 대화를 나누지는 않았다. 오히려 상위 두 등급의 객차에 탄 승객들은 침묵이라는 영국 특유의 악덕을 채택했다. 상당수의 승객들이 영국과 마찬가지로 독서에 전념함으로써 낯설고 수다스러운 사람들을 외면했다. 당시 급부상하던 파리의 출판인 루이 아셰트Louis Hachette는 대화보다 인쇄물을 읽는 것을 선호하는 승객들의 습관을 보고 1852년 기차역에서의 책 판매계획을 주요 철도 회사들에 제시했다. 그의 주장에 따르면, 할 일이 아무것도 없는 승객은 여정의 단조로움으로 인해 지루함을 느끼게 마련이고,

그런 지루함으로 인해 "마치 짐짝처럼 기계에 실려 가는"[22] 현실에 분노를 품게 되며, 그 분노는 결국 철도 회사를 향하게 될 거라고 했다. 이에 대한 해결책으로 그는 "오로지 재미있는 작품만을 골라서 휴대하기 좋은 판형에 적절한 가격으로 제공하는 철도 문고"[23]를 만들자고 제안했으며, 이처럼 선별된 읽을거리가 있으면 승객 역시 침착함을 유지할 수 있을 거라고 주장했다. 철도 회사가 이 제안을 수락함으로써 아셰트는 불과 몇 년 만에 무려 60군데 기차역의 대합실에 지점을 내게 되었다. 그는 "프랑스 전역에 책 취미를 전파"했고, "모든 진지한 정신의 소유자들에게 무척이나 귀중한 대의인, 교훈과 계몽의 전파"를 후원했다는 평가를 얻었다. 그가 간행한 철도 문고는 장르별로 다른 색깔(예를 들어 프랑스 문학은 황갈색, 역사 및 여행은 초록색 등)을 사용했다. "도덕적으로 의심의 여지가 있는" 내용 또는 "정치적 격정을 야기하거나 내포한 작품"은 결코 문고에 포함되지 않았다. 프랑스 혁명이 일어난 1789년의 정신과 비슷한 것이 열차의 객차 안에서 타오르는 상황은 아무도 원하지 않았던 것이다. 철도 문고는 또한 여러 외국 작가들의 작품을 최초로 소개했다. 프랑스 독자 가운데 상당수가 덜컹거리며 도시로 향하는 열차 안에서 난생처음 에드거 앨런 포Edgar Allan Poe와 니콜라이 고골Nikolai Gogol 같은 작가들을 접한 것이다.

아셰트의 책은 가격이 비싸서, 한 권 가격이 보통 노동자 일당의 3분의 1, 심지어 두 배에 달했다. 다른 나라와 마찬가지로 프랑스에서도 통근은 부자들의 놀이로 시작되었다. 미국과 마찬가지로 프랑스에서도 노동자 전용 열차나 객차를 운영하라고 철도 회사에 압력을 가하는 일은 없었다. 러시아워 동안 승강장에 보이는 모자는 실크해트가 대부분이었고 베레모는 소수에 불과했다. 그 대신에 열차마다 3등칸과 4등칸에 프랑스의 가난한 시민들이 늘 다르게 혼합되면서(예를 들어 시장에 가는 농부의 아내라든지 휴가를 떠나는 군인 같은 사람들이 뒤섞여서) 화가와 소설가에게 영감을 주었다. 화가 오노레 도미에Honoré Daumier는 〈3등 객차The Third-Class Carriage〉(1864)에서 이들을 예찬했는데, 전경에서는 성모의 얼굴을 한 통통한 시골 아낙네가 아기에게 젖을 먹이고 있고, 그 뒤에서는 연회를 벌이는 군중의 머리가 이쪽저쪽을 바라보고 있다. 소설가 알퐁스 도데Alphonse Daudet도 삶의 진정성을 찾아 3등칸으로 여행을 다녔다. 그의 견해에 따르면 소설은 "결코 역사를 가져본 적이 없는 사람들의 역사"가 되어야 했으니, 그들을 만나기 위한 최고의 장소가 기차 말고 또 어디 있었겠는가? 그는 "3등 객차를 타고 파리로 갔던 여행을 결코 잊지 못할 것이다"라고 말했다. "술 취한 선원들이 노래를 부르고, 덩치 크고 뚱뚱한 농부들은 마치 죽은 물고기처럼 입을 벌린 채 잠을 자고, 바구니를 든 뚱

오노레 도미에, 〈3등 객차〉

집 작은 할머니들, 아이들, 벼룩, 유모들, 가난한 사람들이 기차를 탈 때 가지고 다니는 갖가지 소지품과 담배연기와 브랜디와 마늘 소시지와 젖은 짚 냄새가 뒤섞여 있었다. 지금도 그곳에 있는 것만 같다."[24]

프랑스와 영국의 철도 여행에서 유사하지 않은 점은 음식에 있었다. 철도를 환영한 최초의 프랑스인은 바로 미식가들이었다. 철도 덕분에 파리의 우아한 레스토랑들이 지방은 물론이고 그 너머에서도 신선한 재료(즉 "바다와 땅과 공중이 인간의 생명 유지를 위해 제공하는 모든 것")를 입수할 수 있었기 때문이다. 미식가들은 레 섬에서 그날 아침에 채취한 굴을 맛볼 수도 있었고, 비록 기차 수송 과정에서 깃털에 검댕이 살짝 묻긴 했어도 아직 피가 굳지 않은 신선한 자고새를 맛볼 수도 있었다. 소믈리에는 와인이 배에 실려 사람이 걷는 속도로 운하를 따라 운반되기를 기다리는 대신, 자기가 선호하는 보르도의 포도원으로 직접 찾아가 와인을 맛볼 수 있었다. 기차역에서 제공하는 음식에도 완벽주의 정신이 뚜렷이 반영되었다. 프랑스에 간 영국인은 프랑스 철도 음식의 질에 깜짝 놀라는 한편, 조국의 상황에 대해 부끄러움을 느꼈다. 디킨스는 동명의 기차역을 무대로 여러 가지 이야기를 소개한 《먹비 분기역Mugby Junction》에서 양쪽의 차이를 풍자했다. 이 기차역에서 음식을 만드는 스니프 부인, 휘프 부인, 피프 부인은 "개구리를 먹는 놈들의 나라"에서 자기들과 같은 일을 하는 사람들이 승객들에게 무엇을 내놓는지 알아보러 여행을 떠났다가 돌아와서는, 질린 듯한 어조로 그곳에서 파는 갖가지 음식을 묘사한다. "새 구이가 뜨거운 것과 차가운 것 모두 있었어요. 갈색으로 구운 감자를 곁들인 사슴 구이에서는 김이 모락모락 나더군요. 따뜻한 수프에서는 쓸쓸한 맛이 전혀 나지 않았고(내가 이런 말을 하면 과연 믿으려고나 할까요?), 고객을 숨 막히게 만드는 가루도 전혀 들어 있지 않았어요. 젤리를 곁들인 차가운 음식들도 갖가지더군요. 샐러드도 있었어요. 심지어 '갓 구운' 페이스트리도 있었다니까요(진짜예요!). 그것도 바삭바삭한 것으로요." 피프와 휘프와 스니프는 이런 음식들을 보면서 아껴두었던 경멸을 개구리 먹는 놈들의 철도에서 판매하는 샌드위치에 몽땅 퍼부으려고 벼렀는데, 알고 보니 그곳의 샌드위치는 단순히 먹을 만한 수준이 아니라 예술 작품 수준이었고, 자기들이 고국에서 만드는 톱밥 뒤덮인 샌드위치와 비교하면 괴물이나 다름없었다. "가장 하얗고 질 좋은 밀가루로 만든, 갓 구워 바삭바삭하고 길쭉하고 겉이 딱딱한 빵을 준비해요. 한가운데를 세로 방향으로 잘라요. 딱 맞춰 얇게 썬 좋은 햄을 넣어요. 한가운데를 깔끔하게 리본으로 묶어서 여며요. 한쪽 끝, 손으로 쥘 곳에는 깨끗한 하얀 종이로 깔끔한 덮개를 씌워요. 그러면 프랑스 간이음식점의 일반적인 '상위치sangwich'가 역겨워하는 당신의 눈앞에 펑 하고 나타나는 거예요!"[25]

프랑스는 철도 표준 시간에 대해서도 다른 태도를 취했다. 그들은 보편적이고 일치하는 시계를 채택하는 것이 실용적인 문제라기보다는 형이상학적인 쟁점이라도 되는 듯이 여겼다. 지역 시간 대對 철도 표준 시간의 갈등 문제는 영국보다 유럽 대륙에서 훨씬 더 첨예했다. 일부 국가들은 다른 달력을 고수했는데,* 그로 인해 지역마다 날짜가 며칠 내지 몇 주가량 빠르거나 느렸고, 지도상의 임의적인 경계를 지나갈 때마다 (짧은 거리에서도) 시간이 마치 미친 놈 널뛰듯 바뀌었다. 이런 문제가 해결된 것은 철도가 시간을 변화시켰을 뿐 아니라 공간마저 소멸시켰다는 (또는 적어도 철도 때문에 사람들이 공간이라는 개념을 다시 생각하지 않을 수 없게

---

* 예를 들어 러시아는 1918년에야 율리우스력 대신 그레고리우스력을 채택했다.

됐다는) 인식이 퍼진 덕분이었다. 철도를 이용하면 하루 종일 걸어서 가야 할 거리를 불과 20분 만에 갈 수 있으니, 이런 변화를 반영하려면 지도를 다시 그려야 할지도 몰랐다. 경제학자 콩스탕탱 페쾨르Constantin Pecqueur는 "과거의 일드프랑스의 공간, 또는 그에 상응하는 공간에 쏙 들어가는 새로운 프랑스"[26]의 지도를 상상했다. 그렇다면 시계를, 지도를, 또는 양쪽 모두를 바꿔야 하지 않을까?

결국에는 시계만 바뀌어, 프랑스는 물론이고 다른 유럽 국가들에서도 시간이 표준화되었다. 물론 모든 주민들이 이 새로운 규약을 곧바로 따른 것은 아니었다. 오노레 도미에는 한 쌍의 판화에서 개심자와 전통주의자를 대비시켰다. 〈새로운 파리The New Paris〉에서는 차량과 군중이 이리저리 오가는 배경 앞에서 자부심 강한 부르주아 한 명이 자기 시계를 들여다보고 있고, 〈작업 중인 풍경화가Landscapists at Work〉에서는 두 명의 화가가 바닷가에 똑바로 누워서 담배를 피우고 있는데, 이때 시간을 측정할 수 있는 수단은 오로지 그들의 그림자뿐이다.

일단 철도 표준 시간의 원칙이 받아들여지자, 이제는 그것의 실행 쪽으로 생각이 옮겨 가게 되었다. 전력 분배 시스템이 발명되어 여러 도시의 공용 시계들을 하나의 주主시계에 종속시켰다. 프랑스에서는 이것을 '모母시계horloge mère'라고 불렀고, 독일에서는 '원原참조시계primäre Normaluhr'라고 불렀다. 라이프치히는 전력 분배 시스템을 도입한 최초의 도시였고, 이후 프랑크푸르트와 스위스의 베른이 그 뒤를 따랐으며, 특히 베른에서는 "1890년부터 100여 개의 시계가 나란히 발 맞춰 행진하기 시작했다."[27] 그동안 유럽 각국 정부들은 완벽한 시간에 대한 연구를 독려했으며, 과연 어디의 시간이 더 정확한지를 놓고 국가적 자존심을 건 경쟁을 벌였다. 앙리 푸앵카레Henri Poincaré는 《시간의 측정The Measure of

오노레 도미에, 〈새로운 파리〉

Time》(1898)이라는 저서를 펴내 프랑스를 이 분야의 선두에 올려놓았다. 이론물리학의 걸작인 이 책에서 그는 이 문제에 관심을 갖고 있는 사람 모두에게 묻는다. 시간은 곧 기억이지만, 우리는 과연 기억을 빛의 속도로 형성하는 것일까, 아니면 그보다 더 빠르게 형성하는 것일까?

알베르트 아인슈타인 역시 철도를 물리학과 연결시켰다. 베른에서 특허국 사무원으로 근무하면서 일터까지 통근하던 시절, 그는 시간이 항상적인지 아닌지 궁금해할 만한 영감을 얻었다. 그가 탄 전차가 시청 앞을 지날 때, 그 건물의 탑에 있는 시계는 8시를 가리켰다. 하지만 그 시곗

바늘이 움직이기도 전에 전차는 다음 정거장을 향해 떠났다. 만약 전차가 시계보다 더 빨리 움직인다면 어떻게 될까? 만약 전차가 빛의 속도로 움직이기 때문에 시계가 항상 8시를 가리킬 수밖에 없다면? 아인슈타인은 우리가 충분히 빨리 달린다면 시간은 정지할 수밖에 없을 거라고, 또 어쩌면 거꾸로 갈 수도 있을 거라고 추측했다. 상대성 이론에 따르면, 우리는 (이론상으로는) 결코 출근 시간에 늦지 않는 셈이다.

4장

자동차 열풍

이 최신식 탈것들에는 뭔가 기묘한 데가 있다. 말할 수 없이 추하고, 그중 단 한 대도 훌륭한 이름이나 심지어 지속 가능한 이름을 부여받지 못했다. 보통 (다른 것은 몰라도) 자기네 언어에서만큼은 정통성을 고수하는 프랑스인조차도 '자동차automobile'라는 단어를 사용하는데, 이 단어는 절반이 그리스어이고 절반이 라틴어인 관계로 부적절함에 워낙 근접해 있기에, 우리도 이 단어를 인쇄하면서 주저함이 없지 않았다.

_《뉴욕 타임스》(1899년 1월 3일)

1901년, 외계인과의 접촉을 소재로 한 최초의 영어 소설《우주 전쟁 *The War of the Worlds*》으로 성공을 거둔 H. G. 웰스H. G. Wells는 잠시 과학소설 분야에서 손을 뗐다. 그리고 인류의 미래에 대한 몇 가지 예측을 담은

《기계적이고 과학적인 진보가 인간의 삶과 사고에 일으키는 반응에 대한 예측*Anticipations of the Reaction of Mechanical and Scientific Progress upon Human Life and Thought*》이라는 책을 통해 서기 2000년의 세계는 어떤 곳일지 상상해보았다. 그 내용 중에는 크게 빗나간 것도 있지만(예를 들어 웰스는 인간이 하늘을 나는 일이 가능하다고 생각하지 않았다) 어떤 것들은 인상적일 만큼 정확했다. 그는 수송은 미래로 가는 열쇠이며, 철도는 머지않아 옆으로 밀려나게 될 거라고 예측했다. 동시대인 빅토리아 시대 사람들에게 철도가 얼마나 큰 의미인지 알고 있었기에, 웰스는 증기 열차는 곧 19세기의 상징으로 남을 것이고 앞으로는 새로운 양식의 여행이 (따라서 통근이) 나타날 거라고 경고했다. 20세기의 일반 통근자들은 기차를 타고 일터로 가는 대신, "원하는 지점까지 손쉽고 신속하게 여행할 수 있고, 적절하게 제어된 속도로 일반 도로와 거리를 지나다닐 수 있는, 매우 이동성 높은 운송수단"을 사용하게 될 거라고 예견했다. 이런 "동력 수레"는 "1등칸 철도 여행의 모든 사소한 편의에다가 독립성이라는 멋진 느낌"까지도 더해줄 것이었다. 그뿐만 아니라 미래의 통근자들은 급할 때는 얼마든지 속도를 높일 수도 있고, "잠깐 멈춰 서서 꽃을 꺾거나 아침에 침대에서 뒹굴뒹굴하는 동안 수레를 향해 기다리라고 지시"[1]할 수도 있으며, 그럼에도 불구하고 제시간에 일터의 자기 책상 앞에 도착할 수 있을 것이었다.

이 책이 출간되고 20년도 지나지 않아 서구 전역에 자동차가 퍼져나갔다. 많은 사람들이 웰스의 예언이 실현되는 속도에 놀랐지만, 지금에 와서 돌아보면 그 당시에 이미 징조가 너무나 뚜렷했다. 발명가들은 1769년 이후 줄곧 '자체 추진 바퀴 차량'을 만들어왔고, 그들의 설계는 느리고 번거로운 증기 차량으로부터 내연 기관으로 동력을 제공하는 작고 민첩한 기계에 이르기까지 발전을 거듭한 터였다. 진보가 간헐적일 때도 있었다. 영국에서는 1865년 제정된 도로상기관차법Locomotives on Highways Act 때문에 지체가 불가피했다. 이 법률은 기계식 차량이 공용 도로에서 운행할 경우 사람 한 명이 60보 앞에서 걸어가면서 붉은 깃발을 흔들고 나팔을 불어야 하며, 차량의 속도가 교외에서는 시속 약 6킬로미터, 도시에서는 시속 약 3킬로미터를 넘을 수 없다고 규정했기 때문이다. 아울러 이 법률은 "그런 기관차를 운전 및 조종하려면 최소한 세 명 이상을 고용해야 한다"고 규정했고, 기관차가 차량이나 수레를 끌고 가려면 더 많은 인원이 필요하다고 규정했다. 이 입법은 일차적으로 증기 트랙터를 겨냥한 것이었음이 분명하지만, 결과적으로는 자동차 발전의 중요한 단계에 이르러 영국의 도로에서 자동차를 내쫓는 의외의 부작용을 낳았다.

반면 미국에서는 주州 차원에서 자동차 운행을 독려했는데, 농장에서 유용하게 쓰일 가능성이 있다고 봤기 때문이었다. 예를 들어 1871년 위스콘신 주에서는 약 300킬로미터 거리를 평균 시속 8킬로미터로 달리는 기계를 만드는 사람에게 1만 달러의 상금을 내걸었는데, 왜냐하면 그런 기계라면 "도로와 농장에서 말과 기타 동물들의 저렴하고 실용적인 대체물"2이 될 것이기 때문이었다. 결국 앤슨 페라드Anson Ferrard가 그 기원이 된 도시의 이름을 붙여 제작한 오시코시 기계Oshkosh machine가 평균 시속 약 9.5킬로미터를 기록해 상금을 차지했다.*

그동안 유럽 대륙에서는 웰스가 상상했던 '동력 수레'의 발명을 향한 진정한 발전이 이루어졌고, 머지않아 그 결과물들이 이곳에서 저곳으로 사람들을 운반하는 일을 두고 철도와 경쟁을 벌이게 된다. 독일의 카를

---

* 하지만 주 의회는 상금을 5,000달러로 깎아서 지급했다. 오시코시가 실제로 말보다 더 유용하다는 확신을 얻지 못했기 때문이다.

벤츠Karl Benz와 고틀리프 다임러Gottlieb Daimler는 1880년대에 내연 기관에서 동력을 얻는 차량을 각각 만들었다. 1891년에 프랑스의 에밀 콩스탕 르바소르Emile Constant Levassor는 엔진을 앞에 올린 바퀴 네 개짜리 "말 없는 수레"[3]를 설계했는데, 이것이 바로 '현대 자동차의 원형'에 해당한다. 1900년에 이르러 프랑스와 독일과 영국에서는 자동차의 상업적 생산이 이루어졌지만,[*] 이때의 자동차는 실용적으로 타고 다니는 차량이라기보다는 부자들의 장난감에 가까웠다. 자동차가 "소수를 위한 사치품에서 다수를 위한 편의품"[4]으로 변모하기까지는 이후 80년의 세월이 걸렸고, 그 무대는 바로 미국이었다.

기술 발전으로만 따지면 미국은 오시코시의 영광의 날 이후로 이 분야를 이끌었다기보다는 따라간 셈이지만, 1900년부터 1908년 사이에 미국에서는 연간 자동차 생산량이 4,192대에서 6만 5,000대로 늘어났고, 이후로도 계속해서 늘어났다. 1912년에는 미국의 도로에 100만 대의 자동차가 돌아다녔다. 잠재적 수요에 대량 생산의 창안이 곁들여지면서 이런 폭발적인 증가가 가능했다. 자동차 수요에 대한 예측은 (당시 주력 품목이었던 자전거뿐만 아니라 자동차도 생산하기 시작한) 아메리칸 자전거 주식회사American Bicycle Co.의 대표인 앨버트 A. 포프Albert A. Pope 대령이 1900년 배포한 보도 자료에 나온 바 있다. 포프 대령은 자사의 판매 대리인들이 자동차에 "대단한 열광"을 보인다면서, 자동차야말로 훗날 "보편적인 운송수단"이 될 것이며, "앞으로 10년 내에 미국의 대도시에서 사용되는 자동차의 수는 현재 사용되는 말의 수보다 더 많을 것"[5]이라고 주장

---

[*] 1898년에 영국에서는 이른바 '붉은깃발법Red Flag Act'이 폐지되고 제한 속도도 시속 22킬로미터로 늘어났다. 자동차 운전자들은 이를 기념해 런던-브라이튼 경주 대회를 열었다.

했다. 자동차는 일찍이 철도와 전차와 승합마차가 오로지 부분적으로만 달성한 목표를 완성해줄 터였다. 아울러 일터와 가정의 분리에서 비롯되는 이득을 심지어 육체노동자에게까지 연장시켜줄 터였다. "상상해보라, 더 건강한 노동자들이 쾌활하고 위생적인 공장에서 애써 일하는 모습을. (……) 늦은 오후가 되어 그들이 각자의 편안한 차량을 몰고 30킬로미터 내지 50킬로미터나 떨어진 근교에 자리한, 또는 바닷가에 자리한 각자의 작은 농장이나 주택으로 돌아가는 모습을! 그들은 더 건강하고, 더 행복하고, 더 똑똑하고, 더 자존심 강한 시민이 될 것이다. 왜냐하면 도시의 북적이는 거리 대신에 근교의 풀밭과 꽃밭 사이에서 살아갈 기회를 얻었기 때문이다."[6]

　　유일한 문제는 비용이었다. 바로 이때 헨리 포드Henry Ford와 그의 T 모델이 등장했다. 포드는 기술적으로 발전했고, 신뢰할 만하고, 나아가

헨리 포드와 T 모델

낮은 금액에 판매가 가능해 "봉급을 넉넉히 받는 사람이라면 누구나 하나 사서, 하느님이 주신 넓고 탁 트인 공간에서 가족과 함께 오랫동안 즐거움을 누릴 수 있는"[7] 그런 자동차를 만들고 싶어 했다. 그는 조립 생산 공정과 표준화된 부품이라는 분야를 개척했으며, 1908년 8월에 최초의 T 모델을 출시했다. 첫 달에는 겨우 11대가 완성되었지만, 이후 생산량은 눈부신 속도로 늘어났다. 1915년까지 생산한 자동차가 100만 대를 넘어섰고, 1922년에는 포드 자동차 회사Ford Motor Company의 연간 생산량이 그 정도에 달하게 되었다.

T 모델 가운데 일부는 농장 작업에 투입되었다. 뒷바퀴를 하나 빼내고 그 차축을 구동축으로 이용하면 틀톱이나 물 펌프를 작동시킬 수 있게 설계되었기 때문이다. 소유주들이 알아서 개조하기도 했다. 어떤 사람은 차체를 밝은색으로 다시 칠했고(T 모델은 오로지 검은색으로만 출시되었기 때문이다), 어떤 사람은 트랙터나 경운기로 개조하기도 했다. 또 어떤 사람들은 이 자동차를 애초에 포드가 상상한 바로 그 용도로 사용했다. 즉 하느님이 주신 넓고 탁 트인 공간을 즐기고 다른 어딘가를 방문하는 데 사용한 것이다. 하지만 대부분의 사람들은 이 자동차를 일터로 오가는 데에 사용했다. 바야흐로 자동차 통근이 시작된 것이다. 1920년에 실시한 자동차 소유자에 대한 조사에 따르면, 90퍼센트는 차량을 '거의 업무에' 이용했으며, 주행 거리의 60퍼센트가 '업무 목적'으로 사용되었다. 이 초창기 사용자들 가운데는 의사와 변호사, 토지 투기꾼 같은 사람들이 포함되어 있었는데, 시외에 일이 있을 경우 이들은 상당히 먼 거리를 오가야 했다. 반면 단순히 '업무'를 위해 자동차를 운전하는 사람들은 대개 한 곳에서 다른 한 곳까지 정해진 경로를 오갈 뿐이었다.

자동차로 통근하겠다는 결정을 부추긴 것은 주로 자동차 통근이 주는 자유의 느낌이었다. 사실 T 모델은 기차보다 느리고 덜 편안했다. 탁 트인 곳에서 내리막길을 달려야만 간신히 시속 약 65킬로미터의 속도를 낼 수 있었는데(이 정도면 미국의 고속 열차가 내는 속도의 절반에 불과했다) 그나마 고정식 지붕도 없고, 소음이 심하고, 줄곧 덜컹거려서 '싸구려'라는 별명까지 얻었다. 하지만 자동차는 대중교통에 탑승할 때마다 승객이 감내해야만 했던 (아울러 일찍이 러스킨과 아셰트가 불쾌하게 여겼던) 일시적인 통제권 양보로부터 운전자들을 해방시켜주었다. 열차에 갇힌 상태에서 운영자의 변덕에 휘둘리는 대신, 이제 각자가 자기만의 작은 배의 선장이 되었으며, 이론상으로는 바로 다음 교차로에서 핸들을 꺾기만 하면 언제라도 일상에서 벗어날 수 있었다.

자동차 통근 초기에는 미국의 여러 도시에서 자동차 통근을 권장했다. 여전히 교통수단의 대다수를 차지하는, 그리하여 심각한 위생 문제를 야기하는, 말이 끄는 운송수단을 자동차로 대체하려는 바람 때문이었다. 1898년 뉴욕에서 열린 국제도시계획회의의 최우선 의제는 말로 인한 공해였다. 이 회의가 개최된 뉴욕의 말들은 매일 "대변 1,100톤과 소변 22만 리터"[8]를 거리에 배출하는 것으로 집계되었다. 특히 여름에는 이 문제가 더욱 심각해졌다. 농부들이 추수로 바빠 거름에 사용할 말똥을 모으러 다닐 시간이 없다 보니 텅 빈 공터에 말똥을 쌓아놓게 되었는데 때로는 그 높이가 약 20미터에 달했기 때문이다. 회의에서 나온 계산에 따르면, 말의 개체수가 현재의 속도로 계속 늘어날 경우 1930년에 이르러서는 뉴욕의 거리 전체가 3층 창문 높이까지 말똥에 파묻힐 수밖에 없었다.* 또한 운행 중에 사망하는 말의 수도 매년 1만 5,000마리에 달했고,

---

* 1894년 《타임스》도 런던을 대상으로 이와 유사한 계산을 내놓으면서, 1950년에 이르면 도시 전

그 사체 때문에 교통이 막히곤 했다. 뉴욕에는 말의 사체를 치우는 전담반이 있었지만, "사체를 토막 내서 더 쉽게 운반하려고 썩을 때까지 기다리는 경우가 종종 있었다".[9] 따라서 자동차야말로 일종의 구원처럼 보였다. 1899년《사이언티픽 아메리칸Scientific American》은 말이 끄는 운송수단과 비교할 때 자동차의 뚜렷한 이점을 다음과 같이 요약했다. "자동차를 상용화한 도시의 환경 개선은 아무리 강조해도 지나치지 않다. 부드러운 고무 타이어를 장착한 차량이 매끈한 노면 위로 신속하고 소음 없이 오가서 거리는 깨끗하고 오물도 없고 냄새도 없을 것이며, 현대 대도시의 생활에서 겪는 신경과민과 산만함과 긴장이 상당 부분 제거될 것이다."[10]

이처럼 이미 환영 태세를 갖춘 도시의 일터까지 운전해서 가려는 자동차 통근 지망자들은 새로운 기술에 숙달하는 것이 급선무였다. 그중에서도 맨 처음 과제는 운전 방법을 익히는 것이었다. 1900년대의 미국에는 운전 교습소가 전혀 없었다. 현대의 수동 변속기 자동차 운전자라면 약간의 연습만으로 T 모델(즉 페달 세 개가 기어와 변속 브레이크 역할을 하고, 클러치는 없고, 운전대 위에 레버식 스로틀 밸브가 달려 있는 자동차)의 조종 방법을 터득할 수 있을 테지만, 최초의 자동차 운전자들은 낯설기 짝이 없는 방식으로 손과 발을 함께 움직이는 동시에 두 눈으로는 계속 도로를 주시해야만 했다. 존 스타인벡John Steinbeck은《에덴의 동쪽East of Eden》에서 이렇게 고찰했다.

이제는 자동차를 출발시키고 운전하고 유지하는 법을 배우는 어려움을 상상하기도 어려워졌다. 그러나 과거에는 전체 과정이 복잡했을 뿐만

체에 말똥이 2.5미터나 쌓이게 될 것이라고 예견했다.

아니라 아무런 준비 없이 처음부터 시작해야만 했다. 오늘날의 아이들은 요람에서부터 내연 기관의 이론과 습성과 특성을 터득하지만, 그 당시에는 이 물건이 끝내 달리지 못할 수도 있다는 순수한 믿음을 가지고 시작하게 마련이었고, 때로는 그런 믿음이 옳은 것으로 드러나기도 해서 (……) T 모델의 크랭크를 돌리기 전에 행운을 비느라 땅에 침을 뱉고 주문을 외우는 사람도 종종 목격되었다.[11]

많은 사람들이 이 문제를 해결하려고 운전기사를 고용했다. 1910년 뉴욕 주에서 미국 최초의 운전면허시험이 치러졌는데, 오로지 운전기사들만을 대상으로 한 것이었다. 운전 경력 1년 미만인 사람은 반드시 실기 평가와 필기 시험을 통과해야만 했다. 칼런 자동차법Callan Automobile Law이 발효되고 60일 만에 2만 명 이상이 면허를 얻었는데, 이것이 이미 뉴욕 주의 도로에 나와 있는 자동차의 수(아울러 운전기사의 수)를 알려주는 셈이었다.[12]

초보 자동차 통근자들은 운전 방법을 터득한 뒤에도, 또는 대신 운전해줄 누군가를 고용한 뒤에도, 사무실까지 가는 과정에서 또 다른 장애물을 여럿 넘어야만 했다. 우선 연료 공급에 신중한 계획이 필요했다.* 자동차가 몇 대뿐일 때만 해도 차량 대여점에서 연료를 양동이에 담아서 팔았다. 그러다가 수요가 늘어나자 차량 대여점에서는 낡은 보일러를 뒤집고 내부 확인용 유리창과 주유꼭지를 설치해서 주유기를 만들었다. 1905년 실베이너스 프릴러브 바우저Sylvanus Freelove Bowser는 '자체 계량 휘

---

* 예를 들어 T 모델의 경우, 연료가 부족할 때는 후진 기어를 넣은 상태에서만 언덕을 올라갈 수 있었기 때문에 항상 연료를 가득 채워두는 것이 필수적이었다.

발유 저장 펌프'에 대한 특허를 얻었는데, 여기에는 구부러지는 호스가 달려 있었다. 발명자의 이름을 따 '바우저bowser'라고 불리게 된 급유 펌프는 얼마 지나지 않아 미국 전역에서 새로운 표준이 되었으며, 주유소는 미국의 풍경을 상징하게 되었다. 주유소 주인은 손님을 끌기 위해 커다란 간판과 화려한 건축 양식을 도입했고, 급기야 "식민지 양식의 주택, 그리스 신전, 중국의 탑, 아르데코 양식 궁전" 같은 것들을 지어놓고 자동차 운전자들을 자기네 급유장으로 유혹했다. 이런 주유소들이 기능에 비해 무척 많은 공을 들인 까닭에, 지방의 몇몇 주유소들은 "그 지역의 명물이자 지역 사회의 자부심의 원천"[13]이 되었다. 자동차 통근의 초기 10년 동안에는 연료의 품질이 매우 들쑥날쑥해서, 불순한 연료를 가득 채우게 될 위험이야말로 일터를 오가는 여정에서 직면하게 되는 또 다른 불확실성이었다. 그러나 석유 회사의 화학공학자들이 각자의 경력을 걸고 석유 성능을 최적화함에 따라 석유의 품질 역시 표준화되었다. 이런 향상은 한편으로는 더 정련된 정유를 통해 가능했으며, 다른 한편으로는 연소를 일정하게 하거나 지연시키는 첨가물을 이용한 실험을 통해 가능했다. 이들이 채택한 재료는 바로 4에틸납이었는데, 뉴저지의 정유소 두 군데에서 이것을 들이마신 노동자 17명이 사망한 사건 이후 '미치게 만드는 가스'라는 별명을 얻은 화학물질이었다. 여하튼 1920년대부터는 이 재료가 내폭제耐爆劑로 휘발유에 추가되면서 엔진의 원활한 가동을 보장하게 되었다.

첫 번째 자동차 통근자들이 각자의 차량을 숙지하고, 신뢰할 만한 연료 공급원을 찾아내고, 농장 차량과 속도 위반 단속 구역*을 피해 도시에

---

* 《뉴욕 타임스》의 보도에 따르면, 도시 외곽의 여러 마을에 급격히 늘어난 이것이 마을 측에는 유리한 수입원이었다.

도달하자, 이번에는 주차할 공간을 찾아내는 문제가 대두했다. 1896년에 《사이언티픽 아메리칸》은 말이 끄는 운송수단에 비해 자동차가 도시의 도로 정체를 덜 일으킬 거라고 예견했지만, 그것은 어디까지나 희망 사항에 불과한 것으로 판명되었다. 자동차 통근이 늘어나면서 말의 죽음은 크게 줄었지만, 거리에 차량이 늘어나면서 도시마다 주차 공간이 금세 부족해졌다.

초창기만 해도 자동차를 주문 제작한 건물에 보관했고, 이용자들은 자동차야말로 순종 명마 중에서도 가장 까다로운 놈인 양, 그래서 빗속에 그냥 내버려두면 그 기질을 잃어버리기라도 할 것처럼 애지중지했다. 이를테면 1905년에 시카고 자동차 클럽은 회원들을 위해 보자르Beaux Arts 양식을 전면에 적용한 6층 건물을 지었다. 평일에 회원들은 그곳에 자기 차를 세워두었고, 퇴근하면 그곳에서 칵테일을 마신 뒤 운전대를 잡고 각자의 집으로 향했다. 그로부터 12년 뒤에는 그 클럽이 아주 커져서 "기계 시대의 금속제 식물 문양으로 장식된 레이먼드 후드Raymond Hood* 풍의 건물"을 새로 지었다. 17층짜리 건물에서 무려 여섯 층을 차지한 주차장은 매우 "남자답고 겁 없는 운전자 조직"[14]의 가치들을 체화하도록 설계되었다. 시카고의 자동차 운전자 가운데 그 클럽에 가입하지 못한 사람들은 도시 전역에 생겨나기 시작한 상업용 주차장을 이용했다.

통근자들에게 주차장을 제공하는 것은 수익성 높은 사업이었다. 개발업자들은 도시의 텅 빈 부지에 주택을 짓는 대신 자동차 주차장을 만들었으며, 때로는 기존의 건물을 철거하고 주차장 공간을 마련했다. 하루에 10센트씩 받고 자동차를 보관해주면 돈을 벌 수 있다는 사실에 착

---

* (옮긴이주) 레이먼드 후드(1881~1934)는 미국의 아르데코 양식을 대표하는 건축가이다.

안한 발명가들은 좁은 공간에 최대한 많은 차량을 보관한다는 목표하에 다양한 최신 발명품을 만들어냈다. 그들은 훗날 도시의 거리를 장식하게 될 가위식 리프트, 엘리베이터식 장치, 회전목마식 장치를 설계했다(이 중 회전목마식 장치는 회전 관람차에 각각의 관람차 대신 차량 주차대를 장치한 형식이었다). 하지만 이런 고안품 가운데 실물로 제작된 것은 극소수에 불과했다. 1933년 보스턴에 처음 등장한 '우리식 다층 차고'는 주차장 사업가들의 필요를 완벽하게 충족시킨 덕분에 사방팔방에서 모방되었으며, 급기야 강철 기둥으로 만든 뼈대 위에 콘크리트 판을 층층이 쌓고 그 사이를 경사로가 연결하게 되어 있는 주차장이 미국 전역에 나타나게 되었다. 벽이 없는 우리식 차고는 성가신 소방 규제의 대상이 아니었고, 유사한 크기의 다른 어떤 도시 구조물보다 건설 비용이 낮고 수익은 더 높았다. 시 당국은 물론이고 개인 사업가들도 보도를 따라 주차권 판매기를 설치해 주차 노다지에서 이득을 챙겼다. 이 가운데 최초의 주차권 판매기는 '블랙 마리아Black Maria'라고 불리는 동전 투입식 모델로, 오클라호마 주립대학의 교수 두 명에 의해 설계되었고, 1935년 오클라호마시티에서 최초로 운영되었다. 요금은 시간당 5센트였는데, 오늘날로 치면 시간당 1달러 50센트쯤에 해당한다.

자동차 수의 증가는 도시의 말 문제를 해결하고 주차장 운영자들을 부유하게 만들었을 뿐만 아니라 주州 차원에서는 면허 수수료와 휘발유세라는 중요한 세입원을 마련해주었다. 1919년 오리건 주는 휘발유 1갤런당 1센트의 세금을 도입했고, 1929년에 이르러서는 다른 모든 주들도 이 선례를 따르고 있었다. 이렇게 벌어들인 돈은 도로 유지에 사용되었다. 한편으로는 대부분의 사람들이 자동차를 소유하고 싶어 했고, 다른 한편으로는 이미 자동차를 소유한 사람들이 더 나은 도로를 원했기에, 애초에 세금에 대한 반대를 통해 건국된 나라에서 이런 새로운 과세가 거의 만장일치로 환영받게 되었다. 심지어 휘발유세 징수관조차도 대중의 묵인에 놀라움을 표했다. 테네시 주의 한 세무서장은 이렇게 반문하기도 했다. "인기 있는 세금이라니, 정말 난생처음 들어보는 말이 아닌가?"

자동차가 선사하는 자유에 대한 꿈, 말馬의 시대의 종식 및 용인 가능한 과세라는 매력 같은 요인들은 대중교통을 희생시키고 자동차 통근을 증가시키는 데 기여했다. 1929년 허버트 후버Herbert Hoover 대통령이 지명한 어떤 위원회에서는 자동차와의 "치열한" 경쟁에 기인한 "1920년대 이후의 철도 승객의 꾸준한 감소"와 "열차 운행 단축 및 지선의 폐지"[15]에 관해 우려를 표했다. 하지만 어떤 조치를 취할 것이냐에 대해서는 아무런 결론도 내리지 못했다. 선거 유세에서 후버가 "차고마다 자동차 한 대씩"[16] 갖게 해주겠다고 유권자들에게 약속했기 때문이었다. 자동차 업계는 '미국 경제의 선도자'가 되었으며, 매년 530만 대의 자동차를 생산하게 되었다.* 자동차 업계는 강철과 석유와 고무 산업의 큰 고객이었으며, 수많은 중소기업들이 이 업계에 의존했다. 그러니 거인이 지나가는 길에 굳이 돌덩어리를 갖다 놓고 걸려 넘어지게 할 필요가 있겠는가?

이 거인은 힘이 셀 뿐만 아니라 편집증도 있었다. 이미 시대정신이 되었고 워싱턴의 호감까지 얻었지만, 미국 자동차 업계는 자기들의 성공을 당연한 것으로 간주할 채비가 되어 있지 않았다. 자동차는 말을 매우

---

* 이는 2012년 독일의 자동차 총 생산 대수와 비슷하다.

신속하게 도로에서 몰아냈으며, 통근에서는 철도의 점유율 가운데 일부를 잠식했다. 그래도 여전히 자동차는 경쟁에 직면해 있었는데, 특히 단거리 여행에서는 전차 운영업체들이 경쟁 상대였다. 혹시 사람들이 운전에 지쳐서 대중교통으로 돌아가 버리면 어쩌나? 제너럴 모터스General Motors(GM)는 파이어스톤 타이어Firestone Tyres, 스탠더드 석유Stndard Oil, 필립스 석유Phillips Petroleum, 맥 트럭Mack Trucks, 그 밖에 자동차 통근의 승리와 대중교통의 죽음에 대해 직접적이거나 기득권적인 이해관계를 지닌 다른 여러 회사와 공조하여 자신들의 이익에 반하는 업체들을 매입한 뒤 폐업함으로써 자기들이 두려워하던 결과를 피하기로 결정했다. 우선 이들은 내셔널 시티 전차National City Lines를 공동 설립했는데, 이것은 외관상으로는 전차 회사였지만 실제로는 전차 노선을 매입해서 파괴하는 데 시간과 돈 대부분을 사용했다. 걱정의 대상인 전차가 아예 없어지면 정부에서도 전차 보전의 책임을 면제해줄 수 있다는 이유에서였다. 미국인의 전차 이용 횟수는 1923년에 157억 회에 달했지만 1940년에는 83억 회로 감소했으며, 이후로는 남아 있는 노선조차 대부분 시들어 사라지고 말았다.

이른바 '초대형 전차 스캔들'로 알려진 이 사건은 여전히 수수께끼로 남아 있다. 일각에서는 이것이 음모론에 불과하다고, 즉 달 착륙 조작설과 크게 다르지 않다고 주장한다. 다른 일각에서는 이것이 하나부터 열까지 모두 사실이라고 주장한다. 1차 석유파동의 절정이었던 1974년에 제너럴 모터스는 상원의 전면 조사를 받은 뒤 각종 의혹을 공식적으로 부인했는데, 그 발표문의 첫 단락은 "제너럴 모터스는 2차 세계대전 당시 나치를 지지하지 않았습니다"[17]라는 문장으로 시작된다. 즉 그 발표문은 제너럴 모터스가 독일 자회사 오펠Opel을 통해 히틀러와 공조했다는 주장, 특히 그들이 제조한 블리츠Blitz 트럭이 노예 노동을 통해 제작되었다는 주장을 반박하는 데 집중하고 있었다. 이처럼 크나큰 고발에 비하면 경쟁사를 매입해 폐업하는 조치는 작은 과오처럼 보였으며, 게다가 이 회사는 전쟁을 통해 더 훌륭하고, 더 저렴하고, 더 빠른 자동차를 만드는 법을 배웠다. 제너럴 모터스의 대표였던 찰스 어윈 윌슨Charles Erwin Wilson은 이런 말을 남겼다. "저는 이 나라에 좋은 일이 제너럴 모터스에도 좋은 일이라고, 그리고 그 역逆도 마찬가지라고 생각합니다."[18]

대중 역시 이런 주장에 동의했다. 자동차는 이미 미국인의 정신 깊숙이 파고들어 있었다. 처음에는 자동차의 매력이 부분적으로 그 위험에서 비롯되었다. 소설가들은 사람들을 새로운 삶으로 데려가는 자동차의 능력은 물론이고 자동차의 충돌 사고 가능성까지도 소재로 삼았다. F. 스콧 피츠제럴드F. Scott Fitzgerald의 《위대한 개츠비The Great Gatsby》는 이른바 '포효하는 1920년대'를 규정하는 소설 중 하나로, 그 내용의 중심에는 자동차 통근과 부주의한 운전이 자리하고 있다. 하지만 소설에 묘사된 자동차는 얼마 지나지 않아 '데우스 엑스 마키나deus ex machina'에서 희망의 상징으로 변모했다. 존 스타인벡의 《분노의 포도The Grapes of Wrath》에서 조드 가족의 고물 자동차는 네 바퀴 달린 방주로, 약속의 땅을 향한 탈출에서 그 주인을 태우고 미국을 가로지른다. 이 소설은 미국인들이 자기 차에 대해 어떤 애정과 존경을 갖고 있었는지를 보여준다.

실제로 사람들은 대공황의 절정기에도 여전히 자동차에 매달렸다. '미들타운'이라는 도시에 관한(실제로는 인디애나 주의 먼시Muncie였다) 장기적인 사회학 연구에 따르면, 자동차 소유는 "'미국의 꿈'에서도 많은 부분"을 상징하는 것으로 밝혀졌다. 사람들이 자동차 소유에 매달리는 것은 "자존심에 매달리는 것과 매한가지"[19]였다. 1935년 당시의 사람들은 자동차를 내다 판 돈으로 배부르게 먹기보다는, 자동차를 타고 구호품 배급소에 가서 줄을 서는 편을 택할 정도였다. 자동차에 대한 미국인의 애착은 심지어 그 나라의 기독교 지도자들의 찬미를 받을 정도였다. 미국의 복음 전도자 가운데 한 명은, 교회를 제외하면 "미국인의 삶에서 자동차만큼 대중의 도덕에 큰 역할을 하는 요인은 없다"며, "즐거움을 추구하는 과정에서 가족을 하나로 뭉치게 해주는 장치라면 무엇이든 미풍양속의 촉진자이며, 미국 문명의 선善을 만들어내는 유익한 영향력을 낳는다. (……) 자동차는 이 나라의 가장 뛰어난 목사이자 가장 뛰어난 설교자이다"라고 보았다.[20]

1939년에 이르러 자동차는 미국 내 통근자의 주된 교통수단이 되었다. 다른 어떤 나라에서도 일터까지 운전해서 가는 것이 이처럼 신속하게 퍼지지는 않았다. 자동차 소유자의 수가 미국 바로 다음으로 많았던 영국의 경우, 도로 위의 자동차가 200만 대에 달했지만(미국은 250만 대였다) 자동차 통근자는 9.1퍼센트에 불과했다. 걸어 다니는 통근자가 22.5퍼센트였고 자전거 통근자는 19.1퍼센트였으며, 나머지 통근자는 모두 대중교통을 이용했다. 자전거 통근은 20세기의 처음 20년 동안 영국인들의 통근에서 가장 눈에 띄는 상승세를 보인 방식이었다. 자전거 통근은 '안전 자전거'가 발명된 1880년대에 시작되었는데, 이것의 최초의 대량 생산 사례는 존 켐프 스탈리John Kemp Starley의 로버Rover였다. 로버는 앞뒤에 거의 똑같은 크기의 바퀴를 장착하고, 안장 밑에는 스프링을 달았으며, 1890년부터는 공기 타이어를 사용했다. 페달을 돌리면 체인을 통해 뒷바퀴로 힘이 전달되었다. 이것은 핸들이 뒤로 휘어진 현대식 자전

존 켐프 스탈리와 로버   페니파딩

거의 모습 그대로였는데, 당시로서는 기술 면에서 대단한 진보를 상징했
다. 그 직전까지만 해도 '페니파딩penny-farthing'이라는 자전거가 유행했는
데(앞바퀴와 뒷바퀴의 크기가 불균형하다는 사실에서 유래한 별명이었다*) 이
자전거를 타려면 지상에서 1.5미터 높이의 앞바퀴 위에 올라앉아서 그
바퀴통에 연결된 페달을 밟아야 했다. 작은 뒷바퀴는 안정 장치로, 뒤에
서 질질 끌려다니기만 했다. '큰 바퀴 자전거high-wheeler'라는 별명으로도
불린 이 자전거는 매우 불안정했고, 안장에 오르내리기도 힘들었으며, 타
고 다니기엔 너무 위험했다. 실제로 안전 자전거가 나타나기 전까지만
해도 자전거 타기는 실용적인 개인 운송수단 형태라기보다는 위험한 스
포츠로 간주되었고, 자전거를 타는 대담한 청년들은 사냥용 은어를 차용

---

* (옮긴이주) 앞바퀴가 크고 뒷바퀴가 작은 그 모습이 마치 커다란 '페니' 동전과 작은 '파딩' 동전
을 나란히 놓은 듯하다고 해서 붙인 별명이다.

해(그중에는 '공중제비 넘기taking a header*'라는 표현도 있었다) 자기들의 취미를 화려하게 꾸미기까지 했다. 페니파딩은 속도는 매우 빠른 편이었지만 (1891년에 프레드 오즈먼드Fred Osmond는 시속 약 38킬로미터를 기록했다**) 통근에는 무용지물이었다. 반면 로버와 그것의 모방품들은 타고 다니기가 훨씬 쉽고 편안했으며, 1890년대와 1900년대에 일터까지 가는 10킬로미터 이내의 여정에는 안성맞춤이었다. 자전거는 특히 공장 노동자들에게 인기가 있었고, 코번트리Coventry에 있는 스탈리의 공장에서도 그랬다. 하지만 스탈리 본인은 (미국의 앨버트 포프 대령과 마찬가지로) 운송수단의 미래가 동력 차량에 있다고 믿었으며, 1901년 사망하기 직전까지 전기 자동차와 동력 자전거를 실험했다. 그의 후계자들은 1904년에 자전거 부문을 포기하고, 로버라는 브랜드로 자동차 제조를 시작했다.

영국의 자동차 통근자는 자전거 통근자보다 수가 적었지만 증가 속도는 훨씬 빨라서 1909년부터 1939년까지의 기간에 무려 아홉 배로 늘어난 반면, 같은 기간에 자전거 이용자는 두 배로 늘어나는 데 그쳤다. 양쪽의 관계에는 긴장이 있었다. 자동차 운전자들은 자기네 도로에 자전거 이용자들이 들어오지 말아야 한다고 주장했다. 하지만 자전거 이용자들에게는 전용 도로가 없었다. 자전거 이용자 여행 클럽Cyclists' Touring Club의 간사였던 G. H. 스탠서G. H. Stancer는 1934년 4월 이 문제와 관련해 《타임스》에 분노의 편지를 보냈다. 그의 견해에 따르면, 별도의 도로를 필요로 하는 쪽은 자전거 이용자가 아니라 자동차 운전자였다. 자전거 도로는 도로를 자기들만 차지하기 위해 일구이언의 속도광들이 고안해낸 악덕

---

* 사냥 중에 질주하던 말이 급정거하면 말에 탄 사람이 앞으로 날아가 떨어지는 것처럼, 자전거를 타고 가다가 장애물에 부딪쳤을 때 사람이 앞으로 날아가 떨어지는 것을 말한다.
** 이 기록은 아직도 깨지지 않았다.

이라는 것이었다.

> 자전거 이용자를 위한 별도의 길에 대한 요구는 자전거 통행에 적절한
> 공용 도로를 자기들만 독점적으로 사용하려는 자동차 이용자들이 벌이
> 는 선동의 일부분이다. 자전거 이용자가 전멸을 면하기 위해 도로 사용
> 을 포기해야 한다면, 우리는 과연 이런 상황을 순순히 받아들여야만 하
> 는가? 만약 자동차 이용자들이 공용 도로에서 다른 모든 이용자들의 안
> 전과 양립하는 행동 기준에 순응할 의사가 없다면, 도로 사용을 포기해
> 야 하는 쪽은 자전거 이용자가 아니라 오히려 자동차 운전자일 것이다.
> (……) 자동차 운전자가 누구의 허락이나 방해 없이 속도에 대한 열광
> 에 몰두할 수 있는 사유 도로를 자기 돈으로 건설하려 한다면, 그것을
> 막을 사람은 아무도 없다.

이런 논란은 1930년대 내내 계속되었다. 자전거 이용자 여행 클럽은
심지어 사실 확인차 독일에 대표단을 파견하기도 했는데, 나치의 아우
토반(고속도로) 건설 프로그램이 자동차에 반대하는 전쟁을 벌이고 있는
영국의 자전거 이용자들에게 어떤 영감을 줄 수 있는지 알아보기 위해서
였다.

영국에서 자동차 통근자의 수는 10년 단위로 두 배씩 늘어났지만, 영
국의 자동차 문화가 미국의 선례를 따르기를 기대했던 자동차 제조업체
들은 실망해 마지않았다. 포드는 1911년 영국 트래퍼드 파크Trafford Park
에 최초의 해외 공장을 설립해 T 모델을 생산했는데, 1913년에 이르러
이 모델이 영국 자동차 시장의 3분의 1 가까이를 차지했지만 이 공장의
생산량은 매년 6,000대에 불과했다. 이후 수십 년 동안 자동차 생산량은

급증했지만, 미국에 있는 같은 공장이 달성한 수치에는 이르지 못했다. 포드와 다른 여러 자동차 제조업체들은 영국인의 자동차 소유에 물리적·재정적·문화적 장애물이 따른다는 사실을 알아냈다. 주된 물리적 장애물은 기반 시설의 부족이었다. 철도는 이미 영국 여러 도시의 중심부로 들어가는 경로를 확보했지만, 도로는 여전히 상당수가 멀리 돌아가는 (심지어 중세적인) 상태였다. 그나마 보행자와 말이 끄는 운송수단으로 인해 막히기 일쑤였고, 농장의 길보다도 더 지저분했다. 도시로의 접근을 막는 또 다른 요인은 (상당수가 시 의회 소유인) 전차였는데, 전차 이용자 수는 자전거 이용자 수와 비슷했으며, 철로와 정거장은 물론이고 그 커다란 덩치가 교통 흐름에 심각한 방해 요인이 되었다.

도시 바깥의 도로도 부족하기는 매한가지였다. 서리 주에 있는 자기 빌라에서 일터까지 기차 1등칸을 타고 여행하는 대신 직접 운전해서 가려는 사람의 경우, 사유지와 자연 장애물과 교구 경계를 따라 구불구불 이어진 도로를 타고 가야만 했다. 이처럼 이리저리 꺾이는 길은 영국 풍경의 핵심이 아닐 수 없었다. 윌리엄 블레이크William Blake는 〈천국과 지옥의 결혼Marriage of Heaven and Hell〉에서 이런 길을 예찬했다. "개선이라곤 없이 구불구불한 길은 천재의 작품이다." 낭만주의자들은 자기네 신조에 걸맞게 단지 제멋대로라는 이유만으로 이런 길을 좋아했다. 이들이 소중히 여겼던 구불구불함을 예찬한 또 다른 사람은 G. K. 체스터턴이었는데, 그는 1913년에 절주節酒에 반대하는 시에서 구불구불한 도로와 비틀거리는 영국인을 예찬했다.

로마인이 라이Rye로, 또는 세번Severn으로 활보해 오기 전에
비틀거리는 영국 주정뱅이는 구불구불한 영국 길을 만들었네.

비틀비틀한 길, 구불구불한 길, 동네 주위로 돌고 도는 길 (……)[21]

심지어 1920년대에 동력 운송을 원활히 하기 위해서 도로를 곧게 고쳤을 때는 탄식이 나오기까지 했다. 1927년 《타임스》는 도로가 "헐벗고 휑하고 그늘도 없고 부끄러움도 없으며, 강철처럼 번쩍이고 상업의 혹독함처럼 냉정"[22]하게 되었다고 불평했다. 자동차 문화를 가로막는 재정적 장애물은 자동차를 사고 유지하는 데 들어가는 비용이었다. 시간이 흐를수록 자동차를 사기가 점점 더 쉬워지기는 했지만(자동차의 가격은 1924년에서 1935년까지의 기간에 사실상 절반으로 떨어졌다) 영국에서는 미국에 비해 자동차 가격이 3분의 1이나 더 비쌌으며, 중산층 이하에서는 감히 자동차를 넘볼 수가 없었다. 1938년 자동차제조·판매자협회Society of Motor Manufacturers and Traders(SMMT)는 연 수입이 250파운드 이하인 사람은 자동차를 구매할 여력이 전혀 없다고 판단했다. 이 액수는 "보통 중산층과 나머지 계층 사이의 경제적 구분선을 나타낸다고 여겨졌"[23]고, 당시 영국 전체 가구 가운데 75퍼센트는 그 구분선 이하에 속했다. 영국에서는 자동차를 굴리는 데 들어가는 비용도 더 비쌌다. 자동차 소유주는 도로세와 유류세 외에 1920년부터 마력세도 부담해야 했고, 1930년부터는 제삼자 보험도 의무적으로 가입해야만 했다. 어떤 계산에 따르면 "1930년대 말에 일반적인 8마력 자동차의 총 고정 비용은 32.35파운드였고, 이 자동차를 굴리는 데 들어가는 연간 총 비용은 24.75파운드였다. 모두 합쳐 57.10파운드였는데, 그 정도면 자동차 구입가의 3분의 1이 넘었다". 마지막으로 자동차 통근자 지망자는 차고를 하나 소유하거나 빌려야 했다. 법률상 야간에는 자동차를 도로 바깥에 세워두도록(아니면 도로에 세운 채 불을 켜놓아야 했는데, 그건 한마디로 실용적이지 못했다) 규정돼 있기 때문이었다.

영국에서는 자동차 문화에 대한 문화적 장애도 컸다. 자동차 제조업체들이 표적 시장으로 삼은 중산층은 사회적 지위를 예민하게 의식했다. 이들은 저돌적으로 보이거나 각자의 자리 너머를 향한 야심을 가진 것처럼 보이는 상황을 원하지 않은 반면, 한편으로는 혹시나 스스로를 격하시키지는 않을까 하는 걱정을 갖고 있었다. 실제로 '지위에 대한 불안'은 자동차 매매에서 중산층의 행동에 큰 영향을 끼쳤다. 예를 들어 1920년에 《오토카Autocar》라는 잡지에서 한 기고자는 이런 민감성에 대한 주의를 당부하면서, 〈햄릿〉에서 폴로니어스가 아들 레이어티스에게 주는 지침을 따르라고 야심만만한 운전자들에게 조언했다.

> 너의 의복은 지갑이 감당할 수 있는 한 비싼 것으로 마련해라.
> 그렇다고 지나치게 표현하지는 마라. 부유하되 천박하지 않게 해라.
> 옷이 그 사람을 드러내는 경우가 종종 있으니 (……)*

중산층에게 자동차를 판매하는 과정에는 번거로움이 한가득이었다. 제조업체들은 자기네 제품에 "기술적이거나 미적이거나 속물적인 매력이 담기게 해야만" 했다. 그래야만 구매자에게 "진정한 식견이든 상상에 불과한 식견이든 식견을 과시할 기회"[24]를 제공할 것이기 때문이었다. 중산층은 자동차의 외양과 성능뿐 아니라 판매 방식에도 민감했다. 모리스Morris 사社는 1931년에 마이너 SVMinor SV 모델을 출시하면서 판매가가 100파운드에 불과하다는 것을 광고로 널리 알렸는데, 그 결과 다른 모델

---

* (옮긴이주) 〈햄릿〉 1막 3장.

에 대한 주문은 쏟아져 들어오는 반면에 마이너의 판매 실적은 매우 나빴다. 당시 모리스의 영업부장이었던 마일스 토머스Miles Thomas는 이렇게 언급했다. "그것은 소비자 선호에서 흥미로운 사례였다. 분명 사람들은 100파운드라는 적은 금액으로 구입이 '가능하다'는 사실 때문에 마이너에 관심을 가졌지만, 실제로 자동차를 구매하는 과정에서는 자기가 가장 저렴한 제품을 구입하지는 '않았다'는 사실을 보여주길 원했기 때문이다. 그리하여 모두가 행복해졌다. 아무도 평범한 사람들과 함께 밑바닥에 머물고 싶어 하지는 않는 법이니까!"[25]

훗날 영국의 '자동차 황금기'로 일컬어진 이 시기에도, 어떤 사람들에게는 자동차를 한 대 사는 것이 지뢰밭을 지나가는 것이나 마찬가지인 일로 여겨졌다. 시내에 있는 일터까지 직접 운전해서 자동차를 타고 다니는 경우에는 더욱 그랬다. 그럼에도 불구하고 영국에서는 자동차 문화가 발달했다. 자동차 전문 텔레비전 프로그램 〈탑 기어Top Gear〉에 대한 요즘 사람들의 열광은 20세기 초반의 수십 년 동안에 생겨난 것이다. 자동차제조·판매자협회는 1903년 수정궁Crystal Palace에서 영국 최초의 자동차 전시회Motor Show를 개최했으며, 이후에는 매년 올림피아Olympia에서 개최했다. 1930년대에 이 전시회를 찾는 관람객은 매년 100만 명 이상이었다. 언론도 이 전시회를 대대적으로 보도했다. 대부분의 신문들에 자동차 전문 기자가 있었으며, 심지어 《브리티시 메디컬 저널British Medical Journal》 같은 간행물도 1931년의 자동차 전시회에 관해 두 페이지를 할애했다. 이 매체의 기자는 이 전시회에서 모리스 마이너 SV와 다른 몇 종의 작은 자동차들을 보고 감동했는데, 로버에서 출시한 7마력짜리 4인승 신차 스캐럽Scarab도 그중 하나였다. 그의 보도 내용 중에는 '의료인을 위한 자동차'를 다룬 부분도 있었는데, 거기서 그는 도시에 있는 병원까지 통근하는 의사들에게 "'꼬마' 자동차들 가운데 하나"가 "그들의 필요를 충분히 만족시켜줄"[26] 거라고 조언했다.

다른 분야의 전문직에 종사하는 사람들도 개인 운송수단으로 자동차를 선택하는 추세였다. 1930년대 중반에 이루어진 설문조사에 따르면 자동차는 "중요한 업무용 도구"가 돼 있었고, 응답자 40퍼센트가 일터로 가는 데 사용하려고 자동차를 샀다고 답변했다. 이 설문조사에 따르면, 자동차 통근자 중에는 다양한 화이트칼라 직업이 포함돼 있었다. "회계와 보험, 건축, 토목 및 측량 자문, 화학 및 기타 과학 분야 자문, 치의학, 교육, 산업 및 상업 관련 분야, 법률, 미술, 문학과 음악, 의료, 정치 분야, 종교, 사회 복지 분야, 수의학"[27] 등과 관련된 직업이었다. 이뿐만 아니라 자동차 제조업체라든가 타이어를 비롯한 관련 업계에서 일하는 관리자들, 그런 공장에서 일하는 노동자들 일부도 포함돼 있었을 것이다. 1939년 마력세에 관한 하원의 토론에서 롬퍼드Romford의 노동당 의원 허버트 파커Herbert Parker는 "대그넘Dagenham 소재 포드 공장에서 일하는 1만 2,000명의 근로자 가운데 자동차를 소유한 사람은 1,500명 내지 2,000명"[28]이라고 언급했다.

기반 시설도 향상되고 있었다. 1913년에서 1916년까지의 기간 동안 그레이터 런던 간선도로 회의Greater London Arterial Roads Conference에서 도출된 대대적인 계획들이 천천히 실행에 옮겨졌다. "로마 시대 이후 잉글랜드에서 가장 긴 신규 도로"였던 사우스엔드 간선도로Southend Arterial Road*는 헤이버링Havering 소재 갤로스 코너Gallows Corner에서 시작되어 사우스엔드온시Southend-on-Sea까지 이어졌는데, 1925년 3월에 (훗날 글로스터 공

---

* 오늘날의 A127도로이다.

작Duke of Gloucester이 되는) 헨리 왕자*의 참석하에 개통되었다. 런던 최초의 순환도로인 북부 순환도로North Circular는 1922년에 공사가 시작되어 11년 후에 완공되었다. 지금은 A406도로라는 이름으로 통하며 런던에서 통근자들이 가장 싫어하는 도로가 되고 말았지만, 1930년대에만 해도 차량 흐름은 원활했다.[29] 1935년에 찰스 브레시Charles Bressey 경과 건축가 에드윈 러티언스Edwin Lutyens가 이곳의 차량 속도를 측정했는데, 평균 시속 약 40킬로미터였다.**

통근자들은 새로운 도로를 따라서 정착하기 시작했다. 1840년대에 통근자들이 철도 노선을 따라서 정착했던 것과 마찬가지였다. 예를 들어 에식스Essex 주의 마을 레인던Laindon의 인구는 1901년에 401명이었던 것이 1931년에는 4,552명으로 늘어났다(참고로, 이 마을에 있는 13세기에 지어진 세인트 니컬러스St. Nicholas 교회는 사우스엔드 간선도로 인근의 역사 유적 가운데 하나다). 전에 있었던 승합마차 교외와 마찬가지로, 영국의 새로운 자동차 교외는 필요 이상으로 보기 흉한 주택들을 특징으로 한다고 여겨졌으며, 오스버트 랭커스터Osbert Lancaster 경은《기둥에서 주택까지Pillar to Post》라는 저서에서 이곳을 가리켜 "우회로의 얼룩덜룩이들"이라고 표현했다.*** 나쁜 재료와 우스꽝스러운 장식과 조악한 장인 정신의 기괴한 조합이 이런 건축학적 희귀물을 두드러지게 만들었는데, 이런 주택에는 소

---

* (옮긴이주) 영국 국왕 조지 5세(1865~1936)의 셋째 아들인 글로스터 공작 헨리 왕자(1900~1974)를 말한다.
** 반면, 2011년의 평균 속도는 시속 30킬로미터에 불과했다.
*** (옮긴이주) 당시 유명한 만평가였던 랭커스터의 저서《기둥에서 주택까지》는 '쉽게 배우는 영국 건축'이라는 부제가 보여주듯 영국 건축의 역사와 특징을 삽화와 함께 요약한 책이다. 이 책에서 저자는 당시 교외에 우후죽순으로 생겨나던 주택들의 몰개성과 몰취미를 비판하기 위해 "우회로의 얼룩덜룩이들"이라는 표현을 사용했다. 이 표현에 곁들여진 삽화를 보면, 우회로를 따라 단독 주택들이 늘어서 있는데 마당이며 본채의 장식이 속되고 잡다한 느낌을 준다.

오스버트 랭커스터의 《기둥에서 주택까지》에 나오는 삽화

유주의 자동차를 넣어둘 수 있는 차고가 붉은 벽돌로 만들어져 있어서 "어렴풋하게 로마네스크 양식의 느낌을 주었다". 랭커스터의 견해에 따르면, 이런 주택들은 그 자체로 흉물일 뿐 아니라 주변 경관에도 해로웠으며, 심지어 서로에게도 거슬렸다. "그 주택들을 배치한 솜씨를 보라. 최소한의 비용으로 그 시골에서 최대한 넓은 면적을 망치도록 보장하고 있지 않은가. 각 주택 소유주들이 바로 옆에 사는 이웃의 가장 사적인 공간까지도 똑똑히 볼 수 있는 전망을 제공받지 않는가." 일찍이 자기 시대의 철도 근교에 조만간 하느님의 불비가 쏟아지기를 고대했던 체스터턴의 어조를 본받아, 랭커스터는 그곳이 조기에 소멸된다는 전망은 너무나 즐거운 것이어서, 심지어 "공중 폭격의 전망까지도 감수하게"[30] 만든다고 말했다. 시인 존 베처먼John Betjeman도 자동차 문화의 결과에 관해 똑같은 기분인 듯, 1937년에 다음과 같은 시를 썼다. "오라, 친절한 폭탄이여, 슬라우Slough[*]에 떨어져라!/이제 그곳은 인간에게 어울리지 않으니."[31]

---

[*] (옮긴이주) 런던에서 서쪽으로 30킬로미터 떨어진 버크셔 주의 도시.

결국에는 랭커스터와 베처먼의 소원이 모두 이루어졌다. 자동차 통근이 영국에서 두드러진 관습이 되자마자 2차 세계대전이 일어났고, 이후 10년 동안 이 관습은 마비 상태에 빠지고 말았다. 자전거 이용자 여행 클럽이 자전거 도로에 반대해 싸우던 당시 독일 도로 조사 대표단German Roads Delegation을 파견해 알아보았던 독일의 아우토반은 1938년 나치가 오스트리아를 합병하는 데 사용되었으며, 이듬해에는 폴란드를 상대로 전격전을 시작하는 데 사용되었다. 1945년에 이르러 영국의 주택은 20만 채 이상이 독일의 폭격에 의해 파괴되고 350만 채가 손상을 입은 상태였다. 슬라우는 한때 신설 도로에서 한몫을 차지했던 것처럼 이때의 파괴에서도 한몫을 감수할 수밖에 없었으며, 그 가장자리에 있던 "우회로의 얼룩덜룩이들"도 이때 상당수 파괴되고 말았다.

5장

–

도시와 교외 사이

현대의 교외는 자동차의 창조물이며, 자동차 없이는 존재할 수도 없다.

_존 레이John B. Rae,

《미국의 자동차 *The American Automobile*》(1965)

자동차 문화에 대한 미국의 헌신은 2차 세계대전 동안에도 사실상 방해를 받지 않았으며, 급기야 미국인들의 정착 패턴에 심대한 결과를 초래했다. 철도가 창조한 교외는 철로를 따라 마치 우산살처럼 도시 중심부에서 인근의 시골을 향해 뻗어나가는 경향을 보였고, 노선과 노선 사이의 방대한 땅은 전혀 손대지 않은 상태로 남아 있었다. 그러다가 통근자들이 오로지 자동차로만 도달할 수 있는 장소에 각자 꿈의 집을 지으면서 그 공간도 채워지게 되었다. 이들은 고속도로에서 왼쪽이나 오른쪽으로 벗어나, 철도 열풍 내내 여전히 시골로 남아 있던 장소에 정착했다. 이러한 재배치의 실현에서 무척 큰 역할을 담당한 헨리 포드는 디트로이트에서 약 15킬로미터 떨어진 곳에 2,000에이커(8제곱킬로미터) 면적의 부지를 확보하고 이런 유행을 선도했다. "이 도시는 죽을 운명이다." 그는 이렇게 선언했다. "우리는 도시를 떠남으로써 도시 문제를 해결해야만 한다."[1] 1939년에 이르러서는 그의 선례를 따른 사람이 이미 수백만 명이었고, 연방주택위원회Federal Housing Association 소속의 스튜어트 H. 모트Stewart H. Mott는 미국도시계획가협회American Association of Planners에 이렇게 조언했다. "탈중심화가 일어나고 있다. 이것은 정책이 아니라 현실이다. 우리가 이런 유행을 변화시키는 것은 철새들의 욕구를 변화시켜 철새들을 더 적절한 장소로 이동시키는 것만큼이나 불가능하다."[2]

도시 주위의 처녀지를 향한 이런 네 바퀴 탈주는 2차 세계대전 이후에 가속화되었다. 참전 용사를 위한 연방 정부의 주택 소유 프로그램과 교외 건축업자를 위한 세금 혜택이 이를 촉진했다. 1946년에서 1951년까지 새로운 주택이 거의 400만 채나 건설되었는데, 대부분 소유주가 일터까지 자동차를 몰고 다니리라는 가정하에 계획되었다. 새로운 단독 가구 거주지의 97퍼센트가 단독주택이었으며 당연히 차고도 있었다. 이것만 봐도 자동차 문화가 이미 가정되어 있었음을 알 수 있다. 차고는 1920년대 이후 미국의 주택 건축에 슬금슬금 스며들었다. 처음에 차고는 주택 뒤에 지은 별도의 구조물로, 과거의 마구간과 다를 바 없었다. 1928년에 간행된 《홈 빌더스Home Builders》의 견본집을 보면, 각자의 애마를 넣어둘 공간을 지으려는 자동차 운전자들을 위한 다양한 유형의 차고 설계가 나와 있다. 건축가 노먼 벨 게디스Norman Bel Geddes는 차고를 주택과 통합시킨 최초의 인물로 추정되며, 1931년 세계 박람회에 출품된 '내일의 집

레빗타운

'The House of Tomorrow' 설계도를 통해 그러한 설계를 세상에 선보였다. 프랭크 로이드 라이트 역시 1930년대에 설계한 유소니아* 양식의 주택에 간이차고를 포함시켰다. 통합식 차고 및 간이차고는 얼마 지나지 않아 규범이 되었으며, 1937년《아키텍처럴 레코드Architectural Record》는 "차고가 주거지의 매우 필수적인 부분이 되었다"[3]라고 보도했다. 마치 자동차가 가족의 일원이 된 것 같았고, 그리하여 다른 일원과 마찬가지로 자신의 거처를 필요로 하는 것처럼 보였다. 2차 세계대전 후에도 차고의 중요성과 위신은 점점 더 높아졌고, 1960년대에 이르러서는 주택 전체 공간에

* 로이드 라이트는 아메리카합중국United States of America을 유소니아Usonia라고 개명해야 한다고 생각했다. 미국과 캐나다와 멕시코 모두 '아메리카'의 일부분이므로 미국이 '아메리카'라는 명칭을 독점할 수는 없다는 이유에서였다. 그는 뚜렷한 아메리카 양식의 도시 계획에 관한 자신의 전망에 걸맞은 도시들과 교외 주택들을 설계했다. 이 제안의 흔적은 미국을 뜻하는 에스페란토어 '우소노Usono'에 여전히 남아 있다.

서 자동차가 무려 3분의 1을 차지하기에 이르렀다.

넉넉한 주차 공간을 가진 단독주택은 이른바 자동차 통근자 교외의 원형이라 할 만한 곳인 뉴욕 주 레빗타운Levittown의 기본 요소이기도 했다. 레빗타운을 설계한 윌리엄 제어드 레빗William Jaird Levitt은 포드의 대량 생산 원리를 주택에 적용하여, 1947년부터 1951년까지, 원래 감자밭이었던 자리에 1만 7,000채의 똑같은 주택으로 이루어진 공동체를 만들었다. 레빗타운의 주택은 '케이프 코드Cape Cod'라는 한 가지 모델뿐이었는데, 그것은 자동차 교외의 T 모델이라 할 수 있었다. 《타임Time》지誌는 여러 기사를 통해 이 도시를 예찬했으며, 1950년 레빗을 올해의 인물로 선정했다. 그러는 동안 《위클리 매거진The Weekly Magazine》은 인구의 대이동이 진행 중임을 감지하고 레빗타운을 "혁명의 모범"으로 기술하면서, 앞으로 미국 전체가 이곳을 모방하게 될 것이라고 예측했다. 레빗타운이 큰 성공을 거두자 레빗은 이후 10년 동안 펜실베이니아와 뉴저지 주에 각각 하나씩 주거지를 더 만들었다(두 곳 다 이름이 레빗타운이었다).

케이프 코드

세 번째 레빗타운은 1만 2,000채의 주택을 보유하는 것으로 설계되었으며, "약 1,200채의 주택이 한 동네를 구성하도록 편성하고, 각각의 동네에는 초등학교와 놀이터와 수영장을 마련할"[4] 예정이었다. 당시 선구적인 사회학자였던 허버트 갠스Herbert Gans는 이 새로운 변경邊境에서 영위되는 일반적인 자동차 통근자의 삶이 어떠한지를 직접 알아보기로 작정했다. 그는 첫 할부금으로 100달러를 내고 침실 네 개짜리 케이프 코드를 한 채 구입했으며, 가족과 함께 입주하여 이 새로운 주거지에 대한 분석에 들어갔다. 레빗타운을 역사적 중요성 면에서 '메이플라워에 버금가는 사건'이라고 말할 수 있다면, 후세 사람들은 열성 신도나 마녀 사냥꾼의 일기보다 더 훌륭하고 덜 편파적인 기록이 있다는 사실에 고마워해야 마땅하리라.

갠스가 파악한 바에 따르면, 그 공동체의 대부분은 자동차 통근자이며 남성인 가장에게 의존하고 있었다. 그 가장들은 집과 일터를 오가기 위해 평균 37분간 운전을 했는데, 레빗타운에 오기 전 도시에 살았던 사람들의 경우에는 과거에 비해 오히려 통근 시간이 단축된 셈이었다. 대부분의 사람들은 통근이 좋다고 대답했으며, 도로에서 훨씬 더 많은 시간을 보내야 하는 사람들만 그 일이 '피곤하다'고 말했다. 카풀car-pool을 하는 사람들은 통근의 이런 전반적인 즐거움을 공유했다. 반면, 레빗타운 주민들 가운데 버스를 타고 출퇴근을 해야 하는 사람들은 통근이 지루하거나 힘들다고 말했다. 레빗타운에 사는 직장인의 아내들은 통근에 대해서 비관적이었으며, 이러한 차이는 결혼 생활에서 불화의 요인이 되었다. 갠스는 이렇게 설명했다. "통근은 부부 관계에도 영향을 주는 것처럼 보이는데, 특히 아내 쪽에 그런 것 같다. 아내가 남편의 통근을 피곤한 일로 생각하는 경우, 부부의 공동 활동과 결혼의 행복이 모두 부정적인 영향을 받는다. 하지만 남편들은 이에 동의하지 않는다. (……) 자기들은 통근이 피곤하든 피곤하지 않든 아내와 잘 지낸다고"[5] 주장한다.

레빗타운 주민들은 통근에 뛰어듦과 동시에 공동체에 들어선 셈이었다. 그들은 '과다 행동 가담자'였으며, 지나치다 싶을 정도로 많은 활동에 참여했다. 다른 모든 자동차 교외 주민들이 그들의 열성을 공유했다. 예를 들어 시카고의 교외인 파크 포리스트Park Forest는 경영 이론의 초창기 대가였던 윌리엄 H. 화이트William H. Whyte의 《조직 인간 The Organization Man》에 언급되어 불멸의 명성을 얻은 "참여의 온상"이었으며, "인구 100명당 시민적 열의를 전국의 다른 어떤 공동체보다도 더 많이 흡수하는 듯 보이는" 곳이었다. 실제로 미국에서 자동차 교외의 성장은 시민 참여의 황금기와 일치한다. 예를 들어 투표 참여자 수나 볼링 동호회, 어린이 야구단* 기타 등등에의 참여는 1940년대와 1950년대와 1960년대 내내 꾸준히 늘어났다. 인구 분포 역시 이런 상황에 유리했다. 레빗타운 및 그곳과 유사한 개발 지구에 사는 주민들은 "(젊음을 가치 있게 여기는 사회에 사는) 젊은 사람들이었으며, 경제를 변모시키는 신기술 및 서비스 업종에 종사했다".[6] 통근 시간까지 업무에 포함시키더라도(당시에는 많은 사람들이 통근을 일종의 여가로 간주했다) 그들은 여전히 자유 시간을 풍부하게 보유했고, 각자의 거주지를 공동체로 변모시키는 일에 그 시간을 썼다. 자동차 통근자들은 거주지에서도 연고를 맺고자 했다. 그 수단이 이웃에서 열리는 칵테일파티뿐이어도 말이다.

새로운 교외의 주민들은 1급 소비자들이었다. 그들은 안정적인 직장, 현금, 그리고 (그들의 조부모만 해도 꿈에서나 생각해보았음 직한) 신용

---

* 레빗타운의 어린이 야구단은 1960년 세계 어린이 야구 대회에서 우승했다.

거래 능력을 보유하고 있었다. 각자의 주택에 텔레비전, 진공청소기, 냉장고, 토스터, 다리미, 고데기, 세탁기를 가득 채워놓았으며, 이런 것들을 종종 외상으로 구입하기도 했다. 급기야 상점들이 도시를 벗어나 이들을 찾아왔다. 유통업체 시어스Sears는 시외 소매업의 개척자였다. 이 회사의 부회장이었던 로버트 E. 우드Robert E. Wood는 1925년에 "자동차 등록 대수가 대도시 중심부에서 이용 가능한 주차장의 수용 능력을 이미 넘어섰음"[7]을 깨닫고, 차량으로만 접근할 수 있고 인구 밀도가 낮은 (따라서 임대료가 저렴한) 지역에 새로운 점포를 개장하는 정책을 추진했다. 마찬가지로 오로지 차량으로만 접근할 수 있는 쇼핑몰들 또한 교외 주변 및 내부에 생겨났다. 최초의 예는 1923년에 개장해 여전히 성업 중인 캔자스의 컨트리 클럽 플라자Country Club Plaza이다. 이 컨트리 클럽은 세비야의 명소인 히랄다 탑Giralda tower의 절반 크기 모형을 비롯해 여러 종류의 상점과 식당, 그리고 자동차 수천 대를 수용할 수 있는 주차장을 보유하고 있었다. 여기서 영감을 얻어 수많은 모방작이 나왔으며, 드라이브인 쇼핑몰은 교외에 살아야 하는 또 한 가지 이유가 되었다(아울러 주차할 곳이 없는 구닥다리 도시 방문을 피해야 하는 또 한 가지 이유도 되었다). 메이시Macy's 백화점이 우리 동네로 (또는 우리 동네 근처로) 알아서 찾아오는 마당에, 뭐 하러 굳이 도심의 옛 메이시 백화점으로 찾아가겠는가? 쇼핑몰은 위생과 안전이라는 장점을 부각함으로써 고객들이 차별화된 그 경험에 주목하게 만들었다. 거기서는 굳이 보도에서 주정뱅이와 거지를 피해 다닐 필요가 없었으며, 배달을 기다리거나 양팔 가득 꾸러미를 들고 대중교통을 이용해 집으로 돌아갈 필요가 없었다. 각자의 자동차 트렁크에 짐을 싣고 떠나면 그만이었다.

레빗타운들에는 모두 소매점이 있었는데 그중 최초의 소매점은 첫 번째 주거지에 개장한 숍오라마Shop-O-Rama로, "미시시피 강 동쪽에서 가장 큰 보행자 전용 쇼핑몰"[8]이었다. 숍오라마는 그 공동체의 북쪽 모서리에 건설되었는데, 바로 옆에는 야구장이 있었다. 아울러 한쪽은 6차선 고속도로와 면해 있었고, 또 한쪽은 케이프 코드 모델 주택들이 늘어선 막다른 골목과 면해 있었으며, 나머지 한쪽에는 랜치Ranch*들이 줄줄이 늘어서 있었다. 이곳에는 포머로이Pomeroys와 울워스Woolworths와 시어스 같은 유명 백화점의 지점들이 들어와 있었으며, 6,000대를 수용할 수 있는 주차장이 있었다. 그곳은 소매점뿐만 아니라 공동체 행사장으로도 기능해서, 미인 대회와 부활절 가두 행진과 정치 집회까지도 거기서 개최되었다. 1960년 존 F. 케네디John F. Kennedy가 이 주차장에서 유세 연설을 했고, 대부분 민주당 지지자였던 레빗타운 주민들의 표는 그해에 그의 대선 승리를 도왔다.

고용주들 역시 자동차 통근자들을 따라 도시를 벗어났다. 한편으로는 트럭을 이용해 교외의 공장에서 시장까지 상품을 운반할 수 있기 때문이었고, 다른 한편으로는 자기 자동차를 보유한 인력을 부릴 수 있기 때문이었다. 1954년 제너럴 푸즈General Foods가 맨해튼에 있던 본사를 뉴욕 시 북쪽에 자리한 화이트 플레인스White Plains로 옮기면서 이러한 추세가 시작되었다. IBM, 펩시코PepsiCo, 텍사코Texaco 같은 다른 여러 대기업들도 그 뒤를 따랐다. 흥미로운 것은, 회사가 도시를 벗어나기로 일단 결정을 내리자, 회사의 중역들이 직원들의 자동차 문화를 너무나 확신한 나머지 회사 CEO의 "자택과 컨트리 클럽의 위치"를 "회사의 이동 방향을 결정하는 데 가장 중요한 변수"[9]로 삼은 것처럼 보였다는 점이다.

---

* 1949년에 도입된 레빗타운 주택의 두 번째 모델.

미국의 베이비 붐 세대 가운데 상당수는 자동차 교외에서 성장했다. 그들의 아버지들은 일터에서의 지위에 따라 앰배서더Ambassador나 캐딜락 Cadillac이나 포드Ford를 타고 출근했다. 주말이면 가족이 다 함께 차를 타고 쇼핑을 가거나 햄버거 체인점에서 햄버거를 사가지고 드라이브인 영화관에 갔다. 이런 유행으로부터 미국의 모든 계급이 이득을 얻었다. 임금은 오르고, 물가는 내리고, 심지어 조립 라인에서 일하는 노동자에게도 자동차를 몰고 다닐 여력이 생겼다. 도시는 조금씩 근교로 새어 나갔다. 1963년에는 미국 인구의 3분의 1이 교외에서 살거나 일했다. 이 시기의 텔레비전 시트콤을 토대로 판단하면(그런 프로그램들의 상당수는 내용이나 시청률 면에서 교외와 통근자를 모두 필요로 했다) 그런 사람들이야말로 행복하고 건강한 존재였다. 〈아내는 요술쟁이Bewitched〉와 〈비버는 해결사 Leave It to Beaver〉는 레빗타운이 보여준 '혁명의 모범'을 새로운 목가로 묘사했으며, 여기에 마술적이거나 순진한 전망을 덧붙였다.

이 시기의 가족 만화 역시 교외와 그곳의 핵가족을 새로운 규범으로 묘사했고, 그들에게 역사와 미래를 제공했다. 〈고인돌 가족 플린트스톤 The Flintstones〉과 〈우주 가족 젯슨The Jetsons〉의 주인공은 모두 통근자이며 돈을 버는 가장이다. 프레드 플린트스톤은 "야바 다바 두!Yabba dabba doo!" 라고 특유의 구호를 외치면서 돌 바퀴와 나무틀로 이루어진 장치로 뛰어든 다음, 운전대를 잡고 발로 바퀴를 굴려서 자기 일터인 채석장으로 간다. 조지 젯슨은 비행차를 타고 하늘을 날면서 미소 짓고, 아들과 딸을 학교에, 아내인 제인을 쇼핑센터에 말 그대로 뚝(반투명의 케이스 안에 사람을 넣어서 마치 폭탄처럼 차량에서 뚝) 떨어뜨린 다음 일터인 스페이슬리 스페이스 스프라킷Spacely Space Sprocket에 도착한다. 조지가 차에서 내려 스위치를 하나 누르면 차량 전체가 착착 접혀서 작은 서류 가방처럼 변하는데, 과연 2062년에도 주차 문제가 있을지에 대한 논란은 이로써 깔끔하게 (그리고 확실하게) 해결된다.

〈우주 가족 젯슨〉은 자동차 통근의 여러 측면을 다루는데, 그중에는 새 자동차를 사는 일도 있다. 4회에서 조지와 제인은 인근의 몰레큘러 자동차Molecular Motors 대리점을 찾아가, 계란형 공중 부양 의자를 타고 이리저리 떠다니면서 홍보용 비디오를 보고 시험 주행도 해본다. 판매원이 두 사람에게 건네는 말 한마디 한마디마다 사전 녹음된 웃음소리가 따라붙는데, 혹시라도 시청자들이 만화 속 2062년과 이 프로그램이 처음 방영된 해인 1962년 사이의 유사성을 놓칠까 봐 이렇게 만든 것으로 보인다. 두 사람이 시험 주행한 차는 그해에 나온 모델로 "비길 데 없이 훌륭한 '슈퍼소닉 서버버나이트Supersonic Suburbanite(초음속 교외 거주자)'"인데, 최대 속도가 시속 수천 킬로미터에 달하며 탄도미사일급 가속이 가능하다. "출발할 때의 느낌이 어떻습니까?"
자동차 판매원이 이렇게 묻는 동안, 젯슨 부부는 중력의 영향으로 이리저리 날아다닌다. 곧이어 자동차 판매원은 브레이크 성능을 보여준다며 슈퍼소닉 서버버나이트를 한 소행성으로 돌진시킨다.

현실에서 통근자가 새 자동차를 사려 하는 경우에도 이처럼 정신이 아득해지는 선택에 직면하게 마련이었다. 1950년대와 1960년대 내내 자동차 설계와 홍보는 점점 휘황찬란해졌다. 스

The Jetsons

〈우주 가족 젯슨〉

타일링 면에서는 기능보다 형태가 중시되었고, 광고는 신제품에 초점을 맞추었는데, 이른바 '계획적 노후화planned obsolescence'라는 업계 내부의 일반 전략에 따른 것이었다. 이 용어는 본래 제조업에서 수명에 제한이 있는 제품을 만드는 것을 가리켰지만, 자동차 업계에서는 고장 나는 제품보다는 오히려 유행에 뒤떨어지는 제품을 만드는 것을 가리켰다. 이런 현상은 1920년대에, 즉 주요 자동차 제조업체들이 매년 새로운 모델을 생산하기 시작하면서부터 나타났다. 제너럴 모터스의 앨프리드 P. 슬론Alfred P. Sloan에 따르면, "매년 나오는 모델"에서 "스타일링 변화"란 "새로운 모델과의 비교를 통해 과거 모델에 대한 어느 정도의 불만을 만들어내기 위한"[10] 것이었다. 1950년대 중반에 이르자 이 개념이 자동차 시장을 지배하게 되었다. 예를 들어 1955년에 나온 ("대단히 매끄럽고 화려한 외양이 시선을 끈다"라고 일컬어진) 모터라믹 쉐보레Motoramic Chevrolet의 텔레비전 광고는 이 모델을 "새로운 자동차 이상의 것, 즉 새로운 개념! 곧 선보입니다"라고 광고했다. 단순히 새로운 것만으로는 만족할 수 없었던 플리머스는 1957년에 플리머스 62년형을 소개하면서 "시간의 장벽을 깨뜨린 자동차!"라고 선전했다. 한편 1958년형 포드의 출시와 함께 방영된 텔레비전 광고의 제목은 "새로운 자동차를 새롭게 만드는 것"이었는데, 이 광고는 처음 6초간만 빼고 '새로운'이라는 단어를 3초에 한 번꼴로 언급해, 두 단어 중 하나가 바로 이 단어였다. "58년형 포드는 모든 면에서 새롭습니다. 새로운 스타일링, 새로운 힘, 새로운 성능, 새로운 핸들링, 새로운 편안함, 새로운 주행. 이보다 더 새로운 것은 세상에 없습니다!"[11] 58년형 포드에서 가장 새로운 면모는 "선회를 손가락질만큼 쉽게" 만들어주는 "마법의 원圓 조종 장치"였지만, 사실 이것은 전에 나온 시스템의 재탕에 불과했다. 그래도 광고에서 이것은 경탄의 대상으로, 미국 최고의 두뇌들이 낳은 제품으로 예찬되었다. 이들과 경쟁한 다른 제조업체의 두뇌들도 이와 유사한 '개선 아닌 개선'을 고안했으며, 그것이 바퀴가 발명된 이래 운송에서 이루어진 가장 뛰어난 진보인 양 허풍을 떨었다. 부끄러워하는 사람은 아무도 없었다. 어쨌거나 그들은 꿈에 원료를 공급하는 것뿐이었으니까.

자동차 제조업체들은 외부 스타일링에서 경쟁했을 뿐만 아니라 내부 장식에서도 혁신을 통해 시장 지분을 차지하려고 싸웠다. 1954년에는 내시 자동차 회사Nash Motors가 주력 상품 앰배서더 모델에 에어컨을 장착했다. 1960년에는 시판되는 자동차 가운데 20퍼센트가 에어컨을 장착하고 있었고, 1969년에 이르러 그 비율은 54퍼센트로 껑충 뛰었다. 심지어 지붕을 접었다 폈다 할 수 있는 컨버터블에까지 에어컨을 장착했다. 운전자들은 차 안에서 시원하게 있을 수 있을 뿐만 아니라 라디오를 들으며 마음을 진정시킬 수도 있었다. 최초의 상업용 자동차 라디오는 1930년에 갤빈 주식회사Galvin Corporation가 개발한 모토롤라Motorola 제품이었으며, 나중에는 이 상표명이 회사 이름이 되었다. 모토롤라에 이어서 유럽에서는 블라우풍크트Blaupunkt의 AS5 모델이 나왔는데, 크기는 작은 여행가방 정도였고 가격은 신형 자동차의 3분의 1 수준이었다. 하지만 1950년대에 이르러 자동차 라디오는 계기판에 장착될 만큼 충분히 작아졌으며, 최상급 자동차에서는 기본 사양이 되다시피 했다. 자동차 라디오는 차량 자체와 마찬가지로 매년 새로운 특징을 더해갔다. 포드의 1956년형 콩코드Concord는 '시그널 시크Signal Seek(주파수 검색)' 사운드 시스템을 장착해서, '도시' 또는 '시골'로 모드를 설정하면 자동으로 채널을 맞춰주었다. 그 과장된 선전에 따르면, 시그널 시크는 "진공관 아홉 개, 회로판 한 개, 자동 잡음 제거 스피커"로 구성된, "한국 전쟁 중에 개발된 군사 기술"을 토대로 한 제품이었다. 라디오에서 끝도 없이 흘러나오는 자동차 광고를 듣기 싫은 운전자라면 크라이슬러 56년형을 구입할 수도 있었다. 이 모델에는 계기판의 절반을 차지하는, '하이웨이 하이파이'라는 분당 16과 2/3회전 전축이 장착되어 있었는데, 이것은 굽이를 돌거나 장애물을 넘어갈 때도 바늘이 튀는 법이 없이 7인치짜리 음반을 재생한다고 선전되었다.* 하지만 그것은 혼자 차를 타고 가는 통근자에게는 너무 번거로운 물건인데다가 선택할 수 있는 음반도 열 개밖에 없었는데, 그 중에는 보로딘Borodin의 〈폴로베츠인의 춤〉, 이폴리토프이바노프Ippolitov-Ivanov의 〈사르다르의 행진〉, 그리고 버나드 쇼Bernard Shaw의 희곡 〈지옥의 돈 후안Don Juan in Hell〉의 낭독 같은 특이한 레퍼토리가 포함되어 있었다.

자동차는 실용성과 효율성에 부응하기보다는 고객의 꿈에 부응해 만들어져야 했기 때문에, 1950년대 내내 크기와 무게가 점점 늘어났다. 1958년에 이르러서는 "포드의 페어레인Fairlane이나 올즈모빌Oldsmobile의 F-85 같은 중형 자동차조차 1949년의 포드 대형 모델보다 더 커졌다".[12] 아울러 자동차의 성능도 필요 이상으로 강력해졌다. 당시 자동차 주행의 75퍼센트가 업무 수행을 위한 것이었고, 90퍼센트가 주행 거리 40킬로미터 미만이었는데도 일반적인 통근자의 차량에 4리터 내지 5리터짜리 V8 엔진이 장착되었는데, 이 엔진은 술잔치에 참석한 알코올 중독자처럼 기름을 엄청 먹어치웠다. 연료 효율성 면에서 보면 성능이 오히려 퇴보하고 있었던 셈이다.

다른 사업에서는 그렇게 낭비가 심한 제품을 만드는 것은 자살 행위

---

* (옮긴이주) 분당 16과 2/3회전 방식의 음반은 2차 세계대전 이후 잠깐 사용되었는데, 분당 33과 1/3회전이었던 일반 LP 음반보다 느리게 재생되었기 때문에 충격에도 영향이 덜했을 것으로 추정된다.

나 다름없었지만, "차도의 공룡"에 반대하여 싸운 내부자는 아메리칸 자동차 회사American Motors의 조지 롬니George Romney 한 사람뿐이었다. 그의 태도가 매우 흥미로워서《라이프Life》지가 그를 인터뷰했는데, 그 인터뷰 기사의 제목은 "작은 차에 도박을 건 대담한 도박사"였다. 롬니는 어리둥절해하는 기자에게 도리어 반문했다. "도대체 무엇 때문에 체중 50킬로그램에 불과한 여성이 머리핀 한 상자를 사러 편의점에 가면서 무게 1.8톤짜리 자동차를 운전해야 하는 겁니까?"[13] 롬니는 큰 자동차가 항상 좋은 것은 아니라고 미국인들을 애써 설득했지만,* 줄곧 불리한 고지에 서 있었다.[14] 1973년 중동 석유파동으로 하룻밤 사이에 석유 가격이 네 배나 뛰고 나서야 그는 일종의 예언자로 인정받았는데, 당시 일반적인 미국 자동차의 연료 효율성은 1갤런당 20킬로미터에 불과했다.

일각에서는 자동차로 통근하는 생활 방식을(아울러 힘이 과도하고 연료 낭비가 심한 자동차와 대량 생산된 주택을) 공포에 질린 얼굴로 바라보기도 했다. 까다로운 언론인 출신 사회비평가이자, 1950년대의 자동차 제조업체에 대한 통쾌한 비판인《거만한 수레들The Insolent Chariots》과 미국이라는 국가에 대한 기나긴 탄식인《전망창에 생긴 균열The Crack in the Picture Window》의 저자인 존 키츠John Keats는 통근 실천가들을 경멸해 마지않았다. 그 멍청이들이 구입하는 자동차는 엔진에 비해 타이어가 지나치게 작아서, 코너를 돌거나 브레이크를 밟을 때마다 타이어가 빠져 달아

---

* 조지 롬니는 휘발유 먹는 초대형 괴물에 반대했지만, 그의 아들이며 2012년 미국 공화당 대통령 후보였던 밋 롬니Mitt Romney는 아버지를 본받지 않았다. 오히려 미국산 자동차의 연료 효율성 표준을 향상시키는 내용의 법안에 반대했다. 그는 그 법안이 통과되면 소비자가 효율성이 높지만 가격도 비싼 외국산 자동차를 살 수밖에 없다면서, 그렇게 되면 '미국인 가정이 선택의 폭을 제한당한다'고 주장했다.

난다고 했다. 아울러 덩치에 비해 차량 내부가 너무 좁아서, 몸체가 유선형이라 해도 근본적으로 안전하지 않다고 했다. 그가 특히 싫어한 자동차는 포드의 에드셀Edsel*이었는데, 이것은 힘이 어처구니없을 정도로 과도해서 조종이 불가능할 정도였다. 《메커닉스 일러스트레이티드Mechanix Illustrated》의 한 기자가 이 자동차를 "전력 출발"(스로틀을 열고 정지 상태에서 출발하는 것을 말한다)로 작동해보았더니, "바퀴가 마치 믹서기 칼날처럼 돌아가고" 타이어에서 연기가 피어오른 반면, 에드셀 자체는 가만히 서 있기만 했다. 그뿐만 아니라 표준 모델의 주행 시 안전성으로 말하면 "불 꺼진 작은 방 안에서 킹코브라가 들어 있는 크리스마스 선물 상자를 열었을 때"[15]와 비슷하다고 했다. 키츠의 의견에 따르면, 에드셀은 일반적인 미국산 자동차를 더 안전하게 만들 기회를 또 한 번 놓쳐버렸음을 상징했다. 한국 전쟁에서 죽은 미국인의 수보다 매년 도로 상에서 죽는 미국인의 수가 더 많았음에도 불구하고, 디트로이트는 여전히 자기들이 "속도와 사치와 섹스와 마력馬力의 꿈을 판매한다"[16]고 여겼다. 그리고 "디트로이트에서는 그와 동시에 안전을 꾀하고 판매하는 일이 더 이상 일어나지 않았는데, 그것은 유명한 식당에서 테이블마다 중탄산나트륨과 위胃 세척기를 비치하는 것과 마찬가지"[17]라고 여겼다.

키츠는 에드셀의 생산 이유인 자동차 교외에 대해서도 마찬가지로 혹평을 했다. "말 그대로 최악이다. (……) 미국 여러 도시의 가장자리를 따라 우리가 건설하고 있는 공기 맑은 빈민가 중 한 곳에 가면 여러분 자신이 들어갈 상자도 하나 발견할 수 있을 것이다. (……) 그곳에는 나이, 수입, 자녀 수, 고민, 습관, 대화, 옷차림, 재산, 하다못해 혈액형까지도 여

---

* 헨리 포드의 외아들 이름을 따서 만든 이름이다.

러분과 똑같은 사람들이 살고 있다."[18] 역사가이자 사회학자인 루이스 멈퍼드Lewis Mumford도 이와 유사하게 가혹한 발언을 쏟아냈다. 자동차 통근자들이 사는 곳인 교외는 "획일적이고 구분도 되지 않는 여러 주택들이 획일적인 간격을 유지하며 획일적인 도로를 따라 나무라고는 한 그루도 없는 공동의 황무지에 완고한 모습으로 줄지어 서 있는 곳으로, 그곳에 사는 사람들은 똑같은 계급에 속하고, 똑같은 수입을 올리고, 똑같은 냉장고에 보관된 똑같이 맛없는 즉석음식을 먹고, 공동의 거푸집을 외적으로나 내적으로나 존경한다"는 것이다. 멈퍼드는 "교외로의 탈주의 궁극적 결과"는 아이러니하게도 "탈주가 불가능한 저급하고 획일적인 환경"[19]이 될 것이라고 예견했다.

그 새로운 정착지에 대한 또 다른 불평은, 미국을 위대하게 만든 소규모 자작농을 몰아낸다는 것이었다. 만약 미국 시민들이 시골의 뿌리와의 접촉을 잃게 된다면 결국 활력을 잃고 말 거라고 (급기야 독립 투쟁에 관한 애국적인 내용의 미국 역사책에 묘사된 전형적인 영국인처럼 되고 말 거라고) 여겨졌다. 1950년대와 1960년대에는 자동차 통근 생활이 남성을 거세할 수도 있다는 두려움이 널리 퍼져 있었다. 자유민 남성의 매력을 잃어버리는 문제에 관한 책과 기사가 무척이나 많았다. 교외로 가면 강한 자신감이 싹 녹아 없어지기라도 할 것처럼 보였다. 허버트 갠스는 레빗타운에서 자기가 희귀종이었다고 언급했는데, 왜냐하면 거기서는 남편들이 심지어 잔디 깎는 일까지도 아내에게 떠넘기다가, 급기야 '그 블록의 사회적 압력'에 굴복하여 다시 마당으로 허겁지겁 나가기 때문이라고 했다. 기업의 고용주 역시 남성의 거세를 조장한다는 비난을 받았다. 왜냐하면 저항에 근거해 건국된 국가에서 순응과 순종을 요구했기 때문이다. 예를 들어 IBM은 사내 복장 규정을 통해 넥타이와 와이셔츠를 맞춰 입는 요령을 직원들에게 가르치는가 하면, 심지어 헤어스타일에도 관여했다.*

하지만 자동차 교외에 대한 이보다 훨씬 더 심각한 비난도 있었다. 이 지역이 인구학적으로나 건축학적으로 미국을 균질화하기는커녕, 오히려 인종 분리의 르네상스를 조장한다는 것이었다. "1960년 롱아일랜드의 레빗타운 주민 가운데 흑인은 단 한 명도 없었다."[20] 인종 차별은 우발적으로 일어날 때도 있었지만 때로는 적극적으로 행해졌다. 개발 지역 가운데 상당수가 종교나 피부색에 의거하여 그곳의 주택을 구입하거나 임대할 수 있는 자격을 제한했다. 즉 어떤 곳에서는 유대인을 받지 않았고, 또 어떤 곳에서는 '유색인'을 받지 않았다. 그뿐만 아니라 주민 전체가 백인인 지역에 비해 인종이 혼합된 지역의 주택은 담보대출을 받기도 더 힘들었다. 연방 대법원은 1948년의 '셸리 대 크레이머' 판례에 의거해 인종에 근거한 제한 규약은 불법이라고 판결했지만, '원칙'과 달리 '현실'에서는 이런 규약이 여전히 남아 있었고 인종 분리도 여전히 유지되어서, 이른바 '블록 털기' 같은 교활한 관습까지 등장했다. 부도덕한 부동산 소개업자가 주택 한 채를 흑인 가족에게 판 다음, 머지않아 이 지역 전체가 빈민가로 변할 거라는 소문을 이웃의 주택 소유주들에게 슬며시 퍼뜨린다. 이 소문에 당황한 백인들이 손해를 무릅쓰면서 주택을 매각하고 교외로 이사하면, 부동산 소개업자는 그 주택을 되팔아 짭짤한 수익을 올리는 것이다.

자동차 산업의 본거지인 디트로이트에서는 이런 문제가 특히 첨예

---

* 남성 거세에 대한 이런 비난은 베이비 붐 동안 절정에 달했다. 당시에는 미국 남성도 육아를 거들 수밖에 없었기 때문이다.

했다. 자동차 업계에서 기회 균등 고용이 실현되면서 시골에 살던 흑인 가운데 다수가 도시로 진출했기 때문이다. 하지만 일단 흑인 몇 명이 어떤 동네로 이사해 들어오면(부도덕한 블록 털기 전문업자의 지원을 받았을 가능성이 있다) 백인들이 교외로 도피하게 되어서, 급기야 시의 세수가 줄어드는 등의 악순환이 이루어지는 것이었다.[21] 게다가 통근을 원활히 하려고 건설한 신규 고속도로가 도리어 시의 통일성을 깨뜨렸다. 구舊 도심에 있던 건물 2,800채 이상을 헐고 그 자리에 에드셀 포드 고속도로Edsel Ford Expressway를 건설했는데, 이 도로가 예전에는 상호 의존적이었던 지역들 사이를 가로막는 장벽이 되었다. 그뿐만 아니라 자동차 통근의 전성기에 생겨난 문제들이 여전히 남아 있다. 2013년에 디트로이트는 파산 신청을 했다. 1950년에 185만 명이었던 이 도시의 인구가 그해 기준으로 70만 1,000명까지 줄어들었으며, 이 도시는 세수가 워낙 부족해 부채를 갚을 수가 없었다. 고용주와 근로자 모두가 자동차 문화를 이용해 다른 어딘가로 떠나버린 것이다.

운전자의 입장에서 보면, 20세기 중반에 미국에서 자동차 소유자가 증가하면서 생긴 가장 큰 문제는 바로 도로 정체였다. 당시 일반적인 통근자들은 대부분의 텍사스 목장주들보다 더 큰 마력馬力의 화려한 차를 탔지만, 그런 차를 보유함으로써 얻는 짜릿함은 자주 정체를 겪느라 크게 감소했다. 도로는 막히고, 러시아워 때의 라디오 프로그램은 교통 정보를 내보내, 짜증 유발 요소를 청취자에게 미리 경고했다. 급기야 통근자들은 이런 의문을 품기 시작했다. 힘 좋고 운전하기 편하고 크롬 판으로 치장한 커다란 자동차를 몰고 매일 아침 일터로 향한다 한들, 이렇게 다른 차량들에 에워싸여 거북이걸음을 할 수밖에 없다면 도대체 뭐가 즐거운 일이라는 거지?

　도시의 도로 정체는 고대 로마 시대부터 큰 문제여서, 그때에도 수레와 보행자의 움직임을 규제하는 칙령이 발표됐다. 예를 들어 율리우스 카이사르는 낮 동안 도시에서 말이 끄는 운송수단의 운행을 금지했다. 이 조치는 중세에도 지속되었으며, 계몽주의 시대에 이르러서는 과학의 문제로까지 확대되어서, 사람과 탈것의 움직임이 혈액의 순환에 비유되었다. 합리적인 도시라면 "사람들이 건강한 적혈구처럼 흘러 다니는 원활한 동맥과 정맥을 지닌 도시"[22]가 되어야 한다는 것이었다. 하지만 19세기에 이르러 혈액의 응고가 나타나고, 나아가 동맥과 정맥이 말뚝으로 꽉 막히는 상황이 되다 보니, 교통 통제를 위한 이론적인 방법 말고 현실적인 방법이 필요해졌다. 교통의 흐름을 관리하기 위한 최초의 구체적인 수단은 존 피크 나이트John Peake Knight의 '교통 신호등traffic light'이었으며, 1868년 런던의 그레이트 조지 스트리트Great George Street와 브리지 스트리트Bridge Street가 만나는 교차로에 처음 설치되었다. 그것은 붉은색과 초록색의 가스등을 이용해 정지 신호와 출발 신호를 보내는 장치였는데, 도입된 지 겨우 한 달 만에 폭발해버렸고, 그 과정에서 신호등을 조작操作하던 경찰관 한 명이 치명적인 부상을 입었다. 교통 계획의 그다음 혁신은 정지 표지판이었는데, 뉴욕의 부유한 딜레탕트인 윌리엄 펠프스 이노William Phelps Eno가 1900년에 〈우리 거리의 교통에 시급히 필요한 개혁Reform in Our Street Traffic Urgently Needed〉이라는 논고를 통해 처음 제안한 것이었다. 분주한 교차로에 정지 표지판을 설치해서 전차와 마차와 승합마차 모두를 일단 멈춰 서게 하자는, 그리하여 다시 앞으로 나아가기 전에 잠시 생각할 기회를 갖게 하자는 내용이었다. 이 논고가 크게 주목을 받으면서 이노는 이후 교통 관리 계획 수립과 관련된 일을 하게 되었고, 이 계획은 뉴욕과 런던과 파리에서 채택되었다. 그는 일방통행로 옹호자였으며, 이 조치는 정지 표지판이나 교통 신호등과 마찬가지로 도시의 도로 정체를 (감소시키지는 못하더라도) 관리하는 데 도움을 주었다. 하지만 1950년대에 이르러서는 이보다 더 급진적인 해결책이 필요하다는 게 분명해졌고, 도시뿐만이 아니라 그곳으로 차량을 쏟아붓는 자동차 교외나 그 너머의 배후지에서도 해결책이 필요하다는 게 분명해졌다.

자동차 제조업체들의 공통된 의견에 따르면, 도로 정체에 대한 해결책은 교통 관리가 아니라 오히려 도시 중심부로 곧장 이어지는 차세대 초고속도로였다. 이들은 1930년대부터 자기들의 주장을 관철시키기 위해 정부와 대중을 상대로 로비를 했다. 1939년 뉴욕 세계 박람회에서 가장 큰 화제였던 〈미래상未來像Futurama〉은 제너럴 모터스의 후원을 받아 노먼 벨 게디스가 제작한 전시물로, 1960년의 미국의 모습을 상상한 것이었다. 1에이커(약 4,000제곱미터)에 달하는 자동화 축소 모형에는 50만 개의 미니어처 건물, 100만 그루의 미니어처 나무, 5만 대의 미니어처 자동차가 설치되어 있었다. 관람객들은 이동 장치에 올라타고 18분 동안 이 전시물 위를 지나갔으며, 물방울 형태의 자동차들이 '자동 무선 조종'으로 일정한 간격을 유지한 채 미개지와 교외와 도시를 모두 양분하는 14차선 고속도로를 오가는 모습을 바라보며 감탄해 마지않았다.

〈미래상〉에 곁들여진 선전 영화 〈새로운 지평New Horizons〉은 "여러 곳으로 이어지는 새로운 도로"가 미국에 필요하다는 것은 두말할 필요가 없다고 주장했으며, 심지어 초고속도로가 실제로 지어진 후에 돌이켜봐도 실현 불가능해 보일 정도로 규모가 큰 제안을 내놓았다. 〈미래상〉의 도로들은 마치 삶지 않은 스파게티 가닥처럼 다닥다닥 붙어 있었고, 그

중 일부는 본선에서 벗어나 아찔한 커브를 그리며 네잎클로버 모양 교차로로 이어졌다. 현실에서는 불가능해 보이는 각도로 꺾이며 근교로 이어지기도 하고, 다른 도로와 다시 합쳐져 도시 곳곳을 가로지르기도 했다. "이곳은 미국의 한 도시로, 고도로 발달한 현대적인 교통 시스템을 중심으로 재계획된 상태입니다." 〈새로운 지평〉에서는 이런 설명과 함께 카메라가 물방울 형태의 자동차와 버스를 뒤쫓아 현수교를 지나고, 도시 블록들로 이루어진 격자무늬 구역으로 접어든다. "더 오래되고 낡은 지역들"은 공원 도로와 마천루와 미래적인 제너럴 모터스 공장으로 대체되었다. 영화의 묘사를 빌리면 이렇다. "공공 도로를 저 자리에 놓은 것은 시대에 뒤떨어진 업무 지구와 바람직하지 않은 빈민 지역을 대체하기 위해서입니다. 인간은 가능하다면 언제라도 낡은 것을 새로운 것으로 대체하려고 지속적으로 분투해온 것입니다."[23] 간단히 말해, 새 도로를 건설하는 유일한 방법은 도시의 심장부를 가로지르는 구멍을 내고 처음부터 다시 시작하는 것뿐이라는 메시지였다.

이 테마는 1950년대에 부활했다. 때마침 미국에서 새로운 고속도로법을 고려 중이었기 때문이다. 자동차 제조업체들은 자동차를 판매할 때와 똑같은 열의를 갖고 선전에 나섰으며, 있는 힘을 다해 정부를 포위 공격했다. 제너럴 모터스는 미국도로건설업자협회American Road Builders Association를 만들었는데, 이것은 "군수 산업의 로비업체 다음가는 로비업체"[24]였다. 그러는 동안 포드는 드라이브인 영화관과 텔레비전에 내보내는 30분짜리 광고 영화들을 만들어 더 크고 더 나은 도로를 위해 투표하라고 지방과 주와 전국 단위로 사람들을 설득했다. 예를 들어 〈미국 도로의 자유The Freedom of the American Road〉(1955)는 더 많은 도로를 건설함으로써만 그런 자유가 보전될 수 있음을 강조하는 사례 연구를 제시했다.[25] 19

세기의 거리들로 이루어진 미로인 피츠버그 도심은 대담한 계획으로 도로 정체의 원인을 근절한 사례가 되었다. "어중간한 수단을 사용할 수는 없습니다." 영화의 해설자는 불도저가 구舊 도심의 일부를 철거하는 사진을 보여주면서 이렇게 강조한다. "큰 문제에는 큰 해답이 필요하니까요. 낡은 것은 무너뜨리고 새로운 것을 세워야 합니다. 현대식 근육과 현대식 장비로요." 다시 젊어진 피츠버그 도심의 항공사진에, 기하학적으로 아름다운지는 몰라도 상당히 복잡한 일련의 교차로들이 등장하고, 곧이어 해설자는 이런 초토화 방법 덕분에 "미국의 도로가 자유로워지는 중"이라고 설명한다.

자동차 제조업체들은 새로운 순환계 덕분에 새로운 활력을 얻은 미국의 미래상을 제공하는 한편, 안전을 대의명분으로 삼았다. 즉 더 넓은 도로가 많이 생겨나면 도로 정체를 근절할 수 있을 뿐만 아니라 교통사고 건수도 줄일 수 있다는 것이었다. 〈미국 도로의 자유〉에는 새로운 도로가 생명을 구할 수 있음을 보여주는 사례로 샌프란시스코의 베이쇼어 고속도로Bayshore Freeway를 소개하는 가짜 범죄 다큐멘터리가 삽입되기도 했다. 지금은 낡고 좁은 고속도로에서 사람이 죽어 나가지만, 향후의 더 넓고 새로운 고속도로는 무사고 지대가 되리라는 것이었다.

안전이라는 대의명분 덕분에 새로운 고속도로 계획 쪽으로 무게가 쏠리면서, 1956년 아이젠하워 대통령은 연방 주간州間고속도로법Federal Interstate Highway Act에 서명해 법률을 발효시켰다. 이로써 6만 6,000킬로미터에 이르는 도로 시스템이 건설되고, 그 비용 가운데 90퍼센트를 연방 정부가 부담하게 되었다. 이렇듯 전국 주요 도로의 부분적 국영화는 자동차 문화 전반이, 그중에서도 차량을 이용한 통근이 미국의 문화와 풍경에 가져온 변화를 시인하는 셈이었다. 이 조치는 자동차를 개인 운송수단의 주된 형태로 확립시켰을 뿐만 아니라, "자동차 교통을 널리 이용할 수 있다는 데 상당 부분 근거해 조직된"[26] 생활 방식을 (좋든 싫든) 이 나라에 끌어들였다.

6장
–
중산모와 미니 쿠퍼

나는 언제나 통근을 좋아했다. 그 짧은 여정의 모든 단계가 나에게는 기쁨이 아
닐 수 없었다. 그 일에는 습관을 지키는 사람이 동의할 만하고 편안하게 느낄
만한 규칙성이 있었다. 게다가 그 일은 나를 매일의 업무 일과라는 물속으로 부
드럽지만 확실하게 진수시키는 일종의 경사로 노릇을 해주었다.

_로알드 달Roald Dahl,

〈달리는 폭슬리Galloping Foxley〉(1953)

1940년대와 1950년대에 자동차 통근이 미국의 풍경을 재형성하는
동안, 영국에서는 자동차 통근이 느리게 발전했다. 발전을 지체시킨 원
인은 2차 세계대전이었다. 전쟁 발발과 함께 석유 배급제가 시행되면서,
자동차를 타고 일터로 가는 것은 끝이 났다. 대중교통을 이용한 통근 역

시 전쟁의 영향을 받았다. 주요 철도 회사 네 곳과 런던 트랜스포트London Transport*가 정부의 통제를 받았다. 통근 열차 차편도 시외로의 가족 피난이 가능하도록 바뀌었으며, 공습이 시작된 후에는 폭격으로 인한 손상까지 감안하도록 바뀌었다. 공학자들이 나서서 망가진 시스템을 신속하게 복구하긴 했지만, 때로는 몇 주 동안이나 철로를 이용하지 못하는 경우도 있었다. 예를 들어 1941년 5월에 워털루 역이 폭격을 당했을 때는 무려 한 달이 지나서야 모든 업무가 복구되었다. 열차 자체만 놓고 보면 1등칸이 폐지되었고, 모든 객차에 등화관제가 적용되어 통근자들이 시간 때우기로 즐기던 독서가 불가능해졌다. 기차역마다 승강장을 비롯해 모든 곳에 붙여놓았던 표지판을 떼어버렸는데, 향후 예상되는 침공 때 독일군이 현 위치를 파악하기 쉬울 거라는 우려에서였다. 이처럼 등화관제와 오락가락하는 운행과 간판의 부재 때문에 숙련된 통근자들조차 혼란을 겪었다. 포터스 바Potters Bar에서 30킬로미터쯤 떨어진 런던까지 통근하던 시 공무원이 "우리는 완전히 속았고 (……) 우리가 사랑하는 런던에서 오히려 이방인이 되고 말았다"라고 푸념할 정도였다. 표지판을 떼고 보니 대부분의 교외 기차역이 다 똑같아 보였다는 사실은 "흐릿한 불빛보다도 더 사람을 헷갈리게 만들었다. 우리는 너무 늦게 내리거나 너무 일찍 내리는 경우가 상당히 많았다".[1]

하지만 정부는 일부 직업에서 통근이 필수적이라는 사실을 미처 인식하지 못해, "정말로 필요한 여행입니까?"라는 구호까지 만들어 불필요한 철도 여행을 만류하는 포스터 캠페인을 벌였다. 당시의 포스터 가운

---

* (옮긴이주) 개별 운영되던 런던 안팎의 대중교통(기차, 전철, 버스, 전차)을 1933년부터 통합하고 공영화하면서 생긴 브랜드이다. 2000년에 '트랜스포트 포 런던Transport for London'으로 명칭이 바뀌었다.

데 하나를 보면 부유한 옷차림의 남녀가 개 한 마리를 데리고 매표구 옆에서 머뭇거리는 모습이 묘사되어 있다. 한가한 부자들도 통근이 필수적인 노동자들에게 길을 비켜줘야 한다는 의미였다. 이 캠페인은 1943년에 다시 바뀌었다. 주부들이 열차를 이용해 식료품을 사러 다니기 시작했기 때문이었다. 식료품 배급제가 시행되던 시절에는 분배에 변수가 있어서, 어떤 지역에서는 바닥난 물품이 철도 노선 상의 다른 지역에는 아직 남아 있을 수 있었다. 그리하여 "정말로 필요한 경우에만, 10시부터 4시 사이에만 철도를 이용합시다"라는 새로운 구호가 등장했는데, 바로 그런 위반자들을 겨냥한 것이었다. 포스터 캠페인 말고 당시의 뉴스 영화에 포함된 단편 영화를 봐도, 꾸러미를 잔뜩 든 여성들이 통근자들을 방해하는 모습이 나온다. "오전 10시 전과 오후 4시 후에는 근로자의 통근이 중요하니, 쇼핑은 10시부터 4시 사이에 하십시오. 러시아워에는 철도 여행을 하지 마십시오." 이처럼 강제하는 대신 협조를 독려하는 전략은 성공을 거두었다. 같은 목적에서 더 나중에 나온 포스터에는 이런 문구가 적혀 있었다. "당신이 탄 열차가 지연되거나 붐비면 당신은 어떻게 하시겠습니까?" 이것은 공동의 선을 위해 개인의 불편을 감수하자는 이른바 '공습에 대처하는 정신'에 호소하는 것이었으므로, 주제넘은 참견이라기보다는 긍정적인 격려로 받아들여졌다.

또한 정부는 열차 운행 사정이 매우 어려운 이유를 승객들에게 설명하려고 했는데, 대표적인 것이 BBC 라디오의 다큐멘터리 〈X 분기역 Junction 'X'〉이었다. "1944년의 어느 날 오전 10시부터 오후 10시까지, 승리를 향해 나아가는 과정에서 필수적인 (철도) 교차로에서 벌어진 사건을 극화한" 이 작품은 "전례 없는 어려운 조건에서, 영국 국영 철도British Railways가 꼭 필요한 막대한 전쟁 원조를 어떻게 성공적으로 수행하는지"

를 잘 보여주었다. 당시 《선데이 타임스 _Sunday Times_》의 라디오 비평가였던 데즈먼드 쇼테일러 Desmond Shawe-Taylor 에 따르면, 이것은 "아름다운 라디오 작품으로 (……) 승강장에 서 있는 사람들을 위한 멋진 오락물이자 일급 선전물"이었다. 시작 부분에는 오전 러시아워 동안 다큐멘터리 제목에 언급된 익명의 분기역*을 무대로 통근자 두 명의 대화가 (해설자가 엿듣는 방식으로) 등장한다. 브라운 씨가 친구인 스미스 씨(청취자)를 향해 불평을 늘어놓는다. 자기가 탈 열차가 툭하면 지연되는데 그 정도가 나날이 더 심해진다면서, 정부는 국민의 곤경에 대해 "털끝만큼도" 신경을 쓰지 않는다고 불평하는 것이다. 곧이어 해설자는 지저분한 계단을 올라가 역의 사무실들이 있는 곳으로 청취자를 안내하는데, 거기서는 노선별 열차 운행 조정이 이루어지는 중이며, 지역 감독관은 열차와 인력이 부족한 상황에서도 석탄과 병력과 물품과 통근자를 운송하는 의무에서 균형을 유지하려 애쓰고 있다.

> 지역 감독관 : 솔직히 모든 면에서 절망적이기만 합니다. 야적장마다 화물이 가득합니다. 보급소 다섯 군데에서 기관차를 기다리고 있고요. 아마 출발이 늦어질 수밖에 없을 겁니다. 일부 노선에서는 열차가 밀릴 가능성이 크고요. 보급소들 중 한 곳에만 기관사와 화부를 합쳐 15명, 차장 12명이 부족한 상황입니다. 이런 걸 '탈이 났다'고 하죠. 인력 문제가 심각합니다, 선생님.
>
> 해설자 : (가까이서 나지막하게) 심각할 수밖에 없겠죠. 현재 군대에 가

---

* 굳이 'X'로 칭한 것은 나치가 이 프로그램을 청취하고 그 역의 실제 모델을 찾아내서 폭격하는 만약의 불상사를 막기 위해서였다.

있는 철도 근로자만 10만 명에 달하니까요, 청취자 여러분.

보일Boyle : 상행선 열차 중 일부를 취소하면 어떨까요?

지역 감독관 : (씁쓸하게 웃으며) 어떤 열차 말씀이신가요, 선생님?

보일 : 3시 30분발 열차요.

지역 감독관 : 그건 불가능합니다, 선생. 거기에는 기관차용 석탄이 실려 있어요. 우리가 그 열차를 취소하면 보급소도 결국 문을 닫을 수밖에 없습니다.

보일 : 음, 그래도 가만히 앉아 있을 수는 없잖아요, 페어뱅크. 그러면 4시 40분발 열차나 6시 15분발 열차, 6시 35분발 열차는요?

지역 감독관 : 한번 알아보죠. 하지만 더 많은 열차를 취소하려면 하역 중지 조치를 내려야만 해요.

해설자 : (나지막이) 지금 이분이 어떤 문제를 겪고 있는지 보셨습니까? 화물을 가득 실은 화차들이 선착장과 공장과 야적장에서 쏟아져 나와, 가뜩이나 열차들로 가득한 노선 속으로 들어오고 있는 겁니다. 화차에 화물을 싣는 공장들에 잠시 중지 지시를 내릴 수만 있어도…….

지역 감독관 : 그게 가능하겠습니까, 선생님? 딱 사흘만 중지시킬 수 있다면, 저 역시 1만 2,000편을 딱 절반으로 줄일 수 있을 겁니다. 그러면 저희 업무도 더 쉬워지겠죠.

보일 : 아마 그렇겠죠. 하지만 그보다 먼저 우리가 할 수 있는 방법은 다 써봐야 해요. 혹시 여객 열차 중에 취소할 수 있는 것이 있나요?

지역 감독관 : 그러면 원성이 대단할 텐데요, 선생님?

보일 : (약간 흥분하면서) 잘 들으세요, 페어뱅크. 지금 우리는 반드시 저 화차를 움직이게 해야 돼요. 그 과정에서 승객 몇 사람이 더 기다리게 되어도, 음, 우리로서는 어쩔 수 없는 일이죠. 그뿐이에요.

해설자 : (약간 짓궂은 말투로) 여기서의 '승객'은 바로 청취자 여러분을 뜻하는 겁니다. 청취자 여러분, 아시겠습니까?[2]

결국에는 철도 역시 큰 전쟁을 치른 셈이었다. 1944년에 이르러 "1938년과 비교할 때 매주 100만 명이 더"[3] 철도를 이용했기 때문이다. 1947년에 이들은 국영화라는 보상을 얻었다. 새로운 노동당 정부는 1945년에 낸 성명서 〈우리 미래를 마주 봅시다Let Us Face the Future〉에서 "사회화된 산업"을 건설하겠다는 약속을 했다. 노동당의 산업 프로그램에는 "내륙 교통수단의 공영화"도 포함되어 있었으며, 다음과 같은 내용이 근거로 제시되었다. "철도, 도로, 항공, 운하를 이용한 운송업의 공동 작용은 이들의 통합 없이는 불가능하다. 아울러 공영화 없는 통합은 부문별한 이해관계로 인한 지속적인 다툼 또는 사적인 독점의 대두만을 의미할 것이며, 이는 결국 산업계 나머지에도 위협이 될 것이다."[4] 업계가 철도 공영화에 필요한 매각 조건을 제시하자 정부는 그것이 터무니없다고 평가했다. 전쟁으로 손상된 철로며 폐물이 되어버린 차량, "지저분한 기차역들"과 "처참하고 결코 좋은 인상을 주지 못하는 식당들"[5]을 매입하는 데 무려 9억 2,700만 파운드를 내야 했기 때문이다. 반면 철도 회사들은 그것이 전적인 몰수와 별 차이가 없는 조치라고 여겼다. 런던-노스 이스턴 철도London and North Eastern Railway의 회장 로버트 매슈스Robert Matthews 경의 견해에 따르면, 정부가 제시한 매입 조건은 "북아프리카 해적의 두꺼운 낯짝조차도 붉게 물들일 만한"[6] 것이었다.

국영화 이후에도 통근 차편에는 즉각적인 변화가 거의 없었다. 운행 시간표는 사실상 바뀌지 않았으며, 브랜드 변경도 점차적으로 이루어졌다. 한동안은 열차들이 예전 회사의 문장紋章을 그대로 달고 다녔고, 1950

넌부터 뒷발로 선 사자 한 마리가 기차 바퀴에 올라타 있는 문장이 기관차에 붙게 되어, 이후 "외바퀴 탄 사자"[7]라는 별명이 생겨났다. 그러다가 1956년에 이른바 '족제비와 다트판'이라는 문장이 생겨났다(비룡飛龍 한 마리가 기차 바퀴를 하나 들고 왕관 위에 내려앉아 있는 모습이 오해되어 생긴 별명이었다). 교외 노선 중 일부는 전력화되었지만, 대부분의 기관차들은 1960년대까지도 증기력을 이용하는 상태로 남아 있었다. 하지만 기반 시설의 상태는 온전치 않았다. 수리가 필요한 곳이 항상 있다 보니 여행 시간이 더 길어질 수밖에 없었다. 그러는 사이 기차역은 "심하게 방치된"[8] 상황이었다. 현금이 부족해 쪼들리면서도 새로운 예루살렘을 건설하겠다는 포부를 밝힌 노동당 정부의 우선순위 목록에서 기차역은 한참 아래에 있었다. 게다가 철도 직원과 승객의 관계 역시 바뀌었다. 1948년에 영국 국영 철도가 발족하자, 그곳의 직원 63만 2,000명은 공무원인 동시에 자기들이 봉사해야 하는 사람들과 동등한 존재가 되었다. 전쟁 전에 있었던 (예를 들어 통근자들과 그들에게 승차권과 샌드위치를 판매하는 사람들 사이의, 또는 통근자들과 그들이 탄 열차를 운전하는 사람들 사이의) 편협한 계급의식은 표면상으로는 사라지고 없었지만, 실제로는 여전히 남아 있었다. 승객들은 여전히 직원들의 복종을 원했고, 상대방이 곧바로 관심을 보이지 않으면 기분이 상했다. 국영화 이후 철도 직원들의 태도에서는 새로운 무관심이 감지되었으며, 훗날 존 베처먼은 그것을 다음과 같이 풍자했다.

제가 디드콧Didcot*의 식당에서 월급을 받으며

---

* (옮긴이주) 잉글랜드 옥스퍼드셔 주의 도시 이름.

하는 일은 바로 승객들을 모욕하는 것이죠.

그들이 계속 문고리를 덜그럭거리다 보니,

제가 머리를 매만지는 데 방해가 되거든요.⁹

통근자들 사이의 편견도 여전히 남아 있었다. 1등칸 승객과 3등칸 승객은 서로 멀찍이 떨어져 있었으며, 혹시라도 그 자리에 어울리지 않아 보이는 사람이 있으면 깔보기 일쑤였다. BBC의 과학 담당 방송인 폴 본 Paul Vaughan은 1950년대에 어느 제약회사에서 일하면서 매일 윔블던에서 홀본 고가철교 역Holborn Viaduct으로 가는 08시 32분발 열차를 타고 다녔는데, 그 열차는 마치 시간에 역행하는 것 같았다. "어떤 객차에는 남자 넷이 타고 있었는데, 항상 말끔한 정장 차림에 정확히 똑같은 자리에 앉아 서로의 무릎 위에 천을 한 장 깔아놓고 매일같이 휘스트를 했다. 내 생각에는 런던까지 가는 내내 그걸 하는 것 같았다." 홀본에서 본이 내리려하자 그들은 그가 "지나가려면 자기들이 즉석에서 만든 카드 테이블을 치워야 하기 때문에 인상을 찡그리고 한숨을 쉬었으며, 어이없다는 표정을 짓기까지 했다".¹⁰

이런 계급의식의 잔존을 잘 보여주는 작품으로 로알드 달의 단편소설 〈달리는 폭슬리〉(1953)를 들 수 있다. '만족스러운 통근자'로 자처하는 주인공 윌리엄 퍼킨스는 평소 타던 08시 12분발 열차에 나타난 한 남자 때문에 당황스러운 처지에 놓인다. 그 남자는 사립학교 재학 시절 그를 괴롭혔던 반장 폭슬리로 추정되는 인물이기 때문이다. 이 이야기는 퍼킨스가 자신의 통근의 즐거움에 대해, 그리고 일반적으로 질서정연한 삶을 사랑하는 자신의 기쁨에 대해 짤막한 설교를 늘어놓는 것으로 시작된다. 그렇다 보니 자기가 타는 객차에 폭슬리가 나타난 이후에도, 퍼킨스는 차마 규약을 어기고 자신의 원수에게 맞서 그를 쓰러뜨리지 못한다.* 결국 퍼킨스는 용기를 접어두고 일상에 굴복한다.

1950년대와 1960년대에 철도 통근자의 일반적인 이미지는 속물보다는 오히려 착실하고 존경할 만한 인물이었다. 오늘까지 남아 있는 통근자의 이미지도 바로 이 시기에 형성되었다. 중산모를 쓰고,** 검은 재킷에 줄무늬 바지를 입고, 한 손에는 서류 가방을, 다른 한 손에는 깔끔하게 접은 우산을 든 남자의 이미지이다. 이것은 런던에서 근무하는 공무원과 화이트칼라의 비공식 제복이었으며(특히 공무원들에게는 '중산모 여단'이라는 별명이 붙어 있었다), 이것이 정말로 흔했던 기간은 30년쯤에 불과하지만, 훗날 인습에 대한 엄격한 집착을 상징하게 되었다. 또한 중산모는 진부한 것, 즉 사회적 올바름을 위해 상상력을 희생함의 상징처럼 받아들여졌다. 예를 들어 아서 시모어 존 테시먼드Arthur Seymour John Tessimond의 시 〈중산모를 쓴 남자The Man in the Bowler Hat〉(1947)는 이 시의 소재가 된 사람을 딱한 인물로 묘사한다.

나는 눈에 띄지 않는, 눈에 띌 수 없는 사람.

---

* (옮긴이주) 저자는 간단히 설명하고 넘어갔지만, 로알드 달의 이 단편소설에 대해서는 추가 설명이 필요하다. 주인공은 매일 출근길에 똑같은 객차의 똑같은 자리에 앉은 똑같은 통근자들을 만나며 강한 유대감을 형성했고, 그들 모두가 그 일상의 평화를 최대한 유지하고자 했다. 그런데 주인공의 동창 '폭슬리'로 추정되는 남자는 첫날부터 다른 통근자들이 소중히 여기던 암묵적 가치와 규약을 깡그리 무시해 공적 1호가 된다. 기존 통근자들은 이 침입자의 행동 하나하나에 경악해 마지않지만, 통근 열차 특유의 침묵과 외면 규약을 차마 깨지 못하고 냉가슴만 앓는다.
** 1849년에 런던의 모자 제조업자가 처음 중산모를 만들었는데, 에드워드 코크Edward Coke 휘하의 사냥터지기들이 말을 타고 달리는 동안 낮게 뻗은 나뭇가지에 걸리지 않을 야트막한 모자가 필요해서였다. 나중에는 점원과 택시 운전기사 등이 이 모자를 썼다. 정기권을 소지한 통근자들이 중산모를 즐겨 쓰게 된 것은 1940년대의 일이었다. 미국에서는 이 모자가 영국과 약간 다른 평판을 얻었다. 카우보이와 무법자들이 즐겨 썼기 때문이다.

아침 열차에서 당신 옆에 앉은 사람 (……)

나는 너무 바빠 제대로 살아갈 수 없는 사람,

너무 서두르고 걱정해, 보고 냄새 맡고 만질 수 없는 사람.

너무 오래 참고 너무 많이 복종하는 한편

너무 약하고 드물게 소망하는 사람.

전형적인 통근자는 얼마 지나지 않아 놀림감이 되었다. 예를 들어 1961년 영화 〈반항The Rebel〉에서는 중산모를 쓴 토니 행콕Tony Hancock이 똑같은 옷차림의 통근자들로 가득한 열차에 올라탔다가 정체성의 위기를 겪은 뒤, 결국 사무원으로 일하던 직장을 그만두고 화가가 된다. 실제로 1970년대에 이르러 중산모 여단은 코미디언과 만화가의 단골 소재가 되었다. 텔레비전 코미디 프로그램 〈몬티 파이턴의 공중곡예Monty Python's Flying Circus〉의 '바보걸음부部Ministry of Silly Walks' 코너에서도 중산모 여단이 패러디되었는데, 시작과 동시에 통근자 제복 차림의 공무원 한 명이 제목에 언급된 부서에서 일하기 위해 의기양양하게 들어온다.* 그리고 1971년 〈벤 씨Mr. Ben〉라는 만화 시리즈는 중산모 여단과 유사하게 옷을 입은 주인공을 원시인으로, 번쩍이는 갑주 차림의 기사로, 우주인으로 변모시킨 다음, 일터로 가는 대신 모험을 떠나게 만든다. 1970년대에 나온 통근자에 대한 우스꽝스러운 묘사 중 가장 유명한 것은 아마도 데이비드 놉스David Nobbs의 소설을 각색해 1976년부터 방영한 텔레비전 시리즈

---

* (옮긴이주) 제목에서 알 수 있듯이, '바보처럼 이상하게 걷는 방법'을 연구하기 위해 설립된 정부 부서에 관한 내용이다.

〈레지널드 페린의 흥망사The Fall and Rise of Reginald Perrin〉에서 레너드 로시터Leonard Rossiter가 연기한 동명의 주인공일 것이다. 중산층이며 중간 관리자인 페린은 매회 있을 법하지 않은 이유로(예를 들어 "뉴 몰든New Malden에서 오소리란 놈이 전기 접속 상자를 물어뜯어서") 기차가 연착하는 바람에 "11분 늦게" 사무실에 도착한다. 나중 회에서는 늦는 시간이 17분으로 늘어나고, 더 나중에는 "체싱턴 노스Chessington North에서 퓨마를 피하다 보니 22분 늦었다"고 나온다.

하지만 레지널드 페린이 텔레비전에 등장했을 무렵에는 철도를 이용하는 통근이 20년째 꾸준히 감소하는 중이었다. 총 누적 철도 여객은 1959년에 11억 명으로 절정에 달했다가, 1980년에는 6억 5,000만 명가량이 되었다. 이런 감소를 야기한 원인은 이른바 '비칭의 가지치기Beeching cuts'였다. 이 명칭의 기원인 리처드 비칭Richard Beeching 박사는 1963년과 1965년 두 차례에 걸쳐 작성한 보고서에서, 영국 국영 철도의 연결망을 가지치기해서 큰 줄기와 큰 가지에 해당하는 노선만 남겨야 한다고 조언했다. 결국 수천 킬로미터에 이르는 노선이 폐지되었는데, 그중에는 통근 노선도 일부

1965년 비칭의 가지치기로 폐지된 노선(회색 선)

포함되었다. 비칭이 휘두른 도끼는 주로 시골 기차역들에 떨어졌는데, 그 중 다수가 원체 인기 없고 수익도 많지 않은 곳들이었다. 그러나 어쨌든 대중은 이 가지치기에 분개했고, 일부는 자기 지역의 기차역이 없어짐으로써 생기는 현재의 불편 이상의 것을 통찰하기도 했다.[*] 예를 들어 1964년 4월 《가디언Guardian》에 게재된 독자 편지에서 바버라 프레스턴Barbara Preston은 맨체스터의 통근자 노선 가운데 일부를 폐지하기로 한 계획에 이렇게 항의했다. "지금 이곳에서 과연 그런 일이 실제로 필요한 겁니까? 몇 년 지나지 않아 맨체스터의 교통이 불가피하게 더 붐비게 되면, 우리는 지금의 이 폐지 조치를 후회하고 다시 크나큰 비용을 들여 통근 노선을 재건설하게 되지 않을까요?"[11]

하지만 이런 폐지 조치는 전반적인 쇠퇴에서 간접적인 요인에 불과했다. 직접적인 요인은 전반적인 유행이 자동차 여행 쪽으로 옮겨 간 것이었다. 1949년에는 통근자 가운데 자동차 운전자가 겨우 6퍼센트뿐이었고,[**] 대중교통 이용자는 53퍼센트, 자전거 이용자는 거의 20퍼센트였다. 하지만 1979년에 이르자 통근자 가운데 절반 이상이 자동차 운전자였다. 자전거, 전차, 버스처럼 블루칼라 근로자가 이용하던 교통수단이 가장 큰 감소를 겪었다. 피터 베일리Peter Bailey는 1950년대 초에 맞이한 사춘기에 관해 이렇게 썼다. "자전거와 버스는 도시의 교통에 관해 기억에 남는 이미지를 제공했다. (……) 일과가 끝나면 페달을 밟는 노동자들로 이루어진 빽빽한 줄이 공장에서 방출되었다. 느릿느릿 길게 움직이는

---

[*] 비칭은 자신의 제안을 결코 후회하지 않았다. 1981년 어느 인터뷰에서 기자가 후세에 '미친 도끼쟁이'로 기억될 것이 거북하지 않으냐고 질문하자 그는 "대부분의 사람들은 그것을 기억조차 못 할 것"이라고 응수했다.
[**] 2차 세계대전 이전에는 거의 10퍼센트에 달했었다.

노동자와 쇼핑객과 학생의 대열이 집에 가는 버스를 타기 위해 기다리고 있었다."[12] 자전거는 저렴했고, 자전거를 이용하는 통근자는 대중교통의 고정된 노선 너머에서 살 수가 있었다. 특히 자전거는 교대 근무를 하는 노동자들에게 인기가 있었다. 그들은 대중교통이 운행하지 않는 시간에도 일터에 오가야 했기 때문이다. 공장에서는 보통 직원들을 위해 자전거 거치대를 마련해주었다. 노팅엄Nottingham 소재 롤리 공장Raleigh factory* 에서 일한 경험이 있는 앨런 실리토Alan Sillitoe의 1958년 작 소설을 각색한 영화 〈토요일 밤과 일요일 아침Saturday Night and Sunday Morning〉(1960)의 도입부에는 당시의 관객 대부분에게 친숙할 법한 장면이 등장한다. 사람들이 정신없이 자전거에 올라타고 공장 문을 빠져나와 대대적인 탈출을 벌이는 것이다. 하지만 1960년대에는 영국 내 자전거 통근자의 수가 3분의 2나 줄어들었고, 급기야 자전거 제조 산업이 붕괴하고 말았다. 롤리의 매출은 1950년대에 연간 100만 대로 절정에 이르렀지만 1962년에 이르러서는 절반으로 줄어들었으며, 급기야 생존을 위해 다른 제조업체들과 강제 합병을 거듭할 수밖에 없었다. 이런 매출 감소의 원인은 도로가 자동차로 막히게 되면서, 자전거 이용자에게는 특히나 불쾌하고 불안전한 장소가 되었기 때문이었다. 중앙 정부는 특별도로법 법안을 상정하던 1948년에 이른바 '자전거 도로'를 만드는 것을 고려했었다. 하지만 중앙 정부는 지방 정부가 그런 시설을 책임져야 마땅하다는 결론을 내렸고, 지방 정부는 대중교통에 관해 중앙 정부와는 전혀 다른 우선순위를 갖고

---

* 경쟁 업체인 로버와 달리 롤리는 동력 교통수단을 거부했으며, 자사의 혁신적인 삼륜 자동차 관련 계획을 설계자에게 매각해버렸다. 그 설계자는 1930년대에 탬워스Tamworth에 매장을 열었으며, 이로써 시작된 릴라이언트 자동차 회사Reliant Motor Company는 훗날 그 상징이 된 릴라이언트 로빈Reliant Robin 모델을 출시했다.

있었다.

전차의 경우는 통근자가 아니라 오히려 운영업체가 신의를 저버린 셈이었다. 런던 주 의회의 런던 철도망은 2차 세계대전 직후에 국영화됨으로써 한때나마 공영화의 선봉에 서 있었다. 그러다가 전력 생산 산업조차 국영화된 이후로는 저렴한 전기를 이용하지 못하게 되었고, 유지 및 보수나 새로운 차량에 필요한 예산이 전혀 없어서, 결국 노선을 폐지하고 버스 운행으로 대체하게 되었다. 이런 패턴이 영국 전역에서 반복되었다. 맨체스터 시 의회에서는 다른 여러 시 의회와 마찬가지로 전쟁 전부터 전차를 버스로 대체하는 조치가 시작되었으며, 그로 인해 맨체스터의 전차 통근자 비율은 1936년에 60퍼센트였다가 1946년에 21퍼센트로 뚝 떨어졌으며, 1950년이 되자 맨체스터는 전차 시스템을 완전히 포기하고 버스로 대체하게 되었다.* 글래스고에는 민영 전차가 좀 더 오래 남아 있었다. 1957년에 1,027대의 전차가 여전히 가동 중이었으며, "매년 총 400킬로미터 이상 되는 노선들에서 3억 명 이상을"[13] 실어 날랐다. 하지만 이 전차들 역시 이후 5년 사이에 점차 사라져갔다. 1962년 9월 4일의 마지막 운행 때는 달마노크Dalmarnock부터 코플라휠Coplawhill까지 20대의 전차가 행진을 벌였다. 글래스고의 인구 가운데 4분의 1이 마지막 인사를 보내기 위해 이 행사에 참가했다. 많은 사람들이 철로 위에 동전을 올려놓았는데, 전차 바퀴에 깔려 납작해진 동전을 기념품으로 간직하기 위해서였다. 전차는 늘 북적이고 지저분했지만, 글래스고 사람들은 전차에 애착을 갖고 있었다. 요금이 워낙 저렴하고 자주 운행했기 때문에, 승

---

* 1992년에 경편철도 노선인 맨체스터 메트롤링크Manchester Metrolink가 개통되면서 맨체스터에 다시 전차가 다니게 되었다.

객들은 마음에 드는 모델을 골라 타려고 일부러 기다리기도 했다. '코로네이션스Coronations'는 국왕 조지 6세의 대관식이 있었던 1937년에 도입된 모델이었고, '큐나더스Cunarders'는 글래스고의 조선소에서 만든 정기 여객선의 이름을 딴 모델이었으며, '그린 가데시스Green Goddesses'는 1954년 리버풀에서 운영을 중단한 업체로부터 사들인 중고 차량이었다.

전차를 대체한 버스는 1950년대에 영국에서 가장 널리 사용된 통근자 운송수단이었다. 버스의 여정은 보통 단거리였지만 소요 시간은 비교적 길었다. 예를 들어 맨체스터에서는 평균 운행 거리가 7.5킬로미터였고 평균 통근 시간은 30분을 조금 넘었다. 《타임스》를 읽는 중산층이 단골 노릇을 하던 19세기 런던의 승합마차와 달리, 전후의 버스 이용자는 주로 육체노동자들이었다.

사회사가 데이비드 키내스턴David Kynaston의 견해에 따르면, 버밍엄의 8번 노선인 '내부 순환 노선'은 이 시기에 "가장 상징적인 버스 노선"이라 할 만했다. 이 노선에는 "이른바 '노동자 특별 노선'이라는 별명이 붙었는데, 다수의 공장과 작업장을 지나가기 때문이었다".[14] 이 노선 인근에는 솔틀리Saltley 가스 공장, 앤셀스Ansells 양조장, HP 소스HP Sauce 공장 같은 산업 시설들이 있어서 "냄새만으로도 지금 8번 노선의 어디에 와 있는지를 알 수 있었다". 이 노선의 버스는 워낙 붐벼서, 예를 들어 애스턴 크로스Aston Cross 같은 요충지에서는 차장들이 추가 배치되어 탑승을 기다리는 러시아워의 승객들에게 승차권을 판매했다. 버스 안의 상황도 불편하기 짝이 없었다. 한때 통근자였던 밥 존슨Bob Johnson의 증언에 따르면, "버스에는 항상 노동자가 가득했고, 창문 안쪽으로 땀이 줄줄 흘렀고, 담배 연기가 런던의 스모그 같았고, 버스 안은 항상 지독히도 추웠다".[15]

이전의 전차와 마찬가지로 버스 역시 점차 인기를 잃게 되었다. 글래스고의 버스만 해도 1965년에는 4억 1,900만 명의 승객을 실어 날랐지만, 1970년에는 이것이 2억 6,400만 명으로 줄어들었다. 영국 전역에서 각 지역의 버스를 이용한 승객 수는 1955년에 155억 명이었다가 1975년에는 75억 명으로 줄어들었다. 사람들은 대부분 버스를 외면하고 자동차로 향했다.

2차 세계대전 말기에만 해도, 이후 20년 사이에 영국에서 자동차가 주요 통근 수단이 되리라고 예상한 사람은 거의 없었다. 1940년대에는 일반적인 영국인이 일터까지 자동차를 운전해서 갈 가능성이 크게 증가하지 않았다. 영국이 자동차를 많이 생산하기는 했지만, 대부분이 수출용이었다. 국산 신형 자동차를 구매하려는 영국인은 대략 1년 내지 2년 반을 기다려야 할 정도였다. 《데일리 익스프레스*Daily Express*》는 1948년 얼스코트Earls Court에서 열린 자동차제조·판매자협회의 전후 최초 자동차 전시회를 가리켜 "역사상 가장 큰 규모의 '손대지 마시오' 전시회"[16]라고 불렀다. 그런데도 무려 50만 명 이상의 관람객이 다녀갔는데, 이는 당시의 억압된 수요를 암시하는 것이었다. 당시 영국은 전 세계에서 미국 다음가는 자동차 수출국이었지만 도로 상의 자동차 대수가 1950년까지도 전쟁 전보다 못한 수준이었으며, "1950년대가 한참 지난 뒤에도 (……) 북부의 노동계급이 사는 거리에서 '차'는 기껏해야 말이 끄는 수레를 가리켰다".[17]

심지어 자동차를 소유한 운 좋은 사람들도 통근에는 자동차를 이용하지 않았다. 1950년까지 석유는 계속 배급제였으며, 배급량만 가지고는 일주일에 다섯 번 일터에 다녀올 수가 없었다. 그해 5월 26일에 배급이 종료되자, 자동차 운전자들이 기쁨에 겨워 석유 배급 통장을 갈가리찢어버리고 가장 가까운 주유소로 달려가는 모습이 목격되기도 했다. RAC, AA, 왕립 스코틀랜드 자동차 클럽Royal Scottish Automobile Club의 합동 대변인은 이날을 가리켜 VP, 즉 '석유 승리Victory for Petrol'의 날이라고 선언하면서 다음과 같이 예견했다. "이것은 산업과 상업과 지역 사회의 생활에 즉각적으로 영향을 끼칠 것이다. 이제 석유 배급 통장은 붉은 깃발을 든 사람과 마찬가지로 폐물이 되었다."[18] 그의 말은 옳았다. 영국의 도로를 오가는 자동차 대수는 이후 8년 동안 4배로 늘어났고, 자동차 통근자의 수는 거의 3배로 늘어났다.

자동차 소유가 급증한 주된 원인은 가계 수입의 증가였다. 1957년 베드퍼드Bedford에서 개최된 보수당 전당대회에서 해럴드 맥밀런Harold Macmillan 총리는 "우리 국민 대부분은 이제껏 이만큼 봉급을 잘 받은 적이 없었다"라고 말했는데, 이는 사실이었다. 실질 수입은 1950년대 중에 30퍼센트 가까이 늘어났고, 1960년대 중에 20퍼센트 더 늘어났다. 신용 거래도 열풍을 일으켰다. 더 많은 사람이 자동차 구매력을 갖게 되었고, 자동차 구매 및 유지 비용도 더 저렴해졌다. 수에즈 위기가 있었던 1956년 말부터 1957년 초까지의 급등을 제외하면, 석유 가격은 1953년부터 1973년까지 꾸준히 떨어졌다. 그다음 요인은 편의성이었다. 자동차는 대중교통이 감히 따라잡을 수 없는 유연성을 제공했다. 1950년대에 글래스고의 한 통근자는 자동차가 지닌 매력 가운데 이런 측면을 다음과 같이 말했다. "저는 자동차를 샀습니다. (……) 왜냐하면 (일터까지) 가는 과정이 상당히 복잡했거든요. 대중교통을 이용한다면 (……) 버스를 타고 가다가 지하철로 갈아타고, 다시 버스로 갈아타고 (……) 그러니 전혀 편안하지가 않아서, 얼마 안 되는 자금을 어찌어찌 굴려서 그걸로 자동차를 샀습니다."[19]

영국 문화의 변화 역시 자동차 통근에 영향을 준 요소였다. 자동차를 선택할 때 너무 저렴하지도 않고 너무 과시적이지도 않아야 한다는 중산층 특유의 불안은 1950년대에 들어서 사라져버렸다.* 이때 대두한 새로운 태도는 미국에서 대두한 태도와는 상당히 달랐다. 영국보다 훨씬 더 일찍 자동차가 문화적 상징이 된 미국에서는 차의 크기와 스타일링, 신제품 여부가 더 중요했기 때문이다. 재규어Jaguar의 1956년형 '마크 VII M 설룬Mark VII M saloon'은 충분히 회사 대표가 직접 몰고 출근할 법한 자동차였지만, 크기와 무게만 놓고 보면 포드의 에드셀 코세어Edsel Corsair보다 50센티미터 더 짧고 300킬로그램 더 가벼웠다. 모리스의 옥스퍼드Oxford 같은 일반적인 영국 자동차는 재규어보다 60센티미터 더 짧았고, 1959년에 처음 나온 미니Mini는 거의 75센티미터 더 짧았다. 미니의 광고 문구 가운데 하나는 "커야만 행복한 것은 아닙니다"였고, 영국의 자동차 구매자들도 이에 동의했다. 그들에게 강박의 대상이 하나 있다면, 바로 속도였다. 재규어의 설계에서 대원칙은 "우아함, 공간, 속도"였다. 재규어의 마크 VII M 모델은 1956년 몬테카를로 자동차 경주에서 우승했고, 재규어의 자동차들은 1951년, 1953년, 1955년, 1956년, 1957년에 르망 Le Mans 자동차 경주에서 우승했다. 심지어 미니의 최초 모델조차도 시속 110킬로미터를 낼 수 있었으며, 스포츠 모델인 미니 쿠퍼Mini Cooper(이 모델의 개발자인 존 쿠퍼John Cooper는 포뮬러 원Formula One 자동차 경주 대회의 창시자이기도 하다)는 최대 시속 133킬로미터를 낼 수 있었다. 그중에서도 'S 모델S variant'은 1964년, 1965년, 1967년에 몬테카를로 경주에서 우

---

* 이런 불안은 1970년대와 1980년대에 다시 살아났는데, 회사 차량에 대한 세금 혜택의 결과로 중역들이 차량 모델에 따라 각자의 상대적 지위를 판단할 수 있었기 때문이다.

승했다.* 스털링 모스Stirling Moss와 마이크 호손Mike Hawthorn 같은 자동차 경주 선수들은 국가적 영웅이 되었으며, 특히 모스는 영국산 자동차의 수호자로서 "외국산 자동차를 타고 우승하는 것보다 영국산 자동차를 타고 명예롭게 패배하는 것이 낫다"[20]고까지 공언했다.

영국의 자동차 통근자들이 속도를 꿈꾸었는지는 몰라도, 실제에 있어서는 (점점 더 늘어나는 자동차 대수가 보여주듯이) 일터까지의 여정이 더 느려지기만 했다. 1935년의 도로 교통 인구 조사 기록에 따르면, 영국 내 467개 측정 지점에서 '기계 추진식' 차량의 평균 대수는 시간당 11대였는데, 1954년에는 그 수가 시간당 159대로 늘어나 있었다. 그동안 도로 자체는 1920년대와 1930년대의 간선도로 프로그램 이후로 거의 개선되지 않고 있었다. 그 수십 년 동안 보수당과 노동당 정부 모두가 새로운 기

1961년 독일 그랑프리에서 경주 중인 스털링 모스

* 1966년 경주에서는 미니 쿠퍼가 1위, 2위, 3위를 모두 차지했지만, 프랑스 심판의 석연치 않은 실격 판정에 의해 탈락하고 말았다.

반 시설에 관한 위원회를 지명하고 입법을 논의했지만 사실상 아무런 발전이 없다가, 1956년에 이르러 1949년의 특별도로법에 의거한 권한이 발동되면서 자동차 전용 도로 건설이 시작되었다. 최초로 완공된 도로는 프레스턴 우회로Preston Bypass였는데, 이것은 나중에 M6 도로의 일부가 되었다. 이어서 M1 도로가 완공되었는데, 왓퍼드Watford에서 럭비Rugby까지의 이 최초 구간은 언론의 열광적인 보도 속에서 1959년 11월에 개통되었다. 이에 앞서 정부는 대대적인 보도 자료를 배포해 "이 도로의 규모는 기존의 규모를 초월해 자연을 왜소하게 만들 정도"[21]라고 주장한 바 있었다. 언론인들은 이 도로의 개통을 축하하는 뜻에서 자동차로 고속 주행을 하기도 했다.《뉴스 크로니클News Chronicle》의 기자는 애스턴 마틴Aston Martin의 DB4를 운전해 시속 250킬로미터를 기록했으며, "《데일리 헤럴드Daily Herald》의 기자는 오스틴 힐리Austin-Healey를 운전해 시속 210킬로미터를 기록했다".[22]

언론에서는 칭송해 마지않았지만, M1 도로는 일반적인 통근자들이 일터까지 가는 매일의 여정에서 직면하는 도로 정체를 완화하는 데는 기여한 바가 거의 없었다. 1944년 런던에서는 수도의 여러 순환도로를 늘리고 개선하기 위한 계획이 마련되었지만(이 계획이 실현될 경우, 예를 들어 러시아워에 입스위치Ipswich부터 치치스터Chichester까지의 도로가 화물 트럭 때문에 막히는 상황이 저지되고, 통근자는 지하철 순환 노선과 유사한 형태와 유사한 기능을 지닌 경로를 보유하게 될 것이었다) 이후 20년 동안 먼지만 뒤집어쓰고 있었다. 자동차 통근자들은 마치 처치 곤란인 짐 덩어리 같았다.

이 계획이 인정되고 공개된 것은 1963년 콜린 뷰캐넌Colin Buchanan 교수의《도시 교통Traffic in Towns》이라는 보고서가 출간된 이후의 일이었다. 이 보고서를 의뢰한 어니스트 마플스Ernest Marples는 1959년부터 1964년까지 교통부 장관을 역임했고, 이른바 철도 가지치기의 배후 실세로서 비칭 박사를 채용하고 그에게 직접 도끼를 쥐어준 인물이었다. 중고차 매매업자 같은 외모의 마플스는 부동산 개발과 토목 공사로 한재산 마련한 인물이었고, 낡은 철도보다는 신규 도로에 기대어 더 많은 재산을 마련하려고 작정한 인물이었다. 《도시 교통》은 그의 입장을 지지했다. "사상 최초로, 자동차 수의 하염없는 증가가 도시 계획과 도시 설계에서 고려 요인으로 여겨지게 되었다."[23]

《도시 교통》은 영국이 자동차 통근의 현실에 적응하지 못할 경우에 도래할 파국을 예견했다. "뭔가 조치를 취하지 않으면 자동차는 그 유용성을 잃어버리고 주변 지역의 생활에 크나큰 퇴화를 가져오게 될 것이다." 도로 정체의 결과로 운전자와 도심의 보행자 모두 고통을 겪게 되고, 전 국민의 바람 역시(이 보고서는 전 국민이 자동차 소유를 "외투만큼이나 당연하게" 여기게 되리라 예상했다) 좌절을 겪게 될 것이었다. 뷰캐넌 교수의 의견에 따르면, 이 문제에 대한 해결책은 도시 외곽에 순환도로를 만들고 도시 내부에 자동차 금지 구역을 만드는 것이었다. "전체적인 발상은 혐오스럽지만, 우리는 자동차 통행량에 대한 약간의 의도적 제한이 상당히 불가피하다고 생각한다." 그는 연구의 일환으로 미국 캘리포니아와 텍사스를 방문한 뒤 이렇게 결론 내렸다. "심지어 미국의 상황에서도, 통근자를 위해 자동차 전용 도로를 제공하는 정책이 성공하기 위해서는 자유로운 교통 흐름 이외의 모든 고려 사항을 무시해야 하며, 때로는 거의 무자비해 보일 정도로까지 무시해야 한다. 우리 영국의 도시들은 건물이 밀집해 있을 뿐만 아니라 역사 또한 밀집한 관계로, 미국과 같은 규모로 자동차 전용 도로를 건설하다 보면, 결국 보전해야 마땅한 것들을 상당수 파괴할 수밖에 없을 것이다." 따라서 (일찍이 포드가 〈미국 도로의 자유〉

에서 옹호한 것처럼) 도심의 건물을 철거하는 대신, 외곽 도로와 환승주차제 도입을 통해 도심의 차량 통행을 금지해야 한다는 것이었다.

우선 브레시와 러티언스가 북부와 남부의 순환도로를 위해 세운 계획이 빛을 보게 되고, 모두 합쳐 다섯 개의 순환도로를 제안했던 패트릭 애버크럼비Patrick Abercrombie 경의 《1944년 런던 및 근교 계획Greater London Plan 1944》도 빛을 보게 된데다가, 1971년과 1981년에 전개될 여행 패턴을 예측한 1964년과 1966년의 런던 교통 조사 결과도 덧붙어, 총 열 개의 런던 순환도로를 위한 새로운 계획이 만들어지게 되었다. 이 계획은 향후 수정을 거쳤고, 1973년에 북쪽의 ('M16 고속도로'로 통하는) 3번 순환도로와 남쪽의 4번 순환도로부터 공사가 시작되었다. 1974년에 노동당 정부의 환경부 장관 앤서니 크로슬랜드Anthony Crosland는 이들 도로를 통합해서 런던을 에워싸는 하나의 순환도로(훗날 M25 도로라고 명명되는)로 만들기로 결정했다. 도로는 사회의 이동성에 좋은 것이므로, "중산층은 자동차 소유와 관련해 자기가 쓴 '사다리를 치워버리는' 행동을 해서는 안 된다"[24]라고 그는 말했다. M25 도로는 그로부터 12년 뒤에야 개통되었는데, 개통식에 참석한 총리 마거릿 대처Margaret Thatcher는 이를 가리켜 '위대한 공학적 업적'이라고 말했다. 이 도로를 이용한 통근이 가능해지면서 그 주변의 집값이 솟구쳤다. 하지만 이 도로는 얼마 지나지 않아 도로 정체의 대명사가 되고 말았다.

7장
—
두 바퀴는 좋다

호랑이를 깨울 때는 긴 막대기를 써라.

_마오쩌둥

영국과 마찬가지로 유럽에서 자동차 운전의 전반적 유행은 (아울러 다른 유형의 교통수단이 그로 인해 감내할 수밖에 없었던 희생은) 전쟁 후에야 나타났지만, 그 진전 속도는 나라마다 달랐다. 이탈리아에서는 기반 시설이 전쟁으로 황폐화되면서, 미국의 마셜 계획Marshall Plan*에 의거한 원조로 도로와 철도가 재건되기까지 통근자들이 자전거를 주로 이용하

---

* 정식 명칭은 '유럽 회복 프로그램European Recovery Program'이지만, 당시의 미국 국무부 장관 조지 C. 마셜George C. Marshall의 이름을 딴 '마셜 계획'으로 더 유명하다. 유럽 재건을 위한 경제적 지원을 제공한다는 내용이었다.

게 되었다. 당시 노동자들에게 자전거가 얼마나 중요했는지는 영화 〈자전거 도둑Ladri di biciclette〉(1948)을 통해 알 수 있다. 주인공 안토니오는 아내와 아들을 둔 젊은 가장으로, 일자리를 얻을 생각에 아내를 시켜 침대 시트를 전당포에 맡기고 이미 맡겨뒀던 자전거를 되찾는다. 그것이 있어야만 포스터 붙이는 새 일자리를 얻을 수 있기 때문이다. 그런데 출근 첫날 자전거를 도둑맞게 되고, 도둑맞은 자전거를 찾으러 나선 그의 여정은 로마 곳곳을 누비는 방랑인 동시에 당시의 변모하는 시대상을 관통하는 도덕 탐색의 여정이 된다. 이 영화를 보면 자전거들의 행렬 사이로 버스가 지나가는 모습이 나오는데, 그 모습이 마치 물고기 떼 사이를 지나가는 한 마리 고래처럼 보인다.

〈자전거 도둑〉은 개봉한 지 몇 년 만에 허구인 동시에 역사가 되었다.

엔리코 피아조의 베스파

이때부터 로마의 통근자들이 직접 페달을 밟는 대신 동력 스쿠터를 이용하는 쪽으로 돌아섰기 때문이다. 1946년 엔리코 피아조Enrico Piaggio는 이 도시의 거리에 스쿠터를 도입했다. 2차 세계대전 이후 저렴한 개인용 교통수단의 수요가 늘어나리라 예측한 그는 (직접 작성한 특허 신청서의 설명을 인용하자면) "기관들과 요소들의 합리적인 복합체인 차체에 기계 부분을 모두 뒤덮도록 설계한 엔진 덮개와 흙받기를 조합한 동력 자전거"

를 항공공학자 코라디노 다스카니오Corradino D'Ascanio와 함께 설계했다. 최초의 모델 베스파Vespa, 즉 '말벌*'이 로마 골프 클럽에서 최초로 공개되었을 때만 해도 미심쩍어하는 시선이 많았지만, 이후 베스파가 도로 주행 테스트에서 좋은 성능을 보여주면서 1948년에 이르러 피아조는 매년 2만 대의 베스파를 생산하게 되었다. 베스파는 도시 통근에 이상적이었는데, 덮개 덕분에 비바람과 흙은 물론이고, 엔진에서 흘러나오는 기름으로부터도 탑승자를 조금씩은 지켜주었기 때문이다. 최초의 구매자는 화이트칼라 노동자들이었는데, 그들은 베스파를 이용함으로써 자전거 타기로 인한 피로와 버스 여행의 불확실성을 모두 피할 수 있었다. 베스파의 연간 판매량은 1950년 6만 대에서 1953년에 17만 1,000대로 급증했으며, 1956년에는 전 세계의 도로에서 100만 대의 베스파가 오가고 있었다. 1950년대 이후에는 베스파가 독일에서도 생산되었으며, 정식 계약을 거쳐 영국과 유럽 여러 나라에서도 생산되었다.《타임스》는 베스파를 가리켜 "로마 시대의 전차 이후로 처음 보는 완전한 이탈리아산 제품"[1]이라고 밝혔다. 미국에서는 베스파가 콜로세움 못지않게 로마를 상징하는 존재로 받아들여졌다. 1953년에 개봉된 영화 〈로마의 휴일Roman Holiday〉에서 그레고리 펙Gregory Peck과 오드리 헵번Audrey Hepburn이 피아조의 '베스파 125'를 타고 가며 사랑에 빠지기 때문이었다. 이 영화 덕분에 스쿠터 판매량이 10만 대나 더 늘어났는데, 대개는 장난감이 아니라 도구로 구입한 것이었다. 이동성은 곧 기회를 뜻했으며, 베스파 소유 여부에 따라 좋은 일자리와 실직으로 갈릴 수도 있기 때문이었다. 자전거 때문에 그랬듯이, 이탈리아인들은 스쿠터를 사려고 저축을 하거나 돈을 빌리거나 심

---

* 웅웅거리는 엔진 소리 때문이라기보다는 갸름한 허리 때문에 붙은 이름이었다.

지어 전당포에 담보를 잡히기까지 했다. 베스파가 성공하자 모방자도 나타나서, 밀라노에 본사를 둔 람브레타Lambretta는 1952년에는 로마에 본사를 둔 이 경쟁업체만큼 많은 스쿠터를 팔게 되었다.

그동안 이탈리아 경제는 눈부신 속도로 성장해, 1950년에서 1960년 사이에 GDP가 두 배가 되었다. 통근자들은 (비록 작은 자동차일망정) 자동차를 구매할 여력을 갖게 되었고, 자동차 제조업체들도 통근자 시장을 겨냥한 차량 제작에 초점을 맞추었다. 영국산 미니보다 훨씬 더 작은 피아트Fiat 500 모델은 작업용 차량으로 시작해 급기야 문화적 상징이 되었고, 1950년대 후반에 일반적인 이탈리아 노동자의 자동차를 대표하게 되었다. 미니와 마찬가지로 이 모델은 '마치 유모차 주차하듯이' 주차할 수 있었으며, 이런 장점은 이탈리아 여러 도시의 더 오래된 지역에 있는 좁은 도로들을 오가기에 안성맞춤이었다. 1956년 한 해의 생산량만 50만 대에 달했다. 이탈리아 철도의 르네상스에도 불구하고, 그때 이후로 자동차는 (자전거와 스쿠터와 버스를 제치고) 일터를 오가는 교통수단 중 가장 선호되는 것이 되었다. 1975년에는 이탈리아 전체 가구 중 66퍼센트가 자동차를 보유하고 있었고, 토리노, 밀라노, 제노바라는 북부 도시들로 이루어진 '산업 삼각지대'에서는 그 비율이 더 높았다.

독일에서는 2차 세계대전 이후 자동차 통근이 훨씬 더 빨리 발전했다. 처음에는 차량과 설계 대부분을 이탈리아에서 수입했다. 그러다가 1954년에 BMW*가 피아트 500 모델보다 더 작은 물방울 형태의 자동차인 이소 이세타Iso Isetta의 제조 권리를 취득했다. 1950년대 말에 이르러

---

* 이 회사는 전쟁 기간에는 독일 육군이 사용할 오토바이라든가 고속 폭격기에 들어가는 비행기 엔진을 만들었다.

독일의 자동차 대수는 이탈리아를 앞질렀다. 아우토반 도로망과 자동차 대량 생산을 통해 "독일의 무역을 증대시키고 독일을 위대한 자동차 국가로 만들려는" 나치의 계획이 재현된 셈이었다. 기존의 도로가 보수되었고, 1943년부터 줄곧 미완성 상태로 방치되었던 도로가 완공되었고, 새로운 노선이 추가되었다. 자동차 제조도 이탈리아제 소형차의 모방품을 만드는 데서 벗어나 온전한 크기의 자동차를 만들게 되었다. 영국의 자동차 제조사 모리스는 1945년 전쟁으로 피해를 입은 폭스바겐Volkswagen 공장을 헐값에 사들일 기회를 거절했는데, "반쯤 굶은 노동자들이 일하는, 복구도 제대로 안 된 피폭 장소"[2]라는 것이 이유였다. 그런데 그 공장이 1950년에는 수십만 제곱미터 규모의 시설로 바뀌어 매년 약 10만 대의 차량을 생산하고 있었다. 당시 모리스의 베스트셀러 모델 생산량의 두 배에 달하는 규모였다.

압박 요소뿐 아니라 견인 요소도 있었다. 예를 들어 프랑크푸르트는 2차 세계대전 이후 재건되면서 최대한 자동차 친화적인 도시가 되겠다는 목표를 내걸었다. 그리하여 아우토반을 도시 중심부까지 연결하고, 공간을 확보해 다층식 주차장을 만들었다. 또한 낡은 전차 시스템의 선로를 완전히 들어내, '철도 없는 시내'를 만들고자 하는 도시계획가들을 거들었다. 그들은 독일 자동차 산업의 강력한 지원을 받고 있었고, 모든 사람이 자동차 통근을 할 자유라든가, 모두가 각자의 메르세데스나 폭스바겐을 고속으로 운전해 대도시 중심부까지 갈 수 있는 자유야말로 당시에 (즉 독일 정치계에서 녹색당이 목소리를 높이기 이전에) 전국적으로 소중히 여겨지는 가치가 되었다.

통근을 진보에 불가결한 요소로 간주해 모든 형태의 통근을 독려했던 서구와 달리 공산 국가에서는 이런 관습을 의심스러운 눈으로 바라보았고 굳이 촉진하지 않았다. 2차 세계대전 전과 전후 수십 년 동안에도 이런 상황은 마찬가지였다. 이른바 철의 장막이 드리워진 이후 소련에서는 자동차로 여행하는 사람이 극소수였고, 자동차를 소유한 사람도 마찬가지로 극소수였다. 사실 공산주의 통치 초창기에는 자동차 문화의 전망이 더 밝았다. 명실상부한 사회주의 공화국이라면 자동차가 그곳의 일부분이 되어야 마땅하다는 것이 볼셰비키의 생각이었다. 그리하여 그들은 미국에 대표단을 보내 그곳의 자동차 시장의 실태를 조사했고, 또한 대표단으로 하여금 그곳의 도로 상태도 알아보게 했다. 소련은 딜레마에 빠져 이러지도 저러지도 못하고 있었기 때문이었다. 문제는 도대체 무엇부터 만드느냐였다. 자동차인가, 아니면 도로인가? 소비에트 이전 시대에는 이런 격언이 있었다. "러시아에는 도로가 없고, 오로지 방향만 있다." 이런 상황에서 과연 자동차 문화가 활성화될 수 있을까? 미국 곳곳을 여행한 유명한 볼셰비키 발레리안 오신스키Valerian Osinskii는 충분히 활성화될 수 있다고 생각했고, 1927년《프라우다Pravda》에 연재한 〈미국산 자동차냐, 러시아산 수레냐?〉라는 기사에서 소비에트 국가는 미국을 본받아야 한다고, 그리고 자동차를 대량 생산하는 '동시에' 새로운 도로망을 만들어야 한다고 주장했다. 미국에는 자동차가 넘쳐나지만, 그곳의 고속도로 가운데 상당수는 러시아의 수레가 지나가기도 힘들 지경이라고 지적했다. 오신스키의 주장에 따르면, 앨라배마 주는 "풍경이 러시아와 매우 비슷하고 심지어 러시아보다 못해서, 탐보프Tambov 지방의 외진 곳보다도 상태가 나쁜데도" 그곳의 모든 농부들은 물론이고, 심지어 농부의 아내들 일부도 자동차를 갖고 있었다.

결국 도로 상태를 개선하는 일 가운데 상당수가 지역별 강제 노동에 위임되었으며, 자동차 소유라는 쟁점과 관련한 선전과 아울러 공장 건설 계획이 대두되었다. 자동차 문화를 발달시키기 위해 설립된 정부의 꼭두각시 기관인 아브토도르 협회Avtodor Society가 홍보를 맡았다. 이 협회는 운전 교습을 감독했고, 자동차를 상품으로 내건 복권을 발행했으며, 이른바 '마음 설레게 하는' 경주를 조직했다(이 경주에 이런 이름을 붙인 것은 모든 동무들의 마음을 움직여 자동차를 사랑하게 하는 것이 목표이기 때문이었다). 농부들은 시범 탑승 행사에 참석했고, 마을 사람들은 선전 영화를 보았다(하지만 도로 사정 때문에 종종 상영회가 취소되었다). 1928년부터 아브토도르는《운전석에서Za rulem》라는 자체 정기간행물을 발행했다. 창간호는 자동차 생산에서 러시아가 자본주의 국가보다 얼마나 많이 뒤떨어져 있는지에 초점을 맞추었다. 당시 영국에는 승용차가 약 100만 대 있고 미국에는 약 2,200만 대 있는 반면에 소련에는 겨우 2만 대밖에 없다는 것이었다. 러시아와 위성 국가들은 도로 기반 시설 면에서도 뒤떨어져 있었다. 미국에는 인구 1만 명당 450킬로미터의 도로가 있었지만, 소련에서는 인구 1만 명당 도로가 1.7킬로미터에 불과했다. 사회주의 국가의 노동자들은 이보다 나은 대접을 받아야 마땅했다.

우선 차량 부족에 대응하기 위해 포드 자동차 회사와의 합작이 이루어졌다. 마르크스주의 이론가 가운데 상당수는 헨리 포드의 기법을 칭찬했다. 포드주의는 노동자에게 성취감 있는 노동과 풍부한 여가를 제공하기 위한 간소화 생산 기술이라는 것이었다. 1929년 양측이 체결한 계약에 따르면, 포드는 자사의 노하우를 소련에 제공하는 동시에, 소련이 니즈니노브고로드 외곽에 초대형 공장을 건설하는 것을 돕기로 되어 있었다. 모스크바 동쪽에 위치한, 볼가 강을 끼고 있는 이 산업 도시는 머지 않아 공산주의자들의 디트로이트가 된다. 니제고로드스키 자동차 공장 Nizhegorodsky Avtomobilny Zavod(NAZ)은 1932년 1월에 생산을 시작했으며, 포드의 A 모델Model A을 생산해 이름만 NAZ-A라고 바꿔 붙였다. 이곳에서 근무했던 한 미국인의 말에 따르면, 이 프로젝트가 시작될 때만 해도 '볼가 강변의 디트로이트'에는 제대로 된 도로가 아예 없었다. 그곳에 처음 건설된 도로는 곧 "소련 최초로 시외에 건설된 콘크리트 도로"였고, 한쪽 끝이 공장의 생산 라인과 곧바로 연결되어 있었다. 구성주의 시인 보리스 아가포프Boris Agapov는 이 도로의 매끈함과 잠재력을 예찬했다. "그 길은 마치 자동차의 에나멜처럼 매끈하고, 탐조등의 불빛처럼 곧게 뻗어 있다. 그 길을 따라 무려 14만 대의 기계가 4열 횡대로 행진한다."[3] 그런데 여기서 기계의 수는 어디까지나 시적 과장에 불과하다. 왜냐하면 이 공장에서 처음 5년 동안 생산한 차량은 겨우 10만 대에 불과했기 때문이다. 포드주의 용어로 표현하면, 그곳은 여전히 1910년대에 머물러 있었다.

포드는 모스크바에 건설되던 KIM 공장도 도와주었는데, 이 공장의 이름은 "'공산주의 청년 인터내셔널'의 머리글자를 따온 것"이었다. KIM에서도 A 모델을 생산해 이름만 바꿔 붙였다. 1940년에는 드디어 KIM 10-50 모델이라는 자체 설계 자동차를 내놓았는데, 영국산 포드 프리펙트Prefect를 모방한 이 제품이 겨우 500대 생산되었을 무렵에 소련은 2차 세계대전에 참전하게 되었다. 이때까지 소련은 자동차 문화라는 측면에서는 물론이고 자동차 통근에서도 사실상 성취한 것이 거의 없다시피 했다. 소련에는 자동차도 없고 도로도 없었으며, 심지어 통근자도 없었다. 마르크스는 통근자에 대해서 별로 생각한 바가 없었기에, 그의 제자들 역시 통근자를 간과하는 경향이 있었다. 그 대신에 그들은 19세기의 이론적 모형을 고수하고 있었는데, 그것은 노동 유동성이라는 가치에 대한 설명으로는 불충분할 수밖에 없었다.

전후에 러시아에서는 승용차 생산이 재개되었다. NAZ에서(이때에는 GAZ로 이름이 바뀌어 있었다) 새로이 내놓은 주력 모델은 GAZ-M20 '포베다Pobeda', 즉 '승리'라는 이름이 붙은 문 네 개짜리 세단이었는데, 성능은 실망스럽기 짝이 없어서 50마력짜리 엔진의 최대 속도가 시속 105킬로미터에 불과했다. 시제품을 본 스탈린도 그리 좋은 인상을 받지 못했다. "분명 우리로선 최고의 승리까지는 아니군." 그의 비판은 이후 여러 가지 사건으로 확실하게 뒷받침되었다. 처음 2년간 생산된 제품은 앞쪽 굴대의 결함 때문에 회수되고 말았다. M20 다음으로는 GAZ-21 '볼가Volga'가 나왔는데, 머지않아 이것은 소련에서 일종의 상징이 되었다. 이 모델은 특별히 속도가 빠르지는 않았지만 추울 때나 험한 길에서도 잘 달렸고, 통근용 차량으로 잘 쓰일 만했지만, 희소성과 가격이 발목을 잡았다. 이론상으로는 18세 이상의 소련 국민은 누구나 새 자동차를 주문할 자격이 있었지만, 볼가의 가격은 일반 노동자 연봉의 여섯 배에 달했고, 그나마 예약이 밀려서 최소 8년에서 10년은 기다려야 했다. 실제로 1950년대와 1960년대의 러시아에서 일터까지 자동차를 몰고 갈 수 있는 사람은 오로지 엘리트들뿐이었다. 이를테면 국제적 명성을 누리는 예술가들, 올림픽 금메달리스트들, 군부 및 당의 고위층, 그리고 스타하노프 노동 영웅Stakhanovites* 정도는 되어야 줄을 설 필요 없이 곧바로 자동차를 살 수 있었다.

일반 노동자는 중고 자동차도 구하기 힘들었다. 일단 볼가를 구한 사

---

* 여섯 시간 근무에 무려 227톤의 석탄을 채굴한 것으로 유명한 광부 알렉세이 그리고리예비치 스타하노프Aleksei Grigorievich Stakhanov에게서 따온 말이다. 그는 이 위업으로 '사회주의 노동 영웅'이라는 칭호를 얻었으며, 소련 노동자의 모범으로 추앙되었다.

람은 여간해서는 되팔지 않았으며, 설령 팔더라도 "전문가 위원회가 자동차를 평가하고 가격을 결정하는"[4] 과정을 반드시 거쳐야 했다. 중고 차량 구매 희망자가 신청을 하면, 그 위원회의 간부들이 차량 구매자를 선택했다. 신형 자동차 구매 때와 마찬가지로 그 과정에서도 특정 부류의 사람들이 선호되었기 때문에, 사실상 다수의 대중에게는 시장이 폐쇄된 것이나 다름없었다. 그렇다 보니 일반 노동자가 자동차를 보유하는 가장 현실적인 방법은 현금과 자동차 모두를 상품으로 내건 복권에 당첨되는 것뿐이었다.

자동차 소유에 성공한 극소수의 운 좋은 사람이라 해도, 자동차 통근을 하자면 추가적인 문제에 직면해야 했다. 일단 주유소가 극히 드물었으며, 미국의 주유소와 달리 요란한 건축물을 이용해 선전하거나 고객을 끌어모으지도 않았다. 오히려 주유소에서 고객을 맞이하기보다 돌려보내는 경우가 더 많았는데, 팔 기름이 없어서였다. 1963년 모스크바에는 7만 대의 자동차가 있었는데(1913년 뉴욕의 자동차 대수와 비슷한 수준) 주유소는 여덟 곳뿐이었고, 그곳들 모두가 영업 중인 경우는 거의 없었다. 때로는 기름을 넣기 위해 통근 거리보다 더 먼 길을 다녀와야 했다. 자동차 소유주가 직면하는 또 다른 문제는 도둑질이었다. 자동차 부품이 워낙 귀해서 돈을 주고도 사기 힘들었으므로, 훔치려는 유혹이 무척이나 컸다. 그래서 통근자들이 주차하자마자 앞유리창에서 와이퍼를 떼어내 일터로 들고 가는 일도 흔했는데, 그러지 않으면 퇴근 무렵에는 흔적도 없이 사라져버리기 때문이었다. 날씨도 통근자에게는 불리하기만 했다. 대중교통이 오가는 도로를 제외한 좁은 길들은 겨울이면 몇 달 동안 눈과 얼음으로 막혀 있어서, 통근을 가로막았다. 즉 12월부터 3월까지는 통근자가 적당한 주차 장소를 찾아낸 다음, 그 자리에서 자동차는 받침대에 올려놓고 바퀴는 안전을 위해 떼어내 집에 보관해야 했다.

통근을 저해하는 이 모든 장애물 때문에 소련에서는 교통 체증이 무척이나 드물었고, 여행 안내서에서 '이것을 자부심의 원천으로 지목하는' 경우가 종종 있었다. 특히 네잎클로버 모양의 교차로가 한산한 경우가 많았는데, 사실 이 노동자의 낙원에서는 그런 교차로 자체가 극히 드물었다. 모스크바에는 1960년에 처음으로 순환도로가 생겼는데, 그 도로는 이후 10년 동안 거의 텅 비어 있다시피 했다. 당시의 사진을 보면 관리들의 기묘한 차량 행렬이나 트럭 행렬은 보여도, 개인 차량의 모습은 거의 보이지 않는다. 1970년에 소련의 자동차 보급률은 50가구당 1대에 불과했는데, 이는 당시 적도 아프리카의 코트디부아르나 남태평양의 쿡 제도의 차량 보급률과 맞먹는 수준이었다.

소련의 통근자들로서는 자동차보다 대중교통을 이용해서 일터로 가는 것을 모색하는 편이 더 나았다. 소련은 과시용 프로젝트를 좋아했고, 모스크바 지하철은 그러한 프로젝트의 초창기 결과물 가운데 하나였다. 목표는 (넓은 승강장과 으리으리한 역사驛舍를 만듦으로써) 다수의 노동자를 이동시키는 문제에서 공산주의자들이 자본주의자들을 너끈히 능가할 수 있음을 입증하는 것이었다. 1935년에 개통한 모스크바 지하철은 스탈린의 2차 5개년 계획의 핵심이었으며, '지하철 특별 작업반'이라는 노동자 집단이 투입되어 완공되었다. 건설 과정에서 그 노동자들 중 다수가 사망했으며, 그들의 노고를 기념하기 위해 지하철 개통과 함께《즐거운 지하철 정복자의 노래Songs of the Joyous Metro Conquerors》라는 악보집이 전국 학교에 배포되었다(이 악보집에는 〈터널은 준비되었네The Tunnel is Ready〉 같은 고

전적인 노래도 포함되어 있었다). 모스크바 지하철은 당시의 런던 지하철보다 느리고 총 길이도 11킬로미터가 채 안 됐지만, 역사驛舍만큼은 그 선전에 부합했다. 배후의 계획자들은 모스크바 지하철을 "새로운 인간의 형성을 위한 거대한 학교"로 만들고자 했기 때문에, 특별 작업반 소속의 일반 통근자들은 지하철역에 들어설 때마다 아치형 천장이 있고 바닥이 대리석으로 된 승강장, 거대한 거울과 그 위의 로코코식 도금 회반죽 치장, 그리고 차르가 무도회장에 갖다 놓고 싶어 할 법한 샹들리에의 환영을 받게 되었다.

모스크바 지하철은 2차 세계대전 때와 전후에 연장을 거듭해서, 1952년에는 총 길이가 50킬로미터로 늘어났고, 1964년에는 총 길이가 100킬로미터 이상에 지하철역은 72개였다. 소련의 다른 도시들에도 지하철이 건설되었는데(공식 정책에 따르면 인구 100만 명 이상의 대도시에 지

모스크바 지하철(1935)

하철 건설 자격이 부여되었다) 건설 속도가 상당히 느렸다. 레닌그라드에서는 1941년에 공사가 시작되었는데, 길이가 9.4킬로미터에 불과한 최초의 노선이 1955년에야 개통되었다. 키예프에서는 1949년부터 1960년까지 무려 11년이 걸려서 5.2킬로미터짜리 시스템 하나를 간신히 건설했다. 소련의 대중교통으로는 지하철 외에 전차와 철도가 있었다. 전차는 단거리 여행에 이용되었고, 기차는 이론상 모든 시민이 각자의 활동 범위를 지평선 너머까지 확장하도록 도와주었다. 소련의 철도 시스템이 성장하던 바로 이 시기에 서구의 철도 시스템은 오히려 쇠퇴하고 있었다. 1960년대에 영국에서 비칭의 가지치기로 인해 수천 킬로미터의 노선이 운행을 중단한 반면, 소련에서는 매년 500킬로미터씩 노선이 연장되었다. 하지만 이 노선 대부분이 승객보다는 화물을 위한 것이었다. 실제로 통근이 암시하는 이동의 자유는 소련에서 권장되지 않았다. 황무지에 공장이 건설되고, 그 주위에 고층 건물이 늘어선 교외가 건설되고, 노동자들을 이 양쪽으로 운반하기 위한 전용 이동 시스템이 생겨나면 끝이었다. 통근과 주택 건설의 일반적인 공생 역시 전혀 없었다. 통근 경로나 그 너머에서 벌어지는 투기적 개발도 전혀 없었다. 서비턴이나 레빗타운 같은 교외 거주지도 없었다. 그 완벽한 공화국에서, 과연 누가 굳이 국가가 정해준 장소가 아닌 곳에서 살고 싶어 하겠는가?

소련은 통근이라는 관습에서 서구보다 훨씬 뒤떨어져 있었지만, 통근의 이론에서는 시대를 앞서 있었다. 소련의 교통 계획가들은 국민들이 대중교통에서 온전히 숨을 쉬려면 충분한 공간이 필요하다는 결론을 내렸고, 승객 1인당 최소한 200제곱센티미터의 공간을 확보할 것을 의무화했다. 또한 그들은 일반 노동자가 통근 과정에서 활력을 잃게 되는 한계 시간을 조사했다. 그 결과 일터까지의 여정에 걸리는 권장 시간은 중소

도시에서 30~40분 이내, 대도시에서는 한 시간 이내라는 '기본 규칙'을 내놓았다. 통근 시간이 이 한계 시간을 넘을 경우, 추가 시간 10분당 생산성이 2.5퍼센트에서 3퍼센트씩 떨어진다는 것이었다.

공식적인 불승인과 전반적인 시설 부재에도 불구하고, '대불황' (1964~1985)의 마지막 10년 동안 소련에서는 통근이 슬금슬금 늘어났다. 이동의 자유를 누리는 스타하노프 노동 영웅들은 소도시의 대로에도 등장했다. 이들은 "젊고 숙련도가 낮은 노동자들로, 자격 요건이 낮고 임금도 낮은 일자리를 차지하는"[5] 사람들로 분류되었으며, 공산주의 경제를 통한 냉전 승리를 향한 소련 최후의 변변찮은 시도 동안에 일종의 졸卒 노릇을 했다. 국가에서 이들의 이동을 허락한 것은 도시에 새로운 고층건물을 건설하는 것보다 비용이 저렴하기 때문이었고, "이주를 통근으로 대체하는" 것이 공식 정책이기 때문이었다. 또한 이것은 식량 부족에 대한 부분적인 해결책이기도 했다. 소련의 체제가 덜컹거리다가 결국 멈춰버리는 일이 만성화되다 보니, 이제는 국영 공장에서 느리고 엉성한 자동차를 만들어 가뜩이나 그런 제품에 냉랭한 소비자에게 내놓는 것보다는 차라리 순무를 캐는 것이 더 이치에 맞아 보였다. 1980년대 초가 되자, 집단 농장 노동자의 봉급이 자동차 공장 노동자의 봉급보다 더 높아졌다. 이에 소련에서도 통근이 (사실상 역逆통근이라는 형태로) 서서히 모습을 갖추게 되었다. 도시 거주 노동자들이 시골에 가서 일하게 된 것이다. 사회주의의 약속에 유혹되어 도시로 나온 소농의 후손들이 결국 밭으로 돌아가 부업을 했다. 하지만 이런 현상은 오래 지속되지 못했다. 1991년에 소련이 해체되고 소련의 구성 요소였던 여러 공화국들이 독립했는데, 그중 일부가 시장 경제를 도입하면서 통근의 위세가 의기양양하게 치솟았다. 1995년이 되자, 과거에 스탈린이 건설한 순환도로는 각자의 사무실과 약속 장소로 향하는 자본주의 개종자들의 메르세데스 리무진과 또 다른 고급 차량들로 붐비게 되었다.

　　어디에서나 공산주의자들은 전반적인 이동의 자유에 대해, 특히 통근에 대해 편견을 가졌던 것으로 보인다. 마오쩌둥 치하의 중화인민공화국에서는 양쪽 모두가 증오의 대상이었으며, 통근이 허용된다 하더라도 어디까지나 두 바퀴에 의존한 이동에 한정된 것이었다. 중국은 1차 5개년 계획(1953~1957) 때 웅장하지만 짧은 지하철 시스템 대신 오히려 자전거 공장에 집중했다. 베이징의 거리에서 제국주의자가 설치한 전차 노선이 철거되고 자전거가 다닐 공간이 생겨났다.

　　중국은 1953년 베이징에 지하철 시스템을 만드는 것을 계획하기 시작했지만, 대약진 운동(1958~1961)으로 그 계획은 잠시 미뤄졌다. 이때에는 이념이 경제 행위를 지배했으며, 사실상 지하철을 건설할 열정도 자원도 없었기 때문이다. 결국 1965년에야 건설이 시작되었고, 1969년 10월 1일에 처음 21킬로미터 구간이 개통되었다. 명목상으로는 당이 인민에게 주는 20주년 선물이었지만,* 정작 대부분의 인민은 그것의 이용 허가를 얻지 못했다. 신분증을 제시한 뒤 여러 가지 질문에 답변해야 비로소 승차권을 살 수 있었는데, 이런 관행이 1981년까지 계속되었다. 개인용 운송수단 부문의 발전 역시 이와 마찬가지로 미약했다. 중국은 1958년에야 처음으로 자국산 승용차를 생산했다. '훙키紅旗', 즉 '붉은 깃발'이라는 이름의 이 세단은 1955년형 크라이슬러 모델을 모방한 것으로, V8 엔진과

---

* 중화인민공화국은 1949년 10월 1일에 출범했다.

광각 앞유리창, 그리고 크롬 입힌 범퍼를 장착하고 있었다(이 범퍼는 중국 부채, 그중에서도 고급 관리와 시시덕거리는 기녀妓女가 입을 가리려고 사용할 법한 부채를 표현한 것이었다). 이 승용차는 당 간부와 귀빈을 태우기 위해 제작된 것이어서, 대부분의 중국인들은 평소에는 구경도 못했다.

결과적으로 일터에 가는 방법으로서 보통의 중국인들이 유일하게 떠올릴 수 있는 것은 걷기를 제외하면 자전거뿐이었다. 그러나 자전거를 사거나 타고 다니는 데도 당의 허가를 받아야 했으며, 그런 허가를 받기 위해서는 모범 공산주의자가 되어야만 했다. 모두가 원하는 자전거는 페이거飛鴿, 즉 '날아가는 비둘기'라 불리는 모델이었는데, 가격이 두 달 치 봉급에 맞먹는데다 예약이 많아서 3년은 기다려야 했다. 이 모델은 기어가 하나뿐이고 핸들이 뒤로 휘어졌으며, 커다란 바퀴와 원시적인 브레이크를 장착하고* 포드 T 모델과 마찬가지로 검은색 한 가지로만 생산되었다. '날아가는 비둘기'는 첫선을 보인 1950년 이후 최소한 5억 대가 생산되었다. 역사상 가장 인기 있는 차량이 아닐 수 없었다. 1978년에 '주석'이 된 덩샤오핑은 "집집마다 비둘기가 한 대씩" 있는 것이 곧 번영이라고 정의했다. 급기야 그의 말을 곧이곧대로 믿은 신붓감들이 비둘기를 살 능력이 없는 신랑감들을 거절하는 일도 종종 벌어졌다.

중국이 서양 관광객을 받아들이기 시작한 1980년대 초만 해도, '날아가는 비둘기' 수백만 대와 내연기관을 장착한 소수의 차량들로 이루어진 베이징의 러시아워는 중국의 경이 가운데 하나로 간주되었다. 아침 안개 속에서 자전거 이용자들의 편대가 100여 대씩 나란히 서서 쏜살같이 내달리며 종을 울렸다. 대부분 똑같은 모양새였고(회색 옷차림의 이용자가

---

* '날아가는 비둘기'는 1932년부터 생산된 한 롤리 자전거 모델의 설계를 본뜬 것이었다.

검은색 자전거에 올라탄 모습이었기에), 그 외적 유사성은 기이함을 더해주는 요소가 아닐 수 없었다. 외부인으로서는 그런 광경이 시사하는 개인의 희생이나 소유권에 대한 집단적 자부심을 이해하기가 쉽지 않았다.

하지만 중국에 대한 덩샤오핑의 전망은 집집마다 '날아가는 비둘기'를 한 대씩 보유하는 것 이상으로 확장되었다. 1978년부터 일련의 개혁들이 실시되면서, 중국 경제에도 자본주의의 햇빛이 한 줄기 들어설 수 있었다. 농업의 집단화가 해제되었고, 기업가들은 각자의 사업을 시작하는 것을 허락받았다. 개혁은 1980년대와 1990년대 내내 계속되었으며, 삽시간에 성장이 이루어졌다. 통근도 권장되었다. 일반 대중도 베이징 지하철을 이용할 수 있게 되자, 1982년 한 해 동안 이용자가 7,250만 명에 달했다. 그리고 새로운 노선이 추가되면서 6년 만에 연간 이용자는 3억 명으로 늘어났다. 2012년 기준 베이징 지하철의 노선은 17개에 달했고, 총 길이는 456킬로미터, 연간 이용자는 약 25억 명에 달했다. 중국이 집단화에서 벗어나 통근으로 전환하면서, 다른 교통 시스템에서도 이와 유사한 성장이 이루어졌다. 현재 전 세계에서 가장 붐비는 전철 시스템 10개 가운데 4개가 중국에 있으며, 매일 철도를 이용해 일터로 가는 중국인은 약 1억 명에 달한다.

개인 운송수단 부문의 발전도 빨랐다. 1980년대에는 신붓감들도 기준을 더 높여서, 신랑감들에게 자전거보다는 오토바이를 보유할 것을 요구했다. 가장 인기 높은 오토바이는 혼다 C100이었고, 얼마 지나지 않아 이것은 '날아가는 비둘기'에 버금가는 통근용 차량의 상징이 되었다.[6] 1958년 일본에서 개발된 C100 '슈퍼컵Super Cub'은 애초부터 통근자와 배달원이라는 구체적인 두 표적 시장을 겨냥하고 있었다. 그 당시 일본의 철도 시스템은 어느 나라에도 뒤지지 않는 수준이었지만, 일본의 도로는 주요 간선도로를 제외하면 여전히 중세 수준에 머물러 있었다. 일본의 상황에 맞는 오토바이는 유럽의 스쿠터보다 타이어의 폭이 더 넓어야 했고, 이용·주유·유지가 모두 손쉬워야 했다. 또 한 손으로도 조종이 가능해야 했다. 그래야 둘째 표적 시장에서 자전거를 대체할 수 있기 때문이었다. 주로 일본 여러 도시의 소바* 식당에서 배달원을 고용했는데, 그들은 한 손에 배달통을 들고 다른 한 손으로 핸들을 조종하면서 사무실들로 국수를 배달했다. '슈퍼컵'은 혁신적인 기술과 친근한 디자인으로 이런 기준을 충족시켰다. 이 오토바이는 자동 원심 클러치 덕분에 왼손만으로도 충분히 조종 가능했으며, 폭 50센티미터의 바퀴는 교외의 도로 위 구멍도 거뜬히 지나갔다. 또한 드롭 프레임**을 보유하고 있어서 여성도 굳이 치마를 걷을 필요 없이 탈 수 있었다(소바 배달원도 들고 있는 쟁반을 굳이 내려놓을 필요 없이 탈 수 있었다). 그리고 이것은 플라스틱 덮개를 자랑하는 최초의 오토바이였다. 일본 전체의 오토바이 판매량이 매월 4만 대였던 시절에, 이 제품의 표적 판매 대수만 매월 3만 대에 달했다. 대중교통이 워낙 붐벼서 시장은 애초부터 있었다. 일본을 재건하느라 바빴던 통근자의 입장에서, 대중교통 말고 도로를 달리는 방법 중 유일하게 감당할 만한 것은 두 바퀴뿐이었던 것이다. 이 제품은 불과 2년 만에 생산 목표를 초과 달성했다. C100 계열의 다양한 모델은 전 세계에서 가장 많이 팔린(오늘날까지 7,300만 대이다) 동력 차량이 되었으며, 그것의 제조사인 혼다가 웹사이트에서 자랑했듯이 '통근자용 모델의 표준'이 되었다.

---

* 메밀로 만든 가느다란 국수로, 일본에서 인기 있는 간편식이다.
** (옮긴이주) 핸들과 안장과 페달을 이어주는 역삼각형 프레임에서 가로대를 제거해 V자로 만든 프레임이다. '스텝스루 프레임step-through frame'이라고도 한다. 다리를 높이 치켜들지 않아도 안장에 쉽게 올라탈 수 있었기 때문에 치마 입은 여성에게 특히 편리했다.

이 모델은 또한 현대적인 디자인의 상징이기도 해서, 대영 박물관과 구겐하임 박물관이 한 대씩 보유하고 있을 정도다.

C100 덕분에 수백만 명의 일본인과 수천만 명의 아시아인이 자동차 문화로 올라가는 사다리의 첫 번째 발판에 올라섰다. 그중 상당수는 이후로도 그 발판 위에 계속 남아 있었다. 오토바이를 이용한 통근이 아시아의 상당수 국가에서 규범이 되었기 때문이었다. 예를 들어 태국에는 자동차보다 오토바이가 10배나 더 많고, 태국인의 오토바이 사랑은 1950년대 미국인의 자동차 사랑에 버금갈 정도이다. 밤이면 십대들이 각자 개조한 혼다를 끌고 나와, 안장 위에 납작 엎드리고 두 다리를 뒤로 뻗은 상태로 고속도로에서 역주행 경주를 벌이는가 하면, 태국의 유행가에서는 오토바이가 해방의 상징으로 예찬된다. 예를 들어 태국 북부의 전통 음악인 '이산'에 근거한 '모를람싱'이라는 장르에서는 대나무로 만든 관악기 '켄'과 전자 기타를 이용하는 것이 특징인데, 이 장르의 명칭 자체가 오토바이와 연관성이 있다. '싱'은 영어의 '경주racing'의 축약형이기 때문이다. 이 장르의 노래 가운데 상당수는 마을을 떠나는 것을 내용으로 하며, 도시로의 이주, 사랑을 찾고 오토바이를 사는 것 등을

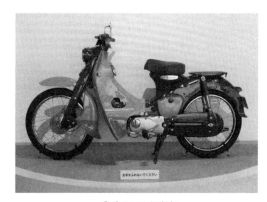

혼다 C100 슈퍼컵

소재로 한다.

하지만 이처럼 날렵한 오토바이를 소유해도 방콕의 통근 시간은 전 세계에서 가장 긴 편이다. 오토바이도, 또한 오토바이 뒤쪽에 좌석과 차양을 덧붙인 삼륜차 툭툭tuk-tuk도 너무 많아서 자동차와 마찬가지로 교통 체증을 일으키기 때문이다. 게다가 적도에서 멀지 않은 이 남아시아의 도시에서는 오토바이가 까다롭고 불편한 통근 수단이다. 열대 지역은 위도상 더 북쪽의 지역보다 낮의 길이가 짧기 때문에, 부지런한 여행자는 날이 밝기도 전에 일터로 출발했다가 어두워진 뒤에야 집으로 돌아올 가능성이 높았다. 이들은 일터를 오가는 여정 중에 배기가스로 이루어진 스모그 속을 지났고, 비라도 오면 태국 특유의 몬순 소나기의 공격을 당했다. 결국 오늘날 태국에서 오토바이는 일종의 징검다리로 여겨지며, 통근자는 에어컨과 색유리가 달린 자동차를 구매할 여력이 생기자마자 자동차를 산다. 실제로 태국 정부의 조사에 따르면 부자와 빈자의 통근 패턴에는 뚜렷한 차이가 있다.[7] 사다리에서 맨 밑에 있는 사람의 경우, 일터로 가려면 인파에 시달리며 대중교통을 이용하거나 편도로만 한 시간(또는 그 이상)을 걸어야 한다. 사다리 중간쯤에 있는 사람은 두 바퀴 차량이나 툭툭을 이용하고, 같은 시간 동안 더 먼 거리를 이동한다. 반면 여유가 있는 사람, 특히 대학 교육을 받은 사람은 자기 자동차를 직접 몰거나 누군가에게 몰게 해서 장거리를 오간다. 낮에는 방콕 중심부에서 일하고, 밤에는 교외의 저택에서 휴식을 취한다.

인도에서도 이와 유사한 패턴이 뚜렷한데, 여기서는 통근에 더 많은 변수가 작용한다. 도로 상의 규범은 교통 흐름의 안전을 도모하려는 열망에만 지배되는 것이 아니라, 나아가 종교와 관습에도 지배된다. 즉 교차로에서는 신성한 암소들에게 통행 우선권이 있고, 특정 카스트는 보도의 특정 구간을 지나갈 수 없다. 그뿐만 아니라 러시아워의 도로 상에는 낙타와 코끼리에서 인력거와 사륜구동 자동차에 이르기까지 무려 48종의 운송수단이 오간다. 태국과 마찬가지로 인도에서도 통근자들은 이런 혼돈을 피해 자동차라는 은신처로 들어가고 싶어 한다. 널리 퍼진 이러한 열망과 급속한 부의 증대로 인해, 인도의 도시마다 거리가 꽉꽉 막힌다. 주차장도 매우 드물다. 뭄바이의 경우 2015년 기준으로 주차에 필요한 도로 길이만 3,750킬로미터에 달하지만, 현재 실제로 건설된 도로는 2,045킬로미터에 불과하다. 따라서 주차 공간을 둘러싼 경쟁이 치열하고, 심지어 유혈 사태로까지 번진다. 2010년 7월 아마다바드에서는 히마트 파르지라는 통근자가 이웃이 휘두른 쇠막대기에 맞아 죽는 사건이 발생했는데, 사망자가 자신의 주차 공간을 훔쳤다는 것이 이유였다.

인도에서, 그리고 그 전에 이탈리아에서 확립된 패턴에 분명하게 드러나는 사실이 있다. 즉 민주주의 국가에서의 통근은 두 바퀴 차량 그리고/또는 대중교통에서 벗어나 자동차에 이르는 자연스러운 발전 과정을 따르고, 통근자는 부가 증대함에 따라 더 고급품으로 갈아타게 된다는 것이다.[8] 하지만 선진국에서는 이런 발전 과정이 이미 완료되어 일종의 반反유행이 나타나고 있다. 통근자들이 V8 엔진에서 페달 밟기로 역행한 것이다. 오늘날 암스테르담이나 코펜하겐처럼 평지로 이루어졌거나 규모가 작은 유럽 도시에서는 통근자의 3분의 1이 자전거를 타고 일터로 가며, 동력 교통수단을 계몽이 덜 된 시대의 산물이라고 비웃는다. 프랑크푸르트는 1950년대에 도심까지 직접 연결되는 아우토반을 연이어 건설했을 정도로 한때 자동차 친화 도시의 전형이었지만, 현재 그곳의 교통 분야 총책임자는 녹색당원으로 어딜 가든지 자전거를 타고 다니며, 시내의 자동차 전용 도로 가운데 일부를 자전거 전용 도로로 바꾸려는 결의로 가득하다.

오늘날 영국에서는 자전거를 타고 일터로 가는 통근 형태가 매우 빠르게 늘어나고 있다. 자전거 통근자들은 자전거 전용 도로를 얻어내기 위해 싸우고 있는데, 사실 그들은 1930년대에는 그것을 매우 격렬하게 반대했다. 자전거 전용 도로가 영국에 처음 나타난 것은 1970년 버킹엄셔주의 도시 밀턴 케인스Milton Keynes가 기본 개발 계획 가운데 일부로 '붉은 길Redway'을 도입하면서였다(붉은색의 타맥tarmac으로 포장한 자전거 전용 도로라서 이런 이름이 붙었다). 그때 이후로 자전거 전용 도로는 널리 퍼져나갔지만, 확산 속도는 비교적 느린 편이었다. 수십 년 동안의 로비 끝에 자전거 전용 도로는 '트랜스포트 포 런던'의 계획에 포함되었으며, 2008년에는 당시의 시장 켄 리빙스턴Ken Livingstone이 4억 파운드의 예산으로 12개의 신규 자전거 전용 고속도로를 만들었고(이 가운데 4개가 현재 개통돼있다) 주요 기차역마다 자전거 거치대를 만들었다. 이때 이후로 두 바퀴 통근이 열풍을 일으켰다. 런던에서 자전거를 이용한 여행 횟수는 2000년과 2011년 사이에 무려 150퍼센트 증가했다. 트랜스포트 포 런던이 러시아워 동안 런던 중심부의 주요 교량 8곳에서 교통 흐름을 측정한 결과, "오전 7시부터 오전 10시까지 북쪽으로 지나간 3만 5,000대의 차량 가운데 거의 27.7퍼센트가 자전거였고 자가용은 28.2퍼센트였다". 반면, 2006년에는 "전반적으로 이와 유사한 수준의 교통량에서 자전거는 전체의 19퍼센트에 불과했다".[9] 자전거 수가 늘어난 것은 단기 개인 고용 인력에 대여하는 공공 소유 자전거인 일명 '보리스 자전거Boris bikes' 때문이었다(리빙스턴 시장의 후임자인 보수당의 보리스 존슨Boris Johnson의 이름에서 따온 별명이다). 2013년 현재 보리스 자전거 운동본부의 자전거 보유 대수는 8,000대이며, 570곳의 대여소에서 보리스 자전거 대여 및 반납이 가능하다. 이용 규모는 매월 최대 100만 회에 달한다.

자전거 통근은 한때 전국적으로 권장되기도 했다. 1999년에 시작된 이른바 '자전거로 출근하기cycle2work' 운동은 자전거 이용자가 새 자전거나 자전거 관련 안전 장비를 구입할 경우 세금을 환급해주었다. 전용 도로와 세금 혜택 덕분에 더 멀리 다니는 통근자들도 자전거를 출퇴근용 교통수단의 하나로 치게 되었다. 상당수의 자전거 이용자들이 집에서 기차역까지, 또는 기차역에서 사무실까지의 구간에서 자동차나 대중교통 대신 자전거를 이용했다. 접어서 기차에 들고 타거나 일터에서 책상 옆에 놓아둘 수 있는 브롬프턴 자전거Brompton bike를 생산하는 회사는 오늘날 영국에서 가장 큰 자전거 제조업체이다.

자전거 이용자는 통근자들 중에서도 가장 빠른 속도로 증가하는 계층이며, 통근에 관해서 가장 긍정적인 태도를 지니고 있다. 이들은 스스로를 자율적인 사람으로, 즉 매일같이 일터에 오가며 허비하는 시간까지도 스스로 통제할 수 있는 사람으로 여긴다. 다른 대부분의 통근자들과 달리, 이들은 인터넷 게시판을 통해 자신의 자전거 통근을 알린다. 심지어, 단순히 재미있어서 출근길에 몇 킬로미터를 더 달렸다는 둥, 더 오래 자전거를 타고 싶어서 사무실에서 더 먼 곳으로 이사를 갔다는 둥 자랑까지 해댄다. 이들이 자전거를 타게 된 동기에 대한 조사를 보면 이들이 통근을 즐기는 이유가 드러난다. 이들은 운동 덕분에 엔도르핀이 가득해지고, 주변과 접촉하는 즐거움을 누린다. 또한 뭔가 옳은 일을 한다는 느낌으로 더욱 기쁨을 누리는 사람도 상당수이다. 즉 자전거 이용자 가운데 81퍼센트가 환경에 이로운 행동이기 때문에 자전거를 탄다고 대답했다. 자전거 통근자들 사이에서 인기를 누리는 '맵마이라이드mapmyride' 앱을 이용하면 지금까지 달린 거리가 얼마이고 소비한 칼로리가 얼마이고 아낀 기름 값과 주차비가 얼마인지, 일터까지 페달을 밟으며 오간 덕분에 상쇄된 이산화탄소 배출량이 몇 마이크로그램인지 알 수 있다. 실제로 두 바퀴를 이용한 통근의 잠재적 이득이 이처럼 대단하기 때문에, 굳이 통근을 하지 않아도 되는 사람들까지 자전거를 탄다. '자전거 주행 강박에 빠져든 사람들을 집어삼키는 광기'를 예찬한 책인《강박 충동적 자전거 주행 질환Obsessive Compulsive Cycling Disorder》의 저자 데이비드 바터David Barter는 운동 친구인 로브가 약 30킬로미터 떨어진 일터까지 자전거로 통근하기 시작하자, 재택근무자인 자기도 가상으로 통근자가 되어보기로 했다. 로브가 매일 약 60킬로미터를 달린다는 사실에 샘이 난 바터는 자전거를 타고 로브의 집으로 찾아갔다가 그와 함께 자전거를 타고 다시 시내로 돌아왔다. 그는 이 경험이 무척이나 매력적이라고 생각했다. 가상 통근을 마치고 돌아와 여러 겹의 라이크라 운동복을 벗어던지고 자리에 앉아 일을 시작하면서, 그는 "경건한 척하는 사람의 피곤"을 느꼈다고 고백했다. "나는 지쳐 있었지만, 지칠 만한 자격을 얻은 상태였으며, 그와 같은 종류의 지친 느낌은 오히려 좋기만 했다. 나는 남은 하루를 위한 준비가 되어 있었다. 여러분이 이것을 이해한다면, 여러분은 이미 자전거 통근을 하는 사람일 것이다."[10]

2부

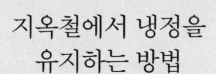

지옥철에서 냉정을
유지하는 방법

8장
–
러시아워와 푸시맨

(……) 여행자는 단순히 불편한 정도가 아니라 정말로 겁나는 수준의 과밀 상
황에 노출되는 경우가 빈번하다. (……) 사람들은 여정이 어렵고도 불쾌할 거
라고 예상한다.[1]

_영국 하원 교통위원회,

《대중교통의 과밀 현상 *Overcrowding on Public Transport*》(2003)

자전거 이용자들이 통근을 여가 활동으로 변모시킨 것은 일종의 정
점頂點을 상징했다. 한때 운 좋은 소수에게만 가능하던 일로 시작된 통근
이, 나중에는 (선진국과 개발도상국 모두에서) 다수의 평일 활동에 거의 보
편적으로 나타나게 되었다. 실제로 20세기의 대부분 동안 통근은 이동의
자유와 경제적 진보 모두의 척도가 되었다. 소련처럼 이것을 제한하던 곳

에서는 그 체제가 무너짐과 동시에 통근이 대대적으로 유행했다. 또한 통근은 서로 다른 여러 문화에 동화되었으며, (사람들을 각자의 전통적 위치에 남겨두고자 하는) 관습을 종종 대체해버렸다. 무엇보다도 통근은 야심만만한 일이었다. 사람들에게 각자 원하는 곳에서 살 자유를, 원하는 곳에서 일할 자유를, 그리고 삶을 더 낫게 바꿀 자유를 제공했기 때문이다.

하지만 통근에는 성공으로 인한 부작용도 없지 않았는데, 대표적인 문제로 대중교통의 과밀과 도로 정체를 들 수 있다. 통근자들은 한꺼번에 서로를 인내하는 법을 배워야만 했다. 그것도 부자연스러운 근접 상태에서 그래야만 했다. 예를 들어 영국에서는 열차 통근자 1인당 이론상으로는 가로세로 0.45미터씩의 공간을 부여받지만, 러시아워 동안에는 실제로 그만큼의 공간을 부여받는 경우가 드물었다. 게다가 이 공간은 가축의 인도적 운송을 위해 유럽의 법률이 정한 최소한도보다 훨씬 더 좁은 것이었다. 그뿐만 아니라 객차 내의 온도가 여름에는 섭씨 30도를 넘었는데, 그것 역시 가축을 위해 정해놓은 법적 상한선을 초과하는 수준이었다. 하지만 전 세계를 놓고 보자면, 영국의 대중교통 이용자들은 객차에 비교적 느슨하게 담긴 편이다. 일본과 인도의 통근자들은 러시아워 동안 이보다 훨씬 더 높은 밀도로 객차에 꽉꽉 채워지기 때문이다. 이런 과밀 상황을 가리키는 전문 용어인 '승객 욱여넣기crush loading'는 통근의 수수께끼 가운데 하나이다. 이것이야말로 통근자가 평일마다 직면해야 하는 가장 큰 도전일 것이다. 돼지에게조차 부적절하다고 여겨지는 공간 속에 잔뜩 쑤셔박히는 상황을, 그것도 사실상 자발적으로 그런 일을 당하는 상황을 우리는 도대체 어떻게 인내할 수 있는 걸까? 이런 현상은 우리에게 행동을 바꾸라고 강요하는 걸까? 만약 그렇다면 대체 어떻게 바꾸라는 것일까?

과밀이 행동에 끼치는 영향에 관한 최초의 연구는 동물원에서 이루어졌다. 동물원은 비싼 값에 동물들을 사들이지만, 전시를 통해 수익을 얻을 수 있다. 한데 그 동물들을 한 우리 안에 최대한 많이 집어넣으면 역효과가 발생해서, 동물들이 활기를 잃거나 방어적으로 변하고, 털이 빠지거나 서로의 깃털을 물어뜯는다. 1942년 스위스의 생물학자 하이니 헤디거Heini Hediger는 동물들이 영역 경쟁을 벌이도록 유전적으로 프로그래밍되어 있어서 이런 현상이 나타난다고 생각했으며, 그러니 동물원에서도 동물들을 포로로 대하지 말고 개별 우리의 소유주로 간주해야 한다고 주장했다. 그리고 각각의 동물에게 알맞은 공간을 더도 말고 딱 필요한 만큼 부여할 경우, 동물들이 하루 종일 편한 마음으로 몸단장을 하게 마련이라고 주장했다. 그의 견해에 따르면, 과밀은 붙잡힌 동물의 행동에 부정적인 효과를 가져오며, 따라서 무슨 수를 써서라도 피해야 하는 일이었다.

1963년에 인류학자 에드워드 T. 홀Edward T. Hall은 헤디거의 연구를 인간에게까지 확장했다. 홀은 영역에 대한 우리 인간들의 지각이 대부분의 다른 동물과는 다르다고 생각했고, 이는 우리가 후각보다는 청각과 시각에 의존하기 때문이라고 생각했다. 그리고 이런 의존성이 나타난 것은 우리의 조상들이 진화의 어느 시점에 나무에 올라가지 않을 수 없었기 때문이라고 했다. "나무에서의 생활은 예리한 시각을 요구한 반면, 땅에 사는 동물에게 중요했던 후각 의존성을 감소시켰다. 그리하여 인간의 후각은 발달을 멈추게 되었지만, 시력은 크게 향상되었다." 여기서 중요한 점은 "후각의 상실 덕분에 (……) 어쩌면 인간은 과밀을 견디는 능력을 더 많이 부여받은 셈인지도 모른다"는 점이다. 홀은 만약 인간이 쥐와 같은 후각을 가지고 살아간다면 과밀에 대한 이런 탄력성은 불가능할 거라고 지적한다. "우리는 주위의 다른 사람들에게 일어나는 갖가지 감정적 변화에 영원히 묶여 있게 될 것이다. 다른 사람들의 분노는 우리가 냄새 맡을 수 있는 뭔가가 될 것이고 (……) 정신질환자 한 명이 우리 모두를 미치게 만들어버릴 것이며, 불안한 사람 한 명이 우리 모두를 더 불안하게 만들 것이다. 과장 없이 말해 삶이 훨씬 더 번거롭고 격렬해질 것이다."[2]

홀은 개인적 장소에 관한 우리의 필요를 네 가지 범주로 나눈다. 첫째, '친밀한 거리intimate distance'는 친지와 연인에게 허락하는 거리가 얼마나 가까운지를 따지는데, 여기서는 분리보다 오히려 접촉이 강조된다. 둘째, '개인적 거리personal distance'는 음주 파티에 참석했을 때 아직 취하지 않은 상태에서 다른 사람들에게 허락하는 거리가 얼마나 가까운지를 따진다. 셋째, '사회적 거리social distance'는 사업 관계에 있는 낯선 사람들과 얼마나 가까이 있고 싶어 하는지를 따진다. 넷째, '공적 거리public distance'는 정치인과 스타 가수를 비롯한 연예인이 무대 위에서 누리는 거리로, 이때 이들은 몸짓과 자세를 이용해 관객과 의사소통을 한다. 홀은 자신의 이 새로운 과학을 '근접학近接學proxemics'이라고 불렀다. 인간 차원에서 설명할 때 근접학은 설명이 불필요해 보인다. 즉 우리는 어떤 사람들과 끌어안기도 하고, 어떤 사람들과 악수를 나누기도 하지만, 그 밖의 경우에는 사람들과 최소한 1미터씩은 거리를 유지하게 마련이다. 축구 경기장의 선수들처럼 절대적으로 손이 닿지 않는 거리를 유지하게 마련이다. 홀이 설명한 다양한 종류의 개인적 공간은 심지어 일상의 언어에도 반영된다. 우리는 '누군가를 팔 길이 너머에 둔다keeping others at arm's length'고 말하기도 하고 '누군가를 삿대에 닿을 만한 거리에도 두고 싶어 하지 않는다not wishing to touch them with a barge pole'고 말하기도 한다.*

만약 근접학의 이론이 타당하다면, 우리는 어떻게 그 위반을 인내할수 있는 걸까? 특히 어떻게 통근 중에 그토록 자발적으로 그 위반을 인내할 수 있는 걸까? 예를 들어 런던 지하철에서 신호 오류로 인한 고장이 생길 경우, 운영자들이 문제를 해결하는 동안 승객들은 중세의 공동묘지속으로 지나가는 터널 안에서 낯선 사람들에게 짓눌린 채 꼼짝 없이 갇혀 있어야만 한다. 런던 지하철 이용자들은 이런 사실을 잘 알고 있으며, 그럼에도 불구하고 그런 불편을 기꺼이 받아들인다. 어쩌면 이른바 '싸움 또는 도주fight or flight' 이론에서 앞의 질문에 대한 답을 찾을 수 있을지도 모른다. 미국의 심리학자 월터 브래드퍼드 캐넌Walter Bradford Cannon이 1932년에 처음 제안한 이 이론은 인간이 어떤 위험의 원천과 맞닥뜨렸을 때는 도망치거나 또는 거기에 맞서도록 두뇌에 각인되어 있다고 설명한다. 이 이론은 이후에 더 확장되어 '정지, 싸움 또는 도주freeze, fight or flight' 가설이 되었다. 어떤 상황에서는 싸우거나 도주하지 않고 가만히 기다리면서 자신의 물리적 현존을 최소화하는 것이 최선의 반응일 수 있기 때문이다. 다른 동물들도 위협을 받으면 '죽은 척'하는 경우가 적지 않다. 그뿐 아니라 우리는 때때로 동일 행동(흉내)을 통해 모두가 함께 정지하기도 한다. 따라서 북적이는 열차에 올라탄 통근자는 자기도 모르는 상태에서 두려움으로 인해 몸이 마비될 수도 있고, 이것이야말로 그들이 서로의 시선을 피하고 각자의 발끝만 내려다보는 이유일 수도 있다.

하지만 과밀을 인내하는 우리의 능력에 대한 설명으로는 차라리 물체화物體化objectification 이론이 더 낫다. 즉 우리는 밀집 특화된 패턴을 행

---

* (옮긴이주) 둘 다 누군가를 '멀리하다, 외면하다, 회피하다'라는 뜻의 관용적 표현이며, 본문에서는 문맥상 '팔 길이'와 '삿대 길이'라는 척도가 드러나도록 직역했다.

동에 발전시켰으므로, 서로 바짝 붙어 있을 수밖에 없는 상황이 되면 다른 사람들을 감정적 반응을 필요로 하지 않는 무생물체로 간주하게 된다는 것이다. 이를테면 앞뒤에서 우리를 짓누르는 사람들을 일종의 의자로 여길 수도 있다. 그러나 우리는 통근 시간 대부분 동안에 동료 여행자들을 물체화할지는 몰라도 그들을 완전히 무시하지는 않는다. 꼭 필요한 경우에는 그들을 돕기까지 한다. 특히 재난 사고의 경우에 그렇다. 즉 공동의 위험이 현존하면 사람들은 공황 상태의 군중으로 변하기보다는(그럴 경우에는 모든 사람이 혼자일 수밖에 없다) 오히려 단결하는 듯 보인다. 심리학자 스티븐 라이허Stephen Reicher에 따르면, "여전히 널리 퍼져 있는 군중 심리학의 고전적 견해에서는 군중을 가리켜 최선의 경우 통제 불능이고, 최악의 경우에는 전반적으로 폭력적이라고 말한다. (……) 하지만 '미쳐 날뛰는 폭도'란 설명이 아니라 환상에 불과하다". 라이허의 연구에 따르면, 러시아워에 (충돌 사고나 테러리스트의 공격 같은) 재난이나 위급 상황이 닥칠 경우, 그 사건은 "군중을 사분오열시켜 본능에 따라 경쟁하는 사람들로 만들기는커녕 오히려 강력한 일체감을 만들어내는 데, 따라서 생존자들 간에 상호 원조를 만들어내는 데 기여한다". 사람들은 '나'보다는 '우리'를 생각하기 시작하고, 이러한 이행은 곧 "집단에 대한 더 큰 헌신과 충성을 의미하며, 이때의 집단은 '타자'가 아니라 '자아'로 간주된다".

이런 현상을 가리켜 '집단적 탄력성collective resilience'이라고 하는데, 2005년 7월 7일 런던에서 벌어진 자살 폭탄 테러 때 지하철 이용자들이 보여준 협조에서 뚜렷이 드러났다. 당시 지하철 열차 세 편과 버스 한 대에서 각각 폭발이 일어나자, 시신이 널리고 연기가 자욱한 와중에도 생존자들이 자신이 타인과 연계를 맺고 있다는 생각을 평소보다 더 많이 떠올렸다는 증언이 나왔다. 그중 한 명과의 인터뷰 녹취록에는 다음과 같은 내용이 들어 있다.

> 질문자 : 당시에 느꼈던 일체감을 10점 만점에 얼마인지 점수로 매긴다
> 면요?
> 생존자 : 제 생각에는 아주 높았던 것 같아요. 10점 만점에 7점이나 8점
> 같아요.
> 질문자 : 좋아요. 그러면 폭발이 일어나기 전과 비교해보죠. 그 전에는
> 일체감이 어느 정도였던 것 같아요?
> 생존자 : 제 생각에는 아주 낮았던 것 같아요. 10점 만점에 3점 정도요.
> 솔직히 말해서 평소의 열차 여행에서는 일체감이라는 것에 대해서 별
> 로 생각하지 않잖아요. (……) 우리가 원하는 건 A 지점에서 B 지점까
> 지 가는 것뿐이고, 도중에 운 좋게도 자리 하나를 차지하는 것뿐이니까
> 요.[3]

더 자세히 말해보라는 요청을 받자, 생존자는 이렇게 설명했다. "한 배를 타고 있다는 느낌이었어요. (……) 그리고 제가 느끼는 것을 다른 사람들도 느끼고 있다는 기분도 들었어요. 왜냐하면 정상적인 사람이라면 그런 상황에서 그냥 가만히 앉아서 '아, 이거 진짜 끝내주는데'라고 생각하지는 않을 테니까요. (……) 정말이지 스트레스 가득한 상황이었고, 우리는 모두 함께 그 사건에 직면했기 때문에 거기서 벗어나는 최선의 방법은 서로를 돕는 것뿐이었죠."

이 폭발 사건에 관해 연구한 심리학자 존 드루리John Drury는 이런 의견까지 내놓는다. 집단적 탄력성이란 워낙 강력한 것이어서, 긴급 상황에서 군중이 허둥지둥하리라고 예상하기보다는 오히려 "정부가 이들을 '제

4의 응급 구조대'로 간주해야 마땅하다"[4]는 것이다.

그러므로 물체화 이론과 집단적 탄력성을 조합해보면, 통근자들이 서로 매우 가까이 있으면서도 미처 날뛰지 않는 이유를 제법 잘 설명할 수 있다. 통근자들은 한편으로는 동료 여행자들을 자기 공간에 침투한 낯선 사람이 아니라 무생물체로 간주함으로써, 다른 한편으로는 예외적인 상황에서는 공동의 위협에 함께 맞섬으로써 매일같이 과밀을 견뎌낼 수 있는 것이다.

하지만 마지막으로 고려해야 할 이론이 또 하나 있다. 이 이론에서는 사람들이 승객 욱여넣기를 인내하는 것은 우리가 (또는 우리 각자의 일부분이) 그런 밀착을 실제로 좋아하기 때문이라고, 즉 우리가 러시아워 동안 대중교통에 승차하는 것은 그런 경험에서 행복을 느끼기 때문이라고 주장한다. 예일 대학의 심리학 교수인 폴 블룸Paul Bloom은 이렇게 말한다. "우리는 '나는 어떻게 해야 행복해질 수 있을까?'라는 질문에서 가장 어려운 부분은 '행복'의 정의를 콕 집어내는 것이라고 생각한다. 하지만 그보다는 오히려 '나'의 정의가 더 어려운 부분이라고 할 수 있다. 오늘날 상당수의 연구자들은 (비록 정도는 다르지만) 우리 각자가 곧 상호 경쟁하는 자아들의 공동체라고, 따라서 그중 한 자아의 행복은 또 다른 자아의 불행을 야기한다고 믿고 있다."[5] 혹시 우리는 집에서의 인성과 일터에서의 인성 사이에 이른바 통근자의 정체성을, 즉 통근하기 좋아하는 정체성을 발전시킨 것일까? 혹시 우리의 어떤 일부분이 이동 중에 감정이 고조되어 불편을 수월하게 느끼도록 (심지어 기쁨을 느끼도록) 만들어주고, 그런 다음 우리를 모범적인 근로자나 완벽한 배우자의 통제하에 다시 넘겨주는 것일까? 어쩌면 승객 욱여넣기는 기존 관행의 유예와 흔치 않은 행동의 채택을 요하는 특수한 경험이어서, 우리가 그런 것들을 달성하는 유일한 방법은 결국 그 모든 것을 감당하는 별개의 정체성을 (즉 통근자의 아바타를) 만들어내는 것인지도 모른다.

우리가 과밀을 견디는 방법에 관해서는 생물학적 설명 말고 문화적 설명도 있다. 예를 들어 영국인은 지난 170년 동안 통근을 해왔는데, 그 정도면 통근이 국가 정체성의 일부분이 될 만큼 충분히 긴 시간이라고 할 수 있다. 따라서 누군가가 말을 걸기 전에는 말하지 않기, 여성에게 자리 양보하기, 이 악물고 견디기 등의 행동은 반사적인 것이라기보다는 학습된 것이다. 어쩌면 북적이는 열차 안에서 자기 신발을 내려다보고자 하는 열망은 보편적인 것까지는 아닐 수 있고, 무엇을 타고 이동하느냐에 따라 다른 관습이 우세할 수 있다. 근접학의 창시자인 에드워드 홀은 서로 다른 언어를 말하는 사람들은 곧 "서로 다른 감각 세계에 거주하는" 셈이라고 생각했다. 아울러 그는 우리를 에워싼 신뢰의 동심원은 우리의 모국어에 따라, 그리고 우리가 세계의 어느 곳에서 모국어를 말하느냐에 따라 확장되거나 축소된다고 생각했다.

일본은 이에 딱 어울리는 곳일 것이다. 한때 일본은 중세적 원칙에 의존해 운영되는 계급 중심 사회였고, 19세기 후반에 이르러 통근이 시작되기 직전까지만 해도 각자의 신분에 알맞은 복장과 행동을 취해야만 했으며, 그것을 따르지 않을 경우에는 자칫 죽을 수도 있었다. 일본 최초의 여객 철도는 1872년에 생겨났다. 봉건제를 일소한 메이지 유신으로부터 4년째 되는 해였다. 새로운 정권은 불과 수십 년 안에 중세에서 근대로의 이행을 실현하는 것을 목표로 삼았는데, 이런 이행이 유럽에서는 몇 세기에 걸쳐 일어난 일인 만큼 대부분의 일본인들은 그로 인해 어마어마한 충격을 받았다. 대중교통에 첫발을 들여놓는 것은 누구에게나 전통과의 단절을 상징했다. 변화가 고취되기는 했지만 전통은 여전히 존중되었고, 통근은 과거에 있었던 것과 현재에 벌어지는 것 사이의 단층선에 놓이게 되었다. 낯선 사람들끼리 만났을 때 행하던 구식 예법과 메이지 시대 일본의 승객 욱여넣기(일본의 철도 시스템은 시작부터 이미 과밀했다) 사이의 간극을 메우기 위해서는 새로운 행동 기준이 만들어져야만 했다.

변화를 받아들이기 위해 일본인은 미래를 상징하는 새로운 우상, 그러면서도 혈관 속에 과거를 충분히 보유하고 있어서 신뢰할 만하게 보이는 우상을 필요로 했다. 이는 결국 20세기의 첫 10년 동안 샐러리맨과 여학생의 형태로 나타났다. 이 두 전형은 러시아워의 여행자들 중에서 매우 눈에 띄는 두 부류를 상징했다. 즉 서양식 의복을 갖춰 입은 화이트칼라 노동자들과 통학하는 기모노 차림의 엘리트 집안 딸들로 이루어진 새로운 물결이었다. 여학생들은 아름다웠고 샐러리맨들은 야심만만했기에, 일본의 통근에서는 에로틱한 측면이 발달하게 되었다. 1907년 타야마 카타이田山花袋가 발표한 단편소설 〈소녀병少女病〉은 30대의 호색가와 묘령의 여학생을 주인공으로 했는데, 이 작품에 묘사된 분위기는 21세기인 현재까지도 지속되고 있다.[6]

오늘날 도쿄는 전 세계에서 가장 규모가 크고 현대적이고 효율적인 대중교통 시스템을 보유하고 있으며, 13개의 지하철 노선과 10개의 지상철 노선을 통해 매일 1,400만 명의 승객을 실어 나르고 있다. 노선이 워낙 복잡해서 지도 한 장에 표시하기가 불가능하고, 심지어 부분적인 도해조차도 난생처음 우에노上野에서 롯폰기六本木까지 가려는 방문객에게는 혼란과 당혹을 야기하게 마련이다. 도쿄 지하철은 러시아워에는 런던의 지하철보다 훨씬 더 북적이며(런던 지하철은 수용 역량의 150퍼센트를 실을 때가 최악의 과밀이지만, 도쿄 지하철은 '평소'에도 수용 역량의 200퍼센트에 달하는 승객을 실어 나른다), 아직도 소녀병 환자들이 잔뜩 타고 다닌다.

대중교통의 과밀 중에서도 도쿄 특유의 변종을 일컫는 '초절정 승객 욱여넣기super crush loading'는 어쩌면 메이지 유신 당시 근대화를 지원하기 위해 만들어진 전통 때문이라기보다는, 오히려 에로티시즘의 영속 때문일 수 있다. 상황이 한층 더 나빠지더라도, 어쩌면 사람들은 과밀이 야기하는 얼굴 붉힘과 음경 발기 때문에라도 기꺼이 과밀을 견디려 할지도 모른다. 분명 도쿄의 통근자는 런던의 통근자보다 훨씬 더 심한 압착을 견딜 수 있는 것 같다. 1960년대 이후로 일본의 열차 운영업체들은 '오시야おしや'(원래는 '승객 정렬 담당원'을 말한다), 즉 '미는 사람押し屋'(푸시맨)을 고용해 통근자들을 말 그대로 열차 안에 밀어 넣게 했다. 유튜브에 올라온 그들의 근무 영상을 보면, 동물 이송 중에 벌어지는 잔혹 행위를 부각한 동물 보호 단체의 광고 장면이 연상된다. 만약 일본인이 그런 방식으로 가축을 다루는 모습이 유튜브에 올라왔다면 영국 여러 주에서 도요타와 소니 제품에 대해 불매 운동을 벌이지 않았을까. '오시야'는 고용된 회사의 색깔이 들어간 군복 비슷한 제복에 챙 달린 모자와 흰 장갑을 착용한다. 한 명당 출입문 하나씩을 담당해 힘과 섬세함을 두루 발휘해서 일한다. 즉 어느 순간에는 등을 굽혀 가며 누군가를 열차 안으로 밀어넣고, 다음 순간에는 핸드백이나 스카프를 챙겨 넣어주기 위해 몸을 숙이는 것이다. 출발 시간이 다가오면 그들은 힘을 합쳐 일한다. 이미 닫힌 문 앞에 서 있던 '오시야'가 다음 칸으로 달려가 욱여넣기가 완수되도록 도와준다. 이 모든 과정의 안무가 깔끔하게 정해져 있다. 열차가 출발 준비를 마치면, '오시야'의 팀장이 기관사에게 경례를 하고 이마의 땀을 닦으며, 이제 안전하므로 출발해도 된다고 신호를 보낸다.

런던 지하철에서는 아마 그런 식의 대접을 상상도 못할 테지만, '오시야'의 희생자들은 저항하지 않는다. 그들은 굳은 얼굴을 유지하고, 가능한 한 배腹를 피한다.[7] 즉 서로 등을 맞대고 선다. 일본인의 기준으로 보면 러시아워 동안에는 예의범절이 무너지기 일쑤라고들 하지만, 그럼에도 불구하고 문화적 학습이 워낙 강력한 까닭에, 통근자들은 그처럼 부자연스러운 근접 상태에서는 서로의 얼굴을 차마 마주 볼 엄두조차 내지 못한다. 따라서 창문 옆에 있는 사람은 바깥을 내다보는데, 설령 그 과정에서 얼굴이 유리창에 짓눌려도 아랑곳하지 않는다. 사진작가 마이클 울프Michael Wolf는 《도쿄의 압착 Tokyo Compression》에서 이들의 표정을 포착했다. 2010년에 촬영한 이 일련의 초상 사진집에는 초절정 승객 욱여넣기를 당한 통근자들을 차창 밖에서 바라본 모습이 담겨 있다. 그 표정은 슬픔에서 절망까지 다양하며, 마치 열차가 그들을 지옥으로 데려가기라도 하는 듯한, 그리고 그들은 스스로를 구조할 힘조차 갖고 있지 않은 듯한 인상을 준다. 실제로 이 사진집에서 볼 수 있는 유일한 미소의 흔적은 문에서 약간 떨어져 선 한 샐러리맨의 얼굴에 나타나 있는데, 그는 아마도 바로 옆 창문에 짓눌려 있는 어느 소녀를 곁눈질하는 것으로 보인다.

샐러리맨이 젊은 여성, 특히 여학생에게 추파를 던지거나 심지어 성추행을 하는 관습, 또는 전통은 〈소녀병〉이 발표된 이후 크게 유행했다. 이것은 일본 문학과 영화에서 흔한 소재이며, 포르노 중에는 '대중교통 포르노のりもの ポルノ'라는 하위 장르까지 있는데, 대표적인 작품이 〈치한 전차痴漢電車〉(1975)라는 영화다. 성추행을 하는 사람을 '치한痴漢'이라고 한다. 치한 가운데 상당수는 자신들의 변태성을 놀라우리만치 공개적으로 드러낸다. 유명인사 가운데 일부가 '치한동우회痴漢友の会'에 속해 있다고도 전해진다. 도쿄의 '이메쿠라イメクラ', 즉 '이미지 클럽'이라는 유곽에

서는 통근이나 초절정 승객 욱여넣기 관련 테마 상품을 제공하는데, "방 안을 열차 안처럼 꾸며놓은 다음, 녹음해둔 통근 열차의 소음을 틀어놓 고, 손잡이를 붙잡은 교복 차림의 성性 노동자를 손님들이 성추행하게" 한다. 변태적 치한 행위에도 하위분류가 있다. 어떤 사람은 이런 프로타 주frottage* 장소 또는 이미지 클럽에서 각자의 환상을 실천에 옮기는 것에 만족하지 못한다. 예를 들어 2012년 8월 통근 열차에서 17세 소녀에게 마요네즈를 뿌리다가 붙잡힌 후루사와 다케시는 이 범행 전에도 최소한 열댓 명의 피해자에게 똑같은 범행을 저질렀다. 마요네즈 말고 야키니쿠 소스를 사용하기도 했는데, "교복을 더럽히는 행위에서 흥분을 느꼈기 때문"[8]이라고 자백했다.

하지만 일반적인 치한은 이상 성격을 가진 샐러리맨일 뿐이다. 그는 초절정 승객 욱여넣기 상태인 열차에서 자기가 점찍은 표적을 향해 몇 주에 걸쳐 서서히 다가가며, 바둑 고수에게도 너무 복잡해 보일 법한 계 획을 품고 있게 마련이다. 그가 하는 모든 동작은 사전에 계획된 것이다. 이번 주에는 왼쪽 다리를 왼쪽으로 15센티미터 내밀고, 다음 주에는 오 른쪽 다리를 똑같이 하고, 엉거주춤한 자세를 취하고 등등을 거쳐 한 달 이 지나면 마침내 희생자에게 달라붙어, 다음 역에서 내릴 때까지 자기 몸을 상대방에게 짓누르는 것이다. 피해자인 여성이 짜증이나 공포, 분노 로 몸을 떨면 치한에게는 더 좋게 마련이지만, 그보다는 그냥 모른 척하 고 넘어갈 가능성이 더 크다. 치한은 워낙 흔해빠졌기 때문에, 어쩌면 피 해자가 학생이 된 후로 줄곧 등굣길 열차에서 자신의 몸을 만지는 누군

---

* (옮긴이주) 프랑스어로 '문지르기'라는 뜻이다. 보통 종이 밑에 동전 등을 깔고 연필로 문질러서 그 문양을 본뜨는 미술 기법을 지칭하지만, 다른 한편으로는 문지르는 방법을 이용한 비非삽입 성 교를 통칭한다.

가의 손길을 느꼈을 가능성도 없지 않다. 2001년 도쿄 소재 사립학교 두 곳의 여학생들을 상대로 설문조사를 실시한 결과, 70퍼센트가 등하굣길에 성추행을 당한 적이 있는 것으로 확인되었다. 2005년 일본의 일반적인 젊은 여성들을 상대로 설문조사를 실시했을 때는, 유사한 비율의 답변자가 "도쿄 소재 기차나 지하철이나 기차역에서"[9] 성추행을 당한 적이 있는 것으로 확인되었다. 예를 들어 야마모토 리요라는 21세 대학생은 《애틀랜틱 *The Atlantic*》 잡지와의 인터뷰에서 중학생 때부터 무려 20회 이상 등하굣길에 성추행을 당했다고 털어놓았다. 그때마다 그녀도 발을 밟거나 주먹질을 하는 등 범인에게 반격을 가하기는 했지만, 경찰에 신고를 하지는 않았다. "만약 제가 경찰서에 신고하면 그 사람들은 파면당하고 이혼당해서 결국 인생을 망치게 될 테니까요." 그녀의 설명이다. "저는 그 사람들을 딱하게 생각해요. 비록 구역질나고 짜증나는 사람들이긴 하지만요."[10]

도쿄의 대중교통 운영업체들은 치한이 처음 나타났을 때부터 줄곧 그들에게 맞서 싸워왔다. 여성 전용 객차인 '꽃의 열차花電車'가 1912년에 이미 도입되었고, 1950년대에 사라졌다가 2000년에 일본 전역에서 다시 도입되었는데, 성추행에 맞서 싸우는 것이 주된 목적이었다. 오사카 지하철의 대변인 나카타니 쇼고는 "우리는 여성 전용 객차를 갖추기로 결정"[11] 했다면서, 이 전략이 효과를 거둘 것이라고 덧붙였다. 나카타니는 한 설문조사 결과를 근거로 내세웠는데, 그것에 따르면 여성들이 여성 전용 객차를 좋아하는 것은 단순히 치한이 없기 때문만이 아니라, 나아가 덜 붐비고 냄새도 덜 나기 때문이었다.

치한과의 전쟁에서 사용된 수단으로는 꽃의 열차 말고 선전도 있었다. 도쿄 지하철은 예절 운동을 전개하면서 포스터 캠페인을 벌였는데,

거기에는 "다른 데 가서 하세요"라는 문구가 들어 있었다. 지하철을 타고 이동하는 중에는 공공장소에 있는 셈이라는 사실을 여행자들에게 상기시키려는 의도였다. 짜증을 유발하는 여행자의 전형을 묘사한 만화 캐리커처가 들어 있는 이 포스터에는 여학생을 노리는 샐러리맨의 행동이 직접적으로 묘사되어 있지는 않았지만, 거기 담긴 메시지는 결국 욕정도 열차 안에서 헤드폰 밖에까지 들리도록 음악을 크게 트는 것, 화장을 하는 것, 앉았던 자리에 빈 술병과 토사물을 남겨놓는 것, 골프 스윙 연습을 하는 것 등의 갖가지 민폐들과 매한가지라는 것이었다. 하지만 2010년에 도쿄 지하철은 어조를 바꿔서, 이번에는 "제발 다시 하세요"라는 구호를 내걸었다. 이 새로운 선전에서는 이타주의적 행동들을 묘사했는데, 이를테면 한 청년이 목발을 짚은(아울러 뭔가 좀 당황스럽고도 의심하는 표정을 지은) 사람에게 자리를 양보하는 행동이었다. 이것은 통근자들에게 부정적인 메시지 대신 긍정적인 메시지를 주입하려는 목적을 띠고 있었다.

마침내 요즘에는 치한 행위가 오명을 얻었음을 보여주는 조짐이 나타나고 있다. 양심적인 샐러리맨들은 가짜 손잡이를 구매하고 손을 위로 치켜드는 방식으로, 자기의 손이 엉뚱한 곳을 헤매고 있지 않음을 입증한다. 심지어 어떤 사람은 탈취 내의를 입기도 하는데, 안 그랬다가는 자칫 동료 통근자들의 코를 괴롭히고, 결과적으로 여성 통근자들을 전용칸으로 쫓아내는 결과를 불러올 것이기 때문이다. 히로시마 대학의 오게 히로키 교수가 개발한 이노도르Inodore 재질의 내의는 나노 크기의 세라믹 입자를 함유하고 있어서 악취를 빨아들이고 중화한다. 이노도르 사社는 이 재질의 바지가 "노인 냄새"를 89퍼센트 차단하고 "땀과 겨드랑이와 발 냄새"를 95퍼센트 이상 차단하며, "방귀, 대변, 소변 냄새"를 거의 완전히 차단한다고 호언장담한다. 이 회사의 웹사이트에는 제품에 만족한 통근자들의 증언이 올라와 있다. "텔레비전 광고에서 보고 한번 써보자고 생각했습니다. (그 내의를 입고) 시험 삼아 방귀를 뀌어보았는데, 깜짝 놀랐습니다. 탈취 효과가 정말로 탁월했거든요!"[12]

하지만 치한으로 오해받을까 봐 전전긍긍하는 일부 남성들의 노심초사도, 여성 전용칸과 캠페인 같은 대항 수단도 일본에서 러시아워 동안 욕정을 누그러뜨리는 데 완전한 성공을 거두지는 못했다. 최후의 수단으로 일부 철도에서는 자동화된 역마다 동물 역장 제도를 도입했다. 매일 그런 감상적인 광경을 보면서 고객들이 마음의 안정을 찾기를 바란 모양이었다. 이런 유행은 '마론マロン'이라는 미니어처 요크셔테리어에서 시작되었는데, 명목상 오쿠나카야마 코겐奧中山高原 역을 담당했다. 마론은 금술 달린 제복과 챙 달린 모자를 착용하고, 왼쪽 앞발에는 역무원 완장을 차고 있었다. 이 개는 통근자들을 응원했을 뿐만 아니라, 역으로 많은 손님을 끌어들이기까지 했다. 이후 다른 역에서도 여러 가지 동물에게 제복을 입혀서 역장으로 내세웠는데, 그중에는 원숭이와 펭귄과 거북이는 물론이고, 심지어 바닷가재도 있었다(여기서 말하는 '바닷가재'는 사실 '왕새우'에 불과했으며, 제복을 입히는 대신 수조에 회사를 상징하는 리본을 둘러놓았을 뿐이었다). 일본의 동물 역장 중에서 가장 유명한 것은 암컷 얼룩고양이 '타마たま'로, 키시貴志 역을 관장하면서 숭배에 가까운 인기를 누렸다. 타마의 이름을 딴 특별 열차가 운행되었고(이른바 '타마 열차たま電車'로, 고양이 수염과 그림으로 장식되었다), 봉제 인형, 냉장고 자석, 기념우표 같은 타마 캐릭터 상품까지 키시 역 기념품 매장에서 판매되었다.

일본인에게 러시아워는 진보, 승객 욱여넣기, 성性을 연상시킬 뿐 아

타마 열차

니라, 심지어 죽음도 연상시킨다. 자살이라는 유서 깊고 존경할 만한 전통이 계속되는 데는 열차와 열차 운영업체들의 시간 엄수에 대한 집착이 일조했다. 도쿄의 대중교통 시스템에서 자살하는 사람의 수는 매년 약 800명에 달한다. 인명 사고가 일어날 때마다 철도 회사는 격분해 마지않는데, 왜냐하면 그 사고로 인해 지연이 야기되기 때문이다. 죽음의 도구를 운영한다는 사실보다 열차 지연을 훨씬 더 큰 문제로 간주하는 셈이다. 열차 기관사들의 생각도 마찬가지여서, 예정된 시간에 늦어 명예를 실추하기보다는 차라리 충돌 사고를 일으키는 편을 택한다. 예를 들어 2005년 서西일본 노선에서는 한 기관사가 늦어진 90초를 만회하기 위해 고속으로 주행하던 중 결국 탈선 사고가 일어나 승객 107명이 사망하고 540명이 부상을 입었다.

자살 때문에, 또는 시간 엄수에 강박적으로 집착하는 기관사 때문에 생겨나는 일본 희생자의 수도 운명론이 러시아워를 지배하는 인도의 희생자 수에 비하면 오히려 적은 편이라 할 수 있다. 뭄바이의 통근 노선인 뭄바이 교외 철도Mumbai Suburban Railway에서는 매일 사망자가 10명씩 나온다.[13] 뭄바이 교외 철도는 영국의 식민 통치 시절인 1853년에 인도 대륙 철도Indian Peninsula Railway라는 이름으로 개통되었는데, 이것이 아시아 최초의 철도 시스템이었다. 뭄바이의 성장에 발맞춰 성장한 이 노선은 오늘날 전 세계에서 가장 과밀한 열차를 운행한다는 불명예스러운 명성을 누리고 있다. 이곳의 '보통' 통근 열차는 러시아워 동안 규정 하중의 무려 세 배를 운반하는데, 이론상의 밀도로 따지면 1제곱미터당 최대 16명까지 들어가는 셈이며, 이는 영국 여객 열차의 최대 수용 능력의 약 8배에 달한다. 압착도 엄청나서, 일평생 흰 장갑을 낀 사람들에게 떠밀려 도쿄 지하철에 욱여넣기를 당한 일본 샐러리맨도 여기에는 선뜻 올라타

인도 뭄바이 처치게이트 역

지 못할 것이다. 물론 인도에도 이런 극단적인 욱여넣기를 지칭하는 전문 용어가 있다. 바로 '초밀도 승객 욱여넣기super dense crush loading'이다.

초밀도 승객 욱여넣기 열차가 뭄바이의 통근자 기차역에 도착하는 모습은 정말 눈길을 사로잡는 볼거리가 아닐 수 없다. 승강장의 군중은 강렬한 색의 옷을 차려입고 요동하는 인간 무리다. 열차가 들어서면 완전히 정지하기도 전에 승객들이 승강구에서 승강장으로 뛰어내리기 시작하며, 때로는 마찬가지로 어서 승차하려고 서두르는 다른 승객들과 승강장에서 부딪치기도 한다. 양쪽 여행자들 사이에서 쓰러지고 넘어지는 사람이 속출하는데도 1분 뒤에 경적이 두 번 울리고 열차가 출발하는데, 그 과정에서 열차는 4,000명가량의 승객을 태우고 그만큼의 승객을 내려놓으며, 아울러 일부 희생자도 뒤에 남겨놓게 마련이다.

지난 10년 동안 뭄바이 교외 철도에서 사망한 사람은 무려 3만 6,000명에 달하고, 심한 부상을 입은 사람의 수도 이에 버금간다. 대부분의 사망 사고는 철로를 건너던 사람들이 반대쪽에서 달려오는 열차와의 거리나 열차 속도를 잘못 계산해서 일어났다.* 사망 원인 2위는 열차에서 또는 열차 지붕에서 떨어지는 추락 사고였다. 초밀도 승객 욱여넣기에 수반되는 추가적 압박이 승객들의 성격마저 바꿔놓은 듯, 그들은 열차에 올라타려 할 때만큼은 생명이나 팔다리를 잃을 위험에 대해서조차 무관심하기만 하다.

---

* 속도와 관련된 이런 판단 불능 현상을 '라이보비츠 가설Leibowitz Hypothesis'이라고 한다. 저명한 시각정신물리학자 헤르셸 W. 라이보비츠Herschel W. Leibowitz가 1965년에 내놓은 가설이다. 이 가설에 따르면, 진화의 처음 수백만 년 동안 인류가 시속 55킬로미터 이상으로 여행했을 가능성은 희박하고, 기차만큼 크고 치타만큼 빠른 동물과 마주쳤을 가능성도 희박하다. 따라서 인간은 자기 쪽으로 달려오는 열차의 속도를 과소평가하고, 열차를 피해 옆으로 움직이는 자신의 능력을 과대평가하는 경향이 있다는 것이다.

이들의 무신경에 대해서는 문화적 설명도 있고 행동적 설명도 있다. 힌두교의 교리에 따르면 '다르마dharma'가 운명을 지배하며, 특정한 '카르마karma'를 지닌 사람의 경우에는 기차에 치여 죽는 것이 그의 '모크샤moksha', 즉 윤회의 쳇바퀴로부터의 해방이라는 것이다. 실제로 뭄바이의 열차 기관사들은 보름달이 뜰 때마다 부디 내 앞에 놓인 선로에서 사람들이 비키게 해달라고 파괴의 여신 칼리의 화신化神인 두르가에게 기도를 올린다. 기관사들 중에는 일하면서 무려 열댓 명의 사람을 치어본 사람도 없지 않다.

이런 대범한 태도에 대한 행동적 설명의 근거는 앞서 설명한 물체화 이론이다. 뭄바이의 통근자들은 열차에 올라타는 과정에서는 실제로 서로를 무생물 상태의 장애물로, 즉 옆으로 밀치거나 깔고 앉거나 타고 올라가야 하는 뭔가로 간주한다. 하지만 이런 물체화는 일시적인 것에 불과하다. 승객이 모두 열차 안으로 들어가거나 지붕 위에 자리를 잡고 나면 곧바로 인간성이 돌아오게 마련이어서, 마치 기차 여행의 시작과 끝부분에만 또 다른 누군가가 자신의 인성을 관장하도록 내버려두었다가 다시 평소의 자아로 돌아가는 것처럼 보인다.

뭄바이 교외 철도 측은 열차에 올라타서 이동 중 스스로를 위험하게 만들 뿐 아니라 서로를 위험하게 만드는 저 군중에게 동정적 태도와 운명론적 태도를 모두 보인다. 이 노선은 매일 700만 명의 승객을 실어 나르니 효율성의 기적이 따로 없다(그 열차 가운데 97퍼센트는 심지어 몬순 시기에도 제시간에 운행한다). 회사 측에서도 실용적인 이유에서 이처럼 열차를 과밀 상태로 운행할 것이냐 아니면 인도주의적 견지에서 운행을 중단할 것이냐를 놓고 고민했다. 뭄바이와 뭄바이 교외로 유입되는 새로운 주민의 수는 '매일' 1만 명에 달한다. 도시로 이어지는 새로운 노선을 건설할 자금과 능력이 무제한이라 한들, 이처럼 늘어만 가는 교통량을 완벽히 안전하게 조절하기란 사실상 불가능할 것이다.

　도쿄의 철도와 마찬가지로, 뭄바이 교외 철도는 예절 촉구 포스터와 안전 표지를 이용해 승객들을 선도하려 노력해왔다. 이런 캠페인은 점점 더 창의적이 될 수밖에 없었는데, 왜냐하면 단순히 "위험!"이라는 메시지만 사용해서는 러시아워에 모든 승강장에 도착하는 모든 열차 주위에서 벌어지는 대혼란에 아무런 영향도 끼치지 못하기 때문이다. 승객이 각자의 운명에 더 신경을 쓰게 만들려는 취지에서 2007년에 뭄바이 교외 철도는 인도의 '행동 건축behaviour architecture' 컨설팅 업체인 파이널 마일Final Mile에 의뢰해, 인지심리학 응용을 통해서 군중 속 개인의 품행을 교정하는 한편 안전 전략을 세우고자 했다.[14] 파이널 마일은 무엇보다도 군중이 비합리적이라는 가정에서 시작했다. 예를 들어 위험 표지를 한 번 이상 보게 되면, 군중은 위험 표지까지도 풍경의 일부로 간주하고 그 메시지를 무시하게 된다. 따라서 파이널 마일은 인간 지각의 결점을 교정하는 데 목적을 둔 세 가지 '간섭물'을 만들어냈다. 첫 번째 간섭물은 철로 위에 직각 방향으로 그은 노란 선이었다. 이것은 철로를 건너는 통근자가 멀리서 다가오는 열차의 속도를 판단할 수 있는 척도가 되어, 이른바 라이보비츠 가설이 지적한 착시 현상에 굴복하지 않게 했다. 두 번째 간섭물은 막대기형 인체 상징물을 집어넣었던 기존의 안전 포스터와 달리, 몸이 두 동강 나서 고통스러운 표정을 짓는 배우의 얼굴을 확대해 안전 포스터에 집어넣은 것이었다. 이 간섭물은 사람들로 하여금 열차에 의해 사지 절단을 당하는 것이 어떤 느낌인지 생각하게 하는 데 초점을 맞추었으며, 공감이 합리성보다 훨씬 더 큰 동기 유발 요소라는 사실을 근거로 삼았다. 마지막 간섭물은 열차의 경적을 길게 한 번 울리던 것에서

짧게 두 번 울리는 것으로 바꾼 것이었다. 스탠퍼드 대학의 행동과학자인 비노드 메넌Vinod Menon에 따르면 "두뇌 활동, 즉 주의력은 음표 두 개 사이의 짧은 정적 동안 절정에 도달한다". 따라서 "정적이 곧바로 두뇌에 일종의 기대감을 만들어내기 때문에"[15] 경적을 두 번 울리면 통근자도 더 경계를 하게 되고, 열차가 기차역에 들어서는 순간 위험을 야기하는 비합리적인 망상에 빠질 가능성도 더 적어진다.

성性과 죽음은 서로 뒤얽혀 있게 마련이므로, 뭄바이의 통근자들은 단순히 물체화만이 아니라, 나아가 성적 물체화에도 사로잡혀 있다. 일본과 마찬가지로 인도의 철도에도 성추행범이 득실거리는데, 이들은 과밀 상황을 틈타 약간의 '아가씨 괴롭히기Eve teasing'에 몰두한다.[16] 독립 이후 인도 영어에서 고안된 이 완곡어는 사실 윤간과 살인까지도 포함하는 개념이므로, 문자적 암시보다 훨씬 더 공격적인 행동을 가리키는 셈이다. 공공장소에서 여성이 겪는 성추행은 뭄바이의 철도에서 나날이 증대되는 문제이다. 2012년에만 해도 5,984건의 위반 행위가 적발되었는데, 그 전해에는 3,544건으로 훨씬 적었다. 이런 범죄의 증가는 러시아워 때에 국한되지 않는다. 따라서 이 문제는 단순히 대중교통의 과밀에서 비롯된 결과라기보다는 오히려 문화적인 문제라고 모두들 인정하며, 인도의 언론은 이것이 국가적인 유행병이라고 진단한다. 어쩌면 양성 간의 만남을 제한하는 문화 때문에 공공장소에서의 문제 발생이나 철도에서의 성추행 발생이 더 조장되는 것일 수도 있다. 즉 통근이 관습의 차꼬에서 벗어나 접촉을 할 기회로 여겨지는 것이다. 제약이 없는 상태에서는 무슨 일이든 벌어질 수 있다.

뭄바이 교외 철도는 '봄베이 도시 철도Bombay Metropolitan Railway'라는 이름으로 개통했을 때부터 줄곧 '아가씨 괴롭히기'를 근절하려고 노력해왔다. 여성 전용칸이 이미 19세기부터 도입되었으며, 21세기에 들어서는 일본과 마찬가지로 여성 전용 열차까지 나왔다. 아울러 유사시 사살 권한까지 부여받은 준準군사 조직인 철도 경찰Railway Police Force이 순찰을 돈다. 아울러 이 노선에는 여성 전용칸에 들어갔다가 적발된 남성을 처벌하는 자체 치안판사도 있다. 이들은 차트라파티 시바지 종착역Chhatrapati Shivaji Terminus의 한 동棟에 있는 커다란 방에서 공판을 진행하며, 판사 한 명당 타자수 한 명이 배정되어 판결을 기록한다.

뭄바이와 도쿄의 상황을 런던과 비교해보면 상당히 흥미롭다. 왜냐하면 영국에서는 대중교통에서의 성범죄가 워낙 드물고, 그런 사건에 대한 유죄 선고는 더더욱 드물기 때문이다. '아가씨 괴롭히기'와 치한 행위는 불가피한 일이라기보다는 영국인답지 않은 행동으로 간주되고, 간혹 신문에서 그런 사건을 보도할 때도 비교적 우스꽝스러운 측면에 초점을 맞춘다. 예를 들어 2012년 3월 《데일리 메일Daily Mail》은 베이징스톡에서 승차한 통근자 한 명이 공공장소에서의 품위 손상 혐의를 받았다가 무죄 석방되었다고 보도했다. 그는 옆자리에 앉은 여성에게 한쪽 다리를 갖다 대고, 무릎을 덮고 있던 신문지 아래로 양손을 넣은 채 숨을 몰아쉬고 "헉헉대서" 그녀를 놀라게 했다는 혐의로 기소되었다. 피의자는 배심원들에게, 자기는 그저 "머릿속으로 상상한 밴조를 서툴게 연주한"[17] 것뿐이며, 워낙 음악에 심취한 까닭에 옆자리에 그 여성이 있는 줄도 몰랐다고 주장했다. 역시 기차 통근자였던 판사는 남자들이 여자 앞에서 종종 "이상하게 행동한다"는 사실을 고려해야 마땅하다고, 아울러 어떤 경우에는 그것이 암 초기 증상일 수 있다고 배심원들에게 조언했다.

하지만 여러 설문조사 결과에 따르면, 런던의 남자들이 여성을 물체화하고 예의에 어긋나게 행동하느니 차라리 상상 속의 악기를 즉흥 연주할 가능성이 더 크다는 주장은 전혀 입증되지 않는다. 18세부터 34세까지의 런던 여성들에 대한 최근의 연구에 따르면, 그들 가운데 40퍼센트가 "원치 않은 성적 주목을 경험한"[18] 적이 있는 것으로 드러났다(여기서 말하는 '성적 주목'에는 낯선 남자가 빤히 바라보는 행위도 포함된다). 하지만 응답자 가운데 지하철이나 버스나 기차에서 그런 경험을 했다고 주장한 사람은 겨우 30퍼센트뿐이었으며, 많은 여성이 거리에 있을 때보다는 오히려 이동 중에 더 안전한 느낌이라고 대답했다. 이는 영국의 대중교통에서 어느 정도의 억제가 실천되고 있음을 암시한다.

　　하지만 개발도상국의 대중교통 운영업체들은 성범죄보다 안전을 최우선으로 고려하게 마련이다. 그들은 운행 자체의 내재적 위험은 물론이고 승객의 무모한 행동에서 비롯되는 위험으로부터도 통근자를 보호하기 위해 갖가지 전략을 취하고 있다. 예를 들어 인도네시아의 수도 자카르타에서는 승객 욱여넣기가 한창 초밀도 수준으로 바뀌어가는 중인데, 정부 당국은 무임 승차하고 탑승구에 매달리고 지붕에 올라타는 통근자들의 문제를 해결하기 위해 뭄바이의 경우처럼 인지심리학과 시각정신물리학을 동원하지 않았다. 그 대신에 자몽 크기의 콘크리트 공을 쇠사슬에 매달아 철로 위쪽에 커튼처럼 늘어뜨려서, 승객이 객차 지붕에 타고 가려 할 경우 거기에 부딪혀 떨어지도록 만들어놓았다. 이전의 여러 방지책(예를 들어 철조망 설치, 지붕에 윤활유 바르기, 승강장에서 안전 캠페인 노래를 직접 부르기 등)이 아무런 변화를 가져오지 못하고 실패하자 급기야 콘크리트 공을 도입한 것이다. 하지만 자카르타의 통근자들은 만만찮은 상대였다. 열차 지붕에 타 일터로 가는 사람들 중 일부는 객차 안에 자리가 없어서 그러는 것이지만, 나머지는 승차권을 구입하지 않으려고, 또는 열차 이동 중에 전선電線이나 낮은 육교를 피하는 짜릿함을 즐기려고 그렇게 한다. 따라서 그들은 새로운 방지책이 나올 때마다 신선한 도전으로 여겼다.

"그 공에 대해 처음 들었을 때는 정말 겁이 났습니다." 자기 집이 있는 보고르에서 자카르타까지 통근하는 어떤 지붕 무임 승차자는 AP 통신 기자와의 인터뷰에서 이렇게 말했다. "말로만 들으면 정말로 위험할 것 같으니까요. 하지만 저는 그게 오래갈 거라고 생각하지 않아요. 위에서는 우리를 기차에 타지 못하게 하려고 온갖 시도를 해왔지만⋯⋯ 결국에는 항상 우리가 이겼으니까요."[19]

위험에 맞서는 지붕 무임 승차자들의 대범한 태도는 아마도 집단적 탄력성의 한 가지 사례일 것이다. 철도 운영업체인 'KA 커뮤터 자보데타벡KA Commuter Jabodetabek*'이 그들의 행동을 제한하기 위해 가하는 위협이 그들을 단결시켰다. 내 생각에는 운영업체를 적으로 바라보는 이런 인식은 어느 정도까지는 전 세계 통근자들(런던 지하철에서 투덜대는 사람이건, 아니면 뭄바이에서 초밀도 승객 욱여넣기를 당한 사람이건 간에)에게 공통적인 것이 아닐까 싶다. 각국의 문화적 다양성과 과밀의 다양한 정도는 전 세계 통근자들이 매일 한 시간쯤 낯선 사람들과 밀착되어 있는 신세에 대응하기 위해 발전시켜온 다양한 전략들을 설명해준다. 아울러 불편의 원인으로 비난할 만한 누군가 또는 뭔가가(대개는 노선 운영업체의 모습을 한 뭔가가) 있다는 사실이 우리에게 어느 정도 일체감을 부여한다. 그래서 우리는 서로에게 짜증을 분출하는 대신, 또는 통근을 완전히 포기하는 대신 냉정을 유지하며 계속 나아가는 것이다.

---

* (옮긴이주) '자보데타벡'은 자카르타, 보고르, 데폭, 탕에랑, 베카시의 머리글자를 딴 명칭으로, 인도네시아의 수도 자카르타와 근교를 가리킨다.

9장
–
노상 분노

거리에서 수레들이 분노하듯 질주하며,

대로에서 서로를 떠밀 것이라.[*]

_선지자 나훔, 기원전 620년경

    자동차 통근자들에게 도로 정체는 열차 통근자들이 겪는 승객 욱여넣기와 유사하다. 본인의 의지와 무관하게 동료 여행자들과 더 가까이 붙어 있어야 하기 때문이다. 이런 현상 역시 대중교통의 과밀 현상과 똑같은 속도로 전 세계 곳곳에서 급증하고 있다. 21세기에 들어서 교통 체증은 모든 대륙에서 매년 곱절로 증가하며 나날이 악화되고 있다. 그 경

---

[*] 구약성서 〈나훔〉 2장 4절 가운데 일부.

과를 감시하는 IBM의 '통근자 고통 지수'는 런던, 모스크바, 멕시코시티, 로스앤젤레스, 벵갈루루, 베이징 등 20개 대도시의 정체와 고통을 수치로 환산한다. 이 지수는 응답자들이 몇 시간씩 허비하고 옴짝달싹 못하며 겪는 고초를 세세히 밝히는 과정에서 가학적인 즐거움을 느끼는 듯하며, 또한 교통 체증은 자동차 문화의 불가피한 결과라고 주장하는 듯하다. 그런데 이 지수에서 런던의 순위가 끝에서 두 번째라는 것을 알게 되면 런던 주민들은 아마 깜짝 놀라지 않을까. 1위는 멕시코시티가 차지했는데, 지수에 따르면 이곳에서의 통근은 런던보다 무려 다섯 배는 더 고통스럽다.

자동차와 기차를 모두 이용해 런던까지 통근하는 나로서는 지금도 충분히 끔찍하니, 멕시코시티의 상황이 얼마나 끔찍한지 상상도 하기 힘들다. 내가 다니는 길에는 M25 도로가 포함되는데, 원래 8만 8,000대의 차량을 수용할 수 있도록 지어진 도로인데도 불구하고, 2008년에는 무려 20만 대의 차량이 지나 다녔다. 1986년 완공되었을 때만 해도 '전 세계에서 가장 긴 도시 우회로'로 선전되었지만, 그때 이후로는 '전 세계에서 가장 큰 주차장'이라는 별명이 붙어버렸다. M25 도로는 개통 이후 거의 계속 확장되었지만 교통량 역시 그에 발맞춰 늘어났으며, 러시아워 동안에는 특히 그랬다. 겨울이면 연옥이 따로 없는 지경이어서, 집까지 어둠 속에서 (또는 '거북이걸음으로') 운전해 가야 했고 교통 체증이 영원히 계속될 것 같았다. 그때 이후로 상황은 더 악화되었으며, 향후로도 계속 더 나빠질 것으로 예상된다. 2014년 3월 영국 도로청Highways Agency에서 발행한 소책자는 "교통량 증가로 인한 부담이 나타나기 시작한다"고 시인한 다음, "러시아워에는 M25 도로를 피하라"라고 운전자들에게 조언했다. 2차 세계대전 당시 불필요한 기차 여행을 자제시키기 위해 전개되었던 포스터 캠페인처럼 마치 누군가를 책망하는 듯한 어조로 작성된 이 소책자에 사람들은 격노했다. "그건 정말이지 터무니없는 이야기고, 엉성한 농담 같다. 그렇다면 통근자들은 어떻게 다니라는 말인가? M25 도로가 멀쩡히 존재하기 때문에 운전자들이 러시아워에도 이용하는 게 아닌가." RAC 재단RAC Foundation*의 케빈 딜레이니Kevin Delaney는《데일리 메일》에서 이렇게 말했다. 문제가 복잡해진 것은 런던의 다른 대중교통 역시 상태가 나빴기 때문이다. "지하철은 툭하면 고장이고, 도로는 걸핏하면 막히고, 기차는 여전히 제대로 다니지 못한다.** 이제 런던 중심부는 그 어느때보다 더 정체가 심하고 도로 공사가 많다."[1] 설령 통근자들이 M25 도로를 멀리한다 하더라도, 일터까지 가는 다른 대안들 역시 짜증스럽기는 매한가지였다.

　도로 정체는 불쾌할 뿐만 아니라 낭비이기도 하다. 자동차 통근이 압도적이고 전체 통근자의 87퍼센트가 '나 홀로 운전자'인 미국에서는(영국에서는 29.8퍼센트가 '나 홀로 운전자'이다) 교통 체증으로 인해 허비되는 생산 또는 여가 시간이 매년 48억 시간으로 집계된다. 이처럼 강요된 이동 불능 상황으로 발생하는 비용은 천문학적 수준이다. 즉 도로 정체로 옴짝달싹 못하는 동안 통근자들이 허비하는 연료가 매년 1,000억 달러어치이고, 이 과정에서 차량의 노후화와 손상도 따른다. 여기에 교통사고로 인한 인명 및 금전 피해까지 합치면(2010년에만 해도 사망자가 3만 2,788명에 달했고, 같은 기간 동안 손해액만 3,000억 달러에 달했다) 도로 정체로 인한 비용은 훨씬 더 클 것으로 예상된다.

1950년대에 미국에서 건설된 고속도로가 해결해주리라 예상되었던 문제들은 (자동차 회사들의 선전과는 달리) 오히려 더 악화되고 말았다. 오늘날 그런 도로들은 대부분 애초의 해결 대상이었던 교통 체증보다 훨씬 더 심각한 교통 체증에 시달리고 있다. '도로가 많아지면 정체는 줄어든다'는 이론이 대대적으로 실패하면서, 교통 분석가들 사이에서도 사고의 대대적 전환이 이루어졌다. 경제학자 질러스 듀랜턴Gilles Duranton과 매슈 A. 터너Matthew A. Turner에 따르면, 오늘날에는 "도로가 교통량을 낳"고 있으며, "새로운 도로를 건설하고 기존의 도로를 확장할 경우, 오히려 추가 교통량을 발생시키고 최고점까지 늘어나게 만들어서 결국 도로 정체가 이전 수준으로 돌아오게 된다".[2] 결국 이 이론은 (자동차 사용을 아예 금지하지 않는 한) 도로 정체의 예방이나 치료는 사실상 불가능하다는 것을 시사한다. 심지어 막다른 길조차 교통량을 끌어모으며, 이후 교통량 증가 일로를 거쳐서 결국 꽉 막혀버리고 만다.

그렇다면 자동차 통근자들은 외견상 불가피해 보이는 도로 정체의 도전에 어떻게 대처하고 있을까? 승객 욱여넣기와 마찬가지로 이 현상 역시 그들이 행동을 바꾸도록, 심지어 인성까지 전환하도록 강요하는 것일까? 물론 교통 체증은 과밀한 기차와 완전히 똑같지는 않다. 이때 운전자들은 공통의 적에게 사로잡힌 인질이라기보다는, 저마다 독방에 갇힌 죄수들이기 때문이다. 게다가 자기 소유의 차에 혼자 타고 있다면 근접학의 법칙을 위반하는 것도 아니다. 예를 들어 뭄바이 교외 철도의 보통 열차에서는 가족실 하나에 20명이 타지만, 자동차 안에는 어차피 단 한 명뿐이니 말이다. 자동차 통근자는 일종의 껍질 속에 들어가 여행하는 셈이며, 필요하다면 자기가 좋아하는 장난감을 갖고 다닐 수도 있다. 실제로 '나 홀로 운전자'들은 자동차 안에 있는 자기 모습을 남들이 보지 못한다고 생각해, 자기 행동에 대해 부끄러움을 느끼지 못하는 경우가 많다. 코를 파기도 하고, 머리카락에서 비듬을 털기도 하고, 담배를 피우기도 하고, 요란한 재채기를 터뜨리기도 하는 것이다.

첨단 기술로 만든 껍질에 에워싸여 있어도, 운전자들은 자기 차량의 규모를 (충분한 오차 범위까지) 감안해가면서 각자의 내밀한 공간을 확장하게 마련이다. 특히 미국에서는 일반적인 '중형' 자동차도 (포드 에드셀에 비하면 기껏해야 피라미 수준이지만) 길이 4미터에 무게가 약 1.3톤에 달한다. 또한 운전자들은 이렇게 확장된 공간을 더 열성적으로 방어해야만한다. 자동차는 인간의 육체보다 더 빠르고 덜 유연하고 덜 자비롭기 때문에, 한편으로는 내 집의 바퀴 달린 일부분인 동시에, 다른 한편으로는 죽음의 덫이 될 수 있다. 다른 차량들이 나타나면 접촉하기 전에 재빨리 경고해서 물리쳐야만 한다. 그뿐만 아니라 운전자들은 자동차를 자기 안전 못지않게 소중히 여긴다. 미국자동차협회American Automobile Association에 따르면, "자동차는 귀중하고 상징적인 소유물로, 이에 대한 위협이 인지될 경우 개인적 모욕을 느끼고 영토 방어의 반응을 야기할 수 있다는 점에서 특이하다."3* 이는 곧 자동차 통근자들이 폭력적으로 변할 가능성이 대중교통 승객들에 비해서 훨씬 더 크다는 뜻이며, 그 결과가 바로 '노상路上 분노road rage'라는 현상이다. 이것은 모든 운전자들이 다른 운전자들과의 사이에서 직면해야 하는 어떤 것인 동시에, 스스로 처리해야 하는 어떤 것이다.

바퀴 달린 차량을 다루는 사람들에게 나타나는 특수한 종류의 분노

---

* 영국인 역시 (정도는 덜하지만) 자기 차량에 이와 유사한 애정을 품고 있다. 내가 지금 살고 있는 초승달거리의 주민들은 하나같이 자동차를 몰고 일터로 가고, 토요일 아침에는 세차로 주말을 시작하곤 한다.

가 있다는 생각은 통근보다 훨씬 오래전부터 있었다. 실제로 이 생각은 고대로까지 거슬러 올라간다. 구약성서에서 이스라엘 왕 예후는 수레를 격렬하게 모는 것으로 악명이 자자하다. 로마인들은 전차 경기 중에 그런 행동을 독려했다. 낭만주의 시인 바이런 경은 누군가가 마차를 몰면서 말에게 '뻔뻔스러운' 행위를 하기에 때려주었다고 자랑했다. 그리고 빅토리아 시대 사람들은 "방종하거나 격렬한 운행으로 인한 (……) 신체적 위해"⁴가 있을 경우 그런 행위를 범죄로 규정하는 법률을 제정했다. 보다 최근에는 자동차를 이용한 통근이 도래하면서 자동차 통근에 관한 환상을 묘사한 영화까지 나왔다. 예를 들어 1932년 영화 〈나에게 백만 달러가 있다면If I Had a Million〉에서 주인공은 은퇴한 여배우로 지금은 찻집을 운영하는데, 하루는 정지 신호를 무시하고 달려온 누군가 때문에 새로 산 자동차가 박살이 나버린다. 곧이어 죽어가던 어느 부자가 무작위로 선정한 사람들에게 100만 달러씩 나눠 주기로 하는데, 마침 주인공이 그 행운을 얻게 된다. 그녀는 하늘에서 떨어진 그 만나를 이용해 자동차 여덟 대를 사고 운전기사 여덟 명을 고용한 다음 그들이 단독으로 또는 합동으로 부주의한 운전자들을 도로에서 몰아내게 만든다.

하지만 노상 분노가 대중의 주목을 받을 정도로 폭발한 것은 1990년대의 일이었다. 이때에 도로 정체는 예전에 볼 수 없던 수준에 도달해 있었다. '노상 분노'라는 용어는 1986년에 미국에서 처음 나타났는데, 아마도 스테로이드를 과도하게 복용한 보디빌더들에게 나타나는 이른바 '스테로이드 분노'를 뒤틀어서 만든 것으로 추정된다. 문화사학자 조 모런Joe Moran에 따르면, 노상 분노라는 표현이 영국에서 처음 나타난 것은 1994년 《선데이 타임스Sunday Times》에 실린 한 기사를 통해서였다. 이 기사는 런던 유대교회당의 장로가 이 새로운 종류의 분노에 사로잡혀서 불교 승려를 공격한 사례를 들면서, "경찰과 자동차 관련 기관 그리고 심리학자들의 말에 따르면, 이 문제가 전국을 휩쓸고 있다"[5]라고 밝혔다.

처음에만 해도 노상 분노는 언론의 발명품인 것처럼 보였다. 텔레비전을 켜거나 신문을 펼칠 때마다 이에 관한 언급이 반드시 나왔기 때문이다. 유명인사의 노상 분노 사례도 종종 회자되었다. 예를 들어 1994년 배우 잭 니컬슨Jack Nicholson이 어느 메르세데스 차량의 앞유리창을 골프채로 때려 부수는 사건이 벌어졌는데, 상대 운전자가 자기 앞에 끼어들었다는 것이 이유였다. 그러나 노상 분노가 살인으로까지 이어질 경우에는 단순한 연예계 소식이 아니라 공포의 문제가 된다. 1996년 5월 케네스 노이Kenneth Noye는 상대 운전자에게 격분한 나머지 그 운전자의 차량을 M25 도로의 진입로에 강제로 세워놓고, 운전자의 동승자이며 애인인 스티븐 캐머런Stephen Cameron을 칼로 찔러 죽였다. 이 사건을 계기로 노상 분노를 다루는 언론의 태도가 바뀌어, 이를 해결이 필요한 심각한 문제로 간주하게 되었다.

노상 분노가 도로 정체로 인해 야기되는 특수한 종류의 분노라는 사실에 가장 크게 주목한 나라는 미국이었다. 미국에서는 시민 누구나 총기를 휴대하고 다닐 수 있으므로, 노상 분노가 자칫 살인으로 이어질 가능성이 다른 어느 나라보다 높았다. 1997년에 연방 정부는 이 현상에 대한 조사를 실시했고, 상원 청문회에서 공화당 소속 하원의원 메릴 쿡Mer-rill Cook은 다음과 같이 증언했다.

지금으로부터 3년 전만 해도 노상 분노라는 것은 (……) 제 지역구인 유타 주에서는 들어본 적도 없는 것이었습니다만, 최근 솔트레이크시티 중심부를 관통하는 I-15 도로에서 일어난 두 건의 살인 사건으로 인해 큰 충격이 있었습니다. 젊은 어머니 한 명이 고속도로에서 운전 도중에 총에 맞아 사망했는데, 또 다른 자동차의 운전자인 가해자는 상대방이 끼어든 것에 대해 격분한 상태였습니다. 또 다른 피해자는 가장이자 아버지이며, 우리 지역에서 유난히 친절한 사람이었는데 불과 몇 달 전 출근 중에 역시 총에 맞아 사망했습니다. 가해자는 역시 격분한 운전자로, 도로 정체의 와중에 자기 차에서 내려 피해자의 자동차까지 걸어간 다음, 연속해서 총격을 가했습니다.[6]

다른 상원의원들 역시 이와 유사한 이야기를 알고 있었으며, 미국자동차협회가 1990년부터 1996년 사이에 발생한 노상 분노 사례 1만 건을 조사한 결과, "최소 218건의 살인과 1만 2,610건의 부상이 발생했음"[7]이 확인되었다.

이런 통계가 충격적이었던 반면, 노상 분노 폭발의 동기로 거론된 것들 가운데 일부는 섬뜩하리만치 사소했다. "그 사람은 사실상 도로에서 저를 몰아내다시피 했습니다. 그럴 때 제가 어떻게 했어야 한다는 겁니까?"[8] 한 남자는 희생자를 살해한 후에 이렇게 반문했다. 매사추세츠 주 한 지역 교회의 집사인 도널드 그레이엄Donald Graham은 꼬리 물기를 하는 다른 자동차에 탄 낯선 사람에게 석궁을 발사한 뒤 이와 유사한 초연함을 드러냈다. 희생자가 병원으로 이송되는 도중에 과다 출혈로 사망했음에도 불구하고 그는 참회하지 않았다. 그는 한 기자에게 이렇게 말했다. "옳은 일을 한 것이니 사과하지는 않겠습니다."

어떤 사람은 심지어 자신의 노상 분노 표출 사례를 무훈처럼 자랑했으며, 마치 그것이 충분히 정당화되는 일이고 심지어 고귀한 일이라도 되는 듯이 여겼다. 1997년 24세의 사무직 여성 트레이시 알피에리Tracie Alfieri는 러시아워에 한 여성 운전자를 위협해 결국 트럭과 충돌 사고를 일으키게 만들었다. 임신부였던 피해자는 그 사고로 태아를 잃은 것은 물론이고 온몸의 뼈가 거의 부서지는 중상을 입었는데, 정작 가해자는 일터에 도착하자마자 동료들에게 다음과 같이 호언장담했다. "내 앞에 끼어들고도 무사한 사람은 지금껏 하나도 없었어!" 또 이런 말도 했다. "나는 운전할 때만큼은 눈에 보이는 게 없는 사람이야." 심지어, '차량을 이용한 가중 폭행' 혐의와 태아를 사망케 한 데 따른 '차량을 이용한 가중 살인' 혐의로 유죄 선고를 받고 감옥에 가야 할 처지가 되자 트레이시는 불공평한 판결이라고 항의했다. 그녀가 밝힌 항소 이유는 "수정조항 제8조에 위배되는 잔인무도하고 이례적인 처벌"이라는 것이었다. 그러면서, "임신부와 의사가 자유로이 임신중절을 행하는" 상황인데도 자기는 "임신중절과 똑같은 행위"에 대해 처벌을 받는다고 주장했다.

알피에리는 1999년 출옥하자마자 희생자에게 사과했지만, 사고 당시에 그녀가 보인 책임 부정은 노상 분노자의 전형적인 모습이었다. 심지어 어떤 경우에는 무자비한 면까지 드러난다. 실제로 노상 분노를 일으킨 사람 가운데 상당수는 스스로를 일종의 자경단원으로, 즉 더 큰 대의에 봉사하기 때문에 법률을 넘어 행동할 수 있는 사람으로 인식하는 듯하다. 이들이 각자의 노상 분노에 관해 자랑하는 것을 보면 마치 주먹다짐을 자랑하는 것 같다. 즉 자기가 도로 위의 다른 자동차들과 난투를 벌인 것이 아니라, 어디까지나 일대일로 싸웠다고 말하는 것 같다. 또한 이들은 자기 기분을 거스른 운전자들에게 단단히 본때를 보여주기를 꿈꾼다. 미국의 운전자 모임인 오토밴티지AutoVantage에서는 여러 도시의 운전자들이 느끼는 상대적 분노를 수치로 환산한《노상 분노 설문조사*Road Rage Survey*》를 매년 간행한다. 여러 해 동안 뉴욕과 마이애미가 1위를 다투고 있고, 포틀랜드와 오리건과 클리블랜드는 꼴찌를 다투고 있다. 이 설문조사에서 노상 분노의 원인을 지목해달라고, 아울러 각자 노상 분노를 느낀 적이 있는지 답변해달라고 요청했다. 그러자 대부분의 응답자들은 다른 운전자들의 몰지각한 행동을 비난했다. 심지어 다른 자동차에 탄 누군가가 휴대전화를 사용 중인 것만 봐도 충분히 발동이 걸린다고 응답한 사람이 84퍼센트에 달했다. 분노를 자아내는 다른 이유로는 과속 운전과 꼬리 물기, 운전 중에 뭔가를 먹거나 마시거나 문자를 보내거나 이메일을 보내는 것, 과도한 저속 운전 등이 있었다.

노상 분노는 도발에 대한 반응으로 충분히 정당화할 수 있다는 사고방식, 따라서 그건 어디까지나 다른 누군가의 잘못일 뿐이라는 식의 사고방식은 운전자의 자신감에 관한 설문조사 결과와도 일치한다. 즉 운전자 가운데 3분의 2는 "자신의 운전 능력이 거의 완벽하다고 점수를 매겼고(즉 10점 만점에 9점 내지 10점), 나머지 응답자들도 스스로를 평균 이상으로 평가했다(즉 6점 내지 8점)". 자신이 일단 도로에 나섰다면 결코 운전을 잘못할 수가 없다고 간주하는 것이다. 그 결과 "운전자 가운데 70퍼센트는 자신이 다른 공격적인 운전자 때문에 피해를 본다고 답변했고", 오로지 "30퍼센트만 자신이 공격적인 운전자라고 시인했다".[10] 인식과 현실 사이의 이런 불일치는 사실상 인지 부조화가 도로를 지배하고 있음을 시사한다. 운전자들은 자기만 완벽하고 다른 모든 사람은 사악하거나 위험천만한 일종의 평행우주에서 살아가는 것이다.

노상 분노 경험자들을 면밀히 조사해본 결과 영토권, 호전성, 복수심, 그리고 다른 무엇보다도 이중 기준이 보편적 성향으로 나타났다. 오늘날 노상 분노는 그 자체로도 큰 문제지만 매년 수백 명의 희생자를 낳는 까닭에 해결책이 시급하다. 2006년 미국정신의학협회American Psychiatric Association는 노상 분노를 심각한 의학적 상태로 진단하면서 '간헐적 분노 폭발 장애Intermittent Explosive Disorder', 줄여서 IED라는 이름을 붙였다. 미국정신의학협회는 IED를 겪는 미국인이 최대 1,600만 명에 이르는 것으로 추산했다. 그 증상은 "상황에 비해 과도하게 공격적이고 격렬한 행동이 반복되는 것"[11]이다. IED가 교통 체증에 갇힌 운전자들에게만 국한되는 것은 아니지만, 운전자들은 이 증상을 겪는 사람들 가운데 가장 눈에 띄는 집단이다.

IED의 핵심인 분노의 원인은 스트레스라고 설명된다. 스트레스는 '정지, 싸움 또는 도주' 반사를 자극한다. 하지만 우리는 자동차를 하늘로 날게 해서 도로 정체에서 '도주'할 수도 없고, 붐비는 도로 한복판에 자동차를 '정지'시킨다면 다른 운전자들에게 더 큰 분노를 야기할 수밖에 없다. 그러니 '싸움'이라는 선택지밖에 남지 않는다. 하와이 대학의 심리학 교수인 리언 제임스Leon James 박사는 운전이 스트레스를 야기하는 열다섯 가지 방식을 제시했다. 특히 그는 우리가 (비유적으로) 운전석에 묶여 있는 것의 영향에 주목한다. "신체가 물리적으로 속박되고 제약을 받으면 긴장이 쌓이기 시작한다." 도로를 따라 똑같은 방향으로, 속도 제한을 준수하고 체증에 대처하면서 운전해야 한다는 제약으로 인해 긴장은 가중된다. 또한 혼돈에 가까운 러시아워의 차량 행렬 속에서 내 자동차가 손상을 입지는 않을까 하는 우려 때문에, 아울러 그 과정에서 일어나는 열기와 소음과 냄새 때문에도 스트레스를 받는다. 그리하여 이미 인내의 한계에 도달한 상태에서 혹시라도 우리가 실수를 저지르거나 다른 누군가가 우연히 우리 앞에서 끼어들기를 하면, 일을 똑바로 해내지 못하는 우리의 무능력 역시 스트레스를 키우는 것이다. 제임스의 설명처럼, "운전자들은 널리 용인되는, 또는 공식적인 의사소통용 몸짓 언어를 전혀 갖고 있지 않다. 즉 은행 대기 줄에서 하는 것처럼 '아이코, 죄송합니다!'라고 말할 수 있는 손쉬운 방법이 없는 것이다. 그렇다 보니 모호성이 대두된다. '저 사람이 방금 한 손짓은 나를 무시하는 거야, 아니면 나한테 사과하는 거야?'" 제임스의 견해에 따르면, "차량마다 전자 표시기를 장착해서 운전자들이 사전에 입력해놓은 메시지를 띄울 수만 있어도 의심의 여지 없이 도움이 될 것이다".[12] 하지만 사전에 입력해놓는 메시지를 각자 선택할 수 있다 치더라도, 운전자 가운데 '아이코, 죄송합니다!'를 고를 사람이 과연 몇 명이나 될지 의문이다.

스트레스는 이른바 '분출' 또는 '분노 격발' 상태를 야기한다. 우리가 주위의 무엇에서든 위험을 감지할 경우, 일단 자극으로 인해 대뇌변연계*에서 카테콜아민이라는 유기적 합성물이 배출되며, 이 물질로 인해 우리는 도망치거나 말다툼할 채비를 갖추게 된다. 분노 격발은 오래 지속되지 않지만, 적어도 지속되는 동안에는 신경계를 각성시키는 데 기여하며, 이는 결국 분노를 자아낸다. "분노를 자극하는 생각들을 연이어 하게 되면 카테콜아민이 연이어 증가하고, 그런 연쇄 작용으로 인해 호르몬의 영향력이 누적되면서 (……) 신체는 급속히 극단적인 흥분 상태로", 즉 매우 화가 난 상태로 변한다. 이것은 좋지 않은 상태일 수밖에 없다. 《감성 지능 Emotional Intelligence》의 저자 대니얼 골먼Daniel Goleman에 따르면, "분노 위에 분노가 쌓인다. 감성 두뇌에 열이 오른다. 그때가 되면 이성으로 제어할 수 없는 분노가 손쉽게 폭력으로 분출된다. 이 시점에 이르면 사

---

* 인간의 감정적 반응을 지배하는 대뇌 구성 요소.

람들은 무자비하게 변하고, 말로 해결할 수 없는 지경에 이른다. 생각은 복수와 보복 주위를 맴돌 뿐이고, 그 결과가 어떻게 될지를 깡그리 망각해버린다".[13]

하지만 차량 행렬 속에서 우리를 분노하게 만드는 요소는 스트레스만이 아니다. 행동과학자들은 분노의 또 다른, 그리고 일차적인 원인을 찾아냈다. 우리가 도로 정체로 인해 옴짝달싹 못하면 "서로의 꽁무니를 바라보게 되는데, 그것은 인간이 각자의 의사소통 잠재력을 극대화하기에 어울리는 상황이 결코 아니다".[14] 누군가가 등을 돌린다면, 그것은 무시의 몸짓이기 때문에 상대방이 격분하지 않을 수 없는 것이다. 다른 유인원들 역시 이와 똑같은 전술을 이용해 지배권을 주장한다. 우리가 누군가의 꽁무니를 보고 앉아 있고, 또 다른 누군가가 자칫 범퍼와 충돌할 정도로 우리의 꽁무니에 바짝 달라붙어 있을 경우, 꽁무니에 다가온 사람의 행동이 자칫 우리에게 원초적 분노를 촉발할 수 있는 것이다. 우리의 불편을 더욱 악화시키는 것은 '비대칭적 의사소통'인데, 이것 역시 우리의 화를 돋운다. 즉 자동차의 엔진은 돌아가는데 바퀴는 가만히 있고, 아무리 격렬하게 욕을 하고 소리를 질러도 우리 말고 다른 사람은 아무도 듣지 못하기에, 급기야 우리는 스스로의 무기력을 의식하게 된다. 이것은 할 말이 무척이나 많은 상황에서 순간적으로 말문이 막혀버리는 것과도 비슷하다. 허공을 향해 소리를 지를 수는 있지만, 정작 분노의 표적인 당사자는 우리의 무언극을 보면서 웃음을 터뜨린다. 자동차에 알림판을 설치하자는 제임스 박사의 제안을 따른다면 이런 비대칭성은 감소하겠지만, 어쩌면 그로 인해 더 많은 도발이 가능해져서 사람들이 분노 격발의 악순환에 빠질 수도 있다.

하지만 노상 분노는 단지 스트레스와 비대칭적 의사소통의 문제로만 야기되는 것은 아니다. 경제학자 릭 네빈Rick Nevin은 1920년대부터 석유에 내폭제로 첨가되다가 1990년대에야 사용 금지된 4에틸납이 이른바 '노상 분노 세대'의 두뇌를 혼란스럽게 만들었다고 주장한다. 납은 신체에서 곧바로 배출되지 않는 신경독으로, 배기가스를 통해 이 물질에 반복적으로 노출되면 심각한 납 중독이 일어날 수 있으며, 그 증상에는 공격적 행동도 포함된다. 또한 이 물질은 어린이의 지능 발달을 저해하고, 결국 그들을 퇴보적이고 불안정한 성인으로 만든다. 네빈의 견해에 따르면, "23년간의 잠복기를 감안한다면 자동차의 납 배출은 미국에서 벌어지는 여러 가지 폭력 범죄 가운데 90퍼센트를 설명해준다. 고농도의 납을 흡입한 어린이들은 (……) 폭력적인 범죄자가 될 가능성이 더 높은 것이다".[15]

또한 제임스 박사는 노상 분노가 유년기의 학습에서 유래했을 가능성이 있다고 본다. 납 중독자라도 어머니와 아버지는 있을 테니, 운전석에 앉은 부모의 행동이 적절한 운전 태도에 관한 자녀의 인식에 영향을 끼친다는 것이다. 자연뿐 아니라 본성 역시 우리를 미치게 만들 수 있는 것이다. "성장 과정에서 운전자들에게 친숙한 곳이 되는 도로는 상호 부조와 평화가 지배하는 장소라기보다는 적대감이 지배하는 장소이다." 그는 이렇게 설명한다. "자동차 뒷좌석이야말로 노상 분노의 온상이라 할 수 있다. 자동차 안에서 보낸 유년기부터 (……) 우리는 경쟁적이고 콧대 높은 운전 태도를 준비하는 셈이다."[16]

그렇다면 노상 분노의 공격으로부터 우리 자신을 방어하기 위해서는 (물론 우리가 어린 시절에 납을 지나치게 많이 흡입하지는 않았다고 가정할 때)

무엇을 해야 할까? 그런 상황은 우리의 건강을 위협할 뿐만 아니라, 나아가 우리의 행동 양식을 만들고 우리의 두뇌를 혼란시킨다. 예를 들어 너무 심한 분노의 분출은 우리 심장을 황폐화한다. 예일 대학의 존 라슨John Larson 교수가 1,000명 이상의 심장 질환 환자를 면담 조사한 결과, 그중 80퍼센트가 "운전석에서 격렬한 분노를 일으킨 오랜 이력을 갖고 있음"이 밝혀졌다. 또 저명한 심장병 전문의이며 '저인슐린 다이어트'의 고안자인 아서 애거츠턴Arthur Agatston 박사는 "차량 행렬 속에 갇혀 있으면 혈압이 상승하고 심장 질환의 위험이 세 배로 증가한다"고 주장했다.

2013년에 발표된 캐나다의 설문조사 결과에 따르면, 노상 분노를 피하는 최선의 방법은 9월의 매주 화요일 오전 6시부터 오전 9시까지 운전을 피하는 것이다. 지금까지 기록된 사례들을 보면 바로 이 시기에 이런 병폐가 절정에 달했기 때문이다. 하지만 이런 해결책은 통근자들 대부분에게 비현실적이게 마련이므로, 많은 사람들이 최우선 방어책으로 스포츠 유틸리티 차량, 즉 SUV를 구매하는 경향이 있다. SUV는 애초부터 승용차와 트럭이 혼합된 형태였고, 자동차 업계가 미국의 '기업 평균 연비 감축' 법률*을 우회하려고 내놓은 발명품이었다. 승용차와 달리 트럭은 1갤런당 30킬로미터라는 의무사항을 준수할 필요가 없었기에, 자동차 제조업체들은 도시 거주자에게 트럭의 차대에 승용차의 차체를 올려놓은 자동차로 야생의 맛을 만끽하라며(또는 농부에게 세련된 맛을 만끽하라며) 판매했다. 하지만 SUV가 정말로 인기를 끌게 된 것은 언론에 노상 분노에 관한 보도가 나가면서부터였고, 이후 SUV 판매량이 급증하면서

---

* 1차 석유파동 직후인 1973년에 도입된 이 법률에 따라, 미국의 자동차 제조업체들은 연료 효율성이 더 높은 차량을 제조할 의무가 있다.

1980년에 미국의 신차 중 1.8퍼센트에 불과했던 SUV 점유율이 2002년에는 전체 판매량의 4분의 1로 뛰었다. 영국에서는 사륜구동이나 '첼시 트랙터Chelsea Tractor*'로 가장한 SUV 역시 인기를 끌었으며, 주로 대도시 및 러시아워의 운전에 사용되었다. 2005년의 설문조사에 따르면, 사륜구동 차주 가운데 비포장도로에 차를 끌고 나가본 사람은 12퍼센트에 불과했으며, 자기 차를 시외로 끌고 나가본 적이 한 번도 없는 사람이 무려 40퍼센트였다.

SUV 판매량이 급증한 원인으로 미국 남성들의 남성성 회복과 군용 장비에 대한 애호도 꼽을 수 있다. 하지만 가장 큰 이유는 일반 승용차보다 월등히 큰 크기에 있었다. 사람들은 더 큰 차량을 보면 위협을 느끼기 때문에, 큰 차량에 탄 사람은 스트레스가 덜하다. SUV는 바로 이런 위협의 인식에 맞춰서 진화했으며, 그 어떤 도전에도 끄떡없는 능력을 강조하는 광고의 지원을 받았다. 그 결과 고속도로 위에서 군비 경쟁이 벌어졌고, 급기야 제너럴 모터스의 허머 H1Hummer H1으로 그 경쟁이 절정에 이르렀다. 군용 전지형차全地形車를 모범으로 삼고, 1갤런당 주행거리가 10마일대 전반에 불과한 6.2리터 V8 엔진을 장착한 허머는 무게만 거의 5톤이었다. 이 제품의 배후에서 활약한 프랑스 출신 마케팅 전략가 클로테르 라파유Clotaire Rapaille에 따르면, 허머는 이 시대의 정신에 완벽하게 맞아떨어지는 차량이었다. 노상 분노의 시대에는 운전자들이 자기 차량을 "전장에 나가는 장갑차"[17]로 간주한다는 것이었다.

라파유는 우리의 행동 가운데 상당 부분이 두뇌의 이른바 파충류 영

---

* 이것의 원형은 혁명적인 안전 자전거를 내놓은 제조업체들의 후신에 해당하는 회사에서 만든 레인지 로버Range Rover였다.

역에 지배된다는 사실을 통찰해 마케팅의 대가라는 평판을 얻었다. 이 영역은 인간 두뇌의 가장 오래된 구성 요소로 우리의 생존 본능을 담당하는데, 라파유의 견해에 따르면 우리의 구매 결정 가운데 상당수도 이 영역이 담당한다. 일단 두뇌의 파충류가 말을 하기 시작하면 이성은 한 발짝 물러날 수밖에 없다. 한번은 미디어 이론가 더글러스 러시코프Douglas Rushkoff가 라파유에게 물었다. 배출 물질로 인한 환경 손상에도 불구하고 우리가 굳이 초대형 SUV를 구매해야 하는지 저울질해봐야 마땅하지 않느냐는 것이었다. 그러자 라파유는 조금 불가사의한 태도로, 결국에 가서는 파충류가 이길 거라고 자신했다.

러시코프 : 그럼 환경은요? 두뇌의 파충류가 허머를 원할 경우 그런 문제가 대두하지 않을까요?

허머 H1

라파유 : 맞습니다.

러시코프 : 그렇다면…… 파충류는 환경보호론자의 말에 귀 기울이지 않겠군요.

라파유 : 맞습니다.

러시코프 : 그렇다면 지각 있는 시민으로서 우리의 임무는, 그 파충류를 입 닥치게 만들고 대뇌피질에, 즉 포유류에 호소하는 것이 아닐까요?

라파유 : 그런데 말입니다, 아시다시피 여기서 문제는…… 좋은 일을 하고 싶어 하는 사람이라고 해서 항상 좋은 일을 하게 되는 것은 아니라는 거죠…… 좋은 일을 하고 싶은 사람들은…… 이렇게 말합니다. "그래요, 우리는 더 작은 자동차를 만들 필요가 있습니다…… 환경을 보호하기 위해서요." 하지만 아무도 더 작은 자동차를 사지는 않죠. 왜일까요? 너무 작기 때문입니다.[18]

라파유의 통찰은 셰익스피어의 희곡 〈리어 왕〉에서 리어 왕이 한 대사를 연상시킨다. "오, 필요를 따지지 마라! 가장 빈곤한 거지조차 보잘 것없는 물건을 차고 넘치게 갖고 있느니라.O, reason not the need! Our basest beggars are in their poorest things superfluous."*

허머의 광고에도 이와 비슷한 정서가 뚜렷이 나타나며, 심지어 "필요란 매우 주관적인 단어"라는 문구도 등장한다. 허머의 인터넷 게시판에서도 상황은 마찬가지이다. 통근이라는 논제에 관해서는 특히 그렇다. 게시판에 올라온 게시물 가운데 상당수는 도로 정체 상황에서 이처럼 거대

---

* (옮긴이주) 〈리어 왕〉 2막 4장. 부친의 호위 기사 수가 불필요하게 많다며 트집 잡는 간악한 딸들에게 리어 왕이 화를 내며 내뱉는 대사의 일부이다.

한 괴물을 끌고 거북이걸음을 하느라 그처럼 많은 휘발유를 낭비할 가치가 있느냐는 질문으로 시작된다. 하지만 댓글이 몇 개쯤 달리다 보면, 게시물들은 어느새 비합리성에 대한 예찬으로 변모하고 만다. 그중 한 가지 사례를 들면 다음과 같다.

저는 이틀에 한 번씩 뉴저지에서 워싱턴 DC 근처로 출근합니다(왕복 380킬로미터). 대개는 아침에 볼티모어를 지날 때마다 교통 정체를 겪는데, 그럴 때 허머에 타고 있다는 것은 세상에 둘도 없는 경험입니다. 제 통근 길 중 처음 절반은 멀쩡한 편입니다. 정속 주행 장치를 시속 120킬로미터로 놓고 텅 빈 도로를 달립니다. 이 트럭을 타고 달리는 것은 정말이지 '순수한 사랑'입니다. (……)

이 차는 제 평생의 마지막 차가 될 겁니다. 나중에 또 뭐가 나올지는 모르겠습니다만, 새로운 엔진이고 새로운 변속기고 뭐고 간에, 이 세상에 제가 타고 싶은 자동차가 있다면 오로지 H2*뿐입니다. (……)

제 생각은 그렇습니다. 살 수 있으면 사세요. 실망하지 않을 겁니다. 아, 혹시 배우자가 댁의 H2에 대해 불평한다면, 배우자를 바꾸고 H2는 계속 유지하세요. 결국에는 그게 더 이익일 테니까요. ㅋㅋ[19]

불운하게도 SUV 열풍은 도로 위의 분노를 경감시키기는커녕 도리어 악화시켰을 가능성이 크다. "노상 분노에 꽉 막힌 도로, 거기에 뻔뻔하고 거만하기 짝이 없는 SUV까지 합쳐지면, 평소보다 더 격분한 상태에서 '위험천만한' 충돌이 벌어질 재료가 다 갖춰진 셈이다."[20] 1999년 《샌

---

* H1 모델보다 좀 더 가볍고, 연료 효율성이 미세하게 더 높은 모델이다.

프란시스코 비즈니스 타임스*San Francisco Business Times*》에 게재된 기사의 한 대목이다. SUV와 충돌하는 사고를 당한 일반 승용차는 대개 파손 정도가 더 심각하다. SUV의 더 높고 딱딱한 전면부 때문에 이른바 "충돌 시 불균형"[21]이 초래되어, SUV의 범퍼가 더 작은 차량에 탄 운전자의 머리 높이를 가격하기 때문이다. 미국도로안전보험협회Insurance Institute of Highway Safety에 따르면, 심각한 교통사고에서 치사율은 '2.2톤 이상 SUV 탑승자'가 가장 낮은 반면, '소형 및 초소형 승용차 탑승자'가 가장 높다. 평소에 휘발유 소비가 어마어마한데다 다른 운전자에게 부상을 입힐 가능성도 높다고 하자 일부 여론이 SUV에 반대하게 되었는데, 그중에는 일부 기독교인 집단도 있었다. 예를 들어 워싱턴 DC에 근거지를 둔 '복음주의 환경보호 네트워크Evangelical Environmental Network'의 짐 볼Jim Ball 목사는 2002년 '예수님이라면 어떤 자동차를 모셨을까?'라는 텔레비전 광고 캠페인을 개시했다. 그는 기자들에게 말했다. "우리는 그리스도께서 우리의 구세주이며 주님이라는 사실을 고백했으므로, 교통수단 선택 역시 이 고백에 따라야 합니다." 볼의 견해에 따르면, 예수님은 SUV를 몰지 않으셨을 것이고, 따라서 신도들 역시 SUV를 몰지 말아야 한다는 것이었다.

그렇다면 기독교인 통근자들(그리고 다른 무고한 사람들)은 과연 어떤 방법으로 노상 분노에 대비해야 하는 걸까? 〈창세기〉 4장 9~10절의 "내가 내 형제를 지키는 자입니까?"에서 영감을 얻어, 형제들의 잘못을 감시하고 경고함으로써 그들을 다시 올바른 길로 인도하려고 노력해야 하는 걸까? 이미 인터넷에서는 플레이트와이어닷컴platewire.com 같은 자경단이 활동하고 있으며, 기분 나쁜 일을 겪은 운전자들이 상대 운전자의 번호판과 사유를 웹사이트에 게시하고 있다. 게시물이 대개 익명으로 작성되는 까닭에 "온라인 탈억제 효과"[22]가 발생하는데, 이런 '웹상 분노Web Rage' 가운데 상당수는 순수하고 단순하며, 도로에서 벌어지는 분노 못지 않게 비난의 여지가 없지 않다. 노상 분노와 마찬가지로 웹상 분노도 한편으로는 고립 때문에 야기된다. 컴퓨터 앞에 혼자 앉아 있는 것 역시 운전석에 혼자 앉아서 통근하는 것과 비슷하기 때문이다. 자기가 남의 눈에 보이지 않는다고 느끼면, 이를 이용해 고삐를 풀어버리는 것이다. 이런 해방감 가운데 일부는 욕하기와 망신 주기에서 온다. 왜냐하면 망신은 우리의 행동에 큰 영향을 끼치기 때문이다. 공동선에 반대되는 행동을 하는 사람을 검열하는 행동은 애초부터 우리 두뇌에 각인되어 있다. 즉 우리는 타인을 내 편으로 끌어들이려는 희망을 품고 반대를 제기하며, 이에 성공할 경우 우리의 지위는 높아지고 상대방의 지위는 낮아지게 된다. 웹상 분노자가 작성한 고발장을 노상 분노자가 실제로 읽을 가능성이 없더라도, 피해자는 뭔가 불만을 표시했다는 사실만으로도 침해당한 기분을 보상받기에 충분하다. 결국 마지막 한마디를 챙겼기 때문에 자기가 이겼다고 믿는 데도 도움이 된다. 최근 들어 블랙박스(즉 계기판과 뒷유리창에 설치한 카메라)에 찍힌 영상이 늘어나면서 온라인상의 욕하기와 망신 주기의 수준이 더 향상되었으며, 웹상 분노자들은 노상 분노에 관한 자신의 게시물에 이미지를 곁들일 수 있게 되었다.

노상 분노를 웹상 분노로 대체하기를 원치 않는 통근자들도 미국자동차협회에서 내놓은 지침을 따르다간 오히려 상황을 악화시킬 수 있다. 왜냐하면 이 지침에서는 IED(간헐적 분노 폭발 장애)와 싸우는 최선의 방법이 자제뿐이라고 단언하기 때문이다. 미국자동차협회의 견해에 따르면, 두뇌 속 파충류 부분이 우리로 하여금 자동차를 사게 하더라도, 막상 자동차를 운전하려면 대뇌변연계가 필요하고, 또한 애초에 자동차를 이해하기 위해서는 대뇌피질이 필요하기 때문에, 그쪽에 귀를 기울임으로써 두뇌 속 파충류의 유혹을 이기라는 것이다. 미국자동차협회의 안전 캠페인은 타인과 본인의 노상 분노를 두려워하는 사람들에게 세 가지 행동 원칙을 제안한다. 모두 방어적인 원칙이므로, 그러려면 SUV 차주의 자제력이 수동 공격적 정신 상태에서 한 단계 더 높아져야 한다. 이 원칙들은 일반적인 사람의 두뇌에서는 분노가 자연스럽고 심지어 불가피한 것이라고 가정하고, 따라서 자극하지 않는 것이 최선이라고 설명한다. 그 내용은 다음과 같다.

1. 기분 나쁘게 하지 않는다 : "신중하고 예의 바른 운전자가 된다." 분노한 몸짓을 피한다.
2. 대응하지 않는다 : "화내는 운전자 혼자서는 싸움을 벌일 수 없고, 반드시 다른 운전자가 뛰어들어야 한다." 무엇보다 상대방의 눈길을 피한다. 눈길이 살인을 부를 수도 있다.
3. 나의 태도를 바꾼다 : 이기려고 하지 않는다. 그 대신에 "좋은 시간을 보내려" 노력함으로써 "시간을 선하게 쓴다".[23]

미국자동차협회의 원칙도 분노 억제에 도움이 되지 않는다면, 심리학자 스티브 알브레히트Steve Albrecht의 조언대로 격분하기 일보직전의 모든 운전자는 WWDLD라고 자문해보는 게 좋을 것이다. "달라이라마라면 어떻게 했을까?What Would the Dalai Lama Do?" 알브레히트에 따르면, 텐진 갸초Tenzin Gyatso는 이 문제에 관한 설교에서 이렇게 말했다. "도로를 달리면서 여러분 자신이 되고, 타인을 향한 자비를 품으십시오. 여러분의

'공간'에 대해 걱정하기를 중단하십시오. 여러분의 창문을 도색하십시오. 위성 라디오에 회원 가입을 해서 광고 없이 나오는 음악을 즐기십시오. 노상 분노는 우스꽝스러운 것이고, 생명을 위협하는 것이며, 나아가 여러분이 결코 참여하지 말아야 하는 것임을 깨달으십시오."[24]

그런데 노상 분노는 심지어 달라이라마의 망명 장소인 인도 북부 다람살라에서도 나타난다.[25] 2012년 7월《타임스 오브 인디아 *Times of India*》의 보도에 따르면, 마루티 800Maruti 800을 몰던 운전자가 접촉 사고 직후에 상대측 청년 네 명에게 심하게 폭행당했다. 그런데 교통경찰은 그 일이 '마야', 즉 환영幻影에 불과하다는 듯 도로 정체와 분노 모두에 대해 "꿀 먹은 벙어리가 된 채 구경만" 해서 무려 한 시간 동안이나 도로가 마비되었다. 이런 사건은 인도에서는 그리 놀랄 만한 것도 아니다. 2010년에만 교통사고 부상자가 무려 130만 명에 달했고, 이곳의 노상 분노 역시 정말 무시무시하기 때문이다. 심지어 유명인사의 노상 분노 사례도 적지 않다. 인도의 전 국가대표 크리켓 선수인 나브조트 싱 시두는 1988년 펀자브 주의 도시 파티알라에서 노상 분노로 동료 운전자를 살해했고, 한참 뒤인 2006년에 유죄 선고를 받았다.* 1990년대에 영국과 미국에서 그랬듯이, 인도의 언론도 이 주제에 관해 무척이나 많은 자체 분석을 내놓았다. 인도의 IED 수도로 공인된 곳은 델리이다. 매일 러시아워 때마다 1,000만 대의 동력 차량이 도로의 구멍과 보행자와 (목제 마차인) 통가와

---

* 훗날 인도 대법원은 시두에 대한 선고를 '유예'하고, 그가 국회의원 선거에 출마할 수 있도록 배려해주었다. (시두는 2004년 총선에서 당선돼, 유죄 선고를 받았을 때는 이미 국회의원 신분이었다. 2009년 총선에서 재선에 성공해 2014년까지 두 번째 임기를 무사히 마쳤다—옮긴이주)

염소 떼와 성스러운 암소를 피해 달린다. 북적이는 여러 교차로에는 아예 신호등이 없고, 굳이 차선을 지키는 자동차도 드물며, 모두가 경적을 요란하게 울린다. 그 와중에 매일 1,400대에 달하는 새 자동차가 이 혼돈에 추가된다.

인도 델리

이런 조건들이 만들어내는 폭력과 불안정은 너무나도 익숙하다. "전에는 누구든지 저보다 느리게 운전하는 사람은 바보이고 저보다 빠르게 운전

인도 자이푸르

하는 사람은 미친놈이라고 말하면서 웃곤 했습니다." 한 노상 분노 피해자가 라케시 베르마라는 가명으로 《힌두스탄 타임스 *Hindustan Times*》와의 인터뷰에서 한 말이다. 그는 신호등에 걸려 멈춰 섰을 때, 위험천만한 어떤 운전자가 자기 꽁무니를 따라오고 있음을 알게 되었다. "뒤에서 요란한 경적 소리가 들렸습니다. (……) 마루티 800에 탄 그 사람은 오로지 저한테만 정신을 쏟고 있었죠. (……) 무슨 일인지 깨닫기도 전에, 한 남자가 제 차창이며 앞유리창을 두들기기 시작했습니다." 마루티에 타고 있던 운전자와 승객들이 모두 야구 방망이를 들고 나와 공격을 가했고, 갈비뼈가 부러진 베르마가 기절한 뒤에야 주위의 구경꾼들로부터 제지를

받고 물러났다. 델리 교통경찰 총책임자인 사트엔드라 가르그의 견해에 따르면, 이런 사건은 그리 대단한 것도 아니다. "우리나라에서는 아무도 법률을 존중하지 않습니다. 물리적 충돌을 오히려 남자다운 일로 여깁니다."[26]

이것은 우리 스스로가 "이 세상에서 우리가 보고 싶어 하는 변화가 되어야" 마땅하다던(즉 모범을 보이고 비폭력적으로 행동하라던) 간디의 이상과는 상당한 차이가 있지만, 정작 인도를 변화시키는 것은 러시아워 그 자체이다. 심지어 성스러운 암소도 노상 분노의 희생물이 된다. 델리에서는 약 4만 마리의 암소가 돌아다니면서 쓰레기를 먹거나 식품 판매 노점에서 뭔가를 훔쳐 먹고 산다. 이놈들을 죽이는 것은 원칙상 불법이지만, 교통사고로 죽이는 경우는 범죄로 간주되지 않는다. 2003년 경제학자 비베크 데브로이Bibek Debroy는 인도의 《파이낸셜 익스프레스Financial Express》 기고문에서 암소들을 "오늘날 델리에서 가장 큰 교통 위험 요소"로 지목하면서, 차라리 그 암소들에게 교통사고 방지용 반사 스티커와 번호판을 달아주자고 제안했다. 그의 신랄함은 "암소 보호"가 "힌두교의 외적 현현 중에서도 가장 중요한 것"이라던 간디의 견해와는 대조적이다.

새로운 인도와 과거의 인도 사이의 충돌이 지나치게 과격해지는 것을 방지하기 위해, 델리에는 '성스러운 소몰이'라는 그곳 특유의 카스트가 생성되었다. 그들의 임무는 모두 다섯 군데인 '가우샬라'(암소의 성역) 가운데 한 곳으로 떠돌이 암소들을 몰고 가서 환생할 때까지 돌보는 것이다.[27] 성스러운 소몰이들은 서양의 카우보이처럼 멋진 모습은 아니다. 대부분은 교외의 시골에 거주하며, 초밀도 승객 욱여넣기 열차를 타고 일터로 통근한다. 그들의 임무 또한 위험천만한데, 암소들이 워낙 영악한 데다, 크기는 작아도 날카로운 뿔이 달렸기 때문이다. 또한 암소 숭배자들로부터 돌을 맞을 위험도 있고, 자기 암소를 일부러 거리에 풀어놓아 먹이를 찾게 하는 델리의 수많은 무허가 낙농업주들이나, 심지어 그들이 생산하는 저렴한 우유를 애용하는 빈민들에게 공격당할 위험도 있다. 그럼에도 불구하고 소몰이들은 도로 정체 속에서 노상 분노로 고통받는 통근자들로부터 시바 신神의 탈것을 보호하려고 꾸준히 노력한다.

델리 사람들로 하여금 전통 문화까지 배반하게 하는 격한 분노에 대한 물리적 설명을 찾던 인도의 전문가들은 도시의 차량 행렬이 야기하는 소음과 열기가 주민들의 가연성可燃性에 대한 설명이 된다고 믿게 되었다. 그늘에서도 기온이 섭씨 50도에 달하고 습도는 무려 100퍼센트에 달하며, 모든 차량이 엔진을 켜놓은 상태에서 경적을 울려대고, 소 떼는 울어대고 보행자는 소리를 질러대니, 운명의 수레바퀴에 정신을 집중하기가 불가능하다는 것이다.

열기는 미국에서도 노상 분노의 방아쇠로 줄곧 지적되었지만, 현재까지의 연구 결과로 보건대 그것은 도로에서 일어나는 자동차 주행자 간 폭력 사건의 보조적 원인에 불과하다. 실제로 러시아의 경우를 보면, 노상 분노는 더운 기후와 마찬가지로 추운 기후에서도 많이 발생한다. 유튜브를 보면 '러시아의 노상 분노 걸작선'이라는 편집 영상이 많은데, 그것들을 보면 그 곰들의 왕국에도 IED와 블랙박스가 모두 건재함을 알 수 있다. 그 영상들에는 공격적인 운전의 기상천외한 사례들이 많이 나오고, 종종 무장한 운전자들 사이에 싸움도 벌어진다. 러시아인이 아닌 사람들에게는 이런 일화들이 무척 극단적으로 보일 수 있지만, 러시아인들에게는 노상 분노가 딱히 수수께끼도 아니다. 일찍이 차르 치하에서도 바퀴 달린 운송수단은 폭력과 결부되었다. 지주와 정부 관리들이 농노農奴를 치고 지나가는 것을 아무렇지도 않게 생각했기 때문이다. 공산주의 시대에는 자동차가 소련 통치자들의 통제하에 있었기에, 노동자들은 이전 시대와 마찬가지로 자동차 운행에 증오를 품게 되었다. 그러다가 페레스트로이카 이후 일반 시민들이 마침내 자동차를 소유하게 되었으며, 그때 이후로 IED는 이 나라의 문화적 전통이 되다시피 했다. 러시아의 도로에서는 상황에 의해 폭력이 벌어지기도 한다. 즉 통근자들이 보드카를 마신 상태이거나, 도로 위에 얼음이 언 상태이거나, 또는 2011년도 IBM 통근자 고통 지수에 나타났듯이 운전자의 거의 절반이 일터로 가는 길에 무려 세 시간 이상의 지연을 경험한 상태이다 보니, 자기 말고는 모두가 잘못을 범하고 있다고 믿는 것도 그리 놀라운 일이 아니다.

그럼에도 불구하고 이 '다로조고 그네파dorozhnogo гнева*'를 가만히 살펴보면, 서양의 시각으로 볼 때 유난히 두드러진 지역적 특성이 몇 가지 있다. 예를 들어 모스크바의 자동차 통근자들은 '미갈카'(램프)를 단 자동차, 즉 지붕에 파란색 경광등을 단 자동차에 대해 강한 증오심을 품고 있다. 왜냐하면 그런 차는 자기가 다른 자동차들보다 우선권을 갖고 있다고 자부하기 때문이다. 그 경광등은 소련 시절의 유물로(과거엔 막중한 지위에 있는 관료들에게 그것을 부여했다. 도로 정체로 그들의 도착이 지연되면 국가의 이익이 저해된다는 이유에서였다), 페레스트로이카 이후 경매를 거쳐 최고액 입찰자에게 수천 개나 팔려 나갔다. 구매한 것이건 얻은 것이건, '미갈카'를 단 차량은 과거에 차르나 기관원들이 드러냈던 것과 똑같은 경멸을 다른 도로 이용자들에게 드러낸다. 예를 들어 2010년 6월

---

* '노상 분노'라는 뜻의 러시아어이다.

의 어느 러시아워 때 긴급상황부 장관 세르게이 쇼이구Sergei Shoigu의 승용차가 파란색 경광등을 번쩍이며 길을 갔는데 앞의 차량들이 비켜주지 않았다. 그러자 쇼이구의 운전기사는 메가폰에 대고 자기 앞의 운전자를 향해 "당장 비키지 않으면 '내 머리를 총으로 쏴라, 멍청아'라고 말하는 것으로 간주하겠다"라고 위협했다.

통근자들은 '미갈카' 보유자들에 맞서 싸우는 '파란양동이협회Society of Blue Buckets'라는 조직을 결성했다. 이들은 플래시몹을 조직해 자동차 지붕에 장난감 양동이를 올려놓은 채 행진을 벌이고, 파란색 경광등 보유자들의 위법 행위를 찍은 블랙박스와 휴대전화 영상을 인터넷에 올리기도 한다. 처음에는 크렘린도 웹상 분노자들과 노상 분노자들에 대한 단속 여부를 놓고 저울질을 하다가, 결국 여론이 양동이 쪽에 있다고 결론 내렸다. 2010년 12월에는 유난히도 터무니없는 '미갈카' 사건이 일어났다. "VIP의 차량 행렬에 길을 내주지 않았다는 이유로 남자 세 명이 렉서스 승용차의 유리창을 깨고 운전자를 밖으로 끌어내려 한" 사건이었다. 알고 보니 파란색 경광등을 보유한 문제의 차량은 어느 억만장자의 소유였는데, 그는 과거에도 위험 운전으로 구설수에 오른 이력이 있었다(그의 아들들이 스위스에서 고급 렌터카를 과속으로 몰다가 교통사고를 일으켜 한 노인을 병원에 입원하게 만든 뒤, 자가용 비행기를 통해 국외로 빠져나갔다는 소문이 있었다). 급기야 당시 러시아 내무부 장관이었던 라시드 누르갈리예프Rashid Nurgaliyev가 나섰다. "이런 몰염치한 행위, 특히 불법 행위까지 곁들인 행위가 도로 위에서 일어난다는 것은 결코 묵과할 수 없는 일입니다. 그 운전자가 누구이건, 어떤 지위에 있건 마찬가지입니다. 모스크바에서는 특히나 그런데, 왜냐하면 모스크바는 교통 상황이 이미 극도로 복잡하기 때문입니다."[28] 그는 RIA 노보스티RIA Novosti 언론사의 기자에게 이렇게 말했다. 결국 재등록 절차를 통해 '미갈카' 승용차의 수는 7,500대에서 977대로 줄어들었지만, 소문에 따르면 이후에도 파란색 경광등은 여전히 구입 가능해서, 그 수가 다시 슬금슬금 늘어나고 있다고 한다.

하지만 이 세상에는 운전 중의 예의범절이 마지막으로 남아 있는 곳이 한 군데 있다. 이곳에도 노상 분노가 아예 없는 것은 아니지만, 적어도 그 현상을 가리키는 명칭은 아직까지 없다. 그곳은 바로 일본인데, 다른 곳에서 운전자들이 너무 가까이 붙을 경우에 발작처럼 일으키는 가미카제 같은 행동을 일본인이 묘사할 경우, 가장 근접한 단어는 '난폭 운전'뿐이다. 일본에는 자동차 통근자가 수백만 명에 달하지만, 그중 대다수는 운전석에 앉아 선禪 수행을 하는 것만 같다. 마치 자동차들이 사람들 사이의 전통적인 거리를 회복시키는 듯하고, 운전자들은 예의범절을 교환하는 데서 즐거움을 누리는 듯하다. 교차로에서 서로 양보하고, 방향 지시등을 깜빡여 서로 감사의 인사를 보낸다. 어쩌면 그들은 운전을 하면서 좀 더 의례적인 마음가짐으로 돌아가는 것인지도, 그리하여 자동차를 통해 그런 마음가짐을 표현하는 것인지도 모른다. 또한 일본인은 과학을 통해 노상 분노를 막는 것인지도 모른다. 운전면허시험 응시자는 누구나 미네소타 다면적 인성 검사Minnesota Multiphasic Personality Inventory(MMPI)를 받아야 하는데, 이 검사는 CIA에 들어가려는 지원자들이 받는 검사와도 유사하다. 응시자가 여기서 불합격할 가능성은 전혀 없지만, 그 결과로 미루어 '난폭 운전' 경향이 있는 사람에게는 "반성을 독려하게" 된다. 즉 "'정서적 안정성' 척도에서 낮은 점수를 받은 사람에게 부디 운전에 정신을 집중하도록 권고하는"[29] 것이다.

운전면허시험 응시자에게 운전 방법뿐만 아니라 감정 조절 방법까지 가르치자는 발상은 다른 나라에서도 호응을 얻고 있다. 싱가포르에서는 요즘 운전면허시험의 일환으로 "언어적 폭력 및 물리적 충돌에 대한 반응"[30]을 판정하는 실제적인 시험을 치른다. 영국에서는 RAC(로열 오토모빌 클럽)의 로비 결과, 분노 관리 교육과 함께 격노한 운전자에게 대응하는 방법 등이 운전면허시험에 포함되었다. '스코틀랜드 위험 운전 근절 캠페인Scottish Campaign against Irresponsible Driving'은 한 발 더 나아가려 한다. 즉 모든 운전자가 5년에 한 번씩 재시험을 치르게 하고, 노상 분노로 위법 행위를 한 사람에게는 심리 검사를 받게 한 뒤에 새로운 면허증을 발급해주자는 것이다.

하지만 운전자 교육 프로그램의 변화가 보편화되지 않는 한, 또는 도로 배급제가 현실화되지 않는 한, 러시아워 때 노상 분노를 피하는 유일하고 확실한 방법은 걷는 것뿐이다. 심지어 자전거 통근자들도 노상 분노의 피해자가 되게 마련이다. 그들이 모이는 인터넷 게시판을 토대로 짐작하건대, 노상 분노는 그들이 도로 위에 나섰을 때의 주된 걱정거리인 듯하다. 자전거 이용자는 도로 이용자들 중에서도 특히나 취약한 집단이다. 공간을 다투는 상대인 자동차와 버스에 비해 덜 보호받는 입장이기에, 그들 가운데 상당수는 러시아워 때 헬멧 카메라를 장착하고 다닌다. 한편으로는 위험한 운전자들을 촬영하기 위해서이고, 다른 한편으로는 좀 더 신중한 태도로 운전하라고 그들에게 경고하기 위해서이다. 그런데 거꾸로 보면 자전거 이용자들 역시 도로 위에서 분노를 자아내는 주된 원인 가운데 하나로 간주된다. 자전거 전문 보험 회사인 '프로텍트 유어 버블Protect Your Bubble'이 실시한 2013년의 설문조사에서, 차량을 추월하고, 빨간불에 튀어나오고, 아무런 신호 없이 차선을 바꾸는 자전거 이용자들이 "영국에서 노상 분노를 유발하는 가장 큰 원인"[31]으로 꼽혔다.

　반면 인도상 분노pedestrian rage라고 일컬어질 만한 현상은 아직까지 전혀 없다. 낯선 사람들이 인도를 걷다 말고 싸움을 벌일 가능성은 극히 드물기 때문이다. 스칸디나비아의 심리학자 리스토 네테넨Risto Näätänen 과 하이키 숨말라Heikki Summala는 1975년에 이 중요한 차이에 관한 연구를 개척해 몇 가지 설명을 내놓았다. 첫 번째 설명은 걸어 다니는 사람들은 억압된 공격성을 운동으로 배출한다는 것이다. 즉 격렬한 걷기는 시간당 270칼로리를 소비하는 반면, 교통 체증에 갇힌 운전자는 그 절반밖에는 소비하지 못한다. 두 번째 설명은 보행자들은 차량처럼 서로 뒤얽히지 않는다는 것이다. 즉 그들은 더 붐비는 상황에서도 얼마든지 계속 움직일 수 있으며, 자동차에 비해 훨씬 더 유연하게 서로를 피하고 비켜 갈 수 있다는 것이다. 나아가 그들은 속도 제한과 교통 신호를 따를 필요가 없는데, 운전자라면 누구나 이런 제한을 겪으며 마치 희생자가 된 듯한 느낌을 받게 마련이다. 그리고 마지막 설명은, 보행자의 경우에는 혹시 서로 부딪치는 사고가 나더라도 그로 인한 손상은 극히 드문 반면 사과하기는 오히려 쉽다는 것이다.

10장
–
출퇴근 전쟁과 사냥꾼의 유전자

우리의 본성은 운동 쪽이다. 완전한 고요는 죽음이다.

_블레즈 파스칼Blaise Pascal,

《팡세Pensées》(1669)

통근이 원인으로 지목되는 정서적 질환은 노상 분노만이 아니다. 의료계에서는 일터와 집 사이를 오가는 여행 자체가(대중교통을 이용하건 개인교통을 이용하건 간에) 우울증과 불면증의 직접적 원인인 동시에, 비만과 발기부전의 간접적 원인이라고 비난해왔다. 통근 비판자들에 따르면, 여행 자체가 인간의 신체가 버틸 만한 수준 이상의 부담이다. 텅 빈 도로에서 이루어지는 여행도, 좋은 책들을 갖춘 미니 도서관과 품위 있는 술집이 완비된 클럽 열차를 타고 하는 여행도 상황은 마찬가지라는 것이다. 그뿐만 아니라 통근은 언론에서 일종의 지옥으로 묘사된다. 언론의 소비자 가운데 상당수가 통근자인 만큼 동정적인 어조로 묘사한 게 이 정도다. 예를 들어 영국의 신문에서는 매년 1월이면 분개와 슬픔이 홍수를 이루는데, 바로 이 시기에 열차 요금 인상이 단행됨과 동시에 대중교통을 이용한 여행이 가장 비참한 지경에 이르기 때문이다. 이 시기의 러시아워는 새벽과 저녁의 어둠 속에서 펼쳐지며, 외부의 비와 추위는 물론이고 승객들이 열차 안으로 묻혀 들어오는 진흙 때문에도 더욱 우울한 느낌이 든다. 결국 (아마도 저 모든 부정적인 언론 보도 때문이겠지만) 통근하지 않는 사람들은 통근자에게 동정심을 품게 되는데, 정작 통근자의 입장에서는 상대방이 선심 쓰는 것처럼 느껴지기도 하고 때로는 불쾌하게 느껴지기도 한다.

그렇다면 통근은 정말로 그토록 불쾌한 것인가? 즉 주중에 날마다 하는 모든 일 중에서 최악의 부분인가? 예를 들어 일터에서의 지루함이나 가정에서의 말다툼보다 훨씬 더 나쁜 것인가? 통근은 정말로 바퀴 달린 악몽인 것인가? 즉 굳이 할 필요가 없다면 절대 하지 않을 일인가? 또는 내 경험에 더 가까운 것인가? 즉 실제로는 좋아한 적도 없고 때로는 증오하기까지 하지만, 그럼에도 불구하고 주중에 매일 겪는 고립된 경험, 즉 사무실이나 자택에서는 결코 얻을 수 없는 혼자만의 즐거움을 제공해주는 어떤 것인가? 생물학자와 정신분석가와 도시계획가와 경제학자를 비롯한 수많은 전문가들이 통근자들을 현미경 아래에 놓고 살펴본 바 있다. 그들 각자는 왜 사람들이 그토록 많은 시간을 기꺼이 이동에 소비하는지를 살펴보았다. 그들의 답변은 천차만별이지만(예를 들어 우리가 통근하는 것은 방랑성 육식동물이기 때문이라는 둥, 우리가 석유를 허비하는 것은 권력을 과시하기 위해서라는 둥, 통근이 우리의 불륜을 촉진한다는 둥, 우리 모두는 천편일률적인 주택을 원한다는 둥), 그들이 거의 만장일치로 확신하는 바가 있다면 그건 바로 통근이 나쁜 일이라는 것이다.

이런 불행의 가정을 뒷받침해주는 것이 바로 IBM의 통근자 고통 지수 같은 설문조사 결과인데, 이 자료는 널리 홍보되는 동시에 IBM의 전자 교통량 관리 시스템을 위한 마케팅 수단으로도 사용된다. 통근자 고통 지수는 조사 도시의 운전자들을 상대로 한 설문조사에 근거한 것인데, 문제는 이때 운전자들에게 주어진 질문 열 가지가 모두 부정적인 쟁점을 담고 있다는 것이다. 예를 들어 러시아워 중에 화가 나거나 스트레스를 받은 적이 있는지, 기름 값이 너무 비싸지 않은지, 일터까지 가는 데 시간이 너무 많이 걸리지 않는지 등등이다. 그러니 모든 도시가 고통을 겪는 것으로 지수가 나타난다 해도 놀라울 게 없다(물론 IBM의 교통량 관리 시스템이 설치된 도시에서는 그런 고통이 줄어든다지만 말이다). IBM의 지수는 굳이 통근을 할 필요가 없다면 남아도는 시간에 무엇을 할 것인지도 조사하는데, 앞서의 운전자 설문조사처럼 여기서도 답변의 선택지는 많지 않다. 조사에 따르면 대부분의 응답자들이 "그 시간을 대인 관계에, 그리고 본인의 건강 증진에 바치겠다"고 응답했다고 한다. 즉 남는 시간을 여가 활동에 쓰겠다는 것이었다. "운전자 10명 가운데 약 3명(29퍼센트)은 잠을 더 자겠다"고 응답했다고 한다.

통근자들이 고통 지수에서 드러나는 것만큼 '림보limbo'에서 허비하는 자기 시간에 대해 분개해 마지않는다면, 아울러 그런 관습이 자기 삶 가운데 일부를 훔쳐 간다고 느낀다면, 그들은 왜 계속 통근을 하는 걸까? 사람들이 통근을 하는 주된 이유로는 다음의 세 가지가 꼽힌다. ① 더 나은 일자리를 찾기 위해, ② 더 좋은 집에 살기 위해, ③ 매일같이 여행하고 싶은 자연적인, 또는 학습된 충동의 표현이라서. 이 세 가지를 하나씩 짚

어보도록 하자. 과연 사람들은 통근 덕분에 더 나은 일자리를 찾게 되는가? 이에 대한 답변은 (더 나은 일자리가 곧 더 많은 돈과 권력이라고 가정할 경우) 분명히 '그렇다'이고, 이것은 빅토리아 시대 이후 지금까지 줄곧 사실이었다. 철도 문화와 자동차 문화 덕분에 사람들은 자기 재능을 가장 유리한 가격에 팔 수 있는 시장으로 진출하게 되었다. 현재 기차와 지하철을 이용해 런던으로 출근하는 통근자들을 대상으로 한 설문조사에 따르면 그들은 전국 평균 임금보다 더 많은 돈을 벌고, 아울러 중역이나 팀장 같은 간부급일 가능성이 높은 것으로 나타났다. 그들은 교육 수준이 더 높고, 수명도 더 길었다. 마지막으로 결코 간과할 수 없는 사실은 그들이 정기권을 구입할 만한 경제력을 지녔다는 것이다. 객관적으로 보면 모든 것이 그들에게 유리한 것으로 나타났다.

하지만 오늘날의 경제학자들은 국가들의 상대적 건전성을 판정할 때 평균 소득만이 아니라 '삶의 질'까지 측정하려 한다. 과거에는 등한시되었던, 눈에 보이는 것이 아닌 이 요소가 중요하다는 것을 지목한 인물이 바로 로버트 F. 케네디Robert F. Kennedy였다. 존 F. 케네디 대통령의 동생이며 미국 상원의원이었던 그는 1968년 캔자스 대학 강연에서 이렇게 말했다.

우리는 너무나 오랫동안, 물질적인 것들의 단순한 누적 속에서 개인적 탁월성과 공동체의 가치를 포기해왔습니다. 우리의 국민 총생산에는 (……) 만약 우리가 바로 그것을 기준으로 미국을 판단한다면 (……) 대기 오염과 담배 광고, 도로 위에서 시신을 치우기 위한 구급차들의 비용도 들어가고 (……) 미국삼나무의 남벌이며 혼돈 같은 난개발로 인한 경이로운 자연의 상실 비용도 들어가며 (……) 우리의 아이들에게 장난감을 팔기 위해 폭력을 미화하는 텔레비전 프로그램의 비용도 들어갈 것입니다. 하지만 국민 총생산이 우리 아이들의 건강을, 우리 아이들의 교육의 질을, 우리 아이들의 놀이의 즐거움을 보장해주지는 않습니다. 또한 이 수치에는 우리 시詩의 아름다움이나 우리의 결혼의 힘이나 우리의 토론의 지성이나 우리 공무원의 고결성도 포함되지 않습니다. 이 수치는 우리의 재치도 우리의 용기도 측정하지 못하고, 우리의 지혜도 우리의 교양도 측정하지 못하고, 우리의 동정심도 국가에 대한 우리의 헌신도 측정하지 못합니다. 이 수치는 모든 것을 부족하게 측정할 뿐이며, 삶을 가치 있게 만들어주는 것들을 모조리 빼먹어 버립니다.[1]

케네디의 연설에서 영감을 얻은 경제학자들은 이른바 '삶의 질'을 구성하는 갖가지 파악하기 힘든 요소들의 수량화를 시도하는 한편, 그런 요소들이 GNP에 끼치는 영향을 판정하려 시도했다. 그 첫 번째 단계는 사람들이 하루 온종일 실제로 어떤 기분인지를 측정하고 사람들의 생산성에 비례해 요동하는 감정들을 측정하는 새로운 방법들을 고안하는 것이었다. 그들은 '경험 표본 수집' 기법을 가지고 시작했는데, 여기에는 대략 두 시간에 한 번꼴로 사람들에게 신호를 보내서 지금 무엇을 하는지, 그리고 행복한지 질문하는 것이 포함되었다. 그 대상자들 가운데 일부로부터 매일 정해진 시간에 겨드랑이 분비물을 채취했고, 그 분비물을 이용해 그들의 코르티솔 수준을 측정했다. 코르티솔 배출량은 스트레스와 관련되기 때문이었다. 또한 경제학자들은 '일상 재구성 기법Daily Reconstruction Method(DRM)'이라는 것을 개발했다. 그 기법에서는 대상자들이 일지를 매일 작성해야 했고, 전날 한 활동에 관한 질문지도 매일 작성해야 했다.[2] 경험 표본 수집과 일상 재구성 기법은 몇 가지 흥미로운 결과를 내놓았다. 예를 들어 상당수의 사람들에게서는 아이들과 노는 것이 즐거운 경험이기보다는 오히려 불쾌한 경험인 것으로, 심지어 텔레비전 시청보다 재미가 덜한 것으로 밝혀졌다. 일부 설문조사에서는 상당수의 사람들이 자기 일을 좋아하는 반면 그 외의 사람들은 좋아하지 않는 것으로 나타났다. 그리고 거의 모든 통근자들이 통근을 싫어하는 것으로 나타났다. 그 결과, 이런 설문조사의 결과를 취합해 행복 지수를 만들 경우, 통근은 사람들의 삶에 부정적인 영향을 끼치는 요소로 간주된다. '갤럽 헬스웨이스 행복 지수The Gallup-Healthways Well-Being Index'를 예로 들자면, 장거리 통근을 하는 사람들의 행복도는 걸어서 출근하는 사람에 비해 10퍼센트 낮다. 이 자료에 따르면 장거리 통근자들은 등과 목의 질환을 겪을 가능성, 콜레스테롤 지수가 높을 가능성, 부정적 감정을 느낄 가능성이 더 크다. 36개국을 대상으로 한 'OECD 행복 지수' 역시 통근에 불리하게 점수를 매겼다. 그 순위에서 1위를 차지한 나라는 덴마크인데, 평균 통근 거리가 매우 짧아서, 다른 한편으로는 노동자 가운데 34퍼센트가 자전거를 타고 일터에 출근해서, 점수 산정에 유리한 덕분이었다. 이런 요소들의 조합 덕분에 덴마크는 건강(자전거 통근자의 사망률이 국민 전체의 사망률보다 28퍼센트 낮았기 때문이다), 환경, '일과 삶의 균형'이라는 세 항목에서 높은 점수를 받았다.[3]

그렇다면 통근자들은 하나같이 인지 부조화를 앓고 있는 것이고, 흡연자와 마찬가지로, 자칫 스스로를 병들게 하고 심지어 죽일 가능성도 있는 습관에 중독되어버린 것일까? 일부 전문가들은 그렇다고 생각하며, 이런 맹목성을 가리켜 '숙고의 오류'라고 한다. 인간은 누구나 우선순위를 혼동하는 경향이 있다. 즉 사소한 일에 열정을 바치는 반면, 중요한 문제는 도리어 간과한다. 예를 들어 새로 산 신발에 대해서는 엄청나게 신경을 쓰면서도, 정작 세금 내는 일은 깜빡 잊어버린다. 통근과 관련해서 말하자면, 우리는 돈을 많이 벌어서 교외에 정원 딸린 집을 갖고 아이들을 좋은 학교에 보내는 등의 꿈을 꾸면서도, 정기권이나 연료비로 상당한 돈이 허비된다는 사실은 까먹는다. 나아가 우리는 정작 정원을 가꿀 시간도, 아이들을 사립학교에 보낼 돈도 없는 처지인 경우가 대부분이다. 경제학자 알로이스 슈투처Alois Stutzer와 브루노 프라이Bruno Frey는 이와 같은 계산 오류를 '통근자의 역설Commuter's Paradox'이라고 부르고, 우리가 통근에 30분을 추가 소비할 때마다 월급이 20퍼센트 추가 인상되어야 한다고 추산했다. 이들이 지나가듯 언급한 내용만 봐도 문제는 심각하다. "통근으로 인한 긴장에 수반되는 현상으로는 혈압 상승, 근골격계 질환, 짜증에 대한 인내력 감소, 불안 및 적대감 상승, (아침에 일터에 도착했을 때나 저녁에 가정에 돌아왔을 때의) 우울감, 지각의 증가, 장기 결근과 이직률 증가, 인지 능력의 역효과 등이 있다."[4]

흥미로운 사실은, 이처럼 불운과 우울로 점철된 통근 관련 평가가 실상과 맞지 않는다는 것이다. 우선 행복과 관련된 통계를 살펴보자. 영국의 '국가통계청Office for National Statistics(ONS)'이 내놓은 수치에 따르면, 2013년 런던 근교 주州들의 통근자 거주 지대(예를 들어 서리, 버킹엄셔, 햄프셔, 옥스퍼드셔 등)는 "건강 문제나 장애로부터 자유로운 삶"을 누린다는 점에서 전국에서도 가장 좋은 지역이다. 서리 주 엘름브리지Elmbridge 같은 대표적인 통근자 지역에서는 "건강 문제로 활동에 심하게 제약받는" 사람들이 주민의 4.9퍼센트 미만인 반면 전국 평균은 10퍼센트가 넘었으며, 무려 15.3퍼센트를 기록한 리버풀의 빈민 지역에서는 통근자(또는 일자리를 가진 사람들 자체)가 극히 드물었다.

또한 통근자들은 비판자들의 주장보다 더 행복하게 살아갈 수도 있다. 통근을 지옥으로 단정하는 대표적인 문서들 가운데 일부를 꼼꼼히 읽어보면, 실제로는 통근하는 사람들 대부분이 통근에 상당히 만족한다는 사실이 드러난다. 텍사스 주에서 자녀를 둔 여성 노동자 700명을 대상으로 실시한 대니얼 카네먼Daniel Kahneman의 영향력 있는 DRM 설문조사의 경우, 여러 행복 지수에서 '통근은 오로지 고통일 뿐'이라는 주장을 입증하는 증거로 광범위하게 사용되었지만, 사실 조사 대상자 가운데 72퍼센트가 도로에서 보내는 시간에 만족하고 있었다. 그 정도면 사람들이 '친밀한 관계'로부터 얻는 만족감보다는 적지만, 자녀를 돌보면서 얻는 즐거움과는 큰 차이가 없다.

실제로 많은 사람들이 (예를 들어 1950년대의 레빗타운 주민들과 마찬가지로) 통근을 정말로 즐긴다는 것을 암시하는 연구도 상당히 많다. 예를 들어 1993년에 미국의 보건 관련 기관 고용인 1,557명을 대상으로 한 연구에 따르면, "통근 시간이 32분 이하인 사람 가운데 94퍼센트"는 자신의 통근에 대해 "만족, 또는 매우 만족"하는 것으로 나타났다. 2001년 샌프란시스코 베이 에어리어Bay Area에서 비슷한 수의 통근자들을 대상으로 실시한 설문조사에서도 통근을 긍정하는 비율의 답변이 나왔다. 응답자 가운데는 통근을 불편해하는 사람보다 좋아하는 사람이 더 많았으며, 무려 7퍼센트는 자기 여정(승용차를 이용하든 대중교통을 이용하든 간에)이 더 오래 걸렸으면 좋겠다고 말했다. 이 보고서는 대부분의 응답자들에게 "이상적인 통근 시간은 0보다 큰 시간"[5]이라는, 즉 통근을 아예 하지 않는 것보다는 하는 편이 낫다는 결론을 내렸다. 이는 조사 대상자들이 일터와 가정 사이의 분리를 어느 정도 원했거나 매일 일종의 여행을 원했음을 암시한다. 통근을 각별히 열망하는 사람들의 유형에는 두 가지가 있음이 확인되었다. ① '출세주의자'들. 이들은 설문 조사에서 "나에게는 자동차가 출세의 상징이다"라거나 "죽을 때 죽더라도 많이 가진 게 장땡이다" 같은 예시에 동의했다. ② 일 중독자들. 이들은 각자의 여정까지도 업무 시간의 충분히 이해할 만한 연장이라고 간주했다.

이런 발견들은 그때까지만 해도 등한시되었던 연구, 즉 통근자들이 통근을 좋아하는 이유에 대한 연구의 결과와도 부합한다. 그 전까지는 사람들이 여행을 하는 이유는 "다른 목적지에 있음으로써 어떤 이득을 얻기 위해서"이며, 따라서 여행 자체만으로는 아무런 이점이 없다고 간주되었다. 그런데 캘리포니아 대학 부설 교통 연구소의 데이비드 오리David Ory와 그의 동료들이 2004년에 발표한 논문 〈통근이 개인에게 바람직할 때는 언제인가?When is Commuting Desirable to the Individual?〉는 "여행 도중에 수행하는 활동에 긍정적인 실용성이 있을 뿐 아니라, 여행이라는 행위 자체에도 실용성이 있다"라고 주장했다. 대중교통의 경우 "생각하고, 대화하고, 음악을 듣고, 책을 읽고, 심지어 잠을 자는 것" 등이 바로 그런 활동이다. 혼자 운전하는 경우에는 "다양성, 속도, 심지어 그냥 움직이는 일 자체를 즐기는 것, 주위 환경에 대한 직접적인 정보를 습득하는 것, 운전 솜씨나 멋진 자동차를 남들 앞에 선보이는 것, 또는 탈주 그 자체"가 바로 그런 활동이다.

통근에 대한 대뇌 차원의 호감 역시 상당해 보인다. 통근은 두뇌의 파충류 영역만이 아니라 피질에도 매력을 발휘한다. 일터까지 운전을 하는 사람들에게는 특히 그렇다. 실제로 운전자의 감정을 묻는 1997년의 설문조사에서는 "미국인 운전자의 45퍼센트가 '운전은 내가 뭔가를 생각하고 혼자 있는 것을 즐기는 시간이다'라는 예시에 동의했고, 85퍼센트가 '나는 승용차를 몰고 여행하는 것을 즐긴다'라는 예시에 동의했다".[6]

캐나다인 역시 미국인 못지않게 통근에 열성적이며, 시간 때우기에 대한 그들의 열성은 대중교통을 이용한 여행 중에도 마찬가지이다. 2005년에 진화생태학자 마틴 터코트Martin Turcotte가 실시한 설문조사에 따르면 통근을 싫어하는 사람보다 좋아하는 사람이 더 많고, "심지어 자기가 통근을 무척 좋아한다고 말한"[7] 사람이 6명 가운데 1명꼴이었다. 터코트의 견해에 따르면, 그의 발견은 "통근하는 노동자들이 천성적으로 '긍정적'이고 다양한 활동을 즐기는 사람들인가, 그래서 일터까지의 통근도 즐기는 것인가 하는 의문"을 제기한다. 그런데 만약 그들이 실제로 별개의 인종이라면 어떻게 되는 것일까? 즉 그들이 정주定住 성향의 인간들보다 더 대담한 초인간super human의 무리라면, 따라서 여정을 통해 모험을 얻고 여정의 목적지에서 이득을 얻을 수 있는 한 매일 낯선 사람들의 무리에 섞이는 것도 개의치 않는다면 어떻게 되는 것일까?

모든 통근자들이 늘 불행하다고, 따라서 할 수만 있다면 아예 통근을 하지 않고 싶어 한다고, 아울러 매일 이동 중에 추가로 30분씩을 허비하다 보면 사람들의 '삶의 질 평가'(즉 "이것은 과연 가치 있는 일인가?"라는 질문에 대한 답변)가 치료를 요할 정도로까지 수직 낙하한다고 가정하기보다는, 차라리 상황을 좀 더 깊이 살펴봄으로써, 통근에서 사람을 가장 짜증나게 하는 부분이 무엇인지를 알아내는 편이 더 유익할 것이다. 예를 들어 없앨 수만 있다면 상황이 더 나아질 만한 사소한 불편들이 있는가? 영국 정부가 자국 철도 여행자들의 이익을 살피라며 설립한 독립 기구인 '패신저 포커스Passenger Focus'는 매우 자세한 설문조사를 실시한 끝에, 러시아워 동안 이용자들이 가장 좋아하고 가장 싫어하는 것이 무엇인지를 알아냈다. 승객들은 운행 시간 엄수에서 화물 보관 공간에 이르는 18개의 항목에 관해 기대 이상인지 아닌지를 묻는 질문을 받았다. 기대 이상일 경우에는 그 경험이 긍정적이라고 평가되었고, 아닐 경우에는 부정적이라고 평가되었다. 그 결과 '직원들의 적극성과 태도'가 가장 바람직한 부분으로 꼽힌 반면, 열차 내 화장실 상태가 (지연과 과밀마저 밀어내고) 맨 꼴찌를 차지했다. 실제로 영국은 물론이고 유럽 전역에 걸쳐서 열차 내 화장실 관련 정책을 지배하는 원칙이 있었다면, 그건 바로 통근자들이 (장애인이 아닌 한) 코끼리 같은 방광 또는 순교자 같은 자제력을 갖고 있으리라는 가정이었다. 통근자들은 당연히 분개했다. 모든 성인이 통근을 시작하기 전에 방광 조절 능력을 갖추었다고 가정하는 것이야 지극히 당연했지만, 그렇다고 해서 승객이 갑자기 용변이 급해지는 법이 결코 없는 로봇이라 가정하고 객차를 설계한 것은 부당한 일이었다. 2011년 네덜란드에서는 이런 승객의 분노가 결국 폭발하고 말았다. 네덜란드 국영 철도 Nederlandse Spoorwegen가 통근자 노선에 도입한 131편의 새 객차에 하나같이 화장실이 설치되지 않은 까닭이었다. "거의 모든 열차에서 인터넷 접속이 가능하면서 오줌은 눌 수 없다니, 정말이지 믿을 수 없는 일이다."[8] 네덜란드 의회의 하원의원 이네커 판 헨트Ineke van Gent가 일갈했다. 원성을 잠재우기 위해 네덜란드 국영 철도가 내놓은 대응은 객차마다 트래블존TravelJohn 남녀 공용 일회용 소변기를 비치하는 것뿐이었다. 빅토리아 시대 통근자들이 이용하던 여행용 고무 화장실의 21세기 버전인 트래블존은 소변 흡수용 젤이 담긴 방수 플라스틱 주머니에 튜브가 연결된 모습이다. 미국의 장거리 트럭 운전자들 사이에서는 이 물건이 하늘의 선물로 여겨져서, 그 제조 회사의 웹사이트에 가면 그들이 남긴 격찬 세례를 종종 볼 수 있다.* 네덜란드의 승객들이 이 장비를 사용하려면 열차 맨 뒤의 텅 빈 기관사실로 들어가는 수밖에 없었고, 그나마도 사용 후 각자 책임 있는 자세로 제거하고 폐기해야 한다는 조건이 붙어 있었다.

통근자들에게 화장실의 유무가 이처럼 중요하다는 것은, 바꿔 말해 대중교통 운영업체가 서비스에서 약간의 변화만 꾀해도 승객을 더 행복하게 만들 수 있다는 뜻이며, 결과적으로는 해당 국가의 행복 지수를 크게 높일 수 있다는 뜻이다. 통근자들은 언론의 비판자들이나 경제학자들이 생각하는 것보다 더 명랑한 성격을 갖고 있는 듯하다. 이들에게 불리한 경제적 논증은 대개 이들의 괴로움에 대한 가정에 근거하고 있으므로, 이들이 황무지를 지나갈 때도 전반적으로 사기가 높다는 사실을 입증하기만 한다면 그 논증 역시 산산조각 날 수밖에 없을 것이다.

그렇다면 통근의 이유 중에서 "더 좋은 집"은 어떨까? 통근자들은 실제로 도시나 시골의 다른 사람들보다 더 좋은 집에 사는 걸까? 교외 대對 도시라는 관점에서 이 문제를 보면 통근자가 이긴 것처럼 보인다. 도시에 사는 사람들은 결코 쉴 수가 없다. 1989년에 심리학자 스티븐 캐플런 Stephen Kaplan이 개척한 '주의注意 회복 이론Attention Restoration Theory'에 따르면, 도시 환경은 너무 많은 집중을 필요로 한다. 도시 거주자들은 서로 부딪치지 않기 위해, 버스나 전차나 승용차나 오토바이, 심지어 성스러운 소에 치이지 않기 위해 저마다 재치를 발휘해야만 한다. 항상 고개를 치켜들고, 위협이 있는지 주위를 훑어보아야 한다. 반면 자연 풍경은 그렇

---

* 그중 하나를 소개하면 다음과 같다. "우리 부부는 미국과 캐나다 사이를 오가며 트랙터/트레일러 운전 일을 함께 하고 있습니다. 귀사의 제품은 우리가 대도시의 러시아워 차량 행렬 속에서 옴짝달싹 못하는 동안 몇 번이나 구명대 노릇을 해주었습니다. (……) 트래블존을 개발해주셔서 정말 감사합니다. 진즉에 나왔어야 할 물건이니 깊이 감사드리는 바입니다."

게 요구가 많지 않다. 이런 차이는 우리가 두 종류의 '주의'를 갖고 있기 때문에 생긴다. 하나는 '지향된 주의directed attention'로, 우리가 어떤 것에 정신을 집중해야 할 때를 말한다. 또 하나는 '비자발적 주의involuntary attention'로, 우리를 흥분시키거나 기쁘게 만드는 뭔가가 우리의 시선을 사로잡을 때를 말한다.⁹ 지향된 주의는 요구가 많고 사람의 기운을 갉아먹으며, 도시에서는 이런 종류의 주의가 종종 필요하다. 반면에 자연 풍경에서는 그렇지 않다. 푸른 풍경은 '부드러운 매혹 요소들'로 가득해서 사람들이 그 안에서 평온하게 살아가게 해주며, 대도시에서 찾아온 방문객의 두뇌에 마치 향유처럼 작용한다.¹⁰ 통근자 교외는 대개 도시보다 훨씬 더 푸른 풍경이 많고, 야생까지는 아니지만 자연이 충분히 있기 때문에, 거주자들이 도시인은 할 수 없는 방식으로 휴식을 취할 수 있다.

그렇다면 진짜 시골 주민들은 어떨까? 그들도 각자의 농장과 빈터에 살면서 행복해할까? 이들은 대개 더 가난한데, 빈곤은 (통근의 경우보다) 불행과의 연관성이 훨씬 더 큰 편이다. 또한 시골에는 편의 시설이 부족하다. 반면 교외에서는 골프장과 쇼핑센터가 가까이 있고, 학교와 병원도 골라서 다닐 수 있다. 그뿐만 아니라 시골 생활은 교외나 도시 중심부 생활에 비해 오히려 덜 유익하다고 간주된다. 예를 들어 2003년 영국의 지방 정부에 접수된 민원 가운데 1만 5,000건은 시골의 악취와 관련된 것이었는데, 이것은 포장된 땅에서 사는 데 익숙해진 사람들이 시골 생활을 도리어 불쾌하게 여기고 있음을 시사한다. 자동차나 기차의 차창으로 바라볼 때는 예뻐 보일지 몰라도, 날이 갈수록 시골은 뿌리를 내릴 곳이라기보다는 단지 방문만 하는 곳으로 간주되는 셈이다. 독일에서는 심지어 진짜 시골 냄새를 파는 시장이 도시와 교외에 마련되어 있다. '슈탈 루프트Stall Luft', 즉 '마구간 냄새'라는 이름의 회사가 전통적인 방식으로 밀짚을 깔아놓은 마구간에서 나온 쇠똥을 깡통에 담아 개당 5파운드씩에 판매하는데, 한때는 우유통을 들고 다녔지만 지금은 노트북 컴퓨터를 들고 다니는 시골 출신 이주자들이 과거에 대한 향수를 느껴서 구입한다.[11]

따라서 교외는 사실상 이것도 저것도 아닌 상태인 셈이다. 푸른 풍경은 있지만, 진정한 시골 생활의 불편까지는 없기 때문이다. 또한 교외는 통근을 옹호하는 경제적 논증을 조장하는데, 왜냐하면 교외와 주거형 도시의 주택은 통근의 목적지인 도심의 주택보다 가격이 싸기 때문이다. 영국의 고급 부동산 매매 업체인 새빌스Savills에 따르면, 런던 지하철의 동심원 지역을 지나 바깥으로 갈수록 집값은 상당히 많이 떨어진다. 2012년 기준으로 단독 주택 평균 가격이 도심에 가까운 2구역에서 120만 파운드였던 반면, 도심까지 통근 시간이 30분쯤 걸리는 3구역과 4구역에서는 50만 파운드를 살짝 넘었고, 도심까지 통근 시간이 한 시간 반 가까이 걸리는 외곽 지역에서는 36만 파운드로 뚝 떨어졌다. 따라서 더 많은 이동 시간을 감내할 의향만 있다면 런던 중심부에 사는 통근자가 런던 외곽에 집을 한 채 살 수 있으며, 아울러 "자금에 여유가 생겨서 교육비 같은 가계의 중요 항목에 자금을 더 투자하거나 런던에 원룸을 하나 얻어서 수도와의 연계를 더 수월하게 유지할 수도 있다".[12] 또한 더 큰 단독 주택을 소유하는 동시에 도시와는 달리 지향된 주의가 덜 요구되는 환경에서 살게 되므로, 더 오랜 시간 통근하면서 때때로 겪는 추가적 불편은 충분히 상쇄될 것이다.

더 나은 일자리와 더 쾌적한 가정환경을 즐기는 것 외에, 도시에 갇혀 사는 사람들이나 시골에서 순무를 기르는 사람들에 비해 통근자가 더 자연스러운 삶을 영위한다는 주장도 있다. 생물 종으로서 사는 대부분의 기간 동안 우리는 수렵 및 채집자로 살면서 줍거나 죽이는 방식으로 식량을 얻었으며, 따라서 먹을 것을 얻기 위해 반드시 여행을 하도록 생물학적으로 각인되어 있다. 무려 1만 년 동안 계속된 정착형 농업도 이런 본능을 없애기에는 충분하지 않았다. 산업혁명으로 인해 또다시 방랑벽을 표현할 수단이 생긴 후로는 이런 본능이 계속 되살아났다.

전통적인 수렵 및 채집 사회에 관한 메타 조사에 따르면, 그 생활 방식은 상당히 행복하다. 일하는 시간은 더 짧은 반면에 매일 한 시간쯤 걷는데, 이 정도면 OECD 국가 통근자들의 평균 이동 시간과 거의 비슷하다. 이탈리아의 이론물리학자 체사레 마르케티Cesare Marchetti는 이처럼 극단적으로 다른 생활 방식에서도 매일 여행하는 시간만큼은 유사하다는 점에 착안해, "전 세계 어디에서나 여행 본능이라는 순수한 단일체"[13]가 있다고, 아울러 이 단일체는 고정된 "여행 시간 예산"에서(즉 자기 이름을 따 '마르케티 상수Marchetti's Constant'라고 명명한 것에서) 비롯된다고 주장했다. 그는 과거와 현재의 다양한 문화를 대상으로 자기 이론을 시험했으며, 이 본능이 역사의 여명 이후 줄곧 우리의 행동을 형성해왔다고 결론 내렸다. 예를 들어 고대 그리스의 마을들에서는 주민들이 인접 지역까지 걸어 다녔는데, 그 범위가 20제곱킬로미터쯤 되었다. 이것이 그들의 여행 시간 예산 이내에서 감당할 만한 최대한의 범위였으며, 보행자의 이런 한계는 산업혁명 이전까지 도시와 정착지의 규모를 줄곧 제한했다. 그러다가 철도 덕분에 활동 범위를 연장할 기회를 얻게 되자 사람들은 실제로 활동 범위를 연장했지만, 번번이 매일 한 시간 내외의 여행을 고수하며 마르케티의 법칙 이내에서 움직였다. 나아가 마르케티는, 사람들은 자기 상수를 위배하려고, 그리하여 조상 대대로 내려온 배회를 도보 행군으로 바꾸려고 시도할 경우 불편을 느끼게 된다고 주장했다. 이런 불편은 혁신의 주된 동력이었다. 즉 사람들은 기차와 자동차와 비행기 같은 교통수단을 새로 발명하거나 기존의 교통수단을 완벽하게 다듬는 등 마르케티 상수의 한계 이내에 남아 있으면서도 활동 범위를 더 넓힐 수 있도록, 즉 여행 시간 예산을 늘리는 방향으로 반응한다는 것이었다.

또한 마르케티는 자신의 상수가 위협받거나 깨질 때마다 번번이 혁신이 계속될 거라고 확신했다. 그는 2000년도를 전후해서 이런 일이 분명히 일어날 거라고 예견했고, 자기부상열차가 해결책이 될 거라고 주장했다. 이것은 자기 부양 동력으로 움직이는 열차를 말하는데, 이론상으로는 마르케티의 여행 시간 예산 내에서 수십만 명의 사람들을 먼 거리까지 운반할 수 있다. 이상적인 상황에서 자기부상열차는 터널 연결망을 통해 오가는데, 내부가 부분 진공이기 때문에 열차가 마하 5 내지 6의 속도로 움직일 수 있다. 이 발상에는 물론 약점이 있었다. 인간이 의식을 잃지 않고 버틸 수 있는 한계는 5중력가속도이며(대략 초속 49미터로 가속하는 것에 상응한다) 훈련과 내가속도복耐加速度服을 통해 9중력가속도까지 한계를 늘릴 수는 있지만, 그렇더라도 자기부상열차를 비교적 천천히 가속해야만 한다. 이런 생물학적 한계를 감안하고도 마르케티는 자기부상열차가 미래의 통근자를 싣고 파리에서 카사블랑카까지(약 1,900킬로미터 거리) 20분 만에 주파할 수 있으리라고, 그리하여 모로코인들이 낮에는 프랑스에서 일하고 저녁에는 집에 돌아가 저녁을 차려 먹을 수 있으리라고 계산했다. 그 소요 시간의 절반 동안에는 '페라리와 포르셰'의 속도로 가속하고, 나머지 절반 동안에는 같은 속도로 제동한다는 것이었다. 이런 미래의 대중교통 시스템은 통근을 웬만한 테마파크의 롤러코스터 못지않게 짜릿하게 만들 뿐만 아니라, 서로 다른 문화들이 서로 간에 거리를 유지하며 다양성을 보전하게 함으로써 일종의 역逆다문화주의를 가능케 하리라는 것이 그의 의견이었다. 오늘날 자기부상열차는 아직 많이 이용되고 있지 않고, 여행 시간 예산 역시 마르케티 본인의 예상대로 전 세계 수천만 명의 통근자들에 의해 빗나가고 있지만, 여행 시간 예산은 도시계획가들 사이에서는 계속 매력을 발휘하고 있다. 예를 들어 오스트레일리아의 퍼스Perth 시에서는 30분 내외의 여행 시간에 맞춰 대중교통을 재편했는데, 그 결과 그곳은 근린 조성과 보행자 친화 등을 특징으로 하는 신新도시주의neo-urbanism의 전형 비슷한 모습이 되었다.

통근과 수렵 및 채집 사이의 연관성은 여행 시간 예산에서의 유사성보다 한층 더 나아간다. 양쪽 모두에 성별적 편향이 있기 때문이다. 현존하는 수렵 및 채집 부족에서는 성별에 의거한 노동 분업이 보편적이다. 대부분 남성이 수렵을 담당하고 여성은 채집을 담당하며, 여성보다 남성이 매일 더 오랜 시간 이동한다. 예를 들어 탄자니아의 하드자Hadza 부족 남성의 경우(이들은 자기네 조상인 털보 거인들이 눈길을 주는 것만으로 사냥감을 죽일 수 있는 신비한 능력의 소유자였다고 믿는다) 매일 11.4킬로미터를 걸어 다니는데, 이 정도면 아내, 어머니, 딸보다 거의 두 배 가까이 많이 걷는 셈이다.[14] 통근자들 사이에서도 이와 비슷한 분화가 나타난다. 가장 최근(즉 2014년)의 영국 국가통계청 통계에 따르면, 남성이 여성보다 더 오래 통근하는 것으로 나온다. 한편으로 2009년의 보고를 분석한 셰필드 대학의 제니퍼 로버츠Jennifer Roberts는 여성, 특히 자녀를 둔 여성이 이동 중에 남성보다 더 많은 스트레스를 받는다고 지적하면서, 이런 추가적인 정신적 외상에는 생물학적 뿌리가 있다고 주장했다.

21세기의 통근자들과 수렵 및 채집자들 사이의 유사성은 통근의 스펙트럼 맨 끝에 해당되는 부분에서도 계속된다. 일부 부족들은 '지구력 사냥'이라는 것을 수행하는데, 이때는 아궁이에서 사냥터까지의 이동에 많은 시간을 보내야 한다. 지구력 사냥의 핵심은 대낮에 커다란 사냥감을 뒤쫓는 것인데, 인간과 달리 동물은 땀을 흘릴 수 없다는 약점이 있어서, 사냥꾼보다 더 빨리 달리더라도 종종 멈춰 서서 숨을 헐떡여야 한다. 사냥꾼이 더 많이 몰아세울수록 사냥감은 더 많이 멈춰 서고, 급기야 더 이상 뛰지 못하고 가만히 서 있다가 창에 맞아 쓰러진다. 지구력 사냥은 하루 온종일 걸릴 수도 있다. 더 멀리까지 이동할수록 더 많은 고기를 보상으로 얻게 마련이다. 통근에서 이런 사냥꾼에 해당하는 사람이 이른바 '극단적 통근자extreme commuter'인데, 이들은 매일 먼 거리를 이동하거나 여러 시간 동안 이동해 일터에 도착한다. 통근자의 평균 여정이 짧은 미국에서는 통계청이 편도 90분 이상 걸리는 경우를 '극단적 통근'이라고 정의하며, 2012년 기준으로 이 범주에 속하는 미국인은 2.5퍼센트로 추산된다. 언론이 이 분야의 다양한 챔피언들을 소개한 바 있는데, 예를 들어 마이더스 머플러Midas Muffler* 선정 2006년 최고의 극단적 통근자인 데이브 기븐스Dave Givens의 경우, 캘리포니아 주 매리포사Mariposa 소재 자택에서 실리콘밸리의 새너제이San Jose 소재 일터까지 왕복 600킬로미터 거리를 일곱 시간 동안 오간다.** 그는 새벽 3시 30분에 집을 나서 오후 8시에 돌아온다. 집에 머무는 일곱 시간 반 가운데 다섯 시간 반 동안은 잠을 자고, 나머지 두 시간 동안 나머지 일들을 모두 처리한다. 어떻게 그렇게 짧은 시간으로 만족할 수 있느냐는 질문을 받자 기븐스는 이렇게 대답했다. "집에 돌아오는 것, 아내를 보는 것, 개들을 돌보는 것, 말馬들을 보는

---

* 마이더스 사Midas, Inc.는 미국의 자동차 서비스 센터 체인이다.
** (옮긴이주) 우리나라로 치면 서울에서 울산까지의 거리에 해당한다.

것, 제가 사는 장소를 즐기는 것만으로도 저로선 그렇게 할 가치가 있습니다. 잠자는 시간을 빼면 몇 시간 남지 않아도 말입니다." 또한 여행 그 자체도 "원기를 북돋운다"고, "일단 차에 올라타면 기운이 넘치고, 떠날 준비 완료!"[15]라고 말했다.

영국의 통근자들은 기븐스의 사례에 대해 뜨뜻미지근한 반응을 보일 수도 있다. 왜냐하면 그들 가운데 상당수가 런던과 스코틀랜드 사이를 기차로 오가면서 평일에 여덟 시간 이상씩을 철로에서 보내기 때문이다. 07시 01분에 보틀리를 떠나 워털루로 가는 내 여정조차도 극단적 통근자의 범주에 들어갈 법하고, 나보다 멀리서 온 다른 여행자들도 마찬가지이다. 게다가 미들랜즈Midlands와 케임브리지셔와 옥스퍼드셔와 켄트 주는 물론이고, 거기서 더 먼 곳에서 런던까지 통근하는 영국인은 수만 명에 달한다. 2014년에 BBC에서 방영된 극단적 통근 관련 특집 프로그램에 따르면, 영국인 가운데 상당수가 기븐스보다 더 먼 거리를 여행한다. 예를 들어 IT 프로젝트 매니저인 스튜어트 윌리엄스Stuart Williams는 랭커셔 주 램스보텀Ramsbottom 소재 자택에서 런던의 자기 사무실까지 무려 350킬로미터를 여행한다.* 그의 여정은 스톡포트Stockport 기차역까지 40킬로미터 거리를 운전하는 것으로 시작되어 그다음엔 열차로 두 시간 반, 그다음엔 다시 지하철로 30분이 걸린다. 이 여정에 들어가는 비용은 런던에 원룸을 하나 얻어 유지하는 비용에 버금가지만, 본인은 장거리 통근이 오히려 '더 나은 선택지'라고 주장한다.[16] 통근에 대한 열망에는 어쩌면 생물학적 뿌리만이 아니라 문화적 뿌리도 있는지 모른다. 많은 아이들이 대중교통을 이용해 학교에 다니고, 어린 시절부터 이동하며 시

---

* (옮긴이주) 우리나라로 치면 서울에서 전남 진도까지의 거리에 해당한다.

간을 보낸다. 영국에서는 중등학교 재학생 가운데 3분의 1이 버스를 이용하며, 한번 타면 평균 17분을 버스에서 보낸다. 승용차를 이용하면 평균 15분 조금 넘게 걸리는데, 실제로 오전 러시아워의 교통량 가운데 거의 10퍼센트는 통학 차량이 차지한다. 따라서 영국의 어린이 가운데 절반 이상은 혼자 통근할 만큼 충분히 나이를 먹기도 전에, 무려 5년 내지 7년간의 통학 경험을 갖는 셈이다. 인격 형성기의 이런 여정은 많은 아이들에게 충분히 즐겁다. 최소한 나중에 가서 생각해보면 그렇다. 내가 지금까지 들어본 통학 버스 이야기는 단 하나(어머니가 주의를 주려고 나에게 해주신 이야기인데, 어느 여자아이가 버스 창밖으로 손을 내밀어 친구에게 인사를 건네다가, 마침 지나가던 트럭에 부딪혀 팔이 떨어져 나갔다는 내용이었다)만 빼고 다 애정이 담긴 것들이었다. 통학 버스에서 보내는 시간은 부모의 지배와 교사의 지배 사이에 놓인 무질서한 막간으로 종종 기억되며, 버스 자체는 어른의 눈이라고 해야 거울에 비친 운전기사의 눈밖에 없는(그나마 모든 곳을 바라보지 못하고, 심지어 자주 거울에 비치지도 않는) 장소로 기억된다.

통학 버스에 관한 학생들의 추억에서 특징이라 할 수 있는 향수가 나중의 삶에서 대중교통에 대한 선호로 이어지는 경우는 드물다. 영국의 노동자 가운데 3분의 2 이상은 승용차로 통근한다. 어쩐지 버스 통학은 우리에게 통근이라는 관습에 대한 인내심만 심어준 것이 아니라, 자가용 승용차를 이용한 혼자만의 통근에 대한 열망을 주입한 듯하다. 미국에서도 상황은 마찬가지여서, 그곳에서는 노란색 통학 버스가 일종의 상징이나 마찬가지이다. 통학 버스에 열광하는 사람들은 통학 버스가 T 모델이나 인디 500Indy 500 못지않게 국가 차량 문화에서 중요성을 지닌다고 믿는다. 통학 버스의 전설은 계속 증대되는 추세다. 2012년 기준으로 48만

대의 통학 버스가 매일 2,500만 명의 학생들을 학교로 실어 나르는데, 이
는 "미국의 전체 학생 가운데 절반 이상"에 해당하며, "통학 버스 산업은
미국에서 가장 큰 형태의 대량 수송업"이라는 것이 미국통학버스위원회
American School Bus Council(ASBC)의 발표이다. ASBC에서는 또한 버스가 오전
러시아워의 도로 정체를 감소시킨다고, 따라서 결과적으로 환경 및 기타
부문에서 유익을 낳는다고 주장한다. "도로에 나선 통학 버스 한 대마다
약 36대의 승용차를 대신하는 효과가 있으므로 (……) 결국 오전 통근에
서 도로 정체를 야기하는 승용차가 36대 더 줄어들었다는 뜻이고, 대기
를 오염시키는 승용차가 36대 더 줄어들었다는 뜻이다. 2010년 기준으로
통학 버스는 미국 내에서 휘발유 23억 갤런을 절약해주었으며, 2010년
의 기름 값으로 환산해보면 이는 무려 60억 달러의 절약을 의미한다!"[17]
이런 유익에도 불구하고 미국인들은 (영국인들과 마찬가지로) 일단 어른
이 되고 나면 자가용 승용차를 구입하며, 이처럼 승용차를 소유하려는 열

미국의 통학 버스

망은 저 노란색의 상징을 향한 어린 시절의 애정을 눌러버린다.

이와 대조적으로 일본에서는 많은 사람들이 유년기와 청년기와 이후의 근로 기간 내내 똑같은 종류의 교통수단을 이용하므로, 무려 60년 동안이나 대중교통을 이용한 사람도 있다. 이 나라의 남학생들은 여학생들만큼 페티시즘의 대상이 되지는 않지만, 러시아워 동안에는 여학생들만큼 수가 많다. 졸업 후에 그중 상당수는 정장을 입은 샐러리맨이 되어, 자기들이 교복을 입고 가방을 멘 상태로 탔던 바로 그 열차에 계속 오른다. 이들의 사례는 통근이 어린 시절부터 학습될 수 있다는 생각을 뒷받침한다. 시인 윌리엄 워즈워스에 따르면 "아이는 어른의 어버이"이고, 21세기에는 열차 시간표에 의해 양육된 아이가 훗날 훌륭한 통근자로 성장하는 것 같다.

11장
–
보고 듣고 먹는 법을 바꾸다

새로운 땅을 발견하기 위해서는 이미 떠나온 바닷가를
바라보지 않기로 작정해야 한다.

_앙드레 지드André Gide,

《위폐범들 Les faux-monnayeurs》(1925)

통근이 통근자들에게 긍정적일 뿐 아니라 심지어 자연스러운 활동
이라면, 게다가 그들이 학창 시절부터 통근을 학습한 사람들이라면, 통
근은 러시아워 때만이 아니라 나머지 시간에도 통근자의 행동에 영향을
끼치고, 나아가 그의 동료들의 행동에도 영향을 끼쳤으리라 충분히 예상
할 수 있다. 이런 예상은 사실로 입증된다. 통근이 사람들의 전반적인 행
동에 끼친 문화적 영향력은 이미 어마어마하며, 그 영향력에는 점점 가

속도가 붙고 있다. 통근자들은 철로와 교외와 도로와 함께 풍경을 형성했을 뿐만 아니라, 생각하고 행동하는 방법은 물론이고 의사소통하고 오락을 즐기는 방법까지 변화시켰다. 통근자들은 (그들을 비판하는 사람들이 생각하듯) 서로 부둥켜안은 좀비나 정신병자 떼가 되어 졸지에 도로를 저속 자동차 충돌 경주장으로 변모시킨 것이 아니라, 오히려 주의력 있고 분별력 있고 영향력 있는 집단이 되었다. 그들은 승객 욱여넣기의 찜통 속에서, 또는 교통 정체의 대혼란 속에서 탄생한 행동 패턴을 러시아워 이외의 시간에도 채택했다. 통근 시간은 아무 일도 일어나지 않고 침묵을 감내해야 하는 죽은 시간이기는커녕, 오히려 훗날 더 넓은 사회로 퍼져나가게 될 통신 기술 및 양식의 시험장이다. 오늘날에는 우리 모두가 통근자이기 때문이다.

통근자들의 문화적 영향력은 부분적으로 그들의 소비 패턴에서 비롯된다. 휴대성, 소형화, 연결성을 보여주는 신제품에 대한 이들의 열망은 여러 분야에서 혁신을 촉진했다. 이동통신을 예로 들어보자. 최초의 상업용 휴대전화 서비스는 1969년 뉴욕과 워싱턴 DC를 오가는 고속철도 메트로라이너Metroliner 열차에 처음 도입되었다. 오늘날에는 아이들까지도 휴대전화를 들고 다니고, 심지어 탄자니아의 하드자 지역 가운데 일부에서도 네트워크 접속이 가능하지만, 애초에 이 분야 최초의 대규모 시장은 바로 통근자들이었다. 통근자들은 소비에서 주도권을 행사하는 것 외에, 신제품을 이용하는 과정에서 새로운 행동 규범을 수립하는 데도 앞장서왔다. 예를 들어 그들은 전화 통화를 공개 행위로 만들 만큼 충분히 용감했던 최초의 사회 계층이었다. 비교적 최근인 1950년대까지만 해도 영국 상류층은 전화를 싫어했기 때문에, 누가 공공장소에서 목소리를 높여가며 친밀한 대화를 나눈다는 생각만으로도 윗입술에 전율을 일으켰다.[1] 그런데 이제는 전화를 받거나 거는 행위 자체가 일종의 행위 예술이 되었다. 연구에 따르면, 사람들은 얼굴을 마주하고 말할 때보다 휴대전화에 대고 말할 때 목소리가 더 커지는 것으로 나타났다. 우리는 이런 행동을 탈억제하게 되었는데, 어쩌면 조금 부자연스러울 정도로 탈억제한 것인지도 모른다. 우리는 조심스러운 동물이며, 항상 상대방의 의도를 다시 생각하고 우리 자신의 의도를 숨기면서 수위首位를 차지하기 위해 노력한다. 그러므로 그런 과시는 오로지 통근 차편에서만 나타났을 가능성이 있다. 거기서는 사람들이 함께인 동시에 혼자인 것에 익숙해 있는 까닭에, 자기가 완전히 혼자는 아니라는 사실을 망각한 나머지 각자 전화에 대고 비밀을 주절거리는 것이다. 이런 태도 변화는 러시아워 이후의 시간까지 퍼져나갔다.

휴대전화 통화 이후에는 문자 전송이 등장했다. 통근자들은 또한 정기적으로 문자 전송을 즐긴 최초의 사람들이었다. 이들의 메시지는 주로 사업에 이용되었다. 예를 들어 회의 약속을 잡고, 계약서를 승인하고, 시장 정보를 전하는 등이었다. 하지만 문자 전송은 이동 중의 통화와 마찬가지로, 통근 이후의 생활에서도 사람들의 태도에 일종의 도미노 효과를 가져왔다. 문자를 통한 짧은 연락으로 회의 시간을 다시 잡는 데 익숙해지다 보니, 심지어 임박한 시간에 데이트를 취소할 정도로 뻔뻔해지게 된 것이다. 상대방이 내 목소리를 들을 수 없는 상황, 또는 내 얼굴을 볼 수 없는 상황에서는 거짓말을 하기가 더 쉽다. 하지만 그럴 경우에는 상대방의 주장을 납득하기도 더 어렵다.《감성 지능》의 저자 대니얼 골먼은 이렇게 말한다.

(……) 사람을 만나 대화를 나눌 경우, 엄청난 수의 평행 신경 회로가

감정 신호를 처리하여, 우리가 무엇을 말하거나 행할지 곧바로 결정하게 만든다. (……) 스쳐 지나가는 찡그림 또는 경쾌한 어조 등은 '마음의 눈'을 위한 기반이 되고, 우리는 그것을 통해 상대방의 기분과 생각을 감지하게 된다. (……) 이런 신호가 없을 경우, 우리는 '마음의 눈이 먼' 상태가 되고(즉 상대방의 생각과 감정을 감지할 수가 없게 되고) 따라서 '단절된' 것처럼 보이는 응답을 보낼 가능성이 더 커진다.[2]

거짓말을 치장하고 양심을 무마하기 위해, 문자 이용자들은 '이모티콘'을 발달시키게 되었다. 즉 기호를 조합하고 약간의 상상력을 덧붙여서 마치 인간의 얼굴과 유사하게 만든 것인데, 그것을 이용하면 실제로는 느끼지 않는 실망감도 표현할 수가 있다(☹).

통신 수단으로서의 이런 한계에도 불구하고, 일본의 통근자들에게 문자 전송은 하늘의 선물이 아닐 수 없었고, 그들은 여기에 문학적인 차원을 덧붙여 문자 소설text novel을 만들어냈다. 2002년 도쿄의 휴대전화 서비스 업체는 가입자들에게 '신초 케타이 문고新潮ケ—タイ文庫(휴대전화 문고)'를 제공하면서, 일련의 문자 메시지들로 이루어진 책들로 구성된 이 시리즈가 이동 중에 시간을 죽이는 즐거운 방법이라고 홍보했다. 통근자들은 휴대전화를 이용해 선先결제 소설을 읽는 데 그치지 않고 엄지손가락으로 각자의 이야기를 쓰기 시작했으며, 2006년에는 문자 소설이 전자책과 종이책 분야 모두에서 일본의 베스트셀러 목록을 점령하게 되었다. 예를 들어《연공 : 슬픈 사랑 이야기戀空 : 切ない恋物語》는 총알 열차처럼 빠르게 줄거리가 전개되는 탁월한 최루성 소설(여학생인 주인공은 금지된 사랑, 윤간, 사산死産, 남자친구의 암 발병 등 불행한 사건을 겪다 못해 자살을 시도하지만 흰 비둘기 두 마리를 보고 단념하게 되며, 죽은 남자친구의

아이를 다시 임신했다는 사실을 알게 된 뒤 사산한 딸의 무덤에 장갑 한 쌍을 올려놓는 것으로 화해를 달성하는데, 이 모든 것이 주인공이 고등학교에 입학하고 나서 2년 안에 벌어진 일들이다)로 구독자가 무려 2,000만 명에 달했고, 종이책으로는 200만 부가 팔려 나갔으며, 이후 영화로 제작되어 인기를 끌었고 만화 시리즈로도 만들어졌다.

일본 문자 소설의 삽화적 양식은 빅토리아 시대의 영국 통근자들이 즐기던 책을 연상시킨다. 디킨스의 소설과 셜록 홈스 시리즈가 연재물로 간행되어 기차역에서 판매되었는데, 각각의 회와 단편은 독자가 집으로 가는 동안 다 읽어치울 만큼의 분량이었다. 일본의 문자 소설 역시 통근의 지속적인 좋은 영향이 통근자들의 독서 습관에 작용했음을 알려준다. 대중교통은 이용자들에게 매일 두 번씩의 감금을 선사하는데, 상당수의 승객들은 이 강제적 이동 불능 상태를 이용해 소설 속으로 도피하며, 집에 가만히 있는 사람들이 텔레비전 시청 습관에 투항한 이후로도 계속 책을 읽는다.

이동통신용 오락에 대한 통근자들의 수요가 계속해서 혁신을 이끈다. 킨들과 블랙베리 모두 직장인들을 표적으로 삼았는데, 이들로 말하면 언론에서 과연 아이패드의 수요가 있을지 모르겠다고 의문을 제기하던 시절에 이미 아이패드를 수백만 대나 기꺼이 포용했다. 북적이는 열차 안에서 계속 눈길을 끄는 것, 손가락을 계속 붙잡아두는 것, 또는 러시아워 동안 이용 가능한 즐거움의 범위를 확장해주는 것이라면 무엇이든 환영받았다. 이제는 지하에서도 이동통신용 인터넷에 접속하는 것이 가능해지면서 이 분야의 경쟁도 차원을 확장하게 되었다. 우리는 소비와 창조 둘 다 할 수 있다. 페이스북에서 세심한 척 가장할 수도 있고, 기계와 친분을 쌓을 수도 있다. 영화를 볼 수도 있고, 돈벌이용의 허접한 소설을 실시간으로 집필할 수도 있다. 50년 전의 통근자라면 이런 다양성 앞에서 깜짝 놀랄 것이다. 그때에는 인쇄물과 휘스트와 흡연을 제외하면 오락이라 할 만한 것이 사실상 없었기 때문이다.

실생활에서 예를 들자면 다음과 같다. 내가 지금 이 글을 쓰고 있는 객차 안을 둘러보면, 우선 내 왼쪽에 앉아 있는 연세 지긋한 아주머니는 휴대전화를 이용해 페이션스Patience*를 하고 있고, 맞은편에 앉은 내 또래의 남성은 아이디스트로이iDestroy로 생생한 색깔의 곤충 종족들을 창조하고 전멸시키기에 여념이 없다.** 통로 건너편에서는 한 학생이 킨들을 들여다보고 있으며, 정장 차림의 한 여성이 무릎 위에 노트북 컴퓨터를 놓고 스프레드시트 창에 숫자를 입력하는 동시에 또 다른 창으로는 온라인 포커를 즐기고 있다. 머리를 박박 민 덩치 좋은 남성은 우리 사이의 통로에 서서 아이폰으로 러시아 여성 결혼 중개업체의 게시물을 훑어보고 있다. 열차 안에는《메트로Metro》와《런던 이브닝 스탠더드London Evening Standard》같은 공짜 신문도 대여섯 부 놓여 있는데, 양쪽 모두 인쇄본 간행물 유통 쇠퇴라는 추세에 저항하고 있는 셈이다.

《런던 이브닝 스탠더드》와《메트로》는 통근자들을 표적으로 삼았으며, 양쪽 신문 모두 감정을 자극하는 문제(예를 들어 유명인사의 연애와 뒷공론, 오늘의 운세 등등)에 일가견이 있다. 이 신문들의 독자는 남들의 연애 이야기를 마치 주가처럼 열심히 확인하고 싶어 안달하는 것처럼 보인다. 실제로 통근은 전화로 사랑을 속삭이는 사람들을 탈억제한 것처럼, 이제는 연인들조차도 탈억제한다. 통근은 빅토리아 시대에 처음 시작

---

* (옮긴이주) 카드놀이의 일종.
** (옮긴이주) 스마트폰 게임 '아이디스트로이'는 화면에 들끓는 해충을 죽이는 게임이다.

될 때만 해도 전통적 공동체의 쇠퇴와 새로운 공동체의 수립을 재촉했으며, 그 새로운 공동체에서는 과거의 편협한 금기가 더 이상 지배하지 않았다. 독신자들은 통근 덕분에 두 곳에서 살 수 있게 되었고, 만날 수 있는 배우잣감의 폭도 더 넓어졌다. 결국 통근이 사랑을 찾을 가능성을 증대시킨 것이다. 또 통근의 시작과 발맞춰 빅토리아 시대에 낭만적 사랑이 발견되면서 이런 사랑의 결합으로 탄생한 자녀들은 교외 지역의 1세대 토박이가 되었으며, 통근이 훌륭한 사냥터라는 사실을 깨달았다.

지금도 사람들은 러시아워 동안 사랑을 생각한다. 이들의 달콤한 상상은 한편으로는 인구 분포로 설명 가능하다. 예를 들어 런던 지하철은 승객의 3분의 2가 남성인데, 그들의 평균 연령은 25세에서 35세 사이이며, 평균 수입은 중간을 약간 웃돈다. 반면에 나머지 3분의 1을 차지하는 여성은 남성보다 다섯 살쯤 어리고, 봉급이 더 적다. 그리고 남녀 가운데 절반쯤은 미혼이다. 통계적으로만 보면, 좋은 짝을 찾기에 지하철보다 더 좋은 곳은 없다. 전도유망한 젊은이나 사랑에 빠진 젊은이를 고객으로 끌어들이려는 결혼중개회사며 기타 광고주들은 이런 잠재력을 이미 인식했다.

런던 지하철 포스터(1924)

런던 지하철에 게시된 초기의 광고는 그곳에 낯선 사람들이 함께 있다는 사실을 부각했다. 에드워드 시대에 런던 지하철Underground Electric Railway Company의 홍보와 영업을 담당했던 프랭크 픽Frank Pick이 처음으로 의뢰 제작한 포스터에는 저녁 외출을 위해 잘 차려입은 우아한 남녀가 에스컬레이터에 올라탄 모습과 함께 "가장 화려한 런던으로 가는 최고의 방법은 지하철입니다"라는 문구가 적혀 있다. 러시아워이건 그 외의 시간이건, 나란히 놓인 에스컬레이터에 타고 얼굴을 마주하는 사람들의 이런 모습은 그때 이후 (동방박사의 경배나 예수의 십자가 처형과 마찬가지로) 상징적인 장면이 되었다. 나는 1980년대에 런던 지하철에 게시되었던 연애 중개 업체 '데이트라인Dateline'의 포스터를 기억하는데, 거기서도 각각 위와 아래를 향하는 지하철 에스컬레이터에서 서로를 바라보는 한 쌍의 남녀를 묘사했다. 즉 남자는 올라가고 여자는 내려가는데, "사랑이 그냥 지나가도록 내버려두지 마세요"라는 문구가 붙어 있다. 서로 지나치는 두 사람의 눈에 크나큰 열망이 깃들어 있어서, 베로나의 여름밤에 줄리엣을 부르는 로미오의 모습이 연상된다. 하지만 날씨가 흐린 날에는 두 사람의 모습이 마치 지옥에 내려간 오르페우스, 즉 사랑하는 여자를 찾으러 갔다가 다시 잃어버린 남자처럼 보이기도 했다.

오늘날에는 이동 중에 사랑을 찾고자 하는 사람들을 위한 갖가지 앱과 실시간 온라인 서비스가 있어서, 각자의 의향을 행동으로 옮기기가 더 쉬워졌다. 즉 집에 도착할 때까지 기다렸다가 결혼 중개 회사에 연락할 필요가 없다는 것이다. 예를 들어 동성애자 전용 즉석 만남 앱인 그라인더Grindr나 이와 유사한 이성애자 및 양성애자 전용 앱인 블렌더 Blendr("사회관계망이 사교적이 되었다"는 구호를 내건)의 경우, 애정이 필요해 자신의 사진을 제공한 누군가가 주위에 있으면 알려준다. 쿼얼리닷컴

*Queerly.com*의 사설에 따르면, "우리 가운데 일부는 이동통신 검색을 할 시간이 오전 통근 시간뿐이지만" 연애 중개 업체 데이트라인이 우리를 비웃을 때 들먹이던 '데이트 기회 상실'을 이제는 피할 수 있다는 것이다.

하지만 러시아워 동안의 애정 행각에서는 탈억제에도 한계가 있다. 예를 들어 영국의 대중교통에서 포르노를 보는 것은 금기처럼 보인다.* 영국에서 가장 큰 자녀 양육 관련 웹사이트인 멈스넷Mumsnet에서 최근 뜨거웠던 토론은 다음과 같은 게시물로 시작되었다. "오늘 여자 동료에게 들은 말인데, 열차에서 옆에 앉은 남자가 아이패드로 포르노 사진을 보고 있더래요. 그러지 말라고 부탁했는데도 거절하더래요. 제 생각에는 동료의 행동이 상당히 용감했던 것 같아요. 여러분 같으면 어떻게 하시겠어요?"[3] 이 게시물에 수백 개의 답글이 올라왔는데, 대다수는 간섭을 옹호하는 답글이었다. 즉 그 남자의 행동을 중단시키거나 아니면 철도 경찰에 신고하라는 것이었다. 실제로 외설물을 언제든지 이용할 수 있었던 승객 욱여넣기 1세대 사이에서 생겨난 보편적 도덕 역시 '예의를 갖추라'는 것이었다. 포르노를 보면 자연히 섹스를 생각하지 않겠는가? 그리고 섹스를 생각한다면 자연히 주위의 모든 사람들을 욕정의 표적으로 삼을 수 있지 않겠는가? 그렇다 보면 함께 여행하면서도 혼자인 척하는 통근자들의 맹약이 깨질 것이다. 통근은 우리를 억제로부터 자유롭게 할 수도 있고, 반대로 억제를 강화할 수도 있다. 멈스넷의 한 회원이 지적한 것처럼, 열차의 객실은 "사유 공간이 아니기" 때문이다.

러시아워는 로맨스에 대한 태도만이 아니라 병균 감염에 대한 태도도 변모시켰다. 우리 조상들이 오늘날 우리가 대중교통에서 낯선 사람들

---

* 통근자가 읽는 만화책 중에도 포르노가 있는 일본과는 대조적이다.

과 밀착되어 있는 모습을 보면 깜짝 놀랄 수밖에 없을 것이다. 그들은 그런 접촉을 매우 경계했기 때문이다. 과학 이전의 사회에서 낯선 사람은 뭔가 사악한 힘을 지녔다는 의심을 받았는데, 낯선 사람이 새로운 질병을 보유했을 가능성을 고려하면 충분히 합리적인 의심이었다. 인류학의 대부 제임스 프레이저James Frazer는 《황금 가지 *The Golden Bough*》(1890)에서 이렇게 말했다.

> 자발적이건 비자발적이건 낯선 사람이 끼치는 유해한 영향을 방지하는 것은 (⋯⋯) 야만인의 신중함에서 비롯된 기초적인 명령이었고 (⋯⋯) 따라서 동방 황제 유스티누스 2세가 투르크인과의 평화 협상을 위해 사절을 보냈을 때, 목적지에 도착한 그들을 맨 먼저 샤먼이 맞이하여 정결 의례를 거행했는데, 그것은 그들이 지닌 유해한 영향력을 모두 쫓으려는 의도였다. 마법사들은 사절들이 가져온 물건을 탁 트인 장소에 놓게 한 다음, 향기 나는 나뭇가지에 불을 붙여서 주위에 놓고, 종을 울리고, 탬버린을 치고, 코를 벌름거리며 열광 상태에 빠져들어 사악한 힘을 일소하려고 노력했다. 이어서 마법사들은 사절들을 상대로 정결 의례를 거행했으니, 그들을 그 불길 사이로 지나가게 한 것이었다.[4]

하지만 런던 지하철에서는 감염을 경계하는 금기 따위를 찾아볼 수가 없다. 즉 외부인과 그들의 소유물을 연기로 소독하거나 기침하는 사람들을 멀리하거나 경계의 대상으로 삼는 대신, 상대방이 감염성의 치명적 질환을 보유하고 있을지도 모른다는 의심 없이 낯선 사람들과 밀착한다. 이처럼 무심한 태도는 통근자들의 면역체계를 강화해줄 수도 있지만 (왜냐하면 이들은 "짜증나는 군중의 비천한 다툼으로부터 멀리 떨어진" 고립된 공동체에서 살아가는 사람들에 비해 훨씬 더 많은 병원균에 일상적으로 노출되기 때문이다) 자칫 큰 대가를 치르게 될 수도 있다. 예를 들어 런던 지하철 이용자 가운데 거의 90퍼센트가 매년 겨울 독감이나 기타 바이러스성 감염 질환을 겪는데, 보행자나 자전거 이용자의 경우에는 이 비율이 겨우 50퍼센트에 불과하다.

그뿐만 아니라 대중교통은 박테리아의 온상이다.[5] 버밍엄 소재 애스턴 대학의 미생물학자들이 영국 전역의 여러 전철 및 기차의 좌석, 손잡이, 난간 등에서 면봉으로 시료를 채취해 검사했더니 모든 곳에서 박테리아가 검출되었다. 런던 지하철의 좌석에서는 1제곱센티미터당 1,390마리의 미생물이 검출되었다. 하지만 같은 면적에서 무려 4,600마리가 검출된 카디프Cardiff의 버스 좌석과 비교하면 오히려 양호한 편이고, 같은 면적에서 무려 19만 500마리의 박테리아가 검출된 뉴캐슬 전철Newcastle Metro(참고로, 이 정도면 뉴캐슬과 그 교외 지역의 인구와 맞먹는다)과 비교하면 깨끗하다고 해야 맞을 것이다. 통근자 노선 안의 박테리아는 그 수만이 아니라 종류 면에서도 놀랄 만하다. 뉴욕 지하철에 대한 최근의 미생물 조사에서는 바닷가재에게 특정 질환을 야기하는 '아에로코쿠스 비리단스Aerococcus viridans'를 비롯해, 이름만 봐도 방사능에 대한 저항력을 지녔음을 알 수 있는 '아키네토박테르 라디오레시스텐스Acinetobacter radioresistens', 비소를 먹기 때문에 생물학 치료제로서 장래가 유망한 '코리네박테리움 글루타미쿰Corynebacterium glutamicum', 뉴요커들에게 설사병을 야기한 '시겔라 보이디Shigella boydii' 같은 이국적인 놈들이 줄줄이 발견되었다.[6]

대중교통을 이용하는 통근자들은 시골 사람들보다 사소한 질환에 더 많이 노출되지만, 새로운 질환에 감염될 가능성은 오히려 더 적다. 왜냐하면 "새로이 대두하는 인체의 병원균 가운데 60퍼센트는 동물원성動物原

性"[7]이기 때문이다('동물원성'이란 '동물에게서 비롯되는 미생물 감염'을 말한다). 벽촌에서 생활하면 가축 및 야생 동물에게 항상 노출되기 때문에, 벽촌은 우리가 자연과 벌이는 생물학 전쟁의 최전선이라고 할 수 있다. 예를 들어 네덜란드에서 Q 열병에 걸릴 가능성을 보면, 네덜란드 국영 철도로 통근하면서 휴대용 변기를 이용해야만 하는 도시인보다는, 가까운 산울타리 아무 데나 소변을 보면 그만인 염소 사육 농민 쪽이 더 높다.

통근은 또한 우리의 식사 습관에도 탈억제 효과를 발휘한다. 철도 표준 시간이 등장하기 전에는 사람들은 식사를 하루의 기준으로 삼았다. 영국 중산층과 상류층은 일찌감치 아침을 배불리 먹었고, 그때부터 디너dinner 시간까지는 아무것도 먹지 않았다. 통근이 탄생하기 직전까지만 해도 디너 시간은 오후 3시나 4시였다. 이때에는 디너 이전의 시간 전체를 '오전'이라고 불렀고, 디너를 마치고 나면 그때부터를 밤으로 여겼다. 디너는 최소 두 시간에서 최대 여덟 시간까지 이어지는 가히 영웅적인 행사였고, 도시에 사는 사람들은 중간에 극장에 다녀오기도 했다. 부자들은 일곱 가지 요리를 먹었고, 중산층도 양과 종류 면에서 풍부한 식사를 했다. "삶은 닭고기와 돼지 머리, 수소 염통과 향기 좋은 자두 푸딩" 같은 메뉴를 즐겼다. 디너 이후 밤 10시쯤에는 야식supper을 즐겼는데, 이때에는 편육片肉을 먹고 알코올이 들어간 펀치를 마셨다.

그러나 통근이 생기면서 이런 생활 리듬은 신속하게 변화했다. 식사를 더 늦게 하는 유행은 오래전부터 있었고, (오전 9시에 디너를 즐긴) 11세기의 정복왕 윌리엄William the Conqueror부터 (오후 1시에 디너를 즐긴) 17세기의 올리버 크롬웰Oliver Cromwell까지 대략 1세기당 45분씩 늦어지는 추세였지만, 식사가 본격적으로 밤중에 이루어진 것은 빅토리아 시대에 와서 사람들이 대규모로 통근을 시작하면서부터였다. 사람들은 오전 9시부터 오후 5시까지, 월요일부터 토요일까지 일했으며, 기차를 타러 가기 전에 아침을 먹고, 집으로 돌아온 뒤에 저녁을 먹었다. 그런데 이처럼 오랜 시간 동안 음식을 먹지 않고 있는 것은 전통적으로 여섯 시간에 한 번씩은 음식을 넣어주어야 하는 영국인의 뱃속에는 영 낯선 일일 수밖에 없었다. 노동자들은 이 문제를 해결하기 위해서 간식을 갖고 다니기 시작했고, 철도의 대기실에서 청어를 굽거나 쇠고기 편육을 데웠다. 점원과 사무원들은 간이식당이나 술집, 카페에 의존해서 허기를 달랬다. 이런 점포에서는 간단한 식사를 팔았는데, 항상 따뜻하게 준비해뒀다가 주문과 동시에 식탁에 내놓았기 때문에 그 시대의 패스트푸드였다. 또한 디킨스가 오래된 빵과 톱밥과 연골에 입맛이 당기는 사람이 있을지 모르겠다고 풍자한 저 악명 높은 철도 샌드위치도 있었다. 그러다가 낯선 사람들 사이에서 서둘러 혼자 먹는 식사인 '점심lunch'이라는 것이 슬금슬금 평일 속으로, 아울러 일상 언어 속으로 기어들었다.

이것은 중대한 변화였다. 이전까지만 해도 영국에서 (최소한 1세대 통근자를 형성한 상류층과 중산층 사이에서) 식사란 허기를 달래는 기회인 동시에 사교 행사였다. 다급한 식사는 야만적이라 간주되었기에, 점심이 고정된 관습이 되기 이전에는 어떤 사람들은 침묵과 고독 속에서 음식을 집어삼켜 스스로를 격하하기보다는 차라리 굶기를 선호할 정도였다. 영국인의 식사 습관 변화를 연구한 책《움직이는 잔치Movable Feasts》에는 19세기에 어느 변호사 밑에서 일하던 견습생의 사례가 나온다. 그는 오전 8시 30분에 아침을 먹고 저녁 7시 30분에 저녁을 먹었으며, 그 사이에 먹는 것이라고는 비스킷 하나와 셰리 주 한 잔뿐이었다.[8] 중간에 슬쩍 간이식당에 다녀오기라도 한다면, 신사답지 않은 행동을 했다는 이유로 부정적 낙인이 찍힐 우려가 있었다. 왜냐하면 변호사는 신사가 되려는 포부를 지니게 마련이었기 때문이다.

이처럼 고상한 자제력이 사라져버렸다는 것은 오늘날 개탄할 만한 일이며, 대중교통 안에서 음식을 먹는 행위와 관련해서 생각하면 특히 그렇다. 트랜스포트 포 런던과 그것의 전신前身에 해당하는 기관들은 일부 승객들이 냄새 나는 음식을 시끄럽고 지저분하게 먹음으로써 타인에게 불쾌감을 주는 것을 방지하고자 오래전부터 캠페인을 벌여왔다. 가장 최근의 것은 '더 나은 런던 여행 캠페인Travel Better London Campaign'인데, 그 포스터에서는 얼굴 없는 어떤 승객이 햄버거를 씹는 동안 맞은편 좌석의 승객 한 명이 구토를 참는 표정을 짓고 있고, 다음과 같은 시가 메시지를 전한다.

특이한 짐승이 하나 있습니다
기차나 버스의 좌석에 앉아
주위 사람은 아랑곳하지 않고
혼자만의 잔치를 만끽합니다
그런 음식은 (비록 소량이어도)
타인에게 역겨움을 유발합니다

이 메시지는 대중적 호소력이 있었다. 승객들을 대상으로 조사한 결과, 다른 사람이 뭔가를 먹는 모습을 지켜보는 것은 혐오감 유발 원인의 목록에서 상위를 차지했다. 2013년《런던 이브닝 스탠더드》는 이른바 '지하철 준수 사항' 관련 기사에서 이런 행위를 맹비난했다. 같은 해에

《에스콰이어*Esquire*》지는 〈런던 지하철을 이용하는 진짜 규칙The Real Rules of Using London Underground〉이라는 기사를 실었다. "매일 지하 밀림을 헤치고 나아가느라 애쓰는 모든 사람들"을 겨냥한 그 기사에서는 싸구려 음식을 먹어치우는 것을 금하라는 것이 아홉째 규칙으로 제시되었다. "간편한 샌드위치나 과자 봉지를 들고 먹는 것은 괜찮다. 하지만 뜨겁거나 냄새 고약한 음식을 먹는 사람은 우리 모두의 적이다."

　　자동차를 이용한 통근 역시 러시아워 이외의 삶에 영향을 끼쳤다. 앞에서 우리는 미국이 강대국으로 부상하는 수십 년 동안 자동차 통근이 주거 환경을 형성한 과정, 일반 시민에게 이동의 자유를 제공한 방식, 자동차가 문화적 상징으로 변모하는 데 끼친 영향 등등을 살펴보았다. 1958년 존 키츠는 자기 동포들에 관해 다음과 같이 고찰했다. "자동차는 우리의 옷차림, 행동거지, 사회 규범, 휴가 관습, 도시의 형태, 소비자의 구매 양태, 일반적인 취향, 심지어 성행위 체위까지도 바꿔놓았다."[9] 이런 변화들은 여전히 진행 중이며, 자동차 통근이 미국인의 행동 전반에 끼친 탈억제 효과는 승객 욱여넣기가 대중교통에 끼친 탈억제 효과에 비견할 만하다. 지하철 객차 안에 다른 사람들과 함께 탔을 때, 우리는 무관심하게 서 있는 것을 목표로 삼는다. 그리고 혼자 있을 때, 즉 고립용 외피 안에 들어앉아 교통 체증에 시달리고 경적을 울릴 때, 우리는 낯선 사람들과 싸우고 심지어 주먹질까지 불사한다.

　　실제로 우리는 도로 위에서 자신의 정체성을 숨기지 않고 오히려 주장하는 경향이 있는데, 그것은 필요 때문이기도 하고 즐거움 때문이기도 하다. 자동차 통근은 순응주의적인 사회에서 개인으로 존재할(즉 러시아위를 이용해 질주할) 기회를 우리에게 제공했다. 우리는 이 기회를 빌려 억눌린 열정을 배출하는 셈이다. 이런 열정은 우리에게 모범적인 팀 플레이어 역할을 기대하는 일터에서 자칫 어려움을 야기하는 것이며, 우리가 애정과 직관은 물론이고 순교자의 인내까지도 보여줘야 하는 장소인 가정에서는 아예 불가능한 것이기 때문이다. 우리는 하루에 두 번씩 자유를 복용함으로써, 즉 약간의 방종을 허락받음으로써 나머지 시간 동안 안정을 유지하는 데 도움을 받는 것이다.《교통 : 왜 우리는 이런 식으로 운전하는가(그리고 이런 현실은 우리에 관해 무엇을 말해주는가) *Traffic : Why We Drive the Way We Do (and What It Says About Us)*》의 저자인 톰 밴더빌트Tom Vanderbilt는 이렇게 말한다. "가끔 한 번씩 소리를 지르며 광인처럼 행동하는 것은 제법 유익할 수 있으며, 쿠션과 가죽 시트로 이루어진 자동차 내부는 그런 행동을 하기에 훌륭한, 반쯤 사적인 환경이다. 도로 위에서는 아무도 여러분의 고함소리를 듣지 못한다는 사실을 기억하시라."[10]

자동차를 이용한 통근은 안전판으로 기능할 뿐만 아니라 통근자들에게 경쟁의 기회도 제공한다. 이때의 경쟁은 통근자들이 일터에서 겪는 경쟁보다 훨씬 더 직접적이다. 왜냐하면 일터에서는 일의 진척이나 승진이 몇 년에 걸쳐서 일어나는 반면, 도로 위에서는 불과 몇 초 사이에 끼어들기 경쟁이 일어나기 때문이다. 심지어 통근 모의실험도 사람들을 흥분시킬 수 있다. 과당 경쟁이 심장에 나쁘다는 것을 입증하고자 한 실험에서는, 그것이 스트레스의 느린 증대 때문이라기보다는 오히려 과도한 흥분 때문이라는 사실이 밝혀졌다. 유타 대학의 심리학 교수 데이비드 스트레이어David Strayer는 "운전 모의실험을 실시하면서, 참가자는 현재 약속 시간에 늦은 상태이고, 다른 사람들보다 먼저 약속 장소에 도착할 경우에는 물질적 인센티브가 있다는 조건을 내걸었다. 그런 다음 한 집단은 매우 밀도 높은 교통 환경에서 운전하게 했고, 또 다른 집단은 느슨한 교통 환경에서 운전하게 했다. 어떤 사람에게는 시간제한이 있다고 말해주기도 했다".[11] 스트레이어가 확인한 바에 따르면, 이들 가상 통근자들(특히 시간에 쫓기며 붐비는 도로를 지나가야 하는 사람들)은 "다른 자동차를 따라잡고 추월하고 경적을 울려대기" 시작했다. 실제로는 실험용 부스에서 운전하는 흉내를 내는 것뿐인데도 그랬다. 스트레이어는 "운전을 하는 공격적이고 전투적이고 경쟁적인 틀"이 우리의 진화론적 과거에 깊이 뿌리를 두고 있을 수도 있다고 결론 내리면서, 경쟁의 기회가 가뜩이나 드문 세계에서 일터까지 운전해 가는 것은 스스로의 경쟁적 본성을 충실하게 보존하는 데 도움이 될 수도 있다고 주장했다.

대중교통을 이용하는 통근자들과 마찬가지로 자동차를 이용하는 통근자들 역시 식사 습관에서 탈억제 효과를 드러낸다. 현재의 유행에서 통근자들은 각자의 여행 시간을 더 늘리면서 평소에 자기가 가정에서 했던 일, 특히 먹고 마시는 일을 통근에 통합시키곤 한다.* 상당수는 필요 이상으로 일찍 일터를 향해 떠나는데, 집의 식탁이 아니라 도로 위에서 아침 커피와 베이글을 즐기기 위해서이다. 한때 자사의 제품을 운전자에게 파는 일은 결코 없을 거라고 장담했던 스타벅스조차 지금은 미국 전역에 800곳의 차량 진입식 매장을 두고 이 새로운 수요를 만족시키고 있다. 심지어 그중 몇 곳에서는 도로 양쪽에 매장이 있어서 아침과 저녁 러시아워에 손님을 받는데, 왜냐하면 통근자들이 집으로 돌아가는 여행 역시 기꺼이 연장하려는 것으로 입증되었기 때문이다. 자동차 역시 그들의 입맛에 맞춰서 변화되었으며, 초대형 음료수 거치대와 접이식 식탁을 설

---

* 심지어 독일과 스위스의 통근자들은 차량 진입식 유곽을 방문하기까지 한다.

치해 속도광들이 운전을 하면서도 음식을 먹게 해주었다. 차 안에서 먹기에 이상적인 음식의 양이 어느 정도인지를 연구하는 데 들어가는 비용만 매년 수백만 달러에 달한다. 예를 들어 12온스짜리 햄버거를 30도 기울어진 각도로 먹으면 내용물이 아래로 흐르지는 않을까? 또는 메이플 시럽을 한 번 넣은 16온스짜리 스키니 라테를 거치대에 올려놓을 경우, 혹시 컵이 튀어나와 운전자가 (어쩌면 평생 없어지지 않을) 화상을 입고, 그 거품 때문에 앞이 보이지 않게 되어 전신주나 통학 버스와 충돌하는 사고를 일으키지는 않을까? 이렇듯 소송의 가능성은 어마어마하게 많지만, 그럼에도 불구하고 자동차 제조업체들은 고객의 바람이라 생각되는 의견을 따르게 마련이며, 통근 중에 먹고 마시기에 더 좋은 설비를 고객에게 제공하기 위해 경쟁한다.

제조업계를 위한 포장 전문지인《식품 및 약품 포장*Food and Drug Packaging*》의 견해에 따르면, 오늘날 자동차는 공식적인 "식사 장소"이며, 2008년 기준으로 미국에서 일어나는 "이동 중"의 "식사 행위" 44억 건 가운데 대다수가 자동차에서 일어난다.* 사업 정보 제공업체 데이터모니터 Datamonitor에 따르면, 식사는 "더 이상 주요 활동으로 간주되지 않는다".[12] 즉 이제 식사는 그 자체가 목적이라기보다는, 운전을 하거나 일을 하거나 텔레비전을 보면서 하는 부차적인 일에 불과하다는 것이다. 이동 중의 식사는 "우리의 삶 깊숙이 배어들었으며", 패스트푸드 제조 회사들도 이 새로운 시대정신에 맞춰 제품을 바꾸었다. '한 손으로도 먹을 수 있는 편리함'이야말로 오늘날의 대원칙인 것이다. 통근자가 햄버거나 타코를

---

* 이 횟수를 금액으로 환산하면, 미국인이 패스트푸드에 쓰는 돈이 교육에 쓰는 돈보다 더 많다는 것을 알 수 있다.

한 손으로 붙잡았을 때 부스러기가 무릎에 떨어져서는 안 된다. 예를 들어 타코벨Taco Bell의 고디타 슈프림 비프Gordita Supreme Beef는 "따뜻하고 부드러운 빵에 갈아서 양념한 쇠고기, 저지방 사워크림, 아삭아삭하게 채썬 양배추, 세 가지 치즈, 잘 익혀서 다진 토마토를 넣은" 메뉴로, 한손으로 들고 먹도록 고안되었다.

하지만 성공에는 기대로 인한 부담도 따르게 마련이다. 데이터모니터는 "소비자가 이른바 '이동 중' 유형의 제품에서 '편리함'을 필수 요소로 간주하게" 된 나머지, 단순히 허기를 채워주는 것뿐 아니라, 나아가 "하루의 서로 다른 시간에 각자의 욕구를 채워주는 재미, 상호작용, 다양성까지도" 제공하는 푸짐한 간식을 원한다고 지적했다. 심지어 그들은 산업사회 이전의 세계에서 식사를 즐겁게 만들어주었던 의례 가운데 일부까지도 원한다. 즉 음식은 단순한 연료 이상의 뭔가가 되어야 한다는 것이다. 제아무리 상상력 뛰어난 운전자라 하더라도, 각자의 이동 중 식사 행위를 조지 시대(1714~1830)의 디너파티(일곱 가지 요리가 나오고 음악과 여러 차례의 건배가 곁들여지는, 몇 시간 동안이나 계속되는 파티)로 상상해 변모시키는 것은 쉬운 일이 아니다. 그들은 단지 낭만적인 변덕에 의거해 포장 식품을 먹어치우는 어리석은 사람들일 뿐이다. 간식 제조업체들은 이국적인 원료와 암시적인 포장을 이용해 자기네 제품에 수수께끼를 부여하려 노력하는 것으로 이에 대응했다.

예를 들어 영국에서 BP는 자사의 주유소 내부에 '와일드 빈 카페Wild Bean Cafes'라는 것을 만들었는데, 그것은 패스트푸드에서 영적 양분을 찾고 싶어 하는 여행자들의 열망에 편승한 조치였다. 와일드 빈의 제품은 순수성과 자연에 초점을 맞추었는데, 예를 들어 샐러드에 블루치즈를 넣고 계란 마요네즈 샌드위치에 방목 생산 계란을 사용하는 등 뚜렷이 차별화되는 재료를 사용했다. 아울러 정식 식사를 건너뛰게 마련인 간식 섭취자들이 필요로 하는 칼로리를 모조리 제공했다. 다른 업체들도 그 뒤를 따랐다. 웨이트로즈Waitrose와 마크스 앤드 스펜서Marks and Spencer는 영국 식품 소매업의 맨 꼭대기를 상징했는데, 이제는 주유소마다 프랜차이즈 매장을 두고 있다.

패스트푸드 업체들 역시 영국의 주유소를 겨냥한다. 간편 식품 분야의 대변자인《브리티시 베이커British Baker》잡지에 따르면 차량 진입식 매장은 판매를 향한 "새롭고도 전도유망한 경로"이며, 성장을 위한 중요한 기회가 될 것으로 예상된다.[13] 스타벅스는 2017년까지 영국에 새로운 차량 진입식 매장 200곳을 만든다는 계획에 착수했고, 맥도널드도 같은 방식의 매장을 매년 30곳씩 개장하고 있으며, 크리스피 크림 도넛 체인 역시 영국에 도로변 매장을 개장하고 있다. 그 매장들 대부분은 붐비는 통근자 경로를 따라 자리한다. 하지만 '운전석 식사'의 증가로 인한 문제도 생겨났다. 심리학자 콘래드 킹Conrad King은 RAC(로열 오토모빌 클럽)의 의뢰를 받아 수행한 연구에서 패스트푸드 포장재의 냄새가 운전자를 배고프고 초조하고 조급하게 만들어서 결과적으로 노상 분노 경향을 증대시킬 수 있다고 주장했다. "후각은 두뇌의 논리 영역을 우회하여 대뇌변연계와 감정계에 작용하는 경우가 다른 어떤 감각보다 많다." 킹은 BBC와의 인터뷰에서 이렇게 말하면서, 똑같은 자동차를 몰더라도 "운전자에게 과도한, 또는 과소한 자극을 주는 갖가지 냄새의 영향력 때문에 자칫 새앙이 유발될 수 있다"[14]고 덧붙였다.

패스트푸드 포장재는 운전자들의 마음의 평화뿐 아니라 환경에도 위협이 된다. 운전자들은 그것을 버리는 것에도 탈억제되어서, 때로는 그냥 차창 밖으로 던져버린다. 자동차 통근자들의 다수를 차지하는 '나 홀로 운전자'들은 이 방면에서 최악의 위반자들이다. 2013년 영국 도로청은 전국의 도로에서 쓰레기 봉지 15만 개 분량의 쓰레기를 모으고 나서 "쓰레기 봉지에 넣어 쓰레기통에 버리자!Bag it, Bin it!"라는 캠페인을 벌였는데, 이동 중에도 쓰레기를 버릴 수 있도록 쓰레기 봉지를 옆에 놓아두라고, 그리고 목적지에 도착한 뒤 안전하게 버리라고 운전자들을 설득하는 것이 목표였다.*

러시아워는 사람들의 식단뿐 아니라 음악 청취 습관에도 영향을 주었다. 자동차는 아침 식사를 하는 장소가 되기 한참 전부터 이미 음악을 듣는 장소였다. 예를 들어 〈날 때부터 거칠어Born to be Wild〉를 따라 부르고 박자에 맞춰 운전대를 탁탁 치면서 고속도로를 질주할 때, 누가 굳이 '더블 베이컨 앤드 에그 맥머핀Double Bacon & Egg McMuffin' 따위에 시간을 허비하려 들겠는가? 음악을 듣는 것은 '나 홀로 운전자'들 사이에서 가장 인기 있는 소일거리이다. 이들이 좋아하는 음원은 라디오인데, 라디오는 영국은 물론이고 "미국에서도 차내 오락 수단 중 타의 추종을 불허하는 1위"로 여전히 남아 있다. 라디오는 8트랙, 카세트테이프, CD, 미니디스크MiniDisc보다 더 오래 살아남아, 스마트폰, 팟캐스트, 내비게이션, 판도라Pandora stream의 시대에도 여전히 시장을 일정 부분 점유하고 있다. 미국 운전자 가운데 84퍼센트는 통근 중에 라디오를 들으며, 매일 두 번의 황금 시간대(오전과 오후의 '운전 시간')에는 오로지 통근자들을 위한 프로그

---

* 혹시 옆에 쌓아놓은 패스트푸드 포장재 때문에 노상 분노를 일으킬지도 모른다고 걱정하는 운전자가 있다면, 박하 향 공기 청정제를 구입하면 된다. 콘래드 킹의 연구에 따르면, 박하 향은 운전자의 두뇌에 싸구려 음식과 정반대의 영향을 미치므로 노상 분노 억제 작용을 할 수도 있다.

램이 방송된다. 이 시간대에는 광고 단가도 가장 비싸다. 이것은 그 시간 대에 청취자들이 유난히 프로그램을 경청하고 쉽게 설득되며, 그 청취자들이 다른 어떤 청취자 계층보다 가치가 높다는 것을 암시한다. 자동차 통근자들은 라디오를 사랑하고 신뢰하기 때문이다. 설문조사와 두뇌 스캔으로 확인한 결과, 좋아하는 프로그램을 청취할 때 그들의 행복과 활력 수준이 모두 높아졌다. 라디오는 고립을 상쇄하는 친구이고, 운전자를 자동차 너머의 더 큰 세계와 연결해주며, 활기 넘치는 음악과 친숙한 목소리와 사고방식을 운전자에게 제공해준다. 그뿐만 아니라 통근자들은 라디오 진행자가 자기들에게 각별한 관심을 갖고 있다고 믿어 의심치 않는다. 운전자의 입장에서는 도로 정체로 꼼짝 못하는 상황에서 자신을 격려하려는 누군가의 목소리가 들리면 당연히 호감을 갖게 되고, 심지어 사고 때문에 정체가 8킬로미터나 계속된다고 알리는 교통 정보원의 동정 어린 어조도 고맙기만 한 것이다. 실제로 교통 정보에 귀 기울이는 것은 정보를 듣는 행위라기보다는 오히려 마음을 진정시키기 위한 행위라는 주장이 예전부터 있었다. "교통 정보는 사실 집단적 위안이고, 운명론으로의 초대이며, 심지어 마초이즘이기도 하다. 왜냐하면 교통 체증은 빈민과 마찬가지로 항상 우리와 함께할 것이기 때문이다."[15]

하지만 운전 시간의 라디오 프로그램은 변덕스럽고 변모를 거듭하는 시장이기도 하다. 방송인들은 뉴스와 논쟁거리와 교통 정보를 어떻게 조합해야 통근자들에게 거부할 수 없을 정도의 매력을 발휘하게 될까를 예측해서 시도함으로써 한재산 벌거나 잃기도 한다. 운전 시간의 훌륭한 디제이라면 청취자들이 뉴스를, 오늘의 운세를, 또는 〈다시는 속지 않으리Won't Get Fooled Again〉*를 듣고 싶어 하는 의향과 시기와 이유를 꿰뚫게 마련이다. 러시아워 중에 이끌어낸 성공의 공식은 그 외의 시간에서도 마찬가지로 성공적임이 입증되었다. 운전 시간의 유행이 통근자가 아닌 청취자들이 듣는 라디오 방송에도 결정적인 영향을 끼친 것이다.

1960년대에 보급형 자동차용 라디오가 등장하면서 청취자의 선호는 변화를 겪었다. 움직임이 자유로웠던 그 시기의 도로 위에서 운전자들(그들은 "남자답고 두려움이라곤 모르는 운전자들의 조직"인 시카고 자동차 클럽 창립 회원들의 후예라고 할 만하다)은 상당한 주의 집중 시간을 누렸던 모양이다. 그들은 똑같은 음악 프로그램을 몇 시간씩 연이어 청취했고, 유명인사의 뒷공론이나 뉴스를 살짝 듣고 싶은 욕구에 넘어가지도 않았다. 하지만 이후 수십 년 사이에 교통 체증이 생기면서 통근자들은 조바심으로 부글부글 끓게 되었다. 이들의 집중력 감소에 맨 처음으로 반응한 것은 '아침 동물원' 형식의 라디오 프로그램이었다. 이것은 1980년대에 미국에서 처음 나타났는데, 여러 명의 진행자가 나와 노래와 전화 연결과 잡담과 교통 정보 사이에 서로를 놀리거나 괴롭히는 형식이었다. 이 포맷은 현재 영어권 국가들 전체에서 표준이 되었다. 영국에서 가장 인기 있는 라디오 프로그램인 'BBC 라디오 2' 채널의 〈크리스 에번스 아침 쇼The Chris Evans Breakfast Show〉는 여러 진행자로 이루어진 미니 동물원이나 다름없으며, 사이먼 메이요Simon Mayo가 이끄는 같은 채널의 저녁 프로그램도 마찬가지이다. 심지어 잉글랜드 남부에 새로 생긴 상업 방송국인 '잭Jack FM'조차, 평소에는 디제이가 없는 비즈니스 모델로 운영되지만 러시아워에는 뱀뱀Bam Bam과 헤일리Hayley와 웰시Welshy 같은 디제이들이 청취자들을 인도한다. 하루의 나머지 시간에는 음악과 광고 사이에 사전 녹음된 메시지를 트는 것으로도 충분하지만, 그 황금 시간 동안에

---

* (옮긴이주) 영국의 록 그룹 '더 후The Who'가 1971년에 발표한 노래.

는 진정성이 최우선이어서 차마 그럴 수가 없는 것이다.

　모든 '아침 동물원'에는 백수의 왕이 있게 마련인데, 미국에서는 이것이 발전해 '막말 진행자'가 되었다. 통근자들이 선호하던 기존 동물원에 지루함을 느끼게 된 나머지, 이전보다 더 큰 짜릿함을 찾게 된 것 같다. 하워드 스턴Howard Stern 같은 디제이들은 청취자들이 그리워하던 요소를 제공해주었다. 스턴은 '수간獸姦 전화 데이트Bestiality Dial-a-Date'라는 정규 코너를 통해 이름을 알렸는데, 급기야 법원으로부터 성기와 성행위에 대한 언급을 "빈번하게, 노골적으로"[16] 한다는 질책을 받고 풍기문란 혐의로 기록적인 벌금을 물었다. 무려 15년 동안 정상의 인기를 구가하던 그는 시리우스 위성 라디오Sirius Satellite Radio로 자리를 옮긴 후, 아무도 모방하지 못하는 특유의 방식으로 난리법석을 치며 갖가지 음란한 이야기를 떠들어서 수백만 명에 달하는 통근자 겸 청취자를 즐겁게 해주었다.

　실제로 러시아워의 교통 체증에 갇혀서 "혈압이 이미 파열 수준에 도달해 있는" 사람들을 겨냥한 이런 "분노의 대량 마케팅"[17]은 하루 중 나머지 시간에도 청취자들에게 인기가 있는 것으로 나타났다. 여기서도 역시 통근자의 취향이 주류로 스며든 셈이다. 미국에서 가장 인기 있는 라디오 프로그램인 〈러시 림보 쇼Rush Limbaugh Show〉는 운전 시간의 프로그램들에서 영감을 얻어 생겼으며, 호전적인 주장과 흥분 가득한 비난을 뒤섞은 내용을 1,500만 청취자에게 전달한다.

　운전 시간의 라디오 광고 시장은 통근자들이 자기가 선호하는 진행자와 프로그램에 보내는 신뢰로부터 이득을 얻는다. 이때 그들이 듣고 싶어 하는 교통 정보 안에 어떤 메시지를 포장해서 끼워 넣기도 한다. 가장 큰 광고주는 자동차 제조업체와 중고차 거래업체, 그리고 보험업체이다. 운전을 할 때면 우리의 눈은 물론이고 마음까지도 도로에 집중하게 되는 것 같다. 한 연구에 따르면, 교통 체증에 갇혀 있을 때는 지금보다 더 빠른, 더 우아한, 또는 더 편안한 차를 사는 상상을 하게 마련이다. 어쩌면 우리 두뇌의 파충류가 정말로 고개를 쳐들고 덩치는 가장 크고 실용성은 가장 떨어지는 차량을 열망하도록(심지어 그런 자동차를 증오할 수밖에 없는 상황에서도 그렇게 하도록) 우리에게 영감을 제공하는지도 모른다. 사실 운전석에 꼼짝없이 갇힌 상태에서 듣는 자동차 광고는 귀에 거슬려야 마땅하다. 그런데도 우리가 그런 광고에 수용적인 것은 자동차가 20세기 초반에 얻은 문화적 아우라 가운데 일부를 여전히 갖고 있기 때문인지도 모른다. 즉 자동차는 전설적인 카우보이 배우 로이 로저스Roy Rogers의 트리거Trigger처럼 여전히 전설의 애마愛馬인 것이다. 우리는 도로 위에 있는 시간 동안 약간의 환상을 유지하고 싶어 한다. 남태평양으로의 항해나 에베레스트 정복까지는 아니고, 그저 꿈의 자동차를 보유하고 도로의 자유를 누리는 것에 불과한 환상이라 해도 말이다. 이런 바람은 운전 관련 앱 선택에서도 분명히 나타난다. 예를 들어 이용자가 거의 2,000만 명에 달하는 트랩스터Trapster는 운전자가 과속 단속 구간, 음주 운전 단속 지점, 그리고 신호 위반 단속 지점에 가까이 다가갈 때마다 휴대전화로 경고를 보내준다. 《타임》지에서는 트랩스터를 2009년 '아빠를 위한 최고의 아이폰 앱 10선' 가운데 하나로 선정하면서 "여러분의 아빠가 무법자의 영혼을 갖고 있을 경우"에 '딱'이라고 덧붙였다.

자동차 통근자들은 라디오 광고주들만이 아니라 도로변 광고판을 위해서도 훌륭한 고객이다. 교통 정체로 꼼짝 못하는 운전자들은 지하철 승객들과 똑같이 움직일 수 없는 상태가 되고, 똑같이 불운한 동료들을 바라보는 대신에 바라볼 만한 다른 대상을 찾으려 들게 마련이다. 그러므로 도로변 광고판에 '시선이 머무는 시간'은 지하철 객차에 붙은 포스터에 '시선이 머무는 시간'과 유사한데, 왜냐하면 두 경우 다 그걸 바라보는 사람들에게 사실상 다른 선택의 여지가 없기 때문이다. '시각적 환경오염'에 불과하다고 비난하는 사람들도 있고, 가로 2.5미터에 세로 1.5미터의 광고판 하나를 떠받치는 원통형 철제 뼈대를 세우기 위해 무려 1에이커(4,000제곱미터)가량의 기름진 땅을 낭비하는 것을 한탄하는 사람들도 있지만, 통근자들은 소일거리로 생각하며 광고판을 기꺼이 읽는다. 그리하여 광고주들은 창의적이다 못해 과도하다고까지 느껴지는 전시물을 이용해 보는 사람의 흥을 돋우려고 노력한다. 이를테면 초대형 강화플라스틱 햄버거 모형, 진짜 미니 쿠퍼, 네온사인 십자가, 심지어 '예수님이라면 어떤 자동차를 모셨을까?' 같은 구호까지 붙여놓는 것이다. 실제로 모든 사람이 각자의 메시지를 자동차 통근자들의 눈앞에 내밀거나 귀에 대고 외치고 싶어 한다. 미국 전역의 정치가들은 도로변의 빈 광고판을 구매하고, 운전 시간대의 방송 시간을 구매하며, 자신의 정견에 우호적이라고 생각되는 방송국과의 인터뷰를 열망한다. 운전자들은 곧 유권자이며, 일터와 가정을 오가며 들은 이야기에 휘둘리는 경향이 있다. 따라서 운전 시간은 선거에서 중요한 요소가 된다. 지역에 중대한 현안이 있는 경우에 특히 그렇다. 예를 들어 뉴저지 주에서는 지역 뉴스를 뉴욕과 필라델피아 주의 텔레비전 방송국에 의존하는데, 1993년에는 라디오를 통해 어떻게 투표할지에 대해 조언한 막말 진행자의 영향력이 주지사 선거 결과를 결정했다. 러시아워에 방송되는 프로그램들이 현직 주지사인 짐 플로리오Jim Florio를 가리켜 '허튼소리 플로리오Flim-Flam Florio'라고 비아냥거렸던 것이다. 당선자인 크리스티 휘트먼Christie Whitman조차 자신이 디제이들은 물론이고 네 바퀴 투표자들에게도 빚진 바가 많다고 인정했으며, 급기야 주지사 재량으로 뉴저지 유료 고속도로New Jersey Turnpike

의 화장실 건물에 디제이 하워드 스턴의 이름을 붙였다.*

영국의 정치가들 역시 운전 시간을 이용한다. 노동당 정부는 2010년 총선거를 몇 달 앞두고 러시아워 동안 전파를 장악해 공익사업 광고를 연이어 내보냈다. 청취자들은 체중 감소, 연금 신청, 무료 건강 검진 요령에 대해서는 물론이고, 심지어 사기꾼일지 모르는 방문 판매원을 물리치는 요령에 대해서도 조언을 얻었다. 이런 홍보는 정부가 유권자들의 행복에 신경을 쓰는 것 같다는, 아울러 유권자들이 제대로만 투표한다면 정부가 자금과 관심을 기꺼이 투자할 것 같다는 인상을 주었다. 이것은 선거 비용 지출에 관한 영국의 엄격한 제한을 우회하는 완벽한 방법이기도 했다. 노동당은 유권자 대상 홍보에 총 1,900만 파운드를 지출했지만, 노동당 정부는 라디오 선전에만 한 달 동안 3,400만 파운드를 지출했다. 이에 대한 해명으로 정부는 국영 방송의 광고 수입이 줄어드는 탓에 어쩔 수 없었다고 주장했다. 그러나 청취자의 입장에서는 그렇게 기분 좋은 메시지를 듣는 것이 도리어 신선한 일이었다. 평소에는 대개 라디오에서 방송 수신료를 내지 않거나 도로세를 내지 않으면 벌금을 물게 된다는 등의 경고성 광고가 흘러나왔기 때문이다. 운전자 입장에서는 그렇게 바보 취급을 받는 것은 기운 빠지는 일이었다.

영국의 운전자들은 유류세와 도로세로 매년 300억 파운드 이상을 내는데, 정작 정부는 그중 3분의 1만 도로에 사용한다. 통근이 통근자들의 생활과 사회 전체에 지대한 영향을 미치기는 하지만, 전국적인 수준에서 보면 정치는 이런 법칙을 입증하는 데서 예외인 것만 같다. 즉 통근자는

---

* (옮긴이주) 이는 "사람들이 내 이름을 보면서 쉬어 갈 장소"가 있으면 좋겠다는 하워드 스턴의 발언에 따른 것으로, 휘트먼은 주지사 선거에 나서며 스턴에게 이 공약을 내걸었던 것으로 전해진다.

구애의 대상이긴 하지만, 구체적인 요구를 하는 응집력 있는 압력단체라 기보다는 느슨한 사회 계층에 불과하기 때문이다. 다시 말해 정치에서는 집단적 세력으로서의 통근자들의 중요성이 마땅히 인정받아야 하는 정 도만큼 인정받지 못하고 있다.

12장
–
흐름을 통제하는 사람들

월요일 아침 러시아워의 지하철역에서 있었던 일이다.

내가 계단을 내려가 승강장 가장자리에 서 있다가

열차가 들어서는 순간 허공으로 발을 내딛는 모습을

생생히 그려볼 수 있었다.[1]

_익명의 자살 미수자,《가디언》(2012년 1월 27일)

이런 모습을 상상해본다. 나는 지하철 기관사실에 앉아 칠흑처럼 어두운 터널을 달리고 있다. 헤드라이트가 멀리까지 뻗지 못해서 기껏해야 저 너머의 빛나는 철로를, 그리고 열차가 간신히 지나갈 정도의 여유밖에는 없어 보이는 좌우 벽과 위쪽 둥근 벽의 표면과 거기에 붙은 검댕을 비춰주는 게 전부다. 터널이 마치 산탄총 총신처럼 갑자기 두 개로 갈라지자, 나는 미처 깨닫지 못한 상태에서 왼쪽 터널을 선택하고, 곧이어 열차가 왼쪽으로 바짝 꺾이는 동안 구심력에 저항하려고 몸에 힘을 준다. 몸이 똑바로 되자마자 때맞춰 눈부신 빛의 원반이 저 앞에 나타나더니, 곧이어 한쪽 벽에 야자나무 사진과 축구 선수 사진이 들어가 있는 포스터가 줄줄이 나타나고, 또 반대쪽에서는 승강장에 서 있는 사람들의 얼굴이 줄줄이 나를 쳐다보다가, 결국 브레이크가 끼익 하고 비명을 지르고 열차가 멈춰 선다. 그 모든 얼굴에는 기묘한(체념과 공격성이 혼합된) 표정이 서려 있어서, 처음에 봤을 때는 정말로 심란하다. 지하철 기관사들은 평일에 날마다 그런 장면을 목격하며, 통근자들의 모습을 특권적으로 구경한다. 그들은 우리와 함께 있지만 우리 중 하나는 아니다. 그들은 모든 승객을 각자의 책상 앞으로 데려다주는 임무를 수행하는 1만 8,000명으로 이루어진 런던 지하철 조직의 일원이다. 그들은 러시아워를 배후에서 조종하고, 그 사이사이에 쇼핑객과 유흥객과 관광객을 이리저리 실어 나른다.

전 세계에는 5억 명 이상의 통근자들이 있다. 그리고 이들의 여정에서 안무가 노릇을 하는 수백만 명의 근로자들이 있는데, 예를 들어 열차 기관사, 승차권 검사원, 통제센터 관리자, 그리고 관련 기관의 공무원과 장관 등이다. 이 산업은 오로지 사람들을 일터로 실어 나르는 임무에만 전념한다. 바꿔 말하면, 장벽 저편에 있는 사람들은 통근에 대해 통근자들과는 완전히 다른 시가을, 그리고 아울러 막대한 책임을 갖고 있다는 것이다. 그들은 통근자들의 개별 여정을 집단 단위로 파악하며, 반드시 그런 방식으로 관리해야만 한다. 승객 욱여넣기 상태인 지하철 열차의 기관사는 한 번에 1,000명 이상의 승객을 목적지까지 수송하는 의무를 매일 수행한다. 그렇다면 그들의 관점에서는 이 일이 어떻게 보일까? 대략 소포를 분류하는 일과 마찬가지인 걸까? 아니면 기관사들과 기타 교통 분야 종사자들은 자기가 다루는 대상과 자기 스스로가 어떤 유대를 맺고 있다고 느낄까? 즉 자기들은 목자이고 우리는 양 떼라고 느낄까? 우리 통근자들은 그들을 같은 편으로 간주하는 것처럼 보인다. '패신저 포커스'가 수만 명의 영국 철도 이용자에게 실시한 설문조사들에서 역무원들의 친절과 도움은 항상 높이 평가되었다. 한편 도쿄에서는 페티시스트들이 교통 통제자들에게 궁극의 경의를 표하기 위해 역무원과 같은 제복을 부정 구매하여 차려입고* 그들의 안내문을 외우기까지 한다. 하지만 그런 경의 표시에 대한 응답이 있을까? 교통 분야 종사자들은 통근자들을 손쉽게 통제하고 만족시킬 수 있는 다소곳한 무리로 간주할까, 아니면 극도로 근면하게 감독되지 않을 경우 각자의 여정뿐 아니라 전체 시스템까지도 엉망으로 만들어버릴 예측불허의 광인 집단으로 간주할까? 과연 그들은 우리 자신도 미처 감지하지 못하는 우리 행동의 특징들을 포착할까? 그리고 마지막으로, 과연 우리는 스스로 겪는 만큼의 스트레스를 그들에게도 야기할까?

지하철 기관사들은 자기들이 다루는 대상을 분명히 인간으로 여기지만, 전적으로 합리적인 존재로 여기지는 않는다. 그들의 관점에서 보면, 열차의 문이 열리거나 닫히는 것에 대한 승객의 무관심은 짜증스러운 동시에 위험하기까지 하다. 런던 지하철에서 승강장 안전요원과 열차 기관사로 35년 이상 근무한 로버트 그리피스Robert Griffiths는 자서전《출입문 조심하세요!Mind the Doors!》(2002)에서 이렇게 말한다. "옷이나 가방이 문에 끼어 끌려가다가 사망하는 승객이 적지 않다."[2] 아울러 그는 그

---

* 원래 이런 제복을 일반인에게 판매하는 것은 불법이다.

런 비극을 방지하는 최상의 방법은 기관사와 승객이 언어적 유대를 이루는 것이라고 주장한다. 즉 스피커를 통한 신속하고 재치 있는 말 한마디가 1,000번의 안전 공지보다 훨씬 더 가치 있다는 것이다. 승객들이 유머에 대해서도 호통에 대해서만큼 잘 반응할 거라는 이런 생각이 기관사들 사이에서는 보편적인지, 그들은 때때로 스피커에 대고 빈정대는 발언을 해서 승객들을 저지한다. 예를 들어 이런 식이다. "굳이 이번 열차에 탑승하려고 애쓰시는 것보다는 다음 열차의 출입문이 열리기를 기다리시는 편이 더 쉽다는 걸 다음에는 꼭 기억하시기 바랍니다." 또는 이렇게 말하기도 한다. "승객 여러분께 알려드립니다. 열렸다 닫혔다 하는 커다란 벽은 바로 출입문입니다. 열렸다 닫혔다 하는 커다란 벽은 바로 출입문입니다."[3] 이런 메시지를 들으면 우리는 무리한 승차나 출입문에 기대는 것 같은 치명적인 실수를 범하지 않으려고 조심하게 된다.

통근자들에 관한 지하철 기관사들의 언급에서 반복적으로 등장하는 주제는 바로 예측 불가능성이다. 즉 통근자들은 평화롭게 줄줄이 움직이다가 어느 순간에 갑자기 좀비 떼로 변모해, 타인은 물론이고 본인의 안전에도 전혀 신경 쓰지 않거나 완전히 불합리한 행동을 일삼는 것이다. 닫히는 출입문으로 뛰어들고, 터널 속에서 불과 몇 분만 대기해도 강제로 출입문을 열고 내리려고 애쓰는가 하면, 반대로 열차에 화재가 일어났다는 이야기를 듣고도 하차하지 않고 버티는 경우도 있다. 러시아워 때 근무하는 버스 기사들 역시 통근자들에게서 이와 유사한 소질을 포착한다. 버스 기사 출신 소설가 매그너스 밀스Magnus Mills는《운행 간격 유지The Maintenance of Headway》(2009)에서 런던 지하철 종착역에서 승객들 사이에 나타난 충동성을 이렇게 묘사했다.

오전 7시부터 9시까지, 그들 무리가 에스컬레이터에서 연이어 물결치며 올라온다. 지하철 도착 직후에 오는 버스에게는 재앙이나 다름없다. 불과 몇 초 만에 버스는 밀림에서나 가능할 법한 아귀다툼의 희생물이 되고 만다. 바닥에 쓰러져 포식자들에게 뜯어 먹히는 초식동물과 비슷한 모양새가 되는 것이다. 버스가 가득 찬 후에도 사람들은 계속 올라타려고 애쓰고, 포위 공격을 당하는 버스 기사로서는 상황을 완화시킬 방법이 전혀 없다.[4]

하지만 승강장의 안전요원과 역무원이 통근자를 바라보는 시각은 버스 기사의 시각과는 약간 다르다고 할 수 있다. 왜냐하면 그들은 승객들과 여정을 함께하지는 않기 때문이다. 또한 그들은 승객들이 역에 도착했을 때만(평소에는 인적 없는 해안의 항구인 이곳에 승객들이 상륙했을 때만) 사람들을 바라보는 것이 아니라, 러시아워 동안 사방팔방에서 몰려드는 수많은 사람들의 흐름을 CCTV를 통해 마주하거나 감시한다. 그들의 황금률은 (합리적이냐 아니냐를 따질 것 없이) 여행자들은 계속 움직여야 한다는 것이다. 뱅크Bank 역의 통제실 차장인 존 호지스John Hodges는 2012년 BBC와의 인터뷰에서 승객들이 "순한 양처럼" 움직여야 한다고 말했다. 하지만 역장 밥 위든Bob Weeden은 좀 더 자비로운 견해를 피력했다. "지금 지하철을 타고 이동 중이라는 사실을 사람들이 거의 잊어버릴 정도가 된다면 (……) 즉 사람들이 최대한 고통 없이 신속하게 움직이도록 한다면, 그것이야말로 우리가 제대로 일을 한 겁니다."[5]

사람들을 계속 움직이게 만드는 방법은 여러 가지가 있다. 예를 들어 승강장들 간의 연결 통로라든가 서로 반대 방향으로 놓인 에스컬레이터 등을 이용해 사람들을 우회시킴으로써, 역 안으로 들어오는 승객보다 역 밖으로 나가는 승객이 더 많아지게 하는 식이다. 런던 지하철의 표지판 역시 군중의 흐름을 유지하기 위해 고안된 것이다. 즉 통근자들이 마주하는 모든 표지판의 위치와 크기, 그리고 거기에 적힌 내용은 단계적 공개의 원칙에 따라 결정된 것이다. 그 방법의 선구자인 폴 마천트Paul Marchant는 역 출입구에서 열차까지 승객들을 인도하는 방법을 런던 지하철에 조언했는데, 그의 지론에 따르면 정보는 반드시 알 필요가 있을 때 주어져야 한다. 선택지가 너무 많을 경우 군중이 얼어붙게 되고, 런던 지하철의 통로 내에 막힘 현상이 벌어진다는 것이다. 따라서 표지판의 크기라든지 거기에 담긴 정보는 '결정 지점'에 어울리게 만들고, 그 결정 지점에서는 그곳에 도착한 통근자들이 간단히 결정할 수 있는 A와 B(예를 들어 왼쪽과 오른쪽, 또는 위쪽과 아래쪽)라는 선택지를 제공한다. 목적지의 승강장이나 출구에 도착했을 때 승객들에게 약간의 짜릿함을 제공해주는 위로의 표지도 있다. 표지판의 글자 크기는 시선과 거리를 연계한 간단한 공식에 의해 결정된다. 적절한 거리에서는 흐릿함조차 정보로 변모된다.

런던 지하철은 오랫동안 표지 분야의 혁신자 노릇을 해왔다. 1913년 프랭크 픽은 타이포그래퍼 에드워드 존스턴Edward Johnston에게 의뢰해 저 유명한 산세리프sans-serif체를 디자인했는데, 그 과정에서 새로운 글자체는 대담하고 확고하며 "의심의 여지 없이" 현대적이어야 한다는 주문을 했다. 당시에만 해도 산세리프체는 "저급한" 느낌을 주었다. 공식 표지판이라면 세리프*로 장식된 대문자를 사용하는 것이 당연시되었기 때문이

---

* (옮긴이주) 글자의 획 끝에 달린 돌기 장식을 '세리프'라고 부르며, 그것의 유무에 따라 글자체가 '세리프체'와 '산세리프체'로 나뉜다. 명조체와 고딕체는 양쪽을 대표하는 글자체이다.

산세리프체가 사용된 도로 표지판   런던 지하철 표지판

다. 하지만 특유의 명료성 덕분에 산세리프체는 이후 50년이 넘는 기간 동안 런던 지하철은 물론이고 각종 표제와 도로 표지판, 기차역과 버스 행선지 표지판bus blinds에 두루 채택되었다. 세리프에 관한 찬반양론의 열기가 워낙 고조되다 보니, 양측의 충돌이 전국적인 뉴스가 되었다. 이에 관한 토론이 텔레비전으로 중계되기도 했는데, 산세리프 측에서는 이른바 "시각 공학자"로 자처하는 자크 키네어Jock Kinneir가 나와 대문자의 세리프 표시는 "독재 정부의 징후"[6]라는 의견을 내놓았다. 산세리프에 반대하는 측에서는 수염이 덥수룩한 비문碑文 공예가 데이비드 킨더슬리David Kindersley가 나와 대중교통의 표지에 들어가는 모든 글자에는 세리프가 있어야 한다는, 아울러 가급적 대문자를 사용해야 한다는 의견을 내놓았다. 1963년 워보이스Worboys 보고서는 결국 산세리프체에 유리한 결론을 내렸다. 세리프 애호가들은 정중한 패배자는 아니었기에, 자기들의 글자체가 다시 한 번 세상을 지배하게 될 미래, 즉 런던 지하철과 자동차 전용 도로의 표지가 "미적으로 빈곤했던 시대의 꼴불견 잔해"[7]라는 비아냥거

림을 받게 될 미래를 꿈꾸면서 자위할 수밖에 없었다.*

시각 공학과 통근자 우회로만 가지고는 러시아워의 인파를 계속 흐르게 만들기에 충분하지 않다. 또 역무원들은 통근자들의 매우 비협조적인 태도뿐만 아니라 통근자들 간의 경쟁에도 대처해야만 한다. 대중교통을 이용하는 통근자들은 자신이 필요 이상으로 유순하고 온화하다고 생각할지 모르지만, 승강장 안전요원에게는 통근자들의 행동이 영 딴판으로 보인다. 즉 안전요원은 승객들 사이에서 승객들이 보지 못하는 것을 간파하는데, 그중 하나가 경쟁 성향이다. 똑같은 승강장에서 매일 근무하는 사람은 승객을 개인만이 아니라 무리로서도 파악하게 되며, 승객과 시스템 간의 분투뿐만 아니라 승객과 승객 간의 분투까지도 파악하게 된다. 즉 열차가 도착하자마자 틈새를 비집고 출입문 쪽으로 가는 사람들이 있는가 하면, 그보다는 늦게 출입문 쪽으로 가지만 균형과 조화에서 기쁨을 얻기라도 하듯 동료 통근자들의 틈새를 채우는 사람들도 있고, 열차에 올라탈 때 일종의 블로킹 전술을 사용해서 문간을 최대한 많이 차지하는 소수의 사람들도 있다.

과거에만 해도 이런 통근자 간 경쟁은 부정되거나 억제되었기에 오로지 인파의 흐름을 통제하는 책임을 맡은 사람들의 눈에만 보였지만, 오늘날에는 그 경쟁이 널리 인식되고 있다. 기술 업체 휼렛패커드Hewlett Packard는 2004년 한 실험에서 열차 통근자들의 머리에 전극을 부착한 모자를 씌워 심장 및 두뇌 활동을 측정했다.[8] 그 결과, 그들이 공간을 차지하기 위해 서로를 떠밀 때 느끼는 흥분과 불안은 전투 중인 전투기 조종

---

* 산세리프체의 승승장구는 이후로도 계속되었다. 특히 컴퓨터 모니터에서 읽기가 더 쉽다는 이유로 결국 디지털 간행물을 지배하기에 이르렀다.

사나 격렬한 시위를 진압해야 하는 전투 경찰이 느끼는 정도에 맞먹을 정도로 격렬하다는 사실이 밝혀졌다. 심지어 통근자 간의 대결을 옹호하는 사람들도 있는데, 그들은 이런 경쟁이 러시아워에 약간의 풍미를 더해준다고 생각한다. 예를 들어 디지털 전략가인 브렌던 넬슨Brendan Nelson은 좌석을 차지하는 것이 러시아워 통근자들 모두의 첫째 목표라고 믿어, 게임 이론과 《손자병법》과 통계 분석 등에 근거한 좌석 확보 공식을 고안했다.[9] 넬슨은 열차를 전술적 공간으로 간주한 뒤, 거기에는 세 종류의 사람들이 있어서 저마다 다른 도전을 제기한다고 본다. 첫째는 '열망자', 즉 좌석을 원하는 사람이다. 둘째는 '외면자', 즉 서 있는 것이 차라리 나은 척하는 사람들이다. 셋째는 '점유자', 즉 좌석을 이미 차지하는 죄를 범한 밉살스러운 사람들이다. 넬슨의 조언에 따르면, 우리는 세 유형의 여행자들을 모두 상대할 수 있으며, 불과 두 정거장 이내에 편안한 자리를 얻을 수 있다. 심지어 초超경쟁적인 통근자를 위한 앱까지도 개발되어서, 각자의 목적지에서 출구에 가장 가까운 열차 출입문이 어디인지 알려준다.

승강장 안전요원들이 통근자들 간의 경쟁을 싫어하는 것은 자칫 인파의 흐름에 동요를 유발할 수 있기 때문이다. 이들이 다루는 대상의 빈번한 비타협적 태도 역시 동요를 유발한다. 러시아워의 여행자들은 매일의 여정 동안 놀라우리만치 정확한 일정에 따라 움직인다. 어떤 사람은 2분만 있으면 텅 빈 다음 열차가 올 텐데도 승객 욱여넣기를 감수하면서까지 무턱대고 열차에 올라타고, 어떤 사람은 매일 승강장에서 정확히 똑같은 장소에 선다. 심지어 다른 자리는 여유가 있는데 유독 그곳만 북적여서 틈새를 비집고 나아가야 하는 상황이어도 굳이 그렇게 한다. 그것이야말로 지하철 승차의 유일한 진리인 듯, 그러므로 거기서 조금만 벗어나도 파멸적인 실패를 야기하게 된다는 듯 행동한다. 그런데 이런 완고함은 개인에게만이 아니라 열차 전체에까지 영향을 끼칠 수 있다. 로버트 그리피스가 자서전《출입문 조심하세요!》에서 한 푸념에 따르면, 승객들을 설득해 열차에서 내보내는 일은 무척 힘들었고, 심지어 화재 사고 같은 응급 상황에서도 마찬가지였다고 한다.

버스 통근자들 역시 비타협적인 태도를 보인다. 매그너스 밀스는 '폐쇄'라고 적힌 노란 덮개를 씌워놓은 버스 정거장 표지판 옆에 서서 지나가는 버스를 향해 애처롭게 손을 흔드는 승객들의 모습을 묘사한 바 있다. 이처럼 많은 사람들이 버스 행선지 표지판은 보지 않고, 오로지 버스만 바라본다. 이것에 대해 밀스는 다음과 같은 의견을 내놓는다. "버스 행선지 표지판에 '지옥행'이라고 적어놓아도 사람들은 여전히 즐겁게 올라탈 것이다. 마찬가지로, 예상보다 일찍 내려야 할 경우가 되면 한탄하고 아쉬워할 것이다."[10]

우리는 못 보지만 대중교통 종사자들은 잘 보는 통근자의 행동에는 경쟁과 완고함 말고도 또 한 가지 측면이 있다. 우리의 기분은 몇 가지 층위에서 요동하게 마련이고, 이는 인파의 흐름에 반영되며, 월요일부터 금요일까지 우리의 주기에 맞춰서 변화한다. 예를 들어 런던 지하철의 역무원은 시계와 달력만 흘끗 봐도 우리의 행동을 예측할 수 있다고 장담한다. 월요일 아침에는 실신하는 여성이 생기는데, 왜냐하면 서둘러 출근하느라 아침을 전혀 못 먹었기 때문이다. 금요일 밤에는 만취해 토하는 남성이 생기는데, 빈속에 술을 너무 많이 마셨기 때문이다. 역무원들은 일주일 주기로 이런 핵심 시간마다 각자의 자리를 지키며 현기증이나 만취의 조류가 급증하는 사태에 대비한다. 자기들이 이런저런 부류의 여행자들에게 구원의 천사가 돼야 한다는 것을 알기 때문이다. 승강장 안전요원 제인 오크스Jane Oakes는 BBC와의 인터뷰에서 금요일 밤의 난장판에 관해 이야기하면서, 때로는 "보육교사가 된 듯한" 느낌이고, 또 때로는 "엄마 아빠로 변모"하기도 한다고[11] 토로했다. 이들의 육아는 그 버릇 없는 아이들이 열차와 역사 안에 남겨놓은 오물을 치우는 일까지 연장된다. 지하철 역무원들은 다른 승객들에게 방해가 되지 않도록, 통근자들이 이동 중에 배출한 물질의 처리에 대해 논의하면서 확성기로 암호를 주고받는다. 예를 들어 1은 피, 2는 소변(또는 대변), 3은 토사물, 4는 액체, 5는 유리 파편, 6은 쓰레기이다. 심지어 통근자들의 행동에는 연간 주기도 있다. 예를 들어 승객 욱여넣기는 3월과 9월에 가장 심하다. 승객이 음료를 들고 열차에 탈 가능성은 12월에 가장 높다. 승객이 자살을 시도할 가능성은 2월의 목요일에 가장 높다.

마지막으로 대중교통 종사자는 통근자들의 유머 감각과도 싸워야 한다. 우리는 침대에서 책상으로 가기 위해 열심일 뿐만 아니라 장난기도 넘치며, 이런 특성 역시 인파의 흐름을 방해한다. 예를 들어 지하철 이용자들이 '바지 벗는 날No Pants Day'을 기념할 때가 그랬다. 전 세계 60개 도시의 대중교통에서 사람들이 속옷 차림으로 통근을 시도한 플래시몹 이벤트 말이다. 그러나 통근자들이 각자의 허리 아래쪽 몸이 얼마나 아름다운지 또는 정상적인지를 서로 보여준 이 사건은 지하 세계에 한 줄기 햇빛이 되었다기보다는 오히려 파괴적이었다는 것이 공식적 반응이었다. 때때로 공무원들은 지하철 객차 안에 등장하는 가짜 표지판 때문에도 애를 먹는다. 그것의 형태와 크기는 무수히 많은 안전표지들의 일부와 똑같지만, 내용은 진지한 메시지가 아니라 엉터리이다. 예를 들어 일부 열차에 붙어 있는 금연 스티커가 "시선 맞춤 금지. 위반 시 벌금 200파운드"라고 적힌 스티커로 대체되는 식이다. 파란 바탕에 하얀 글자로 이루어진 표지를 보면 승객들은 진짜라고 착각하기 십상이다. "더 효율적인 서비스를 원하는 승객께서는 다음 역에 내리신 후, 약을 잔뜩 먹은 나무늘보 팀이 끄는 열차를 이용하시기 바랍니다."[12]

통근자들은 여정 중에 마주치게 되는 기묘한 유머나 기발한 표현을 좋아하지만, 무질서와 앙숙인 런던 지하철 종사자들에게는 둘 다 혐오의 대상이다. 그들은 가능한 한 소란이 최소화된 상태에서 통근자들을 일터까지 데려다주는 일에 노력을 집중하며, 통근자들이 각자의 본분을 지키며 통근에만 신경 써야 한다고 생각한다. 그런데 새로운 미디어가 문제를 악화시켰다. 통근자들이 자기들끼리 트윗을 날리고, 때로는 열차 지연 원인에 관해 대중교통 종사자보다 더 많이 알게 되면서, 결과적으로 대중교통 종사자들의 권위와 제복을 잠식하는 결과가 나타났다. 대중교통 운영업체들 역시 트윗으로 이에 맞서 싸운다. 지하철 노선마다 의인화된 트위터 피드가 있다. 여기서 이루어지는 대화는 대중교통 운영업체와 승객 간의 창의적 긴장을 엿보게 해준다. 센트럴 노선Central Line의 피드에서 사례 하나를 소개하자면 다음과 같다.

@centralline : 본 노선에서 원활한 운행이 재개되었습니다.

HG : 그럼 웨스트 라이슬립West Ruislip발 7시 29분 열차가 출발하지 않은 이유를 설명해주시죠. 무려 17분 동안 아무 일도 없었다던데요.

@centralline : 그것은 고장 난 열차를 운행에서 배제하는 과정에서 생긴 일로 확인되었습니다. 여러분의 여정에 불편을 드려 죄송합니다.

HG : 그런데 어째서 모든 노선에서 원활한 운행이 이루어진다는 거죠? 누가 봐도 원활한 운행은 아니죠. 사람들이 최신 운행 정보를 얻으려고 TfL(트랜스포트 포 런던) 사이트에 의존하는데!

@centralline : 노선의 상태란 전체 운행을 말하는 것입니다. 따라서 열차 한 편이 취소되었다고 해서 영향이 있는 건 아닙니다.[13]

지상의 대중교통 운영업체들 역시 트윗을 한다. 사우스 웨스트 철도의 소셜미디어 팀장으로, 자사의 워털루 발착 열차를 대표해 포스팅을 하는 자칭 낙관론자 앨리슨 던Allison Dunn은 트위터 덕분에 운영업체와 승객들이 새로운 방식으로 유대를 맺게 되었다고 생각한다. 즉 트위터 덕분에 "우리는 전에는 할 수 없었던 방식으로, 즉 일대일의 기반에서 사람들에게 이야기할 수 있게 되었다"라는 것이다. 그녀는 "창피한 줄 알면 차라리 목매 죽어라"라는 등의 답신 트윗에도 굴하지 않았고, 전반적으로 트윗으로부터 "흥분"을 얻는다고 말했다. 하지만 그녀도 창피함에 완전히 면역되지는 않았다. "운행에 심각한 차질이 생길 경우, 때로는 우리에게도 실제로 영향이 있어요. 사람들이 올린 답글을 볼 때 그렇습니다. 욕설이라든지 뭐 그런 것들 말이에요." 그녀는 솔직히 털어놓았다. "우리도 그들의 입장에 서서 그들의 고통을 반드시 느껴봐야 합니다. 그들은 우리가 이런 열차 차편을 운영할 수 있도록 돈을 내는 사람들이니까요."[14]

런던 지하철은 인파의 흐름을 통제하기 위한 자체적인 전략을 고안하는 한편, 외부자의 발상을 적극 수용한다. 예를 들어 1986년부터 객차 내의 광고 공간 가운데 일부를 '지하철에서 읽는 시詩Poems on the Underground'라는 프로젝트에 기부해왔다. 게시판에 광고나 안전 공지 대신 시가 씌어 있을 경우, 런던 지하철은 사람들의 돈을 빼앗고 행동을 제약하기 위해 만들어진 기계에 불과하다는 통념(러시아워에 객차에 갇혀 있는 사람들의 통념)을 깨뜨릴 수 있다고 보았기 때문이다. 다시 말해 광고로 인한 약간의 수입을 희생하는 대신, 승객들에게 마음의 양식을 제공하려는 의도였다. 이제는 이와 유사한 프로젝트가 전 세계 12개 국가의 대중교통 시스템에서 시행되고 있다. 나 역시 이 프로젝트의 팬이다. 그 덕분에 탈취제나 구강청정제나 생명보험 광고를 보며 망상에 시달리는 대신, 영감을 주는 시를 읽으며 생각에 잠길 수 있기 때문이다. 내가 런던 지하철에서 처음 만난 시들 중 가장 마음에 들었던 것은 17세기의 잉글랜드 서정시인 로버트 헤릭Robert Herrick의 〈꿈Dreams〉이었다.

낮에는 우리 모두 여기 있네. 밤에는
꿈에 의해 내쫓기네, 각자 다른 세계로.

'지하철에서 읽는 시'에는 T. S. 엘리엇의 〈황무지The Waste Land〉나 런던 북부 교외에 관한 풍부하고 아이러니한 초상화인 존 베처먼의 〈미들섹스Middlesex〉 같은, 통근을 비판하는 20세기의 고전들은 게재되지 않는다. 아마도 낙관주의 정책 때문으로 보인다. 즉 시를 읽음으로써 통근의 괴로움과 직면하거나 통근의 무익함을 깨닫기보다는, 통근의 일상적인 측면으로부터 잠시 벗어날 수 있어야 한다는 것이다.

런던 지하철은 시를 독려할 뿐만 아니라 길거리 공연도 합법화했다. 그래서 허가를 받고 등록을 마친 좌판이 여러 역에 설치되어 있다. 과거에 안전요원과 경찰을 피해가며 통근자들에게 한 푼 달라고 외쳐댔던 자유로운 영혼들 대신, 이제는 좌판을 얻기 위해 오디션을 보는 음악가들과 묘기를 선보이는 괴짜 유명인사들이 즐비하다. 물론 길거리 공연이 인파의 흐름을 방해하는 것은 명백하지만, 통근자들에게 진정 효과를 발휘하는 것도 사실이다. 음악은 듣는 사람에게 마치 영화 같은 경험을 하게 해주며, 따라서 우리의 다양한 근접학적 공간에 대한 침해로부터 잠시나마 관심을 돌리게 해준다.

통근의 맥박을 계속 유지하기 위해 런던 지하철 종사자들은 여러 특수 기관에서 훈련을 받는데, 대표적인 곳이 바로 웨스트 애시필드West Ash-field이다.[15] 이곳은 때때로 퀴즈에서 다음과 같은 질문의 정답으로 거론된다. "런던의 지하철 역들 중 지상 12미터 높이에 자리한 역은?" 웨스트 애시필드는 켄징턴 소재 사무 지구의 3층에 자리해 있으며, 여기에는 승강장을 비롯하여 지하철역의 여러 부분들을 실물 크기로 재현한 모형들이 설치되어 있다. 선풍기 바람과 함께 승강장이 흔들리며 열차가 곧 진입하려는 모의 상황이 펼쳐지면, 훈련생들은 자기들이 정말 지하철역에 들어와 있는 것처럼 행동한다. 이곳은 러시아워 동안 우리가 추는 춤의 안무가 노릇을 하는 사람들이 안무의 기술을 배우는 장소다. 웨스트 애시필드에는 이른바 '궁극의' 모형 철도도 설치되어 있는데, 새끼 고양이 크기 정도의 그 객차 벽면에는 좀 더 진짜처럼 보이기 위해 축소판 낙서도 그려져 있다.

기관사 훈련생들은 웨스트 애시필드에서 여러 시간 동안 모의 운행 장치를 이용해 기관차 다루는 법을 배우지만, 실물을 가동하는 데 따르는 스트레스 앞에서는 그 어떤 준비도 소용이 없게 마련이다. 실전에서 그들은 런던의 보도로부터 36미터 아래에 뚫린 좁은 터널을 이용해, 겨우 248개밖에 되지 않는 좌석을 얻기 위해 소리 없는 전쟁을 수행 중인 1,000명의 사람들을 이송하게 될 것이기 때문이다. 이들이 받는 훈련은 엄격하다. 기관사는 열차에서 발생하는 흔한 문제들을 직접 해결할 수 있어야 한다. 예를 들어 퓨즈를 교환하는 일부터, 위기 상황에서 승객들을 대피시키는 일, 자살 사건에 대한 대처, 항상 모든 역에 완벽하게 정지하는 일 같은 것들이다. 그들이 느끼는 책임감은 그들이 느끼는 압박감 못지않게 어마어마해서, 명성까지는 아니어도 스트레스만큼은 여객기 기장에 버금갈 정도이다. 지하철 기관사들은 자기들이 싣고 다니는 신경증 환자 후보들보다 훨씬 더 높은 수준의 스트레스를 받는다. 그들의 스트레스는 (사람을 치는 것을 가리키는 지하철 업계의 속어인) '밑 사람one-under'에 대한 두려움으로 더욱 악화된다. 사고를 가까스로 모면하는 것도 소름끼치는 경험이며, 기관사들이 무력감을 느끼는 이유 가운데 하나이다. "열차를 돌려 사람을 피할 수가 없으니 (……) 할 수 있는 일이라고는 그저 (……) 브레이크를 작동해 열차를 멈춰 세울 시간 여유가 있기를 바라는 것뿐입니다." 기관사인 모하메드 무자히드Mohammed Mujahid가 《가디언》과의 인터뷰에서 한 말이다. 그런 경험을 하면 "정말 넋이 나가고 몸이 벌벌 떨리며, 어떤 사람들은 그런 감정을 처리하지 못해서 결국 일을 그만둘 수밖에 없다"[16]고 한다. 승객을 치는 불운을 겪은 기관사들은 평생 동안 상처를 안고 살 가능성이 높다. 약 15퍼센트는 외상 후 스트레스성 장애를 겪고, 약 40퍼센트는 우울증과 공황장애를 비롯해 다른 심리적 문제를 겪는다.[17] 로버트 그리피스는 《출입문 조심하세요!》에서 '밑 사람'을 치어본 두 번의 경험을 묘사한다. 그는 두 번 다 우발적 살인 혐의를 받았다가, 검시관의 결과 보고를 통해 사망자가 자살을 기도했다는 사실이 확인되고서야 비로소 무혐의 처분을 받았다. 두 번째 사고 때는 3개월 동안 병가를 내고 상담을 받은 후에야 다시 근무할 수 있었다고 한다.

버스 운전기사들도 매일 이와 유사하게 심한 스트레스를 받는다. 네덜란드의 심리학자 M. A. J. 콤피르M. A. J. Kompier에 따르면, 버스 운전은

"고위험 직업"[18]으로 신체와 정신 모두에 가혹한 결과를 초래하며, 사무직이나 육체노동, 택시 운전, 양조장 일, 공무원보다 (또는 이 세상의 거의 모든 직업보다) 스트레스 정도가 심하다. 하루 종일 운전석에 앉아서 대형차량을 천천히 모는 일은 겉보기보다 훨씬 더 위험하다. 많은 차량의 운전석이 인체공학 면에서 수준 미달이다. 예를 들어 운전대는 너무 크고, 좌석은 단일 규격이며, 페달은 충분히 가깝지 않거나 발이 거의 닿지 않을 지경이어서, 대부분의 운전기사들은 몸을 뒤틀고, 발을 뻗고, 등을 굽혀야만 한다. 그런 상황에서 버스의 움직임에 따라 몸이 흔들리고, 출입문을 여닫을 때마다 뜨겁거나 차가운 공기를 쐬고, 그것도 모자라 승객들에게 시달리기까지 하는 것이다.

콤피르 교수의 연구 대상자 가운데 한 명의 증언에서 인지와 현실 사이의 격차가 현저하게 드러났다. 그는 네덜란드에서는 버스 운전석에 앉는 것이 "모든 소년들의 꿈"이라고, "큰 버스, 제복, 모자" 같은 것 때문이라고 말한다. 아울러 처음에는 자유의 느낌도 없지 않다고 한다. "버스 운전석에 앉아 있으면, 아무도 나에게 뭘 해라, 하지 마라 하고 말하지 못하죠." 하지만 어린 시절의 야심을 이루었다는 애초의 흥분이 사라지고 나면, 그 업무는 운전기사를 지치게 만들 뿐이다. "15년 전 이 일을 처음 시작했을 때부터 함께한 동료들 중 남은 사람이 얼마 없습니다. 대부분 사라져버렸죠. 몸도 아프고 (⋯⋯) 최근에는 폭력도 빈발해서 저 역시 두 번이나 공격을 당했습니다. 승객들도 바뀌고 있어요. (⋯⋯) 서두르기만 하고, 농담할 시간 여유조차 없어요. 게다가 교통 흐름도 심각하게 나빠졌죠." 상당수의 버스 운전기사들은 퇴직 연한에 도달하기 전에 그만두는데, 보통은 나빠진 건강 때문이다. 특히 심장질환이 생기거나 등, 무릎, 복부나 힘줄 등에 문제가 생길 가능성이 높다.

어떤 사람들은 신체적으로만이 아니라 정신적으로도 불구가 된다. 운전기사들의 업무는 많은 의무와 적은 권한으로 요약된다. 따라서 그들은 이론상으로는 자기 배의 선장 노릇을 할 수 있지만, 실제로는 운행 시간표와 각자의 양심의 노예일 뿐이다. 한편으로는 고용주로부터 시계처럼 노선을 정확하게 오가라는 압력을 받는다. 다른 한편으로는 출입문이 닫힌 후에도 승차하려는 승객들, 또는 나이가 많거나 몸이 허약한 관계로 하차에 시간이 많이 걸리는 승객들로부터 천차만별의 요구를 받는다. 스웨덴의 어느 대중교통 종사자의 말에 따르면, 이런 상충하는 우선순위 때문에 운전기사들은 두 가지 태도 중 한 가지를 선택하게 된다. 하나는 "승객을 화물로 간주하고" 스스로를 운행 시간표에 희생시켜 "뒤늦게 나타나 버스를 향해 뛰어오는 승객을 아무 거리낌 없이 뒤에 내버려두는" 것이고, 다른 하나는 "대인 서비스의 수요에 부응하려" 노력하고 승객을 인간 동포로 대하는 것이다. 하지만 봉사 활동과 과당 경쟁은 양립 불가능하게 마련이다. 운전기사들은 지체한 시간을 벌충하기 위해 과속을 일삼는다. "버스와 전차 운전기사 가운데 약 25퍼센트는 빡빡한 운행 시간표 때문에 거의 매일 위험에 처한다." 그러나 "운행 일정에 계속 뒤처지다 보면 승객에게서 불평이 터져 나오는 것은 물론이고, 적절한 휴식을 취할 시간조차 없어질 수 있다". 따라서 저자들은 "어떤 쪽을 택하든, 운전기사들은 뭔가 부족하다는 것을 의식적으로든 무의식적으로든 계속 느끼게 된다"[19]는 결론을 내렸다. 즉 모두를 만족시키려고 지나치게 노력하면서도, 실제로는 그럴 수 없음을 내심 인식하는 것이다. 매그너스 밀스의 《운행 간격 유지》에서 이런 딜레마가 부각되는데, 이 작품은 제목으로 사용된 원칙의 노예가 되어버린 버스 감독관의 카프카적 관점을 보여준다. 감독관들은 운전기사들에게 이 원칙을 부과하면서, 시계처럼 돌아가는 세계에서나 실현 가능한 수준의 정확성을 요구한다. 이때 운전기사가 저지를 수 있는 최악의 잘못은 바로 선착先着이다. 왜냐하면 선착 역시 연착 못지않게 운행 간격을 교란하기 때문이다.

운행 간격은 엄밀히 말해 열차나 버스가 경로에서 서로 유지하는 적당한 거리를 말한다. 이것은 빅토리아 시대부터 대중교통 분야에서 최고 두뇌들조차 벅차했던 문제였다. 한 노선에서 한 번에 한 편 이상의 열차를 운행하는 것이 바람직하게 여겨지자마자, 열차들이 서로 충돌하거나 터널에서 줄줄이 밀리는 상황을 방지해주는 시스템이 필요해졌다. 그러한 최초의 시스템은 색색의 깃발과 등불을 든 요원들을 노선 곳곳에 배치해, 선행 열차와 너무 가까운 후속 열차가 있으면 정지시키는 것이었다. 철도를 따라 전선이 설치되면서부터 시각 신호와 함께 전기 신호도 사용되었으며, 운행 간격 유지를 위한 '구간 시스템block system'도 발전했다. 모든 경로를 '구간block'이라는 여러 개의 단위로 분할하고, 각 구간에는 한 편씩의 열차만 허락된다는 황금률을 적용한 것이다. 이후 이 원칙이 계속 유지되다가, 자동화 시스템(컴퓨터 시스템)이 등장하면서 한 구간에 한 편 이상의 열차를 운행하게 되었으며, 운행 간격을 줄이면서 차편의 빈도를 높일 수 있었다.

현행 교통량 관리 시스템을 관리하는 통제원들의 경우, 기관사나 승강장 안전요원과는 또 다른 시각에서 통근자들을 바라본다. 즉 그들은 사람들을 바라보는 것이 아니라 열차를 상징하는 색색의 직사각형들이 스크린에서 노선을 따라 천천히 움직이는 모습을 바라본다. 그들은 인간의 문제가 아니라 수학적 문제를 해결해야 하는 것이다. 그것 역시 스트레스 가득한 직업이다. 2001년에 언론인 에드워드 심프킨스Edward Simpkins는 워털루 역에 자리한 유서 깊은 통제실을 방문한 뒤, 현실의 '뚱보 통제원Fat Controller*'들이 그곳을 운영하고 있음을 깨달았다. 그들이 앉은 의자 주위에는 "밟혀서 시커멓게 된 껌 자국이 수두룩했는데, 가뜩이나 과체중인 그들이 스크린 앞에서 오랜 시간 근무하는 동안 담배 피우고 싶은 열망을 억누르기 위해 씹고 뱉은 것들"이었으며, 그곳의 공기에서 는 "통제된 긴장"마저 느껴졌다.[20] 그때 이후로 작동이 더 쉬운 새로운 시 스템이 설치되었지만, 긴장만큼은 여전히 남아 있었다. 런던 지하철의 메 트로폴리탄 노선을 통제하며, 러시아워 동안 54개 역을 거치는 100편의 열차를 인도하는 책임을 맡은 사이먼 플래토Simon Flatto는 BBC와의 인터 뷰에서 자신의 업무를 "뜨거운 감자로 저글링하기"에 비유했다. 한 열차 의 출입문이 15초 늦게 닫힐 경우, 바로 다음 열차는 2분 지연될 수밖에 없고, 네 번째 후속 열차는 무려 10분이나 지연되기 때문이었다. 그의 근 무에서는 매 시간 매 초가 중요하기 짝이 없었다.

대중교통 운영업체들은 자동화 통제 시스템을 이용하는 동시에, 기 관사 없는 열차 쪽으로도 이행했다. 이런 시스템은 무려 40년 가까이 운 영되고 있다. 런던 지하철의 빅토리아 노선Victoria Line은 1968년 개통 때 부터 사실상 기관사 없이 운영되어왔다. 물론 기관사실 안에 항상 기관 사가 앉아 있지만, 열차는 대부분 자동조종장치를 통해 움직인다. 매년 빅토리아 노선을 이용하는 2억 명가량의 승객 가운데, 러시아워 동안 자 기들을 태우고 이리저리 다니는 그 거대한 차량을 기계가 조종하고 있 다는 사실을 아는 사람은 극히 드물다. 조타실에 아무도 없을 수도 있다

---

* (옮긴이주) 영국의 아동문학가 윌버트 오드리Wilbert Awdry(1911~1997)가 쓴 동화 〈토머스와 친구들〉 시리즈(1945~1972)에서 기차들을 관리하는 책임자의 별명이다. 우리나라에서 방영된 애니메이션에서는 '뚱보 역장님' 또는 '사장님'으로 지칭했다.

는 사실을 알면 많은 사람들의 마음이 불편해질 것이다. 자동화는 인간의 실수를 줄여줄 수도 있지만, 동시에 인간의 지혜까지도 제거해버리고 만다. 예상치 못했던 문제가 발생할 경우에는 인간의 지혜야말로 유일한 구원이 될 터인데 말이다. 그뿐만 아니라 열차가 옴짝달싹 못할 때 기관사의 목소리가 들리면 승객도 반갑게 마련이다. 차량의 작동 방식이며 퓨즈 교환 및 서킷브레이커 재가동 방법, 출입문의 수동식 개폐 방법, 비상시 대피법 등에 정통한 누군가가 함께 타고 있다는 데서 비롯되는 안도감은 스피커를 통해 실제로 공지되는 내용 못지않게 중요한 것이다. 승객들이 기관사 없는 열차를 탈 때 어떤 기분을 느끼는지 이해하려면, 도클랜즈 경전철Docklands Light Railway* 웹사이트의 '자주 하는 질문FAQ' 코너에서 맨 처음 질문이 "기관사들은 어디 있나요?"라는 사실만으로 충분할 것이다. 운영업체는 이 질문에 기관사가 아예 없다고 쉽게 대답하는 대신, 그 시스템이 여전히 인간의 관리감독하에 있음을 강조함으로써 혹시 있을지도 모르는 승객의 공황을 방지한다.

> 열차가 혼자 알아서 정차하고 발차하는 것처럼 보일지라도, DLR를 운영하는 컴퓨터 시스템에 대해서는 1년 365일, 하루 24시간 내내 DLR 통제센터에서 면밀히 관리, 감시하고 있습니다. 통제센터의 직원들은 특정 시간에 특정 열차가 노선의 어느 곳에 있는지를 정확히 알려주는 DLR 네트워크 전체의 디스플레이 시스템에 접속해 있습니다.

대중교통 소유주들은 기관사 없는 시스템의 미덕을 승객들에게 적

---

* 런던에서 최초로 기관사가 전혀 없는 시스템을 도입한 노선이다.

극적으로 알리기를 삼가지만, 동종업체 간에는 그것을 요란하게 선전한다. 무인 열차 운영Unattended Train Operation(UTO) 시스템 덕분에 업체들은 "이동 구간moving block"의 원칙을 손볼 수 있었고, 급기야 열차 운행 간격을 크게 줄일 수 있었다. 운행 간격이 줄어들면 결국 적재량이 더 늘어나고, UTO는 더 낮은 노동 비용으로 이득을 얻게 된다. 브라질 상파울루 지하철의 완전한 UTO인 황색 4호선Yellow Line 4의 총책임자 클라우디우 안드라지Claudio Andrade에 따르면, "인간이라는 요소의 간섭을 제거함으로써 열차 운행 간격을 이론에 더 가깝게 만들 수 있었다".[21] 런던 지하철의 빅토리아 노선은 열차 사이의 간격이 2분에 달하지만, 상파울루의 4호선은 그 간격이 겨우 75초에 불과한 상태로 운영되도록 고안되었다. 이 노선은 "열차를 돌리는 데 드는 시간"으로 인한 지체도 없는데, 왜냐하면 기관사들이 한쪽 끝에서 반대쪽 끝까지 이동할 필요가 없고, 심지어 지각하는 일도 없기 때문이다. 러시아워 때는 열차를 추가하면 그만이고, 그 열차를 몰고 노선을 오갈 추가 인력을 군이 찾을 필요도 없다.

물론 안드라지가 미처 인식하지 못한 것이 하나 있다. 훗날 열차 기관사가 되고 싶어 하는 브라질 어린이들의 꿈을 지금 그가 깡그리 짓밟고 있을 수도 있다는 것이다. 그래도 UTO에서 비롯되는 진정한 효율성은 언젠가 모든 열차들이 스스로 달리는 시스템을 채택하게 되는 날이 올 수밖에 없다는 것을 암시한다. 기계는 자체적인 감각 대신 2진수 데이터에 의존한다. 인간이 기계와 비슷한 수준의 능력을 발휘하려면, 텔레파시 능력뿐 아니라 수천 분의 1초의 반응 속도까지 겸비해야만 할 것이다. 오늘날 승객들이 스스로의 어리석음으로부터 보호받는 모양새를 지켜보고 있으면(예를 들어 런던 지하철의 주빌리 노선Jubilee Line 승강장에는 스크린도어가 설치되어 있어서, 통과 불가능한 그 장벽을 반드시 거쳐야만 열차에 탈 수 있다) 미래의 철도 통근자들은 스트레스가 전무하고 자기가 맡은 양 떼에 대한 감정도 전무한 로봇 목자들의 보살핌을 받을 가능성이 높아 보인다.

3부

얼굴을 맞대고
이야기하는 시간

13장
–
가상 통근 시대

우리는 전자적으로 확장된 신체가 물리 세계와 가상 세계의 교차점에서 살아가는 시대, 즉 물리적 현존만이 아니라 원격 현존을 통해서도 이루어지는 점유와 상호작용의 시대로 들어서고 있다.[1]

_윌리엄 미첼William Mitchell,
《비트의 도시 : 공간, 장소, 그리고 정보고속도로
City of Bits : Space, Place and the Infobahn》(1994)

　　통근 열차에서 기관사를 제거하는 일이 가능하다면, 통근 열차에서 통근자를 제거하는 일도 가능할까? 사람들이 굳이 일터까지 여행하는 대신, 일이 사람들에게 찾아오도록 만드는 것이다. 즉 매일 아침 일이 그 기원 장소를 떠나 근로자의 집으로 찾아오고, 하루가 끝나면 원래 속한 어떤 거대한 계획 속으로 돌아가 통합되는 것이다. 물론 (예를 들어 광업이나 미용업처럼) 일과 근로자가 반드시 함께 있어야 하는 직업에서는 이런 식의 조정이 불가능하겠지만, 이론상으로는 오늘날 화이트칼라 직종 대부분에서 이런 일이 가능하다. 예를 들어 변호사, 전화 상담 센터 근로자, 회계사, 학자, 공무원으로부터 생산 잠재력을 최대한 끄집어내려면 반드시 그들을 비좁은 곳에 쑤셔 넣어야 하는 걸까? 차라리 교통수단을 원격 통신으로 대체하는 것이 낫지 않을까?

현학자들은 어디에서나 (그들이 통근을 좋아하든 몹시 싫어하든) 무려 40년 가까이 원격 통근telecommuting을 통근의 미래로 예찬해왔다. 특히 미국에서 그랬다. 물건은 작을수록 더 좋다는 생각, 불필요하게 크고 불필요하게 힘이 넘치는 자동차를 몰고 풍치 지구에 자리한 궁전 같은 기업 본사에 도착해서 9시부터 5시까지 당구대 크기의 책상에 두 발을 올려놓으려는 열망을 굳이 품지 않아도 된다는 생각이 탄생한 것은 1970년대의 일이었다. 그것은 정말이지 그 시대의 산물이었다. 1960년대의 낙관주의는(이때까지만 해도 연료 낭비는 국가적 경향이었으며, 달에 로켓을 보내는 일에 비하면 하찮은 일이었다) 1973년의 석유파동으로 인해 사라지고 말았다. 미국은 그제야 정신을 차렸다. 전국의 도시들이 죽어가고 있었고, 전국의 강들이 오염되어 있었고, 전국의 공기가 산성비와 (석유에서 비롯된) 납으로 얼룩져 있었다. 나팔바지가 유행이었으며, 대부분의 장소에서는 대중교통이 먼 옛날의 추억에 불과해서, 운전을 못하면 걸어다닐 수밖에 없었다.

물론 모두가 희망을 잃은 것은 아니었다. 서던 캘리포니아 대학University of Southern California의 잭 닐스Jack Nilles 교수는 이런 모든 불행의 와중에서도 정보 혁명이 계속되고 있으며, 그것이 근로자와 고용주 모두에게 새로운 패러다임을 제공한다는 것을 깨달았다. 특히 중요한 것이 '원격 통근'이었는데, 닐스는 1975년의 논문에서 이 신조어를 만들면서, 장차 이것이 "대규모 조직의 직원들이 중앙 사무실까지 먼 거리를 통근하는 대신 각자의 집에서 가까운 (하지만 대개는 집 안은 아닌) 사무실에서 일하게" 만들어줄 거라고 생각했다. 닐스는 점점 더 커지는 컴퓨터의 힘을 이용하고 광섬유 같은 새로운 기술을 이용하면, "미국의 노동력 가운데 약 50퍼센트를 차지하는 전문직, 기술직, 사무직, 판매직 노동자는 물론이고 관리자, 공무원, 고용주까지도" 분산시킬 수 있다고 주장했다. 즉 이들을 임대료가 싸고 식당이 드문 변두리의 지사로 쫓아 보낼 수 있다는 이야기였다. 식당이 드물어도 별 문제가 없는데, 직원들은 집에서 더 가까운 곳에 있는 것으로써 보상을 받는 셈이기 때문이다. 그뿐만 아니라 지방의 원격 통근 네트워크 덕분에 고용주는 두뇌는 우수하지만 이동 능력이 제한적인 사람들(이를테면 신체장애인, 자녀를 둔 주부, 방학 중인 대학생 등)을 고용함으로써 인력 풀을 확장할 수 있을 터였다.

목표는 통근을 근절하는 것이라기보다는 오히려 합리화하는 것이었다. 대부분의 원격 통근자들은 여전히 매일 사무실로 출근하지만, 본사가 아니라 지사로 출근할 것이었다. 닐스는 자신의 발상이 도시 중심부를 다시 젊어지게 만드는 부대 효과를 가져올 거라고 예상했다. 즉 모든 사람이 똑같은 장소에 머물러야 할 필요성이 사라지게 되며, 나아가 자기 시대에 미국 대부분의 도시들의 지평선을 지배하던 "거석 같은 사무용 건물들"이 제거되고 그 자리에 상점과 주택과 화원을 보유한 다용도 공간이 들어서게 된다는 것이었다. 그동안 도시 바깥에 사는 이 원격 통근자들은 집에서 더 가까운 곳에서 근무함으로써, 이른바 '조직 인간'의 전성기 이후 쇠퇴한 '공동체 감각'을 다시 개발하게 될 것이다. 교외를 단순히 잠자리로 간주하는 대신 마을로 변모시키고, 부녀 봉사회, 성경 공부반, 야구 동호회, 볼링 동호회를 비롯해 사람들이 텔레비전을 소유하기 전에 하던 모든 공동체 활동을 재건할 것이다. 하지만 닐스는 원격 통근이 전보다 더 난개발된 교외를 만들어 시골을 망쳐놓아서는 안 된다고 주의를 주었다. "다음과 같은 사실만은 분명하다. 즉 더 향상되고 저렴한 원격 통신 기술로 인해 재배치 역량이 더 커진 데 따른 잠재적 결과로 사람들이 경치 좋은 지역이나 여가 선용의 잠재력이 큰 지역으로 이동하리라는 것, 그리고 그렇게 이동하는 사람들의 수가 워낙 많아서 급기야 그들을 가까이 불러 모은 대상 자체를 파괴하기에 이르리라는 것이다."

나아가 닐스는 원격 통근이 중역들에게는 그리 완벽한 것이 아니라는 사실을 인정했다. 그 시대의 경영 이론에 따르면, 전화로는 "쉽게 전달할 수 없는 것들, 즉 언어적 신호, 태도의 지각, 그리고 그와 유사한 헤아리기 힘든 요소들에 대한 신뢰를 갱신해주는 대면 회의"[2]가 필요했기 때문이다. 마지막으로 그는 노동 문제와 관련된 결과가 있을 거라는 경고도 했다. 사람들을 원격 통근시키는 것이 지나친 분리와 지배처럼 보인다고 판단될 경우, 노조와 법원이 이에 필사적으로 저항하리라고 예측한 것이다.

닐스 이후에 원격 통근이라는 문제를 다시 거론한 미래학자는 앨빈 토플러Alvin Toffler였다. 그는 《제3의 물결The Third Wave》(1980)에서 문명을 세 시대 또는 '물결'로 구분했다. ① 농업 시대, ② 산업 시대, ③ 앞으로 도래할 정보 시대였다. 토플러는 제3의 물결이 이미 도래했다고 확신했으며("새로운 문명이 우리 한가운데에서 갑자기 나타나고 있다!"), 그것은 그 정신만 놓고 보면 탄광과 증기 열차와 기계화 전쟁의 시대보다 오히려 농업 시대에 더 가깝다고 생각했다. 그의 핵심 개념은 "전자 별장electronic cottage"으로, 이것이 "남편과 아내, 그리고 어쩌면 아이들까지도 하나의 단위로 함께 일할 가능성을 다시 한 번 대규모로" 제공할 거라고 했다. 즉 전자 별장 거주자들은 과거의 농민처럼 양 떼를 돌보고 물레질을 하는 대신, 다국적 기업을 위해 행정 업무를 수행할 것이었다. 그들에게 필요한 도구는 "'고성능' 타자기와 (……) 팩시밀리와 컴퓨터 단말기와 원격 회의 장비"뿐이며, 그들은 결혼식이나 장례식을 제외하면 굳이 정장을 입을 필요도 없을 것이다. 이런 유형의 별장형 사무실은 1980년에만 해도 설치 비용이 극도로 비쌌지만(예를 들어 사무실을 가동하기 위한 전화 요금만 해도 상당했을 테니까) 토플러는 시간이 흐르면서 그 비용이 낮아질 거라고 확신했다. 즉 언젠가는 "원격 통신 장비의 설치 및 가동에 들어가는 비용"이 일터까지 운전해서 가는 비용보다 저렴해질 것이며, "공장이나 사무실까지 왔다 갔다 하는 비합리적이고 짜증스럽고 부조리한 과정"은 과거의 유물이 될 것이라고 보았다. 또한 그는 전자 별장 생활이 그가 글을 쓰고 있던 시점에 날로 약해져가던 공동체 정신을 재건할 것이라고도 했다. 닐스와 마찬가지로 토플러는 "교회, 여성 단체, 모임, 동호회, 체육 및 청년 조직 같은 자발적인 조직들의 부흥"이 일어나리라 예견했다.[3]

원격 통근은 이후 현실이 되기보다는 그저 발상으로만 계속 성장하다가, 1990년대에 들어서 무어의 법칙Moore's Law, 인터넷, 광섬유 기술, 디지털 거래, 지구 온난화에 대한 우려, 시대정신의 변화 등으로 인해 비로소 실현 가능하고 바람직한 것이 되었다. 어디서든 일할 수 있는 능력(예를 들어 노트북 컴퓨터만 있으면 어디든 여행할 수 있다) 또는 각자의 기분에 따라 그냥 집에 머물러 있을 수도 있는 능력은 X세대의 상상력을 사로잡았다. 그들에게는 매일매일이 '바지 벗는 날' 이벤트일 수 있었던 것이다. 이것은 녹색 운동의 풍조와도 딱 맞아떨어졌다. 주류 정치의 대의로 부상한 이 운동에서는 물리적 통근을 원수의 하나로 간주했다. 예를 들어 연료비나 교통 체증으로 유해 물질만 뿜어내며 보내는 비생산적인 시간, 그리고 교통사고로 인한 장례비와 법률비로 허비되는 수천억 유로·달러·파운드만 아껴도 우리는 사하라를 개간할 수 있고, 아마존을 보전할 수 있고, 아프리카를 빈곤에서 구할 수 있고, 그곳 사람들에게 종자와 피임도구를 제공할 수 있고, 그들 모두에게 풍차를 만들어줌으로써 한밤중에도 집에 불을 켜게 할 수 있다. 통근은 서양에서 잘못된 모든 것을 상징했으며, 따라서 빨리 사라질수록 좋은 것이었다.

각국 정부도 이에 귀를 기울였으며, 가상 통근을 대안으로 독려하기 시작했다. 미국에서는 당근과 채찍 접근법을 채택했다. 1990년의 공기정화법은 직원 100명 이상인 모든 기업에 "나 홀로 운전의 감축"을 주문했다. 아울러 재택근무를 촉진하기 위해 세금과 각종 유인책도 제공했다. 유럽연합 역시 '원격 근로Telework'라고 자체적으로 명명한 것에 열성적이어서,* 1990년대 말에 정책 권고 초안을 잔뜩 마련한 다음, 2002년에는 '주요 사회적 협력자들'의 승인을 받은 기본 틀을 수립하고, 그것을 기정사실로서 유럽 각국 정부에 제출했다. 거기서 비롯된 지침은 직원들에게는 당근을 주고 고용주들에게는 채찍질을 하라는 것이었다. 이 지침은 사람들이 "일과 사회생활을 조화"시킬 수 있게 해주었고, 그중에서도 후자에 초점을 맞추고 있었다.

유럽연합의 원격 근로 지침EU Telework Directive은 대단한 성공을 거두

---

* 가상 통근을 가리키는 말은 대서양 양편에서 다른데, 이는 새로운 밀레니엄이 시작된 지 제법 된 지금까지도 계속되고 있다. 예를 들어 '마이크로소프트 워드'의 2003년판 사전은 '원격 근로자 teleworker'라는 단어를 아예 인식하지 못해, 엉뚱하게도 '철강 근로자steelworker'라는 단어를 제시한다. 또한 '원격 근로teleworking'라는 단어는 '원격 전송teleporting'으로 오해되곤 한다.

었다. 공식 통계에 따르면 2005년 유럽의 근로자 가운데 7퍼센트가 자신의 시간 중 최대 4분의 1을 원격 근로에 소비했고, 1.7퍼센트가 원격 근로 전업자였다. 이는 예상보다 낮은 수치였다. 물론 이 통계가 사실이라고 가정할 경우에 그렇다는 것이다. 원격 근로/원격 통근의 옹호자들은 항상 지나치게 낙관적인 데가 있었다. 예를 들어 2000년에 잭 닐스는 2004년에는 유럽의 근로 인구 가운데 약 10퍼센트가 전적인 원격 통근자가 될 거라고 전망했는데, 결국 이것은 공식 통계 수치보다 다섯 배나 많은 셈이었고, 사실 공식 통계 수치 자체도 과장된 것임이 거의 확실했다. 원격 통근자들과 관련된 문제는 부분적으로는, 그들이 누구인지를 규정하는 것의 어려움에서 생겨난다. 예를 들어 다른 누군가에게 고용되어 상대방과 디지털 방식으로 의사소통을 하면서 전적으로 자택에서 일하는 사람들만 원격 통근자로 분류해야 할까, 아니면 일주일에 사흘은 사무실에 나가고 나머지 날들에는 자택에서 근무하는 사람들도 포함시켜야 할까. 덴마크 소재 올보르Aalborg 대학의 라르스 크보르트루프Lars Qvortrup에 따르면, "원격 근로자의 수를 세는 것은 고무줄의 길이를 재는 것과 유사하다. 우리가 그 정의를 어디까지 잡아 늘이느냐에 따라 결과가 달라지기 때문이다".[4] 예를 들어 미국 노동청에 따르면, 2011년 기준으로 전적으로 자택에서 근무하는 미국인은 전체 근로자의 겨우 2.5퍼센트에 불과했다. 하지만 월차로 집에 머무는 사람이나 근무 시간 외의 시간에 업무용 이메일을 확인하는 사람까지 계산에 포함시킬 경우에는 그 비율이 무려 24퍼센트로 껑충 뛰어오른다. 이에 비해 영국에서는 2013년 현재 고용 상태인 인력 가운데 국가통계청의 표현대로 "주로 집에서 일하는" 사람은 전체의 5.4퍼센트였다.

국외의 원격 통근자들까지 국내 통계에 포함시켰다면 예상과 실제

사이의 차이는 이만큼 크지 않았을 것이다. 가상 통근 옹호자들은 전全 지구화가 자기들의 꿈에 미칠 영향을, 나아가 업무를 해외로 보낸다는 의미의 '아웃소싱'이라는, 전혀 의도하지 않았던 결과를 간과했다. 유럽 연합과 미국 양쪽의 고용주들은 친親원격 근로 입법의 정신까지는 아니어도 최소한 규제는 따르기 위해, 그리고 이산화탄소를 감축하기 위해 (아울러 예전 직원들에게 더 많은 사회 활동 시간을 제공하기 위해) '업무 처리 아웃소싱Business Process Outsourcing(BPO)'을 도입했는데, 이는 결국 자사의 전화 상담 센터를 비롯해 갖가지 업무들을 아시아에 재배치하는 것을 말한다. 그 결과, 자국에서 원격 통근을 모색하는 서양인에게 할 수 있는 최선의 조언은 차라리 인도, 멕시코, 방글라데시 같은 개발도상국으로 이민을 가라는 것이다. 왜냐하면 그런 나라들에서는 문자 이용 능력자가 많고 인건비가 싸기 때문이다. 예를 들어 영국 기업의 원격 통근자들은 영국 내에만 있는 것이 아니라 인도에도 상당히 많다. 인도에는 좋은 발음으로 교양 있는 영어를 구사하는 사람들의 인력 풀이 있으며, 그들은 영국에서 똑같은 일을 하는 사람들이 받는 임금의 10분의 1만 받고도 일할 채비가 되어 있다. 벵갈루루 한 곳에만 25만 명의 원격 통근자들이 있는데, 이들은 영국이나 미국의 시간에 맞춰 일하기 때문에, 어느 면으로 보아도 런던이나 로스앤젤레스의 노동 통계에 포함되어야 마땅하다.

BPO 통근의 성장은 단순히 입법 또는 지구 온난화에 대한 두려움 또는 기업의 긴축 재정의 결과가 아니었다. 서양이 앞에서 당기고 인도가 뒤에서 민 셈이었다. 또 인도 아대륙亞大陸의 기업가들이 밖으로 나가 해외의 다국적 기업에 BPO를 판매한 결과였다. '인도 아웃소싱의 아버지'인 라만 로이Raman Roy는 BPO를 위한 인도의 이점을 미국에 설파한 최초의 인물 중 하나였다. 당시 그는 무지는 물론이고 편견과도 맞서 싸워야 했다. "1990년대 말 제가 설명회를 시작할 때 즐겨 쓰던 말은 이거였습니다. '어쩌면 여러분은 제가 소달구지를 타고 여기까지 왔다고 생각하실지도 모르겠습니다.'" 그는 예상 고객들 앞에서 지도상의 인도를 보여준 다음 타지마할의 사진을 보여줌으로써, 자신의 제안이 약소국의 사기극이 결코 아니라는 것을 확신시켰다. 인도에 돌아간 로이는 정부를 상대로 원격 통근이 훌륭한 아이디어라는 점, 또한 그것을 위한 시설을 짓기 위해 정부의 허가가 필요하다는 점을 설득하러 나섰다. 때로는 초현실적인 장애물을 극복해야 했다.

> 제가 관료들을 만나러 간 것은 그쪽에서 우리의 신청서를 몇 달 동안이나 깔아뭉갠 다음의 일이었습니다. 정부 공무원이, 전화 상담 센터는 허가할 수 있지만 '전화를 걸고 받는' 일을 하는 센터는 허락할 수 없다고 하더군요. 그래서 우리는 인터넷에서 찾아낸 전화 상담 센터의 정의를 인쇄해 그에게 제출함으로써, 전화 상담 센터가 하는 일이 바로 그 일이라는 사실을 입증해야만 했습니다.

원격 통근에 관한 잭 닐스의 전망에 걸맞게(닐스는 원격 통근의 결과로 과거에는 일터에 도달할 수 없어서 또는 일터에 갈 수 있으리라 기대되지 않아서 노동시장으로부터 배제되었던 사람들까지도 취직을 할 수 있으리라 예상했다) 로이는 북아메리카를 겨냥해 (뱅갈루루 시간으로) 오후 7시부터 오전 3시까지 이어지는 "철야 근무"에 여성을 채용할 권리를 얻기 위해 노력했다. 그는 "오후 10시 이후에 일하는 직종에는 여성을 고용하지 못하도록 규제하는 법률이 있음"을 알게 되었던 것이다. "우리가 전화 상담 센터를 건립하기로 계획한 주州마다, 그곳 정부를 설득해 법률을 바꿔야만 했습니다." 하지만 수십억 달러의 해외 투자가 이루어지자 상황이 바뀌었다. "칼자루를 쥔 쪽이 바뀌었습니다. 이제는 우리가 어떤 쟁점을 제기하면 정책 결정권자들이 귀를 기울입니다."[5] 물리적 통근의 경우와 마찬가지로 가상 통근의 도입 역시 입법적 변화와 문화적 해방을 초래했다.

인도에서는 노기등등하고 말투 고약한 외국인들에게 "혹시 컴퓨터 플러그를 콘센트에 꽂으셨습니까, 고객님?"이라는 사소하지만 중요한 질문을 던질 기회를 얻기 위해 격심한 경쟁이 벌어진다. 평균 월급이 대략 200파운드쯤이니 상당히 좋은 일자리일 뿐 아니라, 주변 환경도 대개 잘 갖춰져 있다. 상당수의 전화 상담 센터는 구내에 커피숍과 휴게실과 운동 설비를 갖추고 있고, 각자의 업무 구획이 칸막이로 나뉘어 있다. IBM 인도 지사의 주소가 '벵갈루루 시 골프 코스 링크스Golf Course Links, Bangalore'라는 사실만 봐도 이곳의 특별함을 알 수 있다. 원격 통근 희망자는 몇 달 치 월급에 해당하는 돈을 친척들에게 미리 빌려서 발음 교정 학원에 다니는데, 그래야만 딱 어울리는 말투로 전화에 응대할 수 있기 때문이다. 그런 학원은 "모국어 영향력Mother Tongue Influence(MTI)", 즉 인도식 억양을 제거하는 것을 목표로 한다. 나아가 수강생이 절대적으로 명료한 언어를 구사하도록 가르침으로써, 전 세계 모든 영어 사용국 국민이 (아무리 통화 음질이 나빠도) 그들의 말을 알아듣게 만들고자 한다. 그런 학원에서는 그 업종 특유의 요령도 가르치는데, 예를 들어 전화 상담원의 이름이 영어 이름인 '밥'인 척하는 것도 그중 하나다. 브리티시 텔레콤British Telecom의 전화 상담 센터에서 근무한 이력이 있는 MTI 강사 딥Deep은 《포브스》지와의 인터뷰에서 이렇게 설명했다. "미국인 고객에게 자신의 이름이 라자Raja라고 말하면 곧바로 쌍욕이 튀어나옵니다. 그러니 가명을 쓰는 게 더 낫습니다."[6]

운 좋게 이런 좋은 일자리를 얻은 인도인들은 컴퓨터를 켜고 헤드폰을 쓰자마자 곧바로 문화 충격을 받는다. 그들에게는 전화를 받을지 말지 선택할 권리조차 없다. 삑 소리와 함께 VDU(디스플레이 장치)에 고객의 인적 사항이 나타나면, 몇 초 후 그들은 거기서 8,000킬로미터 떨어진 에핑Eping에 사는 고객 샤론과 대화를 나누어야 한다. 샤론은 자기가 실제로 가진 것보다 더 많은 돈을 써버린 것도 모르고, 자기 현금 카드에서 현금 인출이 되지 않는다는 이유로 누군가를 죽이고 싶어 하는 상황이다. 이 모든 일은 매우 힘들게 마련이다. 상담원들은 전화 또는 온라인으로 고객이 있는 바로 그 장소까지 직접 원격 전송되는 듯한 기분을 느낀다. 딥은 이렇게 설명한다. 전화 상담 센터의 근로자들은 "서양 사람처럼 생각하고 서양 사람처럼 말하도록, 서양 사람에게 말을 하며 하루 종일 지내도록" 훈련받으며, 업무 과정에서 "문화에 흡수되지만, 그렇다고 해서 모든 문화에 흡수되는 것"은 아니다. "그곳에서 일하는 사람들은 대부분 미국이나 영국에 가본 적이 한 번도 없으므로 (……) 머릿속 그림에 존재하는 어마어마한 간극을 각자의 상상력이나 영화로 메우게 마련입니다." 때로는 이런 수단이 충분하지 않을 수도 있다. 76세의 웨일스 여성 이브 버틀러Eve Butler는 2013년 1월에 브리티시 텔레콤의 웨일스어 전용 상담 부서로 전화를 걸었는데, 엉뚱하게도 인도의 전화 상담 센터로 연결되었다. 그녀의 전화를 받은 교환원은 웨일스어 전용 상담 부서로 연결해줄 수 없다고 대답할 수밖에 없었다. 웨일스어라는 언어는 물론이고, 심지어 웨일스라는 지역조차 영 낯설었기 때문이다. "저는 웨일스가 뭔지 모르겠습니다."[7] 그는 실토했다.

이런 불통은 상담원들이 고국에서 겪는 문제로 인해 더욱 심각해진다. 인도의 원격 근로자들은 격분한 이방인들을 밤새도록 상대해야 할 뿐 아니라 가족의 뿌리로부터도 멀어진다. 햇빛이 어떻게 생겼는지 잊어버리고, 우정을 쌓을 시간도 없어진다. 그 대신에 넉넉한 수입으로 인해 유혹에 이끌리기 쉽다. 전화 상담 센터의 근로자는 이직률이 매우 높으며, 네덜란드의 버스 운전기사보다 훨씬 더 금방 지쳐서 나가떨어진다. 딥은 전화 상담 센터에서 일하는 동안 "사람의 심성이 변하기" 때문이라고 생각한다. "자기가 미국인이라고 생각하려 노력하지만, 사실 미국인이 아니라 인도인일 뿐이죠. 그리고 때때로 잘못된 결정을 하게 됩니다. (……) 물론 벌이가 좋고, 외양도 좋아 보이고, 따라서 사람들의 존경을 얻게 됩니다. 하지만 그건 바깥에서의 이야기일 뿐이죠. 안에 들어와 있으면 공허를 느끼게 됩니다."

역설적이게도 인도의 원격 통근자들 가운데 상당수는 가상 여행의 스트레스에 직면해야 할 뿐만 아니라, 실제의 통근으로 인한 불편 역시 감내해야 한다. 전화 상담 센터가 서양의 도로 정체를 완화할지는 몰라도, 그 센터가 들어선 곳에서는 오히려 도로 정체가 증가하기 때문이다. 벵갈루루에서는 러시아워 때마다 눈부신 교통 정체가 일어나며, 대중교통 시스템은 거의 인파에 파묻힐 지경이다. 뭄바이와 마찬가지로 그곳에서도 초밀도 승객 욱여넣기가 벌어지며, 수많은 사망자가 발생한다. 실제로 현재까지 원격 근로는 물리적 통근을 제거하기보다는 오히려 그것을 해외로 보내버린 데 불과했다. 다국적 기업들은 이런 불편한 진실을 과소평가하는 경향이 있다. 예를 들어 IBM은 자사 웹사이트에서 이런 가상 통근에 대한 자신들의 노력을 요란하게 선전했다. "IBM은 직원의 통근을 줄이기 위한 프로그램을 선도한 최초의 전 지구적 기업 가운데 하나였습니다. 본사는 20년 가까이 이 프로그램을 유지해왔습니다. 그중 대표적인 두 가지는 ① 재택근무 프로그램과 ② 모바일 직원 프로그램입니다. 2012년 현재 전 세계 43만 명의 자사 직원 가운데 10만 3,000명이 이 두 가지 프로그램 중 하나에 참여하고 있습니다."[8] 하지만 이 설명에서는 인도에서의 사업 성장과 본국에서의 사업 축소로 인해 이런 성과가 달성되었다는 사실은 강조되지 않는다. 2003년에 IBM 직원은 미국에 14만 명, 인도에 9,000명 있었다. 이에 비해 2010년에는 미국에서 10만 5,000명으로 줄어든 반면, 인도에서는 13만 명으로 늘어났다.[9] 2010년의 직원 수도 사실은 추산에 불과하다. IBM은 2009년부터 국가별 직원 수를 밝히지 않고 있기 때문이다.[10] 《타임스 오브 인디아》 웹사이트에서 활동하는 블로거 수지트 존Sujit John은 직원의 지리적 분포에 대한 IBM의 비밀 엄수를 이렇게 분석했다. "아마도 미국의 일자리를 해외로 빼돌린다고 미국의 실업자들이 격분할까 봐 그러는 것 같다. 하지만 실제로 그 회사가 하는 일이 딱 그거다. 대부분의 추산에 따르면, 오늘날 그 회사의 직원 4.3라크* 가운데 3분의 1 가까이가 인도에 있는 것으로 추정된다."[11] 이런 상황이다 보니 IBM은 미국 기업이라기보다는 코그니전트Cognizant와 액센추어Accenture처럼 인도 기업이라고 보는 것이 마땅하다는 게 존의 주장이었다.

브리티시 텔레콤 역시 IBM 못지않게 자사의 원격 근로 계획을 자랑하지만, 결국 같은 길을 가고 있다. 그 회사는 2011년 자사의 영국 내 직원 9만 2,000명 가운데 1만 5,000명이 재택근무자라고, 그리고 재택근무자는 생산성이 20퍼센트나 더 높은 반면 병가는 오히려 덜 쓴다고 요란하게 선전했다. 하지만 2009년에 영국 내 직원 수가 예전보다 3분의 1이나 감소한 반면, 같은 기간 동안 인도에서의 운영 및 이익은 절정을 맞이

---

* '1라크lakh'는 10만에 해당하는 남아시아의 숫자 단위이다.

했다는 사실은 빠뜨리고 언급하지 않았다.

　아웃소싱은 원격 통근에 대한 열망을 일부 앗아 갔다. 직원들은 의심을 품기 시작했다. 자기들의 고용주가 회사의 이런저런 기능을 아직 아웃소싱으로 돌리지는 않았다 하더라도, 고객 상담 센터나 은행으로 전화를 걸면서 BPO를 종종 접했기 때문이다. 집에서 일을 하다 보면, 언젠가는 다른 어딘가의 누군가가 더 적은 월급을 받고 똑같은 일을 할 수 있음이 증명될지도 몰랐다. 그러니 그보다는 일터로 출근해, 능력뿐만 아니라 얼굴도 보여주는 편이 훨씬 더 나았다. IT업계의 새로운 유행어 중에 '무조건 자리 사수'라는 것이 있다. 직원들은 최근의 경기 후퇴의 끄트머리에서 살아남기 위해서는 '소극적 대면 시간'을 가질 필요가 있다고 생각한다. 이 이론에 따르면, 정수기 옆에서 함께 잡담을 나눈 사람일수록 해고하기가 쉽지 않으며, 특히 아이들의 이름까지 서로 아는 처지에는 더더욱 그렇다는 것이다. 게다가 사람들은 일터에 나가서 일만 하는 것이 아니라 뒷담화도 한다. 소극적 대면 시간뿐만 아니라 적극적 대면 시간에서도 즐거움을 얻을 수 있으며, 일부 근로자들에게서는 업무가 그들의 파편화된 삶에서 공동체의 의례에 참여하는 유일한 부분일 수도 있다.

　고용주들 역시 '무조건 자리 사수'를 매우 권장한다. 한때는 그것을 근절하기 위해 갖가지 방법으로 노력했던 닷컴 업계가 지금은 오히려 그것을 권장하는 추세다. 업체 가운데 상당수가 자유로운 원격 통근 정책을 보유하고 있지만, 근로자들에게 그런 정책을 이용하라고 적극적으로 권하지는 않는다. 예를 들어 트위터에서는 재택근무를 차선책으로 보고 있다. 트위터의 대변인은 이렇게 말했다. "우리는 직원들이 한 지붕 밑에서 일할 때 유형, 무형의 이득이 생긴다고 믿습니다. 또한 종종 서로 떨어져서도 일할 수 있다는 사실을 인식함으로써 유연성을 추구합니다."[12] 반면 구글은 직원들에게 재택근무를 권장하지 않는 것처럼 보인다. 구글의 CFO(최고재무책임자) 패트릭 피체트Patrick Pichette는 2013년 2월의 연설에서 원격 근무를 정면으로 공격했다. "우리는 이런 질문을 받으면 깜짝 놀랍니다. '구글에는 원격 통근하는 사람이 얼마나 됩니까?' 이에 대한 우리의 답변은 이겁니다. '최대한 없게 합니다.'" 피체트의 견해에 따르면, 직원들이 자택에 머물러 있으면 결국 창의성이 떨어지거나 공유의 경이로움을 놓치게 된다. "함께 시간을 보내며 이런저런 아이디어를 생각해보는 데는 마법 같은 요소가 있습니다. (……) 우리 구글에서 생각하는 그런 마법 같은 순간들은 여러분 회사의 발전에, 여러분의 개인적 발전에, 또한 더 강력한 공동체를 만드는 데 무척이나 중요합니다."[13] 한때는 시티*에서도 이와 유사한 풍조가 지배적이었다. 내가 그곳의 일터로 통근하던 1986년, 그러니까 금융 빅뱅** 직전까지는 분명히 그랬다. 공식적으로는 1년에 20일의 휴가를 사용할 수 있었지만, 모두 합쳐 2주 이상, 그리고 연이어 5일 이상 휴가를 신청하면 인사고과에서 불리해질 수 있었다. 휴가는 자기 일을 별로 좋아하지 않는 사람들이나 쓰는 것이었다. 왜 부자가 될 기회를 날려버리면서까지 굳이 더운 바닷가에 가서 누워 있겠다는 것인가?

그런가 하면 국내 원격 통근을 권장하는 기술 업체들 역시 고삐를 바짝 조이고 있다. 예를 들어 애플은 온라인 상담원들을 대상으로 1개월간

---

* (옮긴이주) 런던의 상업 및 금융 중심지를 말한다.
** (옮긴이주) 1986년 마거릿 대처 정부가 실시한 금융 개혁 정책을 말한다.

의 연수 프로그램을 시작했는데, 그것은 사실상 입사 시험의 확장판이나 다름없다. 연수생이 (본인도 모르게 수행되는) 연수 과정의 최소 80퍼센트를 소화하지 않으면 결국 퇴짜를 맞게 된다. 애플은 근무 시간 동안 그들의 마우스 클릭 수를 감시하며, 마우스가 지나치게 오랫동안 꼼짝하지 않으면 뭔가 움직임을 유도하는 메시지를 보내거나 휴대전화로 연락을 취한다. 또한 온라인 팀워크 구축 과정이 있어서, 원격 통근자들은 점심에 뭘 먹었는지 사진을 보내라든가, '바보 모자silly hat'의 날 행사에 참여하라든가 하는 부추김을 받는다. 다시 말해 책상 앞에 실제로 앉아 있음을 입증할 만한 뭔가를 내놓으라는 뜻이다. 그뿐만 아니라 애플은 기업 풍조의 예언자로서, 사람들이 스스로를 익명성 속에서 얼굴도 없이 꾸준히 일만 하는 존재로 느끼지 않고 더 넓은 세계에서 좋은 평판을 얻는 훌륭한 팀의 일원이라고 느낄 경우, 더 적은 보수로도 열심히 일하게 된다고 믿어 의심치 않는다. 따라서 애플의 연수 프로그램/입사 시험에는 자사의 역사와 문화를 소개하는 시간이 포함되고, 1980년대에 애플의 본사가 있는 쿠퍼티노Cupertino에서 스티브 잡스와 함께 일하는 것이 어떤 기분이었는지에 대한 설명이 곁들여진다. 애플의 원격 통근자들은 거의 완벽한 고객 만족 기록을 달성하도록 기대되며, 그 대가는 시급 9달러 내지 12달러이다.

사실 원격 통근이 지금보다 더 쉬운 적은 없었지만, 원격 통신 추세는 오히려 후퇴하고 있다. 아이디어로서는 훌륭하지만 현실에는 제대로 먹혀들지 않는 까닭이다. 원격 통근에 대해 생각할 때 사람들은 가상의 만남이 실제의 만남만큼 효과적일 거라고 가정한다. 즉 글로 의사소통을 하거나 서로의 사진 또는 동영상을 보며 의사소통을 해도 직접 얼굴을 대하고 의사소통을 할 때만큼 만족스러울 거라고 가정하는 것이다. 이는 인간의 감각적·사회적 접촉이 무의미하다는 함의를 지니지만, 사실 우리의 DNA에는 그런 접촉에의 욕구가 새겨져 있다. 그러니 원격 통근이 실제 통근을 능가하는 날이 오려면, 그보다 앞서 우리가 정서적 행복에 필요한 모든 것을 모니터를 통해 얻는 이른바 '호모 비르투알리스Homo virtualis(가상의 인간)'로 진화하지 않으면 안 될 것이다. 복종하기 위해서든 지배하기 위해서든, 아니면 은유적 조련을 위해서든, 근로자와 고용주 모두 대면 시간을 원한다. 그뿐만 아니라, 진화론으로 설명하자면 각자의 통근할 의향은 생존을 위한 적응 여부에 대한 시험이라고 볼 수 있다.

　서양에서 국내 원격 통근이 침체되는 현상의 배후에는 상당한 선의가 자리하고 있다. 시대정신은 실제 통근이 사람들의 정신에 상처를 남길 뿐 아니라 지구 자원을 어마어마하게 낭비하는 행위라고 본다. 그 결과, 직원들에게 잠옷 차림으로 '로그온'하라고 요구하는 대신 일터까지 직접 운전해서 오라고 요구하는 고용주들은 대대적인 공격을 받기에 이르렀다. 예를 들어 2012년부터 야후의 CEO로 일하던 머리사 메이어 Marissa Mayer는 2013년 2월, 회사의 모든 근로자는 사무실로 출근하라는 지시를 내렸는데, 이는 그때까지의 금기를 깨는 지시여서 원성이 자자했다. 최초의 애플 컴퓨터는 차고에서 제작되었다. 페이스북은 대학 기숙사에서 처음 고안되었다. 야후도 스탠퍼드 대학의 자유사상가 두 명이 만든 것으로, 그들은 조너선 스위프트Jonathan Swift의 《걸리버 여행기Gulliver's Travels》에 나오는 천박하고 불쾌한 바보들로 이루어진 가상 종족의 이름을 자신들의 창조물에 붙여주었다. 인터넷을 지배하는 창조적 유형의 인재들에게 정해진 시간에 사무실에 출근하라는 지시를 내리는 것은 상상할 수 없는 일이었다. 그것은 19세기의 텍사스에서 카우보이들을 모두 소환해 권총과 박차를 반납하고 교실에 들어가 얌전히 앉아 있으라고 지시하는 것이나 마찬가지일 것이다. 제임스 서로위키James Surowiecki가《뉴요커 The New Yorker》에서 한 말에 따르면, 야후는 "인적 자원 정책을 뒤틀었을" 뿐만 아니라 "미래를 짓밟은"[14] 것이었다.

최고개발책임자 재키 리시스Jackie Reses를 비롯해 야후의 모든 부서로 전달된 출근 지시 메모를 보면, 직원들이 각자 원하는 곳에서 혼자 일할 수 있는 자유를 외면하는 대신 협동의 즐거움에 초점을 맞춘다. 이 메모는 현장에 더 많은 사람을 두겠다는 약속으로 시작한다. "지난 몇 달 동안 우리는 여러 대단한 혜택과 도구를 도입함으로써 더 생산적이고 효율적이고 즐거워지기를 도모했으며 (……) 서니베일Sunnyvale에서 샌타모니카까지, 벵갈루루에서 베이징까지, 우리 모두가 사무실에서 에너지와 웅성거림을 느낄 수 있으리라 생각합니다." 하지만 파티를 시작하려면 일단 모두가 한자리에 모여야 한다는 것이었다. "일하기에 절대적으로 최고인 장소가 되기 위해서는 의사소통과 협력이 중요해질 것이므로, 우리는 나란히 앉아서 일할 필요가 있습니다. 여러분이 모두 사무실에 나와 있는 것이 중요한 것도 그 때문입니다. 최고의 결정과 통찰 가운데 일부는 복도와 카페에서 나눈 대화로부터, 새로운 사람들과의 만남으로부터, 그리고 즉석에서 이루어진 팀 회의로부터 나오게 마련입니다. (……) 우리는 하나의 야후!가 되어야 하고, 그것은 우리가 물리적으로 함께 있는 것에서 시작됩니다."

출근 지시에 대한 반응은 격노에서 '내 예상이 맞았군'까지 다양했다. 반대자들은 야후 직원들이 마치《헝거 게임 The Hunger Games》과 비슷한 형국으로 실리콘밸리에서의 생존 기술을 입증하도록 등을 떠밀리고 있다고 주장했다. 반면, 세계 각국의 전직·현직 야후 직원들로 이루어진 찬성자들은 실제 통근이 아닌 가상 통근에서 비롯된 나태의 문화에 관해

블로그에 글을 썼다. "야후에서는 갖가지 권한 남용이 벌어지고 있다." 결국 그 회사를 떠난 어떤 사람은 이렇게 주장했다. 그런 권한 남용이 "사람들을 대책 없이 게을러지게, 아무 쓸모 없어지게, 많은 시간을 야후와 무관한 프로젝트에 소모하게" 만든다는 것이다. 현직 직원 가운데 한 명은 이렇게 지적했다. "우리는 경쟁력을 유지하기 위해 분투하고 있다. 그러니 사무실에 나와 있으라는 것이 (……) 지나치게 큰 요구는 아닌 것이다. 그것이 싫으면, 참으로 안된 일이지만 저기 있는 문으로 나가주시면 그만인 것이다."[15]

"우리 모두에게 가능한 원격 접속의 미래"[16]를 만들어가는 IT 분야에서는 근로자들을 출근시키기 위해 당근과 채찍을 모두 동원한다. 이 업계는 대학 캠퍼스와 만화 속 배경과 과자 가게를 섞어놓은 듯한 괴짜 같은 본사 건물들로 유명하다. 직원들은 그곳에서 컴퓨터 코드만 짜는 것이 아니라 먹기도 하고 자기도 하며, 심지어 수영과 골프와 탁구도 즐길 수 있다. 실제로 일부 닷컴 기업 본사에 나타난 과도함은 1960년대의 자동차 제조업체에 비견할 만하다. 당시에 제너럴 모터스는 자사가 미국을 지배한다고 생각했다. 이것은 흥미로운 비교이며, 어쩌면 비유일지도 모르겠다.

1980년대 영국의 악명 높은 기업 사냥꾼 제임스 핸슨James Hanson 경은 과도하게 화려한 본사 건물을 그 회사가 충분히 잘 익었으니 얼른 인수해 자산을 벗겨먹을 때임을 알려주는 징조로 간주했다. 하지만 기업의 퇴폐를 보여주는 상징으로서 그가 꼭 내세우는 것(바로 '오리가 노니는 연못')도 오늘날의 구글 본사에 비하면 검소하고 예스럽다고 해야 할 정도

구글플렉스

이다. 캘리포니아 주 샌타클라라 카운티에 자리한 구글플렉스Googleplex
라는 이름의 이 괴물에는 티라노사우루스 화석 하나, 민간 유인 우주선
스페이스십원SpaceShipOne의 모형 하나, 수영장 두 개, 카페 스물다섯 개,
청바지를 방음 설비로 재활용하는 친환경 건물 한 채, 그리고 제멋대로
흩어진 초대형 고무공들이 무려 56에이커(22만 제곱미터)의 부지에 빼곡
히 들어차 있다. 구글플렉스에서 먹을 수 있는 음식도 대단히 훌륭하다
고 소문이 났다.《구르메Gourmet》잡지에서도 직접 확인하고 감탄해 마지
않았다. 카페마다 "셰프가 한 명씩 있으며, 그들은 미식 분야에서 가장 높
은 평가를 받는 사람들이다". 메뉴에는 파슬리 페스토 소스를 곁들인 농
어 구이, 페탈루마 식 치킨 카차토레, 포르치니 버섯을 덮은 목초 사육 쇠
고기 요리, 토마토 소스 통밀 스파게티 같은 진미가 포함된다. 이런 음식
은 모두 무료이며, 구글 직원들은 가족과 함께 외식을 할 때 식당이 아니
라 회사로 온다. 이것은 영리한 심리 전술이다. 훌륭한 공짜 음식은 통근

할 만한 가치가 있는 이유이며, 그런 것이 회사에서 제공되면 근로자는 사무실의 자기 자리에 앉아 있을 때도 안심하게 된다. 우리는 천성적으로 식량을 충분히 얻는 문제에 신경이 곤두서도록 프로그래밍되어 있고, 일단 그 문제가 해결되면 정신을 집중하기가 훨씬 더 쉬워진다. 구글이 카페마다 상근하는 셰프들을 관리하기 위해 채용한 다섯 명의 총괄 셰프 가운데 한 명인 올리비아 우Olivia Wu는 이렇게 말한다. "음식을 제공하는 것은 직원들의 기본적인 필요를 채워주고자 하는 회사의 전반적인 열망을 뒷받침합니다. 또한 우리는 건강하고 맛있는 음식을 무료로 제공함으로써 직원들이 더 행복해진다고, 그리고 직원들이 행복해지면 생산성도 더 높아진다고 믿어 의심치 않습니다."[17]

또한 닷컴 고용주들은 전용 통근 버스를 운행함으로써 직원들의 사기를 북돋운다. 매일 아침 샌프란시스코에서는 실리콘밸리 근로자 3만 5,000명 이상이 탄 호화판 고속버스 대열이 일터로 향하는데, 이 버스들은 선팅한 창문과 뒤로 젖혀지는 좌석 그리고 최고 성능의 광대역 통신 설비를 갖추고 있다. 그 모습은 군용 트럭들을 연상시키는데, 차이가 있다면 훨씬 더 사치스럽고 직원들 사이에서 일종의 팁으로 여겨진다는 점이다. 하지만 이런 차량은 통학 버스, 공영 버스들과 도로에서 자리다툼을 벌이게 되며, 그 차량의 운행 경로 주변에 살지만 회사에서 그들처럼 훌륭한 음식을 무료로 대접받지 못하는 사람들은 그 차량들이 빅토리아 시대의 벼락부자들이 타던 클럽 객차와 매한가지라고 생각하게 마련이다. 《샌프란시스코 크로니클San Francisco Chronicle》의 사설에 따르면, "샌프란시스코 주민들은 민간 및 공동체에 대한 배려가 부족한 기술업계에 분노를 느끼고 있으며, 구글 버스는 이러한 분노를 매일 되살리는 역할을 한다".[18] 즉 어떤 사람들이 즐거운 통근을 누리는 동안, 어떤 사람들은 이

국종異國種 박테리아의 온상 속에 꼼짝 못하고 갇혀 있는 것이 불공평해 보인다는 이야기이다.

실리콘밸리의 회사들은 오히려, 전용 버스 한 대당 승용차 50대씩을 도로 상에서 사라지게 한 셈이라고 지적하면서, 자기들은 도로 정체를 야기하는 것이 아니라 도리어 덜어주고 있다고 주장한다. 전용 버스를 이용해 통근하는 직원들 역시 자기들이 공동체에는 물론이고 나아가 지구에도 유익을 끼치고 있다고 주장할 태세이다. 《가디언》과의 인터뷰에 응한 익명의 '인터넷 대기업 소프트웨어 기술자'는 자기처럼 전용 버스를 이용하는 통근자들이 악과 무지에 맞서는 전 지구적 투쟁의 선봉에 서 있다고 주장했다. "우리가 세계를 더 나은 곳으로 만드는 데 도움을 주고 있다고 생각합니다. 사람들이 정보를 공유하도록 돕는 것은 개인들에게 권력을 부여하는 일입니다."[19] 그러니 성자들을 위해 길을 비켜달라는 것이다. 마지막으로, 버스 기사들 역시 전용 버스를 좋아한다. 이 서비스의 주요 제공 업체인 바우어Bauer에서 버스를 운전하는 릭 푸크Rick Fuch는 자기와 같은 기사들이 공영 버스 운전자들과 함께 "일종의 바퀴 달린 교향악"을 연주한다고, 그리고 양측 사이에는 상호 존경이 존재한다고 생각한다. 또 그는 자기 승객들을 좋아한다. 그들은 그가 포틀랜드에서 공영 버스를 운전하던 시절에 접한 승객들처럼 마약을 하지도 않고, 운전기사를 공격하거나 괴롭히지도 않는다. 현재 그가 매일 실어 나르는 승객은 평화롭고 진지한 사람들이며, 통근으로부터 최대한 많은 것을 얻으려고 노력하는 사람들이다. "우리 승객들은 정말 괴짜들 같아요. 모두들 이런저런 장치를 들여다보고 말은 한마디도 하지 않는데, 장담컨대 사교적으로 워낙 요령이 없기 때문이에요. 그 사람들은 옆에 앉은 사람에게 이야기하는 방법을 모르고, 집에 가는 길에도 계속 코드를 짜고 앉아 있기를 원하죠."[20]

　　기술 업체 고용주들은 좀 더 머리를 쓰게 만든다는 이유로 실제 통근의 유익을 설파하지만, 그들에게는 실제 통근을 권장하거나 강요해야 하는 현실적인 이유도 있다. 원격 근로의 아킬레스건인 자료 보안 때문이다. 사내 네트워크가 아닌 정보 고속도로 상에 있는 직원은 비밀을 유지하기가 어렵다. 게다가 멀리 떨어져 있는 직원이 가상 세계의 어디에서 시간을 보내는지 고용주가 무슨 수로 안단 말인가? 실제로 기술 업체들은 본사에서 정보 누설을 방지하기가 어렵다는 것을 충분히 실감하고 있는데, 이제는 직원들도 고용주의 선례를 따라 아웃소싱을 시작한 것처럼 보이기 때문이다. '밥Bob'의 사례를 통해 이 문제가 크게 부각되었다. 밥은 온라인 보안 전문업체 베리존Verizon의 조사에 등장한 익명의 주인공이다. 미국의 주요 기반 시설 관련 대기업에 근무하는 "40대 중반의 소프트웨어 개발자"인 밥은 "가정적이고 공손하고 말이 없는 사람이었다. 즉 우리가 엘리베이터에서 두 번 쳐다보지 않을 법한 사람"이었다. 그는 매일 사무실로 통근해 고양이 비디오를 시청하고, 이베이eBay에서 거래를 하고, 레딧Reddit*에 들어가 시간을 보냈다. 그러는 동안 중국에 있는 하도급 업체가 그를 대신해 프로그래밍을 해주었다. 심지어 밥은 자기 신분증을 페덱스FedEx로 그들에게 보내, 그들이 자기 고용주의 시스템에 직접 접속하게 했다. 회사의 VPN 접속 기록 정기 검사 때 밥의 비밀이 들통났다. "그가 중국에서 접속했다는 사실이 확인된" 바로 그 순간, 그가 "바로

_____

* 오락, 소셜 네트워킹, 뉴스 등을 서비스하는 인터넷 업체.

거기에, 본인의 책상 앞에 앉아 모니터를 들여다보고"[21] 있었기 때문이다.

밥의 잔머리는 티모시 페리스Timothy Ferriss가《주당 네 시간 노동The 4-Hour Workweek》(2007)에서 예찬한 바로 그 유형이었다. 생활 방식 지침서인 이 베스트셀러는 사람들에게 각자의 업무뿐 아니라 여가까지도 아웃소싱하라고, 그리고 그 과정에서 즐거움을 누리라고 독려했다. "벵갈루루나 상하이에 있는 누군가를 여러분의 개인비서로 고용해, 이메일 연락을 통해 여러분의 친구들과 약속 시간을 잡게 하거나 그와 유사한 기본적인 일들을 시켜라." 이 조언을 따르는 사람들은 "받은 편지함 때문에 골치를 썩이는 것에서 해방되어 다른 일을 찾게" 될 거라고, 즉 "남은 시간을 활용하게"[22] 될 거라고 말했다. 밥의 사례는 실제 통근을 포기하길 원하지 않는 사람들을 위해 원격 통근이 얼마나 놀라운 잠재력을 지니고 있는지를 보여준다. 즉 러시아워의 즐거움을 누리고, 오전 9시부터 오후 5시까지 책상 앞에 앉아서 커피 타임을 즐기면서, 자기 업무는 다른 곳에 있는 원격 근로자에게 아웃소싱할 수 있게 되는 것이다. 하지만 이것은 양쪽에서 좋은 것은 다 가지려고 하는 근로자들이 사무실 내부는 물론이고 심지어 외부에서도 고용주를 위태롭게 할 수 있음을 보여준다.

원격 통근에 수반되는 문제는 자료 보안만이 아니다. 원격 통근의 녹색 자격증까지도 빛이 바래고 있다. 사람들이 집에서 일함으로써 연료를 아끼고 유해 물질 배출을 줄이는 것은 사실이지만, 그렇게 하기 위해 IT 분야에 투입되는 에너지는 어마어마하다. 정말이지 정신이 아찔할 만한 속도로 점점 더 늘어나고 있다. 현재 IT업계는 전 세계 전기의 10퍼센트를 사용하고 있으며, 항공업계 전체보다 50퍼센트 더 많은 에너지를 사용하고 있다. 미국의 경우 "국가 경제에서 정보와 데이터 생태계, 즉 비트의 운반에 관련된 금액이 1조 달러에 육박한다. (……) 이는 사람과 물자의 운반에 관련된 금액의 두 배 이상에 달하는데 (……) 이때의 운반에는 차량 제조에서 페덱스에 이르기까지 모든 운송 관련 서비스가 포함된다".

이보다 작은 규모에서도 상황은 마찬가지다. 예를 들어 일주일에 한 시간씩 스마트폰을 이용해 화상 회의를 할 경우, 1년 동안 소비하는 에너지는 냉장고가 1년 동안 소비하는 에너지의 두 배에 달한다고 추산된다. 이런 장치를 가동하는 데 필요한 전기 자체는 무시해도 되는 수준이지만, 스마트폰으로 접속할 수 있는 정보가 보관되는 데이터 센터에서 사용하는 전력과 이 정보를 분배하는 통신망이 사용하는 전력까지 합치면 상당한 양이다. 데이터 센터는 "21세기 정보 시대의 공장"[23]인 셈이다. 일반적인 데이터 센터 하나의 에너지 사용량은 웬만한 소도시의 에너지 사용량과 맞먹는다. 규모가 큰 데이터 센터 하나의 에너지 사용량은 18만 가구의 에너지 사용량과 맞먹는다. 데이터 센터의 운영업체들은 전력 공급 문제로 항상 노심초사한다. 2012년도 〈영국 및 유럽 데이터 센터 지표 조사UK and European Data Centre Barometer Survey〉에 따르면, "IT 분야의 결정권자들과 데이터 센터 운영자들" 가운데 3분의 2가량은 새로운 데이터 센터의 위치를 결정할 때 "전력 공급 사정을 1순위 고려 사항으로 꼽았다". 이들의 불안은 인터넷의 암묵적인 우선 전제에서 나온 것인데, 그 전제는 고장이 나서는 안 된다는 것이다. 비록 가상의 세계이기는 해도, 인터넷은 항구적이고 영속적이어야만 한다. 데이터 센터 운영업체는 수요가 있을 때마다 반드시 자료를 이용할 수 있게 해줘야 하며, 그렇지 못할 경우 업체의 평판이 땅에 떨어지고 고객은 다른 업체의 서버로 옮겨 갈 것이다. 그래서 어떤 업체는 5배에 달하는 여유 전력을 보유하고 있다. 즉 주 전력원에 보조 발전기, 플라이휠, 배터리를 갖춘데다가 때로는 뒷마당에 풍력 발전기를 설치하고, 건물 지붕에는 태양광 전지판을 설치하는 식이다. 그 결과 그들은 막대한 양의 에너지를 사용할 뿐만 아니라, 심지어 터무니없이 낭비하기까지 한다. "이것은 이 업계의 지저분한 비밀이며, 아무도 감히 먼저 나서서 '내 탓이오'라고 말하려 들지 않습니다." 한 내부자가 《뉴욕 타임스》와의 인터뷰에서 한 말이다. "만약 우리가 제조업에 종사했다면, 우리는 곧바로 업계에서 퇴출당했을 겁니다."[24] 예를 들어 워싱턴 주 퀸시Quincy에 자리한 마이크로소프트 데이터 센터는 그 지역의 공기업과 맺은 전력 공급 계약에 의거해 벌금을 내야 하는 처지에 몰렸는데, 전력망에서 수력 발전 전기를 가져다 쓰는 대신 디젤 발전기를 가동한 것이 위반 사유였다. 그러자 데이터 센터 측은 초대형 히터를 가동해 수백만 와트의 전기를 고의로 허비했으며, 만약 벌금을 취소하지 않으면 "상업적으로 비생산적인" 그런 행동을 계속하겠다고 위협했다.

다양한 단체들이 데이터 센터의 어마어마한 전력 수요에 대해 흥분을 감추지 않았다. 미국 석탄업계와 그린피스Greenpeace 모두 이 문제를 연구했는데, 한쪽은 사업 기회를 얻기 위해서였고 다른 한쪽은 공포소설을 쓰기 위해서였다. 양쪽 다 성장에 대해서는 긍정적이었다. 석탄업계의 연구서인 《클라우드의 석탄 도입 개시The Cloud Begins With Coal》에 따르면, 미국의 자동차 교통량이 2010년부터 2012년 사이에 4배 증가한 반면, "인터넷 사용량은 현재의 '시간당' 사용량이 2000년의 연간 사용량을 곧 돌파할 예정"[25]이다. 디지털 우주의 확장 속도는 천문학에서 말하는 빅뱅이 일어난 이후로 목격된 적이 없는 속도이다. 우리 우주는 빅뱅 당시 광자 하나가 깜박하는 순간에 탄생했으며, 탄생 직후 거의 곧바로 우주를 점유하게 되었다. IT업계에서는 더 이상 그 속도를 킬로바이트로 말하지 않는다. 오라클Oracle에 따르면, 우리는 조만간 제타바이트zettabyte 시대에 진입하게 될 것이다. 여기서 '제타'란 1,000,000,000,000,000,000,000, 즉 10^{21}을 말하며, "1달러짜리 지폐를 1제타 개 쌓아 올리면 지구에서 태양까지 100만 번 왕복하는 거리에 해당한다". 그 결과 모든 장소의 모든 사람이 더 많고 더 나은 데이터 센터를 필요로 하게 될 것이며, 미국 석탄업계의 견해에 따르면 석탄을 이용하는 발전소에서 생산되는 전기가 그에 필요한 연료가 될 것이다.

그린피스 역시 2012년 똑같은 현상에 대한 연구인 〈여러분의 클라우드는 얼마나 깨끗합니까?How Clean is Your Cloud?〉에서, 이와 관련한 수요가 급증하리라 예견하면서 그 전망이 무시무시하다고 주장했다. 만약 IT 부문을 그 자체로 하나의 국가라고 가정한다면, IT 부문은 전 세계에서 다섯 번째로 전기를 많이 생산하는 국가가 되어 심지어 인도, 독일, 프랑스, 영국을 앞지른다는 것이다. 이 단체의 견해에 따르면, 지구가 부글부글 끓어오르거나 인류가 스스로 배출하는 유해 물질에 질식하는 등의 사태를 방지하려면, 데이터 센터들은 공공 회사들과의 협상력을 이용해 자기네 구내로 들어오는 전기를 전부 지속 가능한 원천에서 생산해야 한다. 그린피스는 몇몇 업체를 구체적으로 지목하며 비난했다. 즉 아마존, 애플, 마이크로소프트는 "모두 전력원에 대한 적절한 고려 없이 급속하게 사업을 확장하고 있으며, 더러운 에너지에 크게 의존해 자기네 클라우드에 동력을 공급한다"는 것이다. 이 단체는 모든 사람들이 이 뉴스로부터 영감을 얻어 각자 앱과 문자를 녹색 데이터 센터에서 받겠다고 요구하기를, 만약 그런 방식으로 받을 수 없다면 아예 다 거부하기를 바란다.

만약 데이터 센터가 전력을 잡아먹는 것이 계속 가속화된다면, 그리고 데이터 센터가 비효율적인 녹색 전력원에 의존해야만 한다면 어떻게 해야 할까? 최소한 에너지 사용의 관점에서 더 효율적이 되어야 하며, 그러려면 집에 머물며 화상 회의를 하기보다는 사무실로 통근해 대면 회의를 하는 편이 더 낫다. 실제 여행이 가상 여행보다 더 나은 또 한 가지 이유는 그것이 내 업무의 아웃소싱을 방지하는 특효약이기 때문이다. 즉 주 60시간에 80파운드의 비용으로 좋은 학위를 보유한 인도인에게 대신 시킬 수도 있는 일을 하러 웹캠 앞에 한심한 몰골로 앉아 있기보다는, 차라리 사무실에서 대기하며 연락 가능한 상태가 되기 위해 하루에 한 시간쯤 허비하는 편이 더 낫다. 아웃소싱의 위협은 실제이고 또 임박한 상태이다. 인도 아웃소싱의 대부인 로이의 말에 따르면, "첫 번째 국면은 단순한 중재와 대체"라고 할 수 있다. 이미 구닥다리가 되어버린 규제 관습이 없다면, 변호사나 회계사도 (아울러 다른 대부분의 화이트칼라 인력도) 전화 상담 센터 근로자와 마찬가지로 (아울러 유사한 비용으로) 아웃소싱을 하지 못할 이유가 전혀 없다. 이런 관점에서 보면, 통근을 하고 싶어 하는 의향은 시대에 뒤떨어진 생활 방식에 대한 괴팍한 헌신이라기보다는 오히려 생존 본능에 더 가까워 보인다.

14장
—
자동화와 고속화, 또는 통근의 종말

민주주의 국가들은 예전에 어땠는지에 대해서는 거의 관심이 없고,

앞으로 어떨지에 대한 전망에만 정신이 팔려 있다.

그들의 제한 없는 상상력은 바로 그 방향으로 자라나고,

모든 척도 너머로 팽창된다.

_알렉시 드 토크빌Alexis de Tocqueville,

《미국의 민주주의》(1835)

원격 근로를 꿈이 아닌 가능성으로 만들어놓은 기술업계가 근로자들에게 회사 구내에 물리적으로 현존할 것을 요구하고 있는 만큼, 가까운 미래에든 먼 미래에든 통근이 완전히 사라질 가능성은 거의 없는 것 같다. 설령 강제적 통근이 사라진다 하더라도 통근이 계속될 거라 예상

하는 데는 그럴 만한 이유가 충분히 있다. 통근은 일터와 가정 생활을 분리하게 해주는데, 양쪽 다 제대로 기능하려면 대면 시간이 필요하다. 우리가 그런 필요를 느끼지 않는 생물로 진화하지 않는 한, 클래펌Clapham*승합마차라든가 그보다 더 나중에 나온 유사한 차편이 여전히 존재해, 노동의 장소와 휴식의 장소를 오가며 사람들을 날라줄 것이다. 물론 미래에 우리가 굳이 일할 필요가 없게 되지 않는 한, 또는 치명적인 유행병이 전 세계를 한바탕 휩쓸고 지나가 인간들 사이의 교제가 유행에 뒤떨어진 것이 되지 않는 한은 그럴 것이다. 아니, 설령 그런 날이 오더라도 우리는 향수 때문에, 또는 즐거움 때문에라도 통근을 하지 않을까? 통근이 우리의 문화 속에 워낙 깊숙이 들어와 있어서, 우리는 통근을 완전히 포기하기는 힘들다고 생각할까? 아니면 노예제나 마녀 화형과 마찬가지로 통근도 무지하고 폭력적이고 원시적인 과거에 속한 것이라며 얼굴을 찡그릴까?

통근의 즉각적 소멸에 대한 예견도 영구적 성장에 대한 예견도 사실상 통근이 시작된 순간부터 있었다. 빅토리아 시대 말기에는 미래학 열풍이 불어서, 단순히 독자를 즐겁게 해줄 목적에서 수많은 유토피아와 디스토피아가 고안되었다. 상당수의 저자들이 20세기를 시간적 배경으로 삼았으며, 일부는 심지어 수천 년씩 더 멀리 나아가기도 했다. 대부분의 저자들은 일과 통근 모두의 영속을 상상했다. 앞에서 살펴본 것처럼 1901년에 H. G. 웰스는 머지않아 일터까지 자동차를 몰고 다니게 될 거라고 예견했다. 또한 그는 거대한 동력 보도步道 같은 발전된 형태의 교

---

* (옮긴이주) 런던 남부의 한 지역인 클래펌은 철도의 등장과 함께 성장한 대표적인 통근자 교외 가운데 하나이며, 훗날 '클래펌 승합마차에 탄 사람the man on the Clapham omnibus'이라는 표현은 '평범하고 합리적인 사람'을 가리키는 관용적 표현이 되었다.

통수단도 몇 가지 예견했는데, 그것은 결국 (또는 아직은) 실현되지 않았으며, 비행에 관한 예견은 완전히 틀리고 말았다. 예견 열풍은 웰스의 시대 이후 수그러들지 않았고, 비행기가 발명된 후로는 날아다니는 자동차가 미래의 통근을 상징하게 되었다. 도로가 꽉 차면 자동차가 하늘로 올라가 예전보다 더 멀리, 그리고 더 빠르게 일터까지 갈 수 있을 것이 자명해 보였다. 자동차와 비행기 이후,《파퓰러 사이언스 *Popular Science*》잡지 1924년 7월호에 날아다니는 자동차에 대한 언급이 처음 등장했다. 〈미래의 자동차 여행에 관한 전문가의 상상도An Expert's Visionary Picture of Motor Travel in the Future〉라는 기사는 "앞으로 20년 안에 하늘을 나는 자

《파퓰러 사이언스》(1924년 7월호)의 기사

위 기사에 나온 리켄배커의 '하늘을 나는 자동차'

동차"가 나오게 될 거라고 예견했다. 이 분야의 전문가인 에디 리켄배커 Eddie Rickenbacker는 "자동차와 비행기의 합체품"인 그것은 일반적인 자동차보다 더 작고 유선형일 거라고, 또한 접이식 날개가 장착되어 비행 전에 수동으로 펼칠 수 있을 거라고 주장했다. 이 기사에 첨부된 삽화는 아

《치티 치티 뱅뱅》 포스터

마도 《치티 치티 뱅뱅*Chitty Chitty Bang Bang*》*에서 영감을 얻은 것 같다. 그 자동차는 도로의 직선 구간에 도달하거나 평평한 초원으로 접어든 뒤 날개를 펼치고 하늘로 날아오를 수 있었다. 또한, 곡예비행까지는 못해도, 리켄배커가 그것의 최초 이용자들로 염두에 둔 교외 주민들이 "도심에서 몇 킬로미터 더 멀리 떨어진 곳에 살고, 일터까지 더 빠른 시간 안에 가는" 것은 가능하게 했다. 또한 날아다니는 자동차 때문에 시 당국이 건물 높이를 일정하게 규제하고 모든 건물의 옥상들을 하나로 연결함으로써, "각각의 도시 한가운데에 방대한 비행장을 하나씩 형성하게" 될 것이었다.** 리켄배커는 2차 세계대전 당시 미국 최고의 전투기 조종사로서 적기를 26대나 격추했으며, 평생 동안 그 잡지의 사진에 나온 것처럼 카리스마가 넘쳤던 것으로 보인다. 그는 자동차 공장과 비행기 공장을 설립했고, 10여 년 동안 인디애나폴리스 유료 고속도로를 소유하고 운영했으며, 비행기 추락 사고에

---

* (옮긴이주) '007 시리즈'로 유명한 영국 작가 이언 플레밍(1908~1964)이 1964년에 발표한 동화. 날개 달린 자동차가 하늘을 날아다니는 이야기가 나온다. 1968년에 같은 제목의 뮤지컬 영화로 제작되어 더욱 유명해졌다.
** 리켄배커가 상상한 것과 유사한 비행 자동차는 프리츠 랑Fritz Lang이 미래주의에 바친 찬가인 영화 〈메트로폴리스Metropolis〉(1927)에도 등장한 바 있다.

서 한 번 살아남았고, 만화 스토리 작가로 활동했고, 태평양에서 거의 한 달 동안 구명정을 타고 표류하면서 갈매기를 잡아먹고 버텼으며, 날아다 니는 자동차에 관한 자신의 예견이 결국 실패로 입증된 때로부터 무려 30년이 더 지난 1973년에 사망했다.

영국에도 조만간 통근 여행에서 어마어마한 변화가 일어날 거라는 비슷한 확신을 품은 사람이 있었으니, 바로 윈스턴 처칠이었다. 1931년 12월《스트랜드 매거진*The Strand Magazine*》에 기고한 글에서 그는 원자력 연료 전지가 핵심이 되리라 생각했다. 〈향후 50년Fifty Years Hence〉이라는 이 글에서 그는 1981년에 이르면 "육로와 해로와 항공로를 이용한 운송 이 상상 불가능한 일"이 될 거라 예견했다. 그가 말한 차량은 상상도 할 수 없는 것으로, "600마력짜리 엔진을 장착하고 무게는 9킬로그램이며 1,000시간 분량의 연료가 담긴 만년필 크기의 연료통을 달고 다닐" 거라 고 했다. 또한 그는 원격 통신의 동시적 발전 덕분에 세계가 거대한 교외 로 바뀔 거라고 했다.

> 도시의 인구는 지나치게 많아질 것이다. 가장 가까운 친구들을 제외하 면 굳이 누군가를 방문할 필요도 없어질 것이며, 극도로 빠른 통신 수단 을 이용할 경우 (……) 도시와 근교는 구분이 불가능해질 것이다. 가정 마다 정원과 오솔길이 있을 것이다.

연료 전지의 대중화가 목전에 닥쳤다고 믿은 사람은 처칠 혼자만이 아니었다. 1959년 포드 자동차 회사의 대변인은 자사의 1980년대 모델 이 기껏해야 구두 상자 크기의 원자력 발전기와 날개를 장착하고 미국의 하늘을 날아다닐 거라고 예견했다.

통근의 미래를 두고 단순히 말만 난무한 것은 아니었다. 돈까지 허비되었다. 미래 사람들이 어떤 방법으로 일터까지 갈지를 내다보는 도박에서 상당한 액수의 판돈만 날린 구경거리들이 있었다. 예를 들어 1985년, 그러니까 전자 별장의 개념이 나타난 때로부터 얼마 되지 않은 시점에 러시아워 문제를 한 방에 영원히 해결해줄 것처럼 보이는 새로운 통근자 차량이 등장했다. 바로 그해 1월 10일, 춥고 습한 한겨울에 클라이브 싱클레어Clive Sinclair 경이 알렉산드라 팰리스Alexandra Palace에서 텔레비전 생중계를 통해 자사의 'C5'를 공개한 것이다. C5는 등받이를 뒤로 젖힌 상태로 타는 삼륜차였는데, 흰색 플라스틱 몸체에 작은 전기 모터가 달려서 평지에서 최대 시속 25킬로미터로 달릴 수 있었다. 싱클레어는 그 당시 영국 소비자 가전 분야에서 소형화의 수호성인이었다. 커다란 안경을 끼고 가느다란 갈색 수염을 기른 전형적인 과학자인 그는 저렴한 워드프로세서와 휴대용 텔레비전을 내놓아 대중의 환영과 언론의 지지를 받았다. 신제품 발표회 직전에 언론은 싱클레어의 홍보 내용을 곧이 곧대로 믿고 C5에 대한 열광적인 기사를 내보냈다. "완벽하게 새로운 개념의 승용 교통수단"인 이 제품은 영국 산업의 잠재적인 구세주이며, 싱클레어의 휴대용 계산기와 도약식 폭탄에 버금가는 민족적 재능의 한 가지 사례로 극찬되었다. C5는 도시의 통근자는 물론 기차역까지 직접 운전해서 가야 하는 철도 통근자에게도 모두 환영받을 것으로 예상되었고, 국내와 국외 시장 모두에서 수백만 대가 판매될 것으로 예상되었다. 머지않아 영국의 선착장에는 최소 4개 대륙의 러시아워에 사용될 C5가 잔뜩 쌓여 하얗게 빛을 발할 것이고,* 아울러 영국 전역의 도로에서는 백조

---

* 이 제품은 오로지 흰색으로만 제작되었다.

를 연상시키는 이 차량들이 시속 25킬로미터의 일정한 속도로 위풍당당하게 오가면서 차량 소유주들을 각자의 침대와 책상 사이로 오가게 해줄 것이라고 기대되었다.

C5의 조립은 전기청소기 제조업체 후버Hoover의 웨일스 소재 공장에서 이루어졌다. 엔진은 이탈리아의 세탁기 제조업체가 만들었다. 판매는 오로지 우편 주문으로만 가능했다. 나는 신제품 발표회로부터 몇 주 뒤에 그것의 실물을 한 대 보았는데, 그때 느낀 실망감은 지금도 잊지 못할 정도다. 나로서는 성인이 그런 물건에 올라타는 모습 자체를 상상할 수 없었을 뿐 아니라, 열 살이 넘은 누군가가 그걸 직접 몰면서 짜릿함을 느끼는 모습 역시 상상할 수 없었다.* 하지만 짜릿함에 관해서는 내 예상이 잘못된 셈이었다. 특이함에 매료되어 구입한 사람들은 도리어 C5를 좋아했다. 하지만 분주한 차량 행렬 속에서 C5 운전자의 눈높이에 보이는 것은 다른 자동차들의 범퍼와 배기구뿐이다. C5는 힘이 약하고 브레이크도 약했으며, 위험을 피해 방향을 조작하기는 자전거보다 더 힘들었다. 겉모습과 촉감도 마치 계란 껍데기처럼 약한 느낌을 주었다. 이 세상 전체가 신속히 험프티 덤프티Humpty Dumpty**가 되어버린 모습을 누구나 상상할 수 있었다.

언론은 C5의 실물을 보자마자 그 모든 찬사를 철회해버렸다. C5는 외관으로 볼 때 안전하지 않았고 느낌으로도 안전하지 않았으며, 심지어 매우 한정된 성능조차 제대로 발휘하지 못했다. 1985년 6월《휘치Which》

---

* (옮긴이주) 일반적인 자전거나 오토바이와 달리, C5는 탑승자가 등을 뒤로 젖히고 쪼그려 앉은 자세에서 무릎 아래 양옆으로 튀어나온 핸들을 조작하는 방식이었다.
** (옮긴이주) 영국 동요에 나오는 계란 인간으로, 담장에서 떨어져 원상복구가 불가능할 지경으로 깨져버린다. 오늘날에는 '돌이킬 수 없는 재난'이나 '파멸이 확실한 사건/인물'을 비유하는 데 사용된다.

싱클레어의 C5

잡지는 "성능, 주행 거리, 편의성 모두에서 고급 모터 자전거에 비할 바가 못 된다"고 지적했는데, 이것은 통근자 교통수단에서 한때 예상됐던 혁명을 관 속에 집어넣고 관 뚜껑에 못까지 확실히 박는 일이었다. 모터 자전거는 여드름 난 청소년이나 이발사가 타는 물건이었다. 물론 요란한 색깔의 정장과 새빨간 멜빵 차림의 1980년대 여피yuppie라면 그런 것을 한 대쯤 타고 싶어서 안달했겠지만 말이다. 지금에 와서 생각해보면 C5는 아주 망한 제품까지는 아니었다. 이것은 모두 합쳐 1만 7,000대가 팔려, 2010년에 닛산 리프Nissan Leaf가 기록을 갈아치우기까지는 역사상 가장 많이 팔린 전기 차량이었다.

그때 이후로 개인 운송수단 분야에 C5의 경쟁자들이 계속 등장했지만(그 경쟁 차량의 발명자들은 자기들이 작고 느린 차량을 생산하면 고객들이 크고 강력하고 온도 조절이 가능한 자동차를 기꺼이 포기할 거라 생각한 모양이다) 아직까지는 그중 어떤 것도 러시아워에 큰 영향력을 발휘하지 못한 것으로 보인다. 예를 들어 세그웨이 개인용 이동장치Segway Personal Transporter는 바퀴 두 개가 나란히 놓인 형태의 전기 스쿠터에 사람이 서서 타는 방식인데, 제조업체는 이것이 단거리 운전에서 자동차의 이상적인 대체물이라고 극찬했다. 세그웨이 i2 커뮤터i2 Commuter 모델의 광고 문구는 교통 체증에 갇혀 있는 데 진력이 난 운전자들에게 이 제품이 제공하는 즐거움과 편리함을 강조한다. "주유소와 멈춰 선 차량들의 행렬을 가볍게 지나쳐 (……) 출근이 이보다 더 즐거웠던 적은 없다!" 그러나 세그웨이는 이 세상에 나온 지 거의 10년이 지났지만 아직까지 자동차 판매에 아무런 영향도 끼치지 못하고 있다. 아마존의 제프 베저스Jeff Bezos는 그 시제품을 구경한 직후에 그것의 발명가에게 선견지명 있는 한마디를 던졌다. "당신의 제품은 매우 혁신적이기 때문에 판매하는 데는 아무런 문제가 없을 겁니다. 하지만 문제는 이겁니다. 과연 사람들이 저걸 사용하도록 허가를 받을 수 있을까요?"[1] 상당수의 장소에서는 이에 대한 답변이 '아니오'로 나왔다. 보행자들은 세그웨이가 보도에 나타나는 걸 원치 않았고, 자전거 이용자들도 그것이 전용 도로에 나타나는 걸 원치 않았으며, 일반 도로에서 그걸

세그웨이

사용하자니 안전에 대한 우려가 제기되었다. 어찌 보면 세그웨이는 독창성의 희생물이라고 할 수 있다. 설령 어떤 장소가 기반 시설 면에서 세그웨이의 운행에 딱 맞다고(예를 들어 더 넓은 자전거 전용 도로가 있다고) 해도, 세그웨이는 어디까지나 단거리에, 그것도 날씨가 좋을 때만 이용 가능한 차량이었다. 이와 유사한 틈새시장을 겨냥한 제품으로는 자체 균형 외바퀴 전기 스쿠터인 라이노RYNO가 있는데, 그것의 발명자인 오리건주의 크리스 호프먼Chris Hoffmann의 설명에 따르면 이 '이동 차량'은 "걷거나 자전거를 타고 갈 수 있는 대부분의 장소"에 갈 수 있었다.《데일리 메일》의 설명에 따르면, 그것은 "세그웨이와 외바퀴 자전거의 조합품"이었다. 크기가 충분히 작아서 기차 또는 일터의 엘리베이터에 들고 탈 수 있었고, 따라서 그 자체로 통근용 차량이 될 수 있었을 뿐만 아니라, 여러 번 갈아타는 통근을 위해 기차역까지 직접 운전해 가야 하는 사람들에게는 자동차의 대체물이 될 수도 있었다. 이것은 C5와 똑같은 시장을 추구했지만, 재미 면에서는 훨씬 더 나아 보였다.

통근자 교통수단 분야의 최근의 혁신 가운데 상당수가 자동차의 대안을 찾는 데 집중하고 있긴 하지만, 앞으로 20년간 통근에서는 여전히 자동차가 대세일 것이다. 사람들이 자동차를 버리고 뒤로 눕는 방식의 삼륜차나 그 후에 나온 유사품으로 갈아타리라 기대한다면 오산이다. 선진국에 사는 대부분의 통근자들은 네 바퀴 차량을 이용해 일터에 간다. 그 수치는 미국의 87퍼센트에서 일본의 39퍼센트까지 다양하다. 영국인의 3분의 2는 자동차로 통근하며, 대중교통 이용자는 16.4퍼센트에 불과하고, 나머지는 걷거나 자전거를 타거나 오토바이를 탄다.[2] 심지어 승용차 수를 억제하기 위해 2003년 혼잡세를 도입한 런던에서도 2013년 기준으로 통근자의 29.8퍼센트가 자동차를 이용했으며, 이는 다른 어떤 교통수단보다 더 큰 비중이다.* 이것은 단순히 이산화탄소를 뿜어내고 지구를 찜통으로 만들려는 빗나간 욕망에 기인한 것이 아니다. 대개는 운전이 유일한 방법이기 때문이다. 실생활에서의 사례를 하나 들어보자. 내가 사는 곳은 햄프셔 주의 중세 시장 도시인 비숍스 월섬Bishop's Waltham이다. 이곳은 한때 윈체스터 주교들의 거처가 있었던 곳인데, 그 주교관으로 말하면 헨리 5세가 프랑스로 건너가 아쟁쿠르 전투를 벌이기 전에 머물렀던 곳이며, 메리 1세 여왕이 결혼식을 위해 영국으로 오는 에스파냐의 펠리페 왕자를 기다리던 곳이기도 하다. 오늘날 그곳은 일종의 통근자 거주지로서, 윈체스터와 포츠머스와 사우샘프턴 같은 인근의 여러 도시에 봉사하고 있다. 그곳의 기차역은 1960년대에 '비칭의 가지치기'로 폐쇄되었고, 남아 있는 기차역에서 가장 가까운 곳인 보틀리까지는 구불구불한 시골길을 따라 7킬로미터나 가야 한다. 도중에 건널목이 몇 군데 있는데, 꽃다발이 여기저기 흩어져 있는 것으로 알 수 있듯이 최근에도 거기서 교통사고로 인한 인명 손실이 발생했다. 그곳은 버스 운행도 제한적이어서, 어디를 한번 가려고 하면 영원에 가까운 시간이 흘러버린다. 그곳에는 공인된 자전거 전용 도로도 없다. 비숍스 월섬에 사는 사람들의 90퍼센트가 일터에 갈 때 자동차를 몰고 갈 수밖에 없다. 그 자동차 운전이 장거리 통근 가운데 일부로서 보틀리 역까지만 가는 것이라 해도 사정은 마찬가지이다. 철도를 재개통하거나 대중교통을 개선할 계획은 전혀 없다. 그뿐만 아니라 이런 현실에 대한 국가적 수준의 인식도 전혀 없다. 도로세와 유류세는 계속 오르는 추세이고, 정책은 그저 도시인의 단거리 이동에 유용한 자전거와 전기 자동차만 권장하는데, 둘 다 비

---

* 다음 순위는 런던 지하철 연결망을 포함하는 '경편철도'로 21.8퍼센트를 차지했다.

숍스 월섬 주민의 통근에는 도움이 되지 않는다. 허머를 몰고 다니던 근교의 미국인과 마찬가지로, 우리는 이런 사정 때문에 포드 몬데오Mondeo와 폭스바겐 골프Golf를 몰고 다녀야 한다.

이것은 세상의 모든 정책 결정권자들에게 주는 교훈이다. 즉, 자동차를 없애려고만 해서는 안 되고, 실용적인 대안이 없는 경우엔 더더욱 없애서는 안 된다는 것이다. 이뿐만이 아니다. 자동차 이용 감소를 의도한 정책들은 비생산적일 뿐 아니라, 심지어 악의적이기까지 하다. 미국의 통근 문제 권위자인 앨런 피사스키Alan Pisarski는 통계청에서 수집한 자료를 바탕으로 해 발표한 이 분야의 5년 단위 보고서에서, 다른 선택지가 생기기도 전에 자동차부터 포기하게 만든 워싱턴 사람들을 맹비난했다.[3] "그들은 도로를 전혀 만들지 않아 상황을 악화시키면 더 많은 사람들을 대중교통 이용으로 끌어들일 수 있을 거라 생각한다. 이것은 우리가 통근자들 가운데 90퍼센트의 삶을 충분히 끔찍하게 만들면 그중 일부는 일터로 가는 방법을 바꿀지도 모른다고 주장하는 이론과 매한가지이다."[4] 또한 피사스키는 자동차 이용을 강제로 포기시키는 것은 결국 소수자들이 희생되는 의외의 부작용을 낳는다고 지적했다. 왜냐하면 그들에게 자동차 소유는 경제적 평등을 성취하는 과정에서 중요한 한 걸음이기 때문이다. 대중교통을 이용하라고 자동차 통근자들을 압박하는 것은, 또한 그들이 운전으로부터 얻는 즐거움을 간과하는 것이다.《아메리칸 데모그래픽스(미국 인구 통계 자료)American Demographics》의 전직 편집자 브래드 에드먼드슨Brad Edmondson은 이렇게 말한다. "일반적인 미국인들이 자기 자동차를 집에 놓아두고 대중교통이나 카풀을 이용하는 미래를 꿈꾸는 계획가들은 비현실적이다. 그런 일은 우리의 평생에 결코 일어나지 않을 것이다. 사람들은 자기 자동차에서 얻을 수 있는 자유와 고독과 선택을 좋아하며, 따라서 자동차를 포기하려 들지 않을 것이다."[5]

자동차 통근은 앞으로 수십 년 동안 전 세계에서 증가할 것이다. 예를 들어 중국에서는 1992년에 100만 대째 자동차가 탄생했지만(미국에서는 1912년에 이미 달성된 수치이다) 이제는 연간 등록 대수가 1,500만 대에 달한다. OPEC의 예측에 따르면 2035년에 중국에는 3억 8,000만 대 이상의 자동차가 있게 될 것이며, 이른바 "연료 기반 운송수단"[6] 분야의 성장을 가능케 하는 중국의 원유 수요 전망치가 하루에 1억 850만 달러에 이를 것이라고 한다. 중국은 이미 미래의 자동차 통근자들을 위해 고속도로를 준비하고 있다. 12차 5개년 교통 계획에 따르면, 중국 정부는 2011년부터 2015년까지 도로 건설에 7,874억 달러를 쓸 예정이며, 이는 네덜란드의 GDP와 맞먹는 금액이다.

예견 가능한 미래 동안 자동차를 이용한 통근은 계속 남아 있을 것으로 보이지만, 실행 방법에는 현저한 변화가 일어날 수 있다. 점점 더 많은 사람들이 자동차를 이용해 일터로 갈 테지만, 운전자로서가 아니라 승객으로서 그럴 수 있다. 운전자 없는 차량 또는 자율 주행 차량은 원격 통근보다 훨씬 더 오랫동안 미래학자들의 레이더에 걸려들어 있었다. 기록상 최초의 사례는 아헨 자동차 회사Achen Motor Company의 "유령 자동차"로, 무선 조종을 통해 밀워키의 거리를 돌아다니게 될 거라고 1926년 12월 예고되었다.《밀워키 센티널Milwaukee Sentinel》은 이 "유령"에 가시적 요소를 덧붙였다. "이 차량은 운전자 없이도 시동을 걸고, 클러치를 밟고, 운전대를 돌리고, 경적을 울리고, 심지어 길모퉁이에 서 있는 경찰관을 향해 '야유'를 보낼 수도 있을 것이다."[7]

이 유령이 실제로 거리에 등장했는지 여부는 알려져 있지 않다. 자율 주행 자동차의 다음 사례는 1939년 뉴욕 세계 박람회 때 제너럴 모터스의 전시물 〈미래상〉에서 형상화되었다. 이 전시물에서는 축소된 모형 고속도로를 따라 달리는 물방울 형태의 모형 자동차들이 무선으로 서로 간에는 물론이고 주위와도 통신할 수 있을 것이고, 나아가 부분적으로나마 자율 주행이 가능해질 것이라고 예견되었다. 이는 이 차량들이 운전자들의 조종을 받을 뿐 아니라 교통량 관리 시스템의 조종도 받게 될 거라는 뜻이었다. 이런 예견은 1964년 뉴욕 세계 박람회에 출품된 (역시 제너럴 모터스의 후원으로 제작된) 〈미래상 IIFuturama II〉에서도 반복되었다. 여기서는 열대 우림을 개간해 세운 도시의 모형을 만들어놓고서, 달에서 광물을 채굴하고 바다에 생선 농장을 조성하며(물론 이 모든 일에 제너럴 모터스의 차량을 이용하고), 그리 멀지 않은 미래의 미국인들이 언덕 꼭대기에 아방가르드 양식의 주택을 짓고 살면서 거대한 대도시까지 먼 거리를 통근하는 모습을 보여주었는데, 이때에는 모든 차량 행렬이 "전기적으로 보조를 맞출" 거라고 했다. 이 인용구가 정확히 무엇을 의미하는지는 설명되지 않았지만, 이 전시물은 자동차들이 일정한 간격을 유지한 채 14차선 대륙 고속도로를 달려서 완벽하게 곧바로 도시 중심부로 돌진하는 모습을 보여주었다.

운전자 없는 자동차는 모형으로만 제작된 것이 아니라 시험 주행까지 했다. 1960년 버크셔 주 크로손Crowthorne 소재 영국 교통도로연구소 British Transport and Road Research Laboratory는 시트로앵 DSCitroën DS를 자체 운전이 가능하도록 개조한 다음, 자체 제작한 13킬로미터 트랙에서 시험 주행을 실시했다. 이때의 영상을 보면 당시의 상원 의장인 헤일섬Hailsham 자작이 운전석에 앉아 신문을 읽는 모습도 나온다. 트랙 밑에 묻어놓은 철로를 자력 센서가 인식해 방향을 인도하고, 자동차를 전기적으로 제어하는 방식이었다.

실제로 운전자 없는 자동차의 초기 예언자 가운데 상당수는 이런 유령들이 전기로 방향을 인도받을 뿐 아니라 전기로 동력도 제공받는다고 가정했다. 철로에서는 물론이고 도로에서도 화석 연료와 경쟁할 기회를 얻게 된 전력 회사들은 흥분해 마지않았다. 예를 들어 1957년 텍사스 센트럴 전력 조명 회사Central Power and Light Company of Texas는 한 광고에서 다음과 같이 주장했다. "전기가 운전자가 될 수 있습니다! 언젠가 여러분의 자동차는 전기 초고속도로를 따라 속도를 높일 것이고, 그 속도와 조종은 도로에 묻어놓은 전기 장치에 의해 자동적으로 제어될 것입니다. 여행은 더 즐거워질 것입니다. 안전해질 것입니다. 전기 덕분에 말입니다! 교통 체증도 (……) 충돌 사고도 (……) 운전자의 피로도 없을 것입니다." 이 과대 광고에 따라붙은 삽화를 보면, 마치 어뢰처럼 앞부분은 뾰족하고 뒤에는 꼬리지느러미가 달린 자동차의 고치처럼 생긴 내부 공간에서 4인 가족이 도미노 게임을 하는 모습이 나오는데, 승객들이 앞쪽을 전혀 바라보지 않는 상황에서도 자동차는 고속도로를 따라 질주하고 있다. 1971년과 1972년 '아폴로' 15호, 16호, 17호의 임무 수행 과정 중 달에서 달 탐사 차량이 운행되면서 한때나마 전기 자동차에 관한 미래주의적 약속이 고조되었지만, 이후 수십 년 사이에 전기 자동차는 물론이고 운전자 없는 자동차 전반에 관한 열광이 모두 수그러졌다. 왜냐하면 고객들 머릿속의 편집증적 부분 또는 파충류 영역('충돌 사고가 일어나면 가장 큰 자동차가 이긴다'는 통념)을 만족시키기 위해 자동차 제조업체들이 더 크고 더 강력한 운송수단을 만드는 군비 경쟁에 계속 뛰어들었기 때문이다.

대중교통 운영업체들이 기차에서 기관사를 몰아내기 시작했을 때도 자동차 제조업체들은 서둘러 그것을 따라 하지 않았다. 그들의 사업은 직접 운전하기를 좋아하는(운전이 제공하는 자유 말고는 다른 이유가 없더라도) 사람들에게 의존하고 있었기에, 운전자 없는 자동차에 관한 아이디어가 묻히도록 내버려두었다. 하지만 2003년 이라크 전쟁 이후 미군 내에서 이 아이디어가 부활했다. 왜 굳이 차량이나 병사를 지뢰밭 한가운데로 보내야 하는가? 미국 국방부는 군사적 응용이 가능한 자율 주행 차량의 제작을 독려했고, 국방부 산하 국방고등연구계획국Defense Advanced Research Projects Agency(DARPA)은 효율적으로 작동하는 운전자 없는 자동차를 만드는 팀에게 100만 달러의 상금과 보조금을 주기로 하고 2004년과 2005년에 DARPA 그랜드 챌린지DARPA Grand Challenge, 그리고 2007년에 어번 챌린지Urban Challenge라는 경연 대회를 열었다. 여러 대학이 대회에 참가했지만 2004년에는 입상작이 없었고 2005년에는 네 개의 입상작이 있었으며, 2007년에도 네 개의 입상작이 나왔다. 이 대회들은 자율 주행 기술을 크게 진전시켰으며, 많은 전문가들을 자극함으로써 그 기술의 개념 역시 한층 더 발전시켰다.

DARPA 경연 대회의 참가자들이 잠재력을 보여주면서 운전자 없는 자동차에 대한 상업적 관심도 부활했다. 닛산, 제너럴 모터스, 렉서스, 구글, 메르세데스벤츠, 포드, 스코다Skoda, 아우디Audi, 볼보Volvo 등의 회사들이 현재 자율 주행이 가능한 차량을 다양한 수준에서 연구 또는 제작하고 있다. 예를 들어 볼보는 신제품 XC90 모델에 자동 주차 시스템을 도입할 예정인데, 그 시제품이 작동하는 것을 지켜보면 섬뜩한 느낌마저 든다. 운전자가 자동차에서 내린 다음, 가서 주차하라고 휴대전화로 문자를 보낸다. 그러면 자동차가 다른 차량과 보행자를 피해가면서 알아서 공간을 찾은 다음, 다른 두 대의 자동차 사이 빈 공간에 후진해서 들어간다. 그 움직임이 믿을 수 없을 정도로 자연스럽다. 로봇 공학이 운전을 담당하지만, 인공 생명에 대해 우리가 흔히 떠올리게 되는 어색한 움직임이 전혀 없다. 하지만 자동차에 아무도 타고 있지 않을 경우, (우리는 다른 운전자들과 상호작용할 때 상대방과 눈을 맞추는 것이 자연스럽기 때문에) 운전석이 텅 비어 있다는 사실은 뭔가 불안감을 준다. 만약 자동차가 나름의 정신을 갖고 있다면 혹시 사악하게 변하지는 않을까? 볼보는 운전자 없는 자동차 기술과 관련된 자사의 연구 개발 배후에 놓인 동기는 바로 안전이라고 주장한다. 이 회사가 공언한 목표는 2020년 이후 제작된 자사의 자동차를 통해서는 어느 누구도 죽거나 심각한 부상을 입어서는 안 된다는 것이었다. 참으로 고귀한 야심이 아닐 수 없다. 세계보건기구 WHO의 집계에 따르면, 교통사고로 인한 사망자는 매년 130만 명에 달하고, 교통사고로 신체 절단 및 손상을 겪은 피해자는 매년 5,000만 명에 달한다. 대부분의 교통사고는 인간의 실수에서 비롯된다. 만약 자동차가 서로를 감지할 수 있다면, 서로 의사소통할 수 있다면, 그리고 충돌을 피하게끔 프로그래밍될 수 있다면, 러시아워도 훨씬 더 안전해질 것이다.

자율 주행 차량 연구를 주도하는 구글 역시 안전을 동기로 삼고 있다. 이 회사의 비공식적 사훈은 "악해지지 말자"이며, 이 회사는 운전자 없는 자동차가 매년 전쟁보다 더 많은 희생자를 낳는 전 지구적 살육을 끝내게 해줄 거라고 믿어 의심치 않는다. 구글의 CFO 패트릭 피체트는 한 연설에서 원격 통근을 폄하하는 동시에, 이상적인 세계에서는 "아무도 자동차를 운전하지 말아야 한다"며 다음과 같은 발언을 남겼다. "자칫 잘못될 수 있는 모든 일들의 변수와 확률이 얼마인지 살펴보고, 이것에 지금 저 밖에 있는 자동차 대수를 곱해보면 (……) 여러분이 교통 정체를 겪는 이유가 바로 그것입니다. (……) 그러니 사람들로 하여금 자동차를 운전하게 하는 것은 터무니없는 일입니다."

자율 주행 차량에 대한 구글의 야심은 심지어 안전을 넘어서기까지
한다. 이 회사의 개발 총책임자인 서배스천 스런Sebastian Thrun은 2005년
DARPA 그랜드 챌린지 출신의 베테랑인데, 그는 자사의 목표를 다음 몇
가지로 요약한다.

① 교통사고를 90퍼센트 감소시킨다.
② 통근에 허비되는 시간과 에너지를 90퍼센트 감소시킨다.
③ 자동차 대수를 90퍼센트 감소시킨다.

이 가운데 ③의 목표를 가지고 시작하면 그것의 달성과 동시에 ②와
①은 자동적으로 달성되는 셈이지만, 그 반대의 순서로는 그리 간단하지
가 않다. 그럼에도 불구하고 실험은 시작되었다. 운전자 없는 자동차 열
대로 이루어진 구글의 최초 편대가 모두 50만 킬로미터 이상을 주행했
다. 운전석에는 사람이 한 명씩 앉아서, 혹시 자동차의 컴퓨터에 문제가
생길 경우 수동으로 운전할 수 있게 했다. 그 과정에서 세 건의 교통사고
가 있었는데, 그중 가장 심각했던 사고가 어느 프리우스Prius 승용차의 꽁
무니를 살짝 들이받은 것이었다. 그나마 사람이 수동으로 운전하던 중에
일어난 일이었다.

구글의 다음 단계 계획은 진정한 자율 주행 차량의 시제품을 만들어
내는 것이었고, 2014년 5월 유튜브를 통해 이 시제품이 첫선을 보였다.[8]
허머의 반反명제에 해당하는 이 승용차는 좌석이 달랑 두 개뿐이었고, 작
은 전기 엔진 하나에 최대 시속 40킬로미터였다. 시동 버튼과 비상 정지
버튼을 제외하면 인간 승객이 작동할 수 있는 조종 장치는 전혀 없었다.

마치 만화가가 설계한 듯한 모양새였으며, 심지어 발포 고무 범퍼는 헤드라이트와 범퍼가 어울려 사람의 얼굴 모양을 하고 있었다.[9] 실제로 구글 최초의 자동차는 형태와 개념 모두에서 디즈니의 영화 〈허비The Love Bug〉(1968)에 등장한 동명同名의 네 바퀴 스타를 연상시켰다. 폭스바겐 비틀Beetle의 개조품인 허비는 자체적인 정신을 가지고 있었으며, 심지어 매우 인간적인 감정도 갖고 있었다. 비록 원한을 품기도 하고 때로는 다른 자동차를 파괴하기도 하지만, 그래도 허비의 평소 태도는 밝고 행동도 이타적이다. 이 영화에서는 정확히 어떻게 해서 허비의 자동 주행이 가능해졌는지 설명하지 않으며, 기술과 관심의 조합이 이런 변화를 낳았다고만 암시한다. 이 영화에 등장하는 현자 테네시 스타인메츠는 허비의 소유주 짐 더글러스에게 이렇게 설명한다. "우리는 기계를 가져다가 정보를 채워 넣어서, 결국 우리보다 더 똑똑하게 만들어버립니다. 자동차를 예로 들어보죠. 대부분의 남자들이 일주일 동안 자기 차에 쏟는 사랑과 시간과 돈을 보면, 일 년 동안 자기 아내와 아이에게 쓰는 것보다 더 많습니다. 그렇다 보면 어떻게 되는지 아십니까? 급기야 기계가 스스로 '잘났다'고 생각하기 시작합니다."[10]

구글은 자사의 시제품이 감정을 발전시킬 것처럼 가장하지는 않았다. 그것의 내부는 실용주의적이고 편안하며, 음료수 거치대 두 개만이 있을 뿐이다. 거기에 타서 주행 시험장을 도는 노인과 어린이와 시각장애인들은 하나같이 그 탑승 경험과 그것이 자기들의 활동 범위를 넓혀줄 가능성에 대해 열광한다. 이 제품은 고속도로에서 천천히 달리는 것보다는, 도시와 교외 사이로 사람들을 실어 나르는 것을 목표로 했다.

운전자 없는 자동차는 현재 캘리포니아, 네바다, 플로리다 주에서만 부분적으로 합법이다. 이 자동차를 옹호하는 사람들은 이 지역들이 머지 않아 이 제품을 승인하게 될 여러 곳들 가운데 첫 몇 곳에 불과하며, 우리가 미처 깨닫기도 전에 모든 도로에 운전자 없는 자동차가 깔리게 될 거라고 주장한다. 《포브스》지에 기고하는 혁신 전략가 춘카 무이Chunka Mui는 "이 문제의 쟁점은 '가능성'이 아니라 '시기'이다. 그리고 그 시기는 여러분이 생각하는 것보다 더 빠르다"[11]라고 말했다. 닛산은 2020년까지 적정 가격의 자율 주행 자동차를 내놓겠다고 전 세계에 약속했다. 구글은 2014년까지 캘리포니아의 주행 시험장에서, 그리고 어쩌면 실제 도로 상에서도 100대쯤의 구글벅스Google-bugs를 갖게 될 것으로 전망하고 있다.*미시간 대학은 자체 운전 "커넥티드 카connected car"를 실험하기 위해 32에이커(13만 제곱미터) 규모의 모형 마을을 제작 중이다. 볼보는 스웨덴 예테보리 시와 제휴하여 2017년에 개시될 예정인 예비 계획을 발표했는데, 이에 따르면 100대의 운전자 없는 자동차로 이루어진 편대가 "전형적인 통근용 간선도로"[12]라고 묘사된 공공 도로의 처음 50킬로미터 구간에 방출될 예정이다. 영국의 밀턴 케인스에서는 2015년에 자체 방향 설정 "고치pod"의 편대를 도입하겠다는 계획을 갖고 있는데, 그곳의 중심가에서 기차역까지의 정해진 경로를 따라서만 운행될 예정이다.**

심지어 회계 담당자까지도 자율 주행 차량에 열광하는 상황이다. 다국적 기업 KPMG는 컴퓨터와 보조 전동기에 운전을 맡김으로써 흘러 들어올 수 있는 잠재 이득을 수량화했다.[13] 교통사고가 더 적어지고, 보험료가 더 낮아지고, 다른 모든 안전 관련 저축액이 더 낮아지며, 자동차 통근자는 사무실까지 이동하는 중 자동차 안에서 노상 분노를 격발하는 대

---

* (옮긴이주) 2016년 상반기 현재, 어떤 업체도 실제로 자율 주행 차량을 운행하고 있지 않다.
** (옮긴이주) 2016년 상반기 현재, 역시 시험 단계에 와 있을 뿐이다.

신 평화롭게 일을 할 수 있다. 또 광활한 면적의 주차장을 다른 용도로 개발할 수 있다. 고속도로 건설 프로그램도 건설 규모를 크게 줄일 수 있는데, 도로가 더 좁아져도 되고, 표지판이나 신호등을 설치할 필요도 없기 때문이다. 도로 이용 효율도 현저히 높아질 것이다. 현재로서는 러시아워의 교통 정체 상황을 제외하면, 자동차가 바퀴 아래 깔린 아스팔트 표면을 점유하는 비율은 놀라우리만치 낮기 때문이다. 자동화되고 운전자가 없는 환경에서는 차량 사이의 간격이 꼭 필요한 만큼만 유지되지만, 겁이 많은 인간 운전자는 필요 이상으로 넓은 간격을 유지하게 마련이다. 우리는 가속할 때보다 감속할 때 더 신속하기 때문에, 그로 인해 '풀쐐기 효과'가 나타난다. 즉 차량 행렬이 가다 서다를 반복하고, 간격이 좁아지다 넓어지다를 반복하는 현상이다. 도로에 정신이 팔리는 경우 말고, 예를 들어 가족이며 숙취 등에 정신이 팔리는 경우에도 역시 우리의 간격 유지 능력에 변덕이 생기게 마련이다.

이와 대조적으로 자율 주행 차량은 그 프로그램의 한계를 전혀 넘어서지 않을 것이다. 이론상으로 그 차량들은 불과 1미터 정도의 거리를 유지하며 '분대'를 형성해 고속으로 주행할 수도 있다. 이때 뒤쪽의 모든 차량들은 선두 차량이 일으키는 '후류後流' 덕분에 저항 감소의 이득을 얻기 때문에 연료 사용량을 4분의 1이나 줄일 수 있다. 러시아워에 교통량의 밀도가 두 배나 세 배로 늘어날 수 있으며, 그러면서도 새로운 도로를 건설할 필요성은 만들어내지 않을 수 있다. 차량 탑승 경험 역시 즐거워질 수 있다. 정면을 바라보는 한 줄 또는 두 줄짜리 좌석 대신 침대와 샹들리에, 미니바와 컴퓨터, 심지어 룰렛 기계와 딜러가 들어설 공간도 있을 것이다. 통근은 다시 예전처럼 모험, 심지어 사치스러운 여행의 한 형태가 될 것이다. 또한 자체 운전 자동차는 이용법이 놀라울 만큼 쉬울 것이며, 그야말로 궁극의 택시 서비스를 제공할 것이다. 언제 어디서든 문자만 보내면 그만일 것이다. 장애인, 알코올 중독자, 그리고 운전을 할 수 없는 모든 부류의 사람들이 굳이 양손을 쓸 필요 없는 이 혁명으로부터 도움을 받을 것이다. 시력 감퇴나 거동 불편 때문에 혼자서는 운전이 불가능한 노인들 역시 평생 즐겨온 자동차 탑승의 자유를 잃어버리지 않아도 될 것이다.

외관상 우리는 그런 변화에 준비가 되어 있는 듯하다. KPMG는 모든 미국인이 자동차와의 감정적 유대를 놓아버릴 준비가 되어 있다고 생각한다. 그들은 미국 국민을 네 세대로 구분한다. 첫째는 베이비 붐 세대(45세 이상), 둘째는 X세대(35~45세), 셋째는 현 세대(15~34세), 넷째는 디지털 원주민 세대(15세 미만)이다. 베이비 붐 세대와 X세대는 일찌감치 자동차를 사랑하게 되어 어린 나이에 면허를 취득했지만(예를 들어 1978년에 미국의 17세 청소년 가운데 75퍼센트가 면허 소지자였다) 현 세대는 그 정도로까지 자동차에 집착하지는 않는다. 2008년 기준으로 현 세대 가운데 17세에 운전면허시험에 합격한 사람은 49퍼센트에 불과했다. 만약 어떤 기계가 자기를 대신해서 그 일을 해줄 수 있다면 그들은 전혀 상관하지 않을 것이다. 그들은 각자의 운전 경험을 전자 게임 〈그랜드 세프트 오토Grand Theft Auto〉에만 한정시키는 것에도 만족할 것이다. 심지어 자동차 제조업체들도 자동차에 대한 무관심의 급증을 목격했다. 크라이슬러에서 소비자 유행 부문 고위직을 맡고 있는 캐서린 러바자노Catherine Lovazzano에 따르면, 자동차는 더 이상 "한때 베이비 붐 세대가 느꼈던 것과 같은 상징적인 자유의 기계"가 아니다. 현 세대와 그 아래의 디지털 원주민 세대를 합치면 미국 인구의 약 절반에 해당하는데, 그중 디지털 원주민 세대도 현 세대와 마찬가지로 자동차에 무관심하다고 가정하면 자체 운전 자동차는 어마어마한 시장을 갖게 될 것이다. 이와 같은 운전에 대한 젊은이들의 관심 결여 현상은 서양 전체에서 나타난다. 2012년 영국의 시사 잡지 《이코노미스트*The Economist*》에 게재된 특집 기사 〈자동차 뒤를 돌아다보기Seeing the back of the car〉에 따르면, "전 세계 부유한 국가에서 젊은이들은 운전 면허를 과거보다 더 늦게 취득하며 (……) 이는 영국, 캐나다, 프랑스, 노르웨이, 한국, 스웨덴"에서도 마찬가지다. "심지어 유럽의 자동차 문화 선진국인 독일에서도 자동차 없는 젊은 가구의 비율이 1998년과 2008년 사이에 20퍼센트에서 28퍼센트로 늘어났다."

향후 세대가 자동차 운전을 원하지 않고, 심지어 굳이 필요로 하지도 않는다면, 결국 자동차 소유 역시 원하지 않을 수 있다. 탐욕이라는 유서 깊은 대죄大罪, 즉 소유의 짜릿함조차도(뭔가를 열망하고, 그것을 구입하고, 어쩌면 거기에 뭔가를 더 장착하고, 그런 다음 영원히 간직하는 짜릿함조차도) 감소하는 듯하다. 현 세대는 뭔가를 만들고 수리하는 것보다는 업그레이드하는 것에 더 익숙하다. 택시 또는 대여 회사에서 구비한 운전자 없는 자동차 편대가 매일 새벽 마치 개미 떼가 굴에서 나오듯 지하 벙커에서 나오고, 도시와 교외로 줄지어 들어가 통근자와 학생들을 아침저녁으로 실어 나를 것이며, 그 사이의 시간에는 택시와 쇼핑 카트 노릇까지 해줄 것이다. 사용하는 사람이 없으면 연료를 충전하기 위해 귀환할 것이다. 전기가 연료인 경우에는 수요의 절정을 벗어난 시간에 전력망에서 전력을 끌어다 쓸 것이고, 그리하여 바람이나 햇빛 같은 간헐적인 동력원을 최대한 활용할 수 있을 것이다. 심지어 표면에 태양광 전지를 장착해, 바쁜 일정 사이 틈이 생길 때마다 햇빛에 노출할 것이다. 가장 좋은 점은 그런 자동차를 한 대 소유하고 유지하는 데 들어가는 비용의 5분의 1만 가지고도 하루 24시간, 일주일 내내, 어디든 가는 서비스를 받을 수 있다는 것이다. 컬럼비아 대학 부설 '지속 가능한 이동성을 위한 지구 연구소 프로그램Earth Institute Program on Sustainable Mobility'의 로렌스 D. 번스Lawrence D. Burns와 윌리엄 C. 조던William C. Jordan이 수행한 연구의 결론에 따르면, 현재 대두하는 몇 가지 기술만 가지고도 운전자 없는 자동차를 실현할 수 있을 뿐 아니라, 일찍이 원격 통신 분야의 혁신이 불러온 결과와 마찬가지로 비용도 더 낮출 수 있다. 이들의 견해에 따르면, "이제는 급진적으로 낮은 비용으로도 소비자와 사회에 더 나은 이동 경험을 제공하는 것이 가능해졌다". 여기서 말하는 '더 나은 이동 경험'은 운전자 없는 자동차의 공유를 말하는데, 이때 자동차는 주위 환경과의 의사소통은 물론이고 자동차 간 의사소통도 할 수 있으며, 아울러 '향상된 추진 시스템'에서 동력을 얻는다(번스와 조던이 말한 이 시스템은 바로 전기 엔진이었다). 포드 자동차 회사와 윈스턴 처칠과 〈우주 가족 젯슨〉 만화 시리즈가 미래의 동력원으로 상상했던 연료 전지와 소형 핵 반응로는 아직도 50년은 더 기다려야 한다. 그 사이에 어떤 혁신적 돌파구가 생기지 않는다면 말이다.

교통 분야에도 디지털 혁명과 유사한 격변이 일어난다면, 그리하여 사람이나 물건을 운반하는 비용이 데이터를 운반하는 비용 아래로 떨어진다면 상당히 아이러니할 것이다. 통근에 드는 비용이 매우 낮아지고 통근에 따르는 고통마저 없어지면 사람들은 봉급 감소를 감내하고라도 통근이 가능한 일자리를 얻으려 할 것이다. 단순히 일터와 가정을 구분하는 즐거움을 위해서도 그러려고 할 것이다. 또한 사람들은 매일 한 번 이상 통근할 수 있을 것이다. '하루에 네 번 런던에 간 사람'의 이야기가 퍼져나갈 것이다. 시에스타가 보편화될 수도 있다.

운전자 없는 자동차 통근에는 막대한 돈이 걸려 있다. 미국의 자동차 시장 하나만 따져도 매년 2조 달러의 가치가 있다. 그러나 승자가 있다면 패자도 있게 마련이다. KPMG에 따르면, "자율 주행 차량이 상용화되면 자동차 생태계에 서식하는 거의 모든 이해 당사자들이 큰 충격을 받을 것"이다. 잠재적 패자들의 명단은 길고, 그 명단의 선두에는 기존의 자동차 산업 전체가 있다. 회색 플란넬 정장을 걸친 남자들을 위한 이른바 꿈의 전차를 만든다는 과거의 사업 모델을 고수하는 업체는 망하게 될 것이다. 파급적 손실도 있을 것이다. 미국에서 매년 4,000억 달러의 비용을 야기하는 자동차 사고가 사라지면, 그 덕분에 생계를 유지하던 사람들은 그만큼 더 가난해질 것이다. 민간 부문의 패배자에는 응급실 근무자, 장의사, 보험 회사, 변호사, 주차장, 부품 제조업체 등이 포함될 것이다. 공공 부문에서는 주차 위반 및 과속 벌금, 유류세와 도로세로 인한 세입을 잃게 될 것이다.

마치 꿈만 같은 이야기인데, 실제로도 아직까지는 꿈에 불과하다. 운전자 없는 자동차 옹호자들의 가정 가운데 상당수는 희망 사항이기 때문이다. 예를 들어 200대의 자율 주행 차량이 서로 겨우 30센티미터가량 떨어진 상태에서 시속 240킬로미터로 달려 스웨덴의 운단마뇌베르프로브 Undanmanöverprov, 즉 '큰 사슴moose 피하기 주행 시험'을 통과할 수 있을까? 스웨덴 사람들은 가을마다 도로에 불쑥 나타나는 큰 사슴 때문에 신경증을 겪는다. 다 자란 큰 사슴은 무게가 최대 400킬로그램까지 나가고, 어깨 높이가 2미터에 달한다. 자동차와 정면으로 충돌한 큰 사슴은 (죽지 않았을 경우) 놀란 나머지 앞 유리창을 뚫고 들어와 발길질을 하며 몸부림친다. 그래서 신형 자동차가 스웨덴의 도로에 나서는 것을 허락받으려면, 반드시 짧은 지그재그 코스를 통과하는 시험을 거쳐야 한다. 즉 도로 위에 그려놓은 선으로 상징되는 가상의 큰 사슴 앞에서 오른쪽으로 급커브를 돌고, 왼쪽으로 급커브를 돌고, 마지막으로 급정거를 하는 것이다.

현행의 운전자 없는 주행 시험 프로그램에서도 돌발 요소는 충분히 고려되고 있지만(예를 들어 메르세데스에서는 '세탁기 성능 시험'을 실시한다. 대략 다음과 같은 내용이다. "자동차 앞에 가던 트럭에서 갑자기 세탁기가 떨어진다. 이때 시스템이 인간보다 더 빠르고 더 낫게 반응할 수 있는가?")[14] 인간보다 낫게 행동하는 것만으로는 충분하지 않을 수도 있다. 인간과 무관한 오류의 가능성도 여전히 남아 있기 때문이다. 메르세데스의 프로그램 책임자인 랄프 헤르트비히Ralf Herrtwich 박사는 완전한 자율 주행 자동차가 탄생하기까지는 "아마도 10년 이상 걸릴 것"이라고 생각한다. 예측 불가의 변수가 무척이나 많다. 예를 들어 태양 폭풍이 방향 인도 시스템에 영향을 끼치거나 차량에 탑재된 컴퓨터에 바이러스가 침투해, 수백 대의 운전자 없는 자동차들이 인간 운전자에게는 금지된 속도로 교차로를 질주할 수도 있다. 그러다 보면 교통 혼잡과 대재앙이 뒤섞인 아찔한 상황이 발생할 수도 있다.

따라서 운전자 없는 자동차는 (이론상으로는) 몇 가지 층위의 추가적 안전장치를 필요로 하게 될 것이다. 즉 기존의 자동차에 비해 더 강하고, 큰 사슴이나 세탁기 같은 도로 상의 돌발 상황에도 더 잘 대처할 수 있어야 할 것이다. 사람이 직접 조종하지 않는 상태에서 처음부터 끝까지 고속으로 여행하는 것이나 경이로운 중력가속도를 만들어내면서 차량 행렬 사이를 이리저리 누비는 것이 안전하다는 것을 입법가들, 그리고 특히 승객들에게 납득시켜야 할 것이다. 실제로 두려움 같은 인간적 요소 때문에 사람들이 그 자동차의 진정한 잠재력을 깨닫지 못할 가능성도 있다. 심지어 그 자동차의 강점이 이점이라기보다는 오히려 약점으로 드러날 수도 있다. 예를 들어 (구글 자동차가 이미 실현한) 헤드라이트 없이 어둠 속에서 볼 수 있는 능력이 그러한데, 원래는 에너지를 절약하고 조명

공해를 줄이자는 취지였지만, 칠흑 같은 어둠 속에서 빠른 속도로 움직이는 경험이 일부 승객에게는 자칫 현기증을 야기할 수도 있는 것이다. 어쩌면 통근자들은 일터까지 오가는 중에 컴퓨터 코드를 짜고, 카드 게임을 하고, 술을 마시기는커녕, 충격 방지 헬멧을 쓴 채 여러 개의 안전벨트로 좌석에 꽁꽁 묶여 있어야 할지도(그리고 이런 조치를 거부할 경우에 로봇 자동차가 움직이기를 아예 거부할지도) 모른다.

그리고 이런 차량의 (아울러 이런 차량을 운영하기 위한 방대한 수의 데이터 센터들의) 전력 수요가 너무도 커서 전력망에 이상이 생긴다면 어떻게 될까? 급기야 추가 전력 생산 과정에서 이런 차량들이 대체하기로 했던 기름 먹는 괴물들보다 더 많은 이산화탄소를 방출하고, 그와 동시에 다른 이용자들에게는 전기 가격이 치솟는 결과를 가져오지는 않을까? 수십 년이 아니라 수년 안에 완전한 자율 주행이 가능해질 수도 있지만, 가까운 미래에 미국의 도로에서는 운전자 없는 고치보다는 허머를 몰고 통근하는(어쩌면 그때쯤에는 허머 같은 자동차에도 자동 주차 기능이 추가될지 모른다) 사람들을 더 많이 찾아볼 수 있을 것이다.

하지만 방대한 도로망이나 운전 문화가 아직 존재하지 않는 나라에서 오히려 자율 주행 자동차를 먼저 채택할 가능성도 있다. 예를 들어 캘리포니아보다 먼저 (또는 비숍스 월섬보다 먼저) 아프리카에서 이런 차량을 분대 단위로 보유할 수도 있다. 춘카 무이에 따르면, "운전자 없는 자동차는 (……) 서양 국가들 대부분에 이미 생겨나 있는 자동차 중심 기반 시설을 줄곧 모방해야 하는 운명으로부터 개발도상국을 구제할 수도 있다". 상당수의 개발도상국이 일반 전화조차 갖고 있지 않다가 졸지에 휴대전화를 보유함으로써 유선 통신의 단계를 완전히 건너뛰어 버린 것처럼, 새로운 도시나 고속도로를 사상 최초로 건설하는 국가에서는 곧바로 운전자 없는 자동차로 나아갈 수도 있다.

　그렇다면 대중교통을 이용하는 통근자의 미래는 어떠할 것인가? 2050년까지는 모두를 위한 좌석을 갖춘, 저렴하면서도 시간을 엄수하는 차편이 나타날 것인가? 아니면 설마 2020년? 불운하게도 편안함과 편의성은 정책 결정권자와 교통 계획가들에게 아무런 영감도 주지 못한 듯하다. 왜냐하면 그들은 편안함과 편의성보다는 속도와 거리를 생각하고, 승객 욱여넣기를 완화하는 방안보다는 상업 항공사와 경쟁할 방안을 생각하기 때문이다. 예를 들어 영국에서는 2차 세계대전이 끝난 후로 줄곧 그런 편향이 만연했다. 1948년의 국영화부터 1997년의 민영화에 이르는 기간 동안 도시 간 철도 노선에는 돈을 쏟아부은 반면, 도심과 교외를 연결하는 일반 노선은 (비록 '비칭의 가지치기' 대상으로 만들어 아예 폐지하지는 않았지만) 낡아빠지고 과밀한 상태로 내버려두었다. 대규모 프로젝트를 선호하는 이런 편향이 나타난 가장 최근의 사례를 들자면, 고속 2호선 High Speed 2(HS2)이다. 런던과 잉글랜드 북부를 오가도록 계획된 이 신설 노선의 첫 번째 구간은 2026년에 개통될 것으로 예상되었다. 2010년 노동당 정부가 이 프로젝트를 제시한 이후 예상 비용은 꾸준히 늘어나기만 했는데, 전前 산업부 장관 피터 맨델슨Peter Mandelson의 주장에 따르면, 그것은 어디까지나 선거용 책략에 불과했다. 그 비용이 "전적으로 투기적"이기는 해도, 그런 "현대화를 위한 대담한 실천"이 유권자들 앞에 "미래의 낙관적인 모습을 그려 보여줄"[15] 거라고 여겨졌던 것이다. 이제는 그 비용이 462억 파운드로 예상되는 반면, 고속 열차로 인한 효과는 현재의 런던-글래스고 간 주행 시간을 30분 줄이는 데 불과한 것으로 예상되는 형편이다. 과학 저술가이자 보수당 지지자인 맷 리들리Matt Ridley는 영국 정치인들이 "철도 거품 속에 살고 있다"[16]고 (국회의사당이 있는 웨스트민스터에서 각자의 선거구까지 오가는 이들의 여행 가운데 40퍼센트가 기차를 이용한 경우였다) 지적한 다음, 똑같은 비용으로 더 작은 규모의 프로젝트 대여섯 개를 추진하면 훨씬 더 큰 성과를 올릴 수 있을 거라고 주장했다.

이와 유사하게 거창한 계획을 선호하고 통근자를 전반적으로 홀대하는 현상은 유럽 어디에나 만연해 있다. 빈약한 위로일지 모르지만, 영국의 통근자들이 약간은 고소함을 느낄 수도 있는 사실을 소개하자면, 독일의 통근자들 역시 낡고 지저분한 열차를 타고 여행한다는 것이다. 그런 열차는 심지어 선로 위에 떨어진 젖은 낙엽이나 눈雪으로 인해서도 연착한다는 점 또한 영국과 비슷한데, 정작 독일 하원에서는 유럽 통합 철도에 수십억 유로를 쏟아붓는 실정이다. 프랑스에서도 TGV(초고속 열차Trains à Grande Vitesse)는 국가적 자부심의 문제로 간주되어 정부 보증 채권으로 수십억 유로를 지원받는 반면, 통근자들은 마치 혁명 이전 시대의 소농小農처럼 취급된다. 2012년, 프랑스 국영 철도Société Nationale des Chemins de fer Français(SNCF)의 대표 기욤 페피Guillaume Pepy는 프랑스 국회에 출석해 통근자 노선을 포함한 기존 철도 시스템은 "수명이 막바지에 이르렀다"고 말했다.[17] 아울러 기관차들 중 일부는 무려 40년이나 되었고, 파리 RER(고속 교외 철도) 통근자 시스템에 포함된 기차역 가운데 일부는 말 그대로 무너지고 있다고도 했다.《블룸버그 비즈니스위크Bloomberg Businessweek》의 기고자인 캐롤 매틀랙Carole Matlack에 따르면, 파리 오페라하우스에 인접한 오베르Auber 역으로 들어서는 통근자는 "천장에서 떨어지는 회반죽이며 비가 올 때마다 떨어지는 물을 받기 위해 바닥에 놓아둔 양동이를 피해 걸어간" 후에야 낡아빠진 열차에 간신히 올라탈 수 있다고 한다. 2013년 프랑스 정부는 철도망의 개선을 위해 4억 유로를 지출하기로 약속했지만, 이 금액조차도 TGV 노선에 배정된 예산의 절반에도 못 미친다.

하지만 HS2는 물론이고 유럽의 유사한 사례들 역시 야심적이라고 할 만한 수준은 아닐 수 있다. 만약 여객기를 대체하는 것이 목표라면, 1994년에 체사레 마르케티가 상상한 것과 비슷한 자기부상열차를 만들어 영국 해협의 터널에서 애버딘Aberdeen까지 운행할 수도 있지 않을까? 그 거리는 겨우 700킬로미터인데, 그 정도면 자기부상열차도 적당한 속도로 운행할 수 있을 것이고, 중간에 런던 히스로, 버밍엄, 맨체스터, 에든버러에만 정차한다면 편도로 한 시간 정도면 충분할 것이다. 지선支線을 몇 개만 덧붙인다면 이 모든 곳의 통근자 거주지를 수십 킬로미터 정도 더 연장할 수도 있다. 그런데 이런 고속 열차의 안전에 대한 고려(승객은 안전벨트를 매야 하고, 열차는 몇분의 일 초 단위의 이동 구간 일정을 따라야 한다는 등의)가 한창 유행이므로, 통근자들은 이 차편이 시간을 엄수할 거라고, 아울러 항상 좌석이 있을 거라고 확신할 수 있어야 한다.

정확히 이와 같은 종류의 메타 해결책이 이미 캘리포니아 주에서 제안된 적이 있다. 그곳에서는 로스앤젤레스-샌프란시스코 간 고속 통근 열차 노선의 건설 작업이 여러 해 동안의 논쟁 끝에 결국 개시되었다. 이 캘리포니아 고속 철도California High Speed Rail(CHSR)는 680억 달러의 예산을 책정받았고, 2029년에 개통될 예정이다. 핵심 목적지인 위의 두 도시 간 여정에는 약 세 시간이 소요될 예정이고, 기관차와 객차에는 캘리포니아 주를 상징하는 파란색과 황금색이 칠해질 예정이다. 그런데 갑자기 이 프로젝트에 제동을 걸면서 역제안을 내놓은 사람이 있었으니, 바로 페이팔PayPal의 공동 창업자였고 지금은 테슬라 자동차Tesla Motors와 스페이스X SpaceX의 CEO인 남아프리카 출신의 기업가 일론 머스크 Elon Musk 였다. 테슬라는 사상 최초로 흑자를 달성한 전기 자동차 제조업체이고, 스페이스X는 사상 최초로 국제 우주 정거장 International Space Station에 보급품을 배달한 사기업이었다. 머스크의 성공 요인을 한마디로 요약하면 예리하고 측면적인 사고방식이었다. 그가 테슬라를 시작했을 때만 해도, 대부분의 전기 자동차 제조업체들은 환경 전사들을 위한 소형 자동차만 제작하거나(하지만 이런 사람들은 자동차를 운전하는 경우가 사실상 없다) 양의 탈을 쓴 늑대(예를 들어 큼지막한 석유 모터와 조그마한 전기 모터를 장착한 SUV)를 제작함으로써 녹색 차량을 위한 보조금만 타내려 들었다. 그러나 머스크는 편안함과 성능을 추구했다. 테슬라 S 모델은 4.2초 만에 시속 0킬로미터에서 95킬로미터로 가속했고, 최대 시속이 210킬로미터에 달했다. 심지어 볼보보다 더 넉넉한 트렁크 공간과 더 나은 안전 기준을 보유했다. 머스크의 야심은 은퇴 후 화성에 가서 사는 것이었다. CHSR에 대한 그의 역제안은 '하이퍼루프 Hyperloop'였다. 이것은 한편으로는 압축 공기, 다른 한편으로는 전자기, 또 다른 한편으로는 태양광 동력 시스템을 이용하는 교통수단이었다. 그의 주장에 따르면, 샌프란시스코와 로스앤젤레스 사이에 고가高架 강철 튜브를 설치할 경우, CHSR 프로젝트 비용의 10분의 1만 가지고도 승객이 탑승한 고치 모양 차량을 겨우 반시간 만에 목적지로 보낼 수 있었다.

하지만 하이퍼루프의 비용은 예상보다 수백 퍼센트나 더 높을 것으로 입증되었으며, 저명한 대중교통 해설자 앨런 레비 Alon Levy는 가속과 감속은 물론이고 경사나 커브를 지날 때마다 발생하는 구역질 나는 중력가속도를 감안한다면 그것은 "멀미 열차"라고 꼬집기까지 했다.[18] 다른 전문가들도 그것의 안전성에 대해 공격했지만(사고라도 일어나면 "산

에 충돌한 콩코드 여객기"와 마찬가지로 "1면 기삿거리"가 될 것이 분명했다)
그 계획에도 나름의 장점이 있었으니, 사변적 기술과 주행 시험을 거친
기술의 혁신적인 조합이라는 점에서 그랬다. 예를 들어 공기 압축식 철
도는 1840년대에 출현했으며, 짧은 기간이지만 증기 열차와 경쟁을 벌였
다. 사우스 데번 철도 회사South Devon Railway Company는 1847년 전설적인
공학자 이점바드 킹덤 브루넬Isambard Kingdom Brunel이 설계한 공기 압축
식 철도 구간을 건설했으며, 조용하고 매연이 없는 대기 속에서 최대 시
속 110킬로미터의 속도로 엑서터에서 뉴턴 애벗Newton Abbot까지 승객을
실어 날랐다. 그러나 불운하게도 쥐들이 가죽 풀무를 갉아서 구멍을 내
고 금속제 설비가 바닷바람에 부식되면서, 겨우 이듬해에 가동이 중지되
었다. 하이퍼루프를 가동시키는 저압 튜브도 마찬가지로 '진공 열차' 또
는 진공 튜브 열차라는 선례를 두고 있는데, 이론상으로는 더 일찍이 존
재하다가 1909년에 와서야 비로소 모형으로나마 실현된 것이었다. 마지
막으로, 하이퍼루프의 전자기적 추진 시스템이 제대로 가동할 거라는 점
만큼은 비판자들도 의심하지 않았으며, 현재 이용 가능한 최고의 대중교
통 모델링 소프트웨어의 모의실험 결과도 최상으로 나타났다. 적어도 이
론상으로는 말이다. 고치 모양 차량의 위아래에 스키 날을 달아야 하겠
지만, 그것 외에는 상당히 실행 가능해 보인다.

하지만 하이퍼루프도 실제로는 충분히 파격적이지 않을 수도 있다.
이론상으로 볼 때는 CHSR보다 더 빠르고 저렴하지만, 정작 실어 나를
수 있는 승객의 수는 더 적을 것이기 때문이다. 어쩌면 지금 정말로 필요
한 것은 (마치 광섬유 케이블의 절단면 모습처럼) 하이퍼루프의 튜브 여러
개를 나란히 배열할 수 있는 지지용 철탑인지도 모른다. 교통수단도 원
격 통신처럼 한데 묶지 못할 이유가 있는가? 하나로 둘둘 말아놓은 튜브

들 가운데 일부는 지선 하이퍼루프로 사용하고, 다른 일부는 운전자 없는 자동차를 위한 도로로 사용하면 될 것이다. 그렇게 하면 매 초마다 각각의 역에서 도착과 출발이 이루어질 것이며, 모든 도로의 교차로에서 신호등이 켜졌다 꺼졌다 할 것이다. 자동차 통근과 신속한 대중교통은 음과 양의 관계이다. 즉 똑같은 단일체의 두 부분이라는 것이다. 아마도 통근의 황금시대는 지금 다가오는 중인지도 모른다. 아쉽게도 지금의 추세대로라면 통근의 황금시대보다는 일론 머스크의 은퇴와 화성행이 더 빨리 찾아올 것 같지만 말이다.

현 세대가 노인이 되기 전에 대중교통의 기본적 편의가 실현될 가능성이 없다면, 차라리 통근에 완전히 종지부를 찍는 편이, 나아가 그 방향으로 노력하는 편이 더 낫지 않을까? 통근이 완벽할 수 없다면 애초에 우리는 왜 그걸 하고 있는 걸까? 다가올 세기에 일어날 러시아워의 죽음에 관해, 서로 다른 두 학파가 예언한 바 있다. 양쪽 모두 인구 증가를 원인으로 보았지만, 과연 어느 정도의 인구를 '지나치게 많은 인구'라고 봐야 하는지에 대해서는 의견이 갈렸다. 신新맬서스 학파는 현재의 지구 인구인 70억 명만 가지고도 초조한 모습을 보일 것이며, 머지않아 90억 명이 될 거라는 전망에 몸서리를 칠 것이다.[19] 그들이라면 산업혁명 이전으로 돌아가라고, 에너지 사용과 인구를 줄이라고, 아무도 통근할 필요가 없도록 소규모 공동체를 이루어 살아가라고 우리에게 조언할 것이다.

반면 또 다른 학파에서는 미래에는 아무도 통근을 할 수 없을 거라고 예견했다. 왜냐하면 (결국에는) 인구가 더 적어지기보다는 오히려 너무 많아지게 될 것이기 때문이다. 우리로서는 90억 명을 굳이 두려워할 필요가 없고, 사실 9조 명이라도 마찬가지라고 했다. 영국의 물리학자 존 히버 프렘린John Heaver Fremlin은 1964년에 발표한 〈이 세계는 얼마나 많은 사람을 먹여 살릴 수 있는가?How Many People Can the World Support?〉라는 에세이에서 인구 성장의 한계가 생물학보다는 오히려 물리학에 의해 결정된다고 주장했다. 일단 운석과의 충돌이나 세계의 파멸을 불러오는 전쟁, 치명적인 전 지구적 전염병 같은 재난들이 없다고 가정해보자. 또 지구 표면 전체가 "육지나 바다나 똑같이" 2,000층 높이의 건물로 뒤덮인다고 가정해보자. 또 사람들이 사망자와 오폐수를 먹고 마신다고 가정해보자. 남극과 북극을 의도적으로 녹여 없앤다고 가정해보자. 절대적이고 영구적인 세계 평화가 유지된다고 가정해보자. 이런 가정하에서 행성 지구는 2964년까지 최대 60,000,000,000,000,000(6만조)명의 사람들을 지탱할 수 있을 것이다. 하지만 더 이상의 인구는 물리 법칙에도 위배될 것이다.

프렘린은 30세기의 인간은 통근의 기회조차 갖지 못할 것이라고 보았다. 그들이 바랄 수 있는 최선은 고작 "차량이나 콘베이어벨트에 몸을 싣고 무작위적인 수평 방향으로, 그리고 가끔은 수직 방향으로 수백 미터를 느린 속도로 움직이는 것 정도이고", 결코 그 이상은 아닐 것이다. 그러나 이런 이동 불가능성에도 나름의 위안이 있을 것이다. "1,000만 명의 셰익스피어들, 그리고 그보다 더 많은 비틀스들이 한 시대에 함께 살아 있게 될 것이며, 매우 다양한 텔레비전 오락 프로그램을 시청할 수 있을 것이다." 가장 좋은 점은 초밀도 승객 욱여넣기 식의 삶이 급진적인 문화 변화를 전혀 요구하지 않는다는 점일 것이다. "자동차를 소유하고, 아파트에 거주하고, 사무실에서 근무하는 현재의 삶에서 그런 상상 속 미래의 모습으로 나아가는 변화는, 신석기 시대의 사냥꾼이 앞에서 말한 사무실 근무자가 되기까지의 변화에 비하면 정도가 약하다."[20] 하지만 프렘린의 예견이 빗나간 대목이 바로 여기이다. 아파트에 거주하는 사무실 근무자가 자동차를 소유하는 것은 사냥 및 채집을 하려는 유전적 경향을 만족시킬 필요가 있기 때문이다. 우리가 정말로 통근자 없는 행성을 꿈꾼다면, 우선 우리의 유전자 풀에 들어 있는 이 충동을 근절해야만 한다. 1만 년 동안의 농업 생활을 겪고도, 그리고 수십 년 동안의 정보 혁명을 겪고도 이 충동은 거의 손상되지 않았다. 이 충동을 규칙적인 방랑벽이라고 부른다면, 통근은 우리 곁에 항상 남아 있게 되는 것이다. 설령 그로 인해 인구가 최대 한계치까지 계속 늘어날 기회가 지연된다 하더라도 말이다.

내가 이 책을 쓰기 시작한 것은 2011년 1월 07시 01분 열차를 타고 런던으로 통근할 때의 일이었다. 내 여정이 시작되는 보틀리 역에서 멀지 않은 곳에는, 1820년대에 정치 개혁가 윌리엄 코빗William Cobbett이 처음 교외 시찰을 한 장소가 있다. 그 당시에는 잉글랜드의 농업 문화가 죽어가는 것처럼 보였다. 농장 일꾼들은 처참한 가난 속에 살았고, 코빗은 그들의 상태를 직접 보고 싶었다. 그는 내심 회고적인 사람이었으며, 조국이 산업화와 아울러 불확실한 미래를 포용하기보다는 예전처럼 시골로 남아 있고, 과거 세기의 풍요로(물론 그가 인식하기에 풍요인 것으로) 돌아가는 편이 낫다고 여겼다. 그는 진보보다 권리를 원했다. 코빗이 말을 타고 여행한 시골길은 봉건 시대 이후로 거의 변하지 않은 풍경을 관통하고 있었던 반면, 나는 워털루까지 가면서 경험하는 매일의 여정 때문에 코빗의 여행 이후로 일어난 깜짝 놀랄 만한 모든 변화들을 떠올리게 되었다. 그 철도는 딸기밭을 가로지르고, 느릅나무 숲을 갈라놓고, 둥근 타원형 천장의 빅토리아 시대 터널로 들어가고, 자동차 전용 도로 아래로 지나가고, 내다 버린 석탄 보관통과 물탱크를 비롯해 증기 열차 시대의 유물들이 측선에 놓여 있는 곳을 지나고, 교외에 몇 킬로미터나 늘어선 파티오 정원과 위성 접시 안테나를 지나 간신히 런던 외곽에 도착하게 된다. 목적지에 점점 가까워지면, 1950년대의 고층 건물과 배터시 발전소Battersea Power Station가 눈에 들어온다. 우리가 멈춰 선 승강장 바로 옆에는 이제는 운행되지 않는 유로스타Eurostar 승강장이 있는데, 처음 문을 연 1994년에만 해도 상당히 미래적으로 보였던 것이 지금은 먼지와 비둘기 똥으로 뒤덮여 있을 뿐이다. 아이러니하게도 네크로폴리스 노선 Necropolis Line의 잔해에도 그런 오물이 쌓여 있는데, 워털루 역 최초의 여객 전용 차편인 그 노선은 1854년 시신과 문상객을 수도에서 서리 주 브룩우드 묘지Brookwood Cemetery까지 수송하기 위해 개통되었다. 이 거대한 묘지를 만든 투기꾼들은 신문에 분양 광고를 냈으며, 때가 되면 마치 공원과도 같은 그 분위기 속에서 영원한 휴식을 누릴 수 있다고 약속했다.

워털루 역 역시 변화의 좋은 사례에 해당한다. 그곳은 한때 초지와 늪지로 이루어져 있었고, 그곳에 사는 사람들은 추방자와 거지와 범죄자뿐이었다. 엘리자베스 시대의 '흑마술사' 사이먼 포먼Simon Forman이 그 역 바로 바깥에 자리를 잡고 사람들의 운명을 점쳐주고, 처녀들을 '범하고', 선한 천사며 악한 천사를 불러내는 교령회를 열었다. 그는 자신이 예언한 날짜에 자신이 예언한 방법으로 사망했다. 1611년 9월 12일 템스 강한가운데에서 익사형을 당한 것이다. 그가 마지막 숨을 내쉬자마자 갑자기 폭풍이 불어닥쳤다. 그 기차역은 오늘날 매일 20만 명 이상의 승객에게 봉사한다. 이 정도면 코빗이 말을 타고 한 바퀴 둘러보던 시절의 햄프셔 주 전체 인구보다 더 많다. 물론 그곳의 인구는 그때 이후 통근의 도움으로 거의 800퍼센트나 늘어났지만 말이다. 워털루 역 중앙 광장에는 패스트푸드 가판대, 휴대전화 가맹점이 있으며, 또한 W. H. 스미스 점포가 있어서 19세기의 철도 문고에 해당하는 오늘날의 상품을 판매하고 있다. 개표구 위에 설치된 커다란 스크린에서는 뉴스와 광고가 흘러나온다. 심지어 매우 호화로운 공용 화장실도 있는데, 일상적 대화에서 그 화장실을 가리키는 말인 '루loo'는 어쩌면 빅토리아 시대에 인기 높았던 수세식 변기용 물통의 상표명을 축약한 것인지도 모른다. 1815년 영국군이 거둔 유명한 승리 이후, 그 역과 마찬가지로 그 상품 역시 '워털루Waterloo'라는 이름을 얻었기 때문이다.

매일 오전 07시 01분발 열차에 올라타는 나의 출근길은 결국 통근이 시작된 이후 이루어진 모든 진보(기술적, 문화적, 물리적인 모든 변화)를 거쳐 가는 여정이나 다름없었다. 러시아워로 말하자면 그런 진보와 변화 중 많은 것에 직간접적으로 영향을 주었다. 통근은 낯선 사람들과 섞이는 방법에 관한 우리의 규약을 개정하지 않을 수 없게 했다. 통근은 도시의 형성과 성장을 촉진했다. 통근은 새로운 기술의 시험 무대인 동시에 판매 시장이기도 했다. 인도주의적 관점에서 봐도 통근의 영향력은 압도적으로 긍정적이었다. 지난 한 세기 반 동안 통근은 수많은 사람들에게 각자의 삶을 향상시킬 기회를 제공했다. 본질적으로 통근은 이동의 자유를 제공했다. 그에 따르는 사소한 여러 가지 짜증과 빈번한 불편에도 불구하고, 통근은 우리 삶의 긍정적인 부분이었다. 때로는 통근이 림보처럼 느껴진다 하더라도, 통근에는 낙관주의가 가득한 것이 사실이다. 로버트 루이스 스티븐슨Robert Louis Stevenson은 이런 말을 남겼다. "당신들은 자기가 얼마나 복 받은 사람인지를 잘 모른다. 희망을 품고 여행하는 것은 목적지에 도착하는 것보다 더 좋은 일이기 때문이다."[21]

옮긴이의 말

　미국의 아동문학가 버지니아 리 버튼(1909~1968)의 대표작《작은 집 이야기》는 아기자기한 세부 묘사가 돋보이는 특유의 그림을 통해 한적한 시골에 들어선 한 목조 단층 주택이 겪는 파란만장한 변화를 보여주는 흥미로운 그림책이다. 처음에는 허허벌판에 그 '작은 집' 하나밖에 없었지만, 머지않아 도로가 뚫리고 철도가 깔리고 고가 철도와 지하 철도가 생겨나 그 위로 자동차와 열차가 씽씽 달리게 되더니, 그다음엔 그 집 주위에 다른 여러 주택과 건물이 들어서게 되었고, 결국 '작은 집'은 대도시 한가운데 초라하게 끼어 있는 신세가 된다.

　혹시나 어린 시절 이 그림책을 우연히 접하고 저 '작은 집'이 겪은 경천동지할 상전벽해 식 변화의 원동력이 무엇인지 궁금해했던 독자가 있다면《출퇴근의 역사》야말로 그 의문에 대한 좋은 해답이 되지 않을까 싶다. 이 책은 현대 사회의 필수 요소로 자리한 통근, 즉 원거리 출퇴근의 탄생과 성장과 승리를 살펴봄으로써, 더 나은 삶을 위해 가정과 일터를 분리하려는 인간의 단순하고도 합리적인 선택이 어떻게 오늘날의 세계를 형성하게 되었는지를 보여주고 미래의 세계를 전망하기 때문이다.

버튼의 그림책에서 변화의 발단은 도로와 철도의 등장이었다. 대중교통의 등장과 함께 '일터와 가정의 분리'를 내포한 '출퇴근'의 개념이 탄생하고 발전했다. 이후 도시화의 문제를 해결하기 위한 근교화의 진행으로 국토 개발과 대중교통의 발전이 이루어졌고, 이동의 자유와 확대로 인해 사람들의 생활 방식이며 사고방식까지 변화를 겪게 되었다. 이를 보면 매일매일 만원 버스나 지하철, 도로 정체에 시달리는 것에 불과하던 우리의 출퇴근에도 의외로 깊은 의미가 있음을 깨닫게 된다.

한데, 책을 덮고 주위를 살펴보면 알겠지만 출퇴근의 역사는 지금도 여전히 진행 중이다. 자율 주행 차량과 전기차의 상용화까지는 아직 갈 길이 먼데, 한편에서는 하이퍼루프 개발 이야기가 흘러나온다. 일부 수입 자동차의 성능 조작 사건이 큰 스캔들로 번지는가 하면, 지하철 안전문을 수리하던 20대 청년의 사망 사건이 발생해 수많은 사람들의 출퇴근을 위해 보이지 않게 봉사하는 사람들의 노고를 환기하는 계기가 되었다. 또한 크고 작은 교통사고와 노상 분노 사례가 연일 화면과 지면에 등장한다.

높아지는 집값에 서울 인구가 천만 명 시대를 마감하고 점점 줄어들고 있다니, 결국 그만큼 수도권에 거주하는 통근자가 늘어난 것이라고 볼 수 있겠다. 단언하는데, 매일매일 지옥철과 지옥 버스에 시달리며 '나는 왜 이렇게 사는 걸까?' 생각했던 사람이 있다면 반드시 이 책을 읽어야 한다. 이 책은 비록 그 사람의 미래까지 예언하지는 못하더라도 그 사람이 지금 왜 그러고 있는지는 확실하게 설명해줄 것이기 때문이다.

주

서론 황무지를 지나서

1. 바이킹의 다림판에 관해서는 다음 자료를 보라. http://www.euppublishing.com/doi/pdfplus/10.3366/gas.1994.19.19.109.

2. T. S. Eliot, "The Love Song of J. Alfred Prufrock".

1장 하루에 두 번 런던에 간 사람

1. Samuel Smiles, *Lives of the Engineers*, London, John Murray, 1862, p. 274 (on Project Gutenberg: http://www.gutenberg.org/files/27710/27710-h/27710-h.htm).

2. Charles Dickens, *Great Expectations*, 1867 edition, from Project Gutenberg: http://www.gutenberg.org/files/1400/1400-h/1400-h.htm.

3. James Phillips Kay, *The Moral and Physical Condition of the Working Classes employed in the Cotton Manufacture in Manchester*, 1832, p. 24. https://archive.org/details/moralphysicalcon00kaysuoft.

4. Christian Wolmar, *Fire & Steam: How the Railways Transformed Britain*, London, Atlantic Books, paperback edition, 2008, p. 55.

5. Dorian Gerhold, 'Chaplin, William James (1787~1859)', *Oxford Dictionary of National Biography*, Oxford University Press, 2004.

6. Sam Fay, *A Royal Road: Being the History of the London & South Western Railway, from 1825 to the Present Time*, Kingston-on-Thames, W. Drewett, 1882, p. 32.

7. Wolmar, *Fire & Steam*, p. 105.

8. Matthew Engel, *Eleven Minutes Late: A Train Journey to the Soul of Britain*, London, Pan, 2010, p. 60.

9. Jack Simmons, *The Victorian Railway*, London, Thames and Hudson, 1991, p. 165.

10. Simmons, *Victorian Railway*, p. 167.

11. Fay, *A Royal Road*, p. 28.

12. John Ruskin, *The Seven Lamps of Architecture*, Chapter IV, The Lamp of Beauty, 1849, from Project Gutenberg, p. 117. http://www.gutenberg.org/files/35898/35898-h/35898-

h.htm.

13. *The Year-Book of Facts in Science and Art*, London, Tilt and Bogue, 1841.

14. David Norman Smith, *The Railway and its Passengers: a Social History*, London, David & Charles, 1988, p. 98.

15. Dionysius Lardner, *Railway Economy: A Treatise on the New Art of Transport, its Management, Prospects and Relations*, London, 1850, p. 35. http://quod.lib.umich.edu/m/moa/aes97 01.0001.001/35?page=root;size=100;view=image.

16. 정기권에 관해서는 다음 자료를 보라. Simmons, *Victorian Railway*, p. 326~327.

17. J. M. Rawcliffe, 'Bromley: Kentish market town to London suburb, 1841~81', in F. M. L. Thompson (ed.), *The Rise of Suburbia*, Leicester University Press, 1982, p. 86.

18. *The Times*, 15 January 1864.

19. 'The railway calamity', *Saturday Review*, 29 August 1868, p. 281.

20. Henry Booth, *Uniformity of Time: Considered Especially in Reference to Railway Transit and the Operations of the Electric Telegraph, in a Letter to the Right Hon. Edward Strutt, Chairman to the Railway Commissioners*, J. Weale, 1847.

21. 'Trains, technology and time-travellers: how the Victorians re-invented time', Ralph Harrington: http://www.artificialhorizon.org/essays/pdf/time.pdf.

22. 빅토리아 시대의 철도 관련 편집증에 관해서는 다음 자료를 보라. George Frederick Drinka, *The Birth of Neurosis, Myth, Malady and the Victorians*, New York, Simon and Schuster, 1984, p. 108ff.

23. Railways Clauses Consolidation Act 1845 CXIII.

24. Simmons, *Victorian Railway*, p. 78.

25. Simmons, *Victorian Railway*, p. 259.

26. *The Railway Traveller's Handy Book*, 1862, p. 75~76.

27. *The Railway Traveller's Handy Book*, p. 78.

28. James A. Secord, *Victorian Sensation: The Extraordinary Publication, Reception, and Secret Authorship of Vestiges of the Natural History of Creation*, Chicago and London, University of Chicago Press, 2000, p. 32.

29. Secord, *Victorian Sensation*, p. 28.

30. Engel, *Eleven Minutes Late*, p. 133.

31. Wolmar, *Fire & Steam*, p. 134.

32. *The Railway Traveller's Handy Book*, p. 74.

33. Simmons, *Victorian Railway*, p. 320.

34. Charles Dickens, 'Chapter VI: Refreshments for Travellers', in *The Uncommercial Traveller* (1860), from Project Gutenberg: http://www.gutenberg.org/dirs/etext97/unctr10h. htm.

35. 다음 자료에 인용됨. Simmons, *Victorian Railway*, p. 355~356.

36. Simmons, *Victorian Railway*, p. 355.

37. Henry Mayhew, *London Labour and the London Poor*, London, vol. 1, George Woodfall & Co., London, 1851.

38. R. C. Richardson, 'The "Broad Gauge" and the "Narrow Gauge": Railways and Religion in Victorian England', in *The Impact of the Railway on Society in Britain: Essays in Honour of Jack Simmons*, Aldershot, Ashgate, 2003, p. 109.

2장 일터와 집이 분리되다

1. John Richard Green, *A Short History of the English People*, London, The Macmillan Company, 1874, ch x.

2. Roy Porter, *London: A Social History*, London, Penguin, 2000, p. 275.

3. Porter, *London*, p. 76.

4. Donald J. Olsen, *The Growth of Victorian London*, London, B. T. Batsford Ltd, 1976, p. 187.

5. Listing Selection Guide, *Domestic 3: Suburban and Country Houses*, English Heritage, October 2011.

6. Thompson (ed.), *The Rise of Suburbia*, p. 9.

7. Olsen, *Growth of Victorian London*, p. 23.

8. 다음 자료에 인용됨. Olsen, *Growth of Victorian London*, p. 20.

9. 계급 불안class anxiety에 관해서는 다음 자료를 보라. Lara Baker Whelan, *Class, Culture and Suburban Anxieties in the Victorian Era*, London, Routledge, 2009.

10. 다음 자료를 보라. http://www.woodard.co.uk/nathaniel_woodard.htm.

11. 교외와 승합마차에 관해서는 다음 자료를 보라. Alan A. Jackson, *Semi-Detached London*, Oxford, Wild Swan Publications, 1991.

12. Porter, *London*, p 271.

13. *The Times*, 30 January 1836.

14. George Rose Emerson, *London: How the Great City Grew*, London, 1862. 다음 자료에 인용됨.

Porter, *London*, p. 266~267; Olsen, *Growth of Victorian London*, p. 193.

15. Porter, *London*, p. 285.

16. T. M. Thomas, 'A Suburban Connemara', *Household Words*, 8 March 1851, p. 562.

17. Richard Horne, 'Dust, or Ugliness Redeemed', *Household Words*, 13 July 1850, p. 379~384. 또 다음 자료를 보라. 'The Builder's House and the Bricklayer's Garden by an Eye-witness and Sufferer', *Household Words*, 22 February 1851, p. 513~516.

18. 각종 넝마주이에 관해서는 다음 자료를 보라. Henry Mayhew, *London Labour and the London Poor*, vol. 2, London, Griffin, Bohn and Company, 1862.

19. Jane Elizabeth Panton, *Suburban Residences and How to Circumvent Them*, London, Ward & Downey Ltd, 1896, p. 4.

20. John Ruskin, *The Seven Lamps of Architecture*, Chapter VI, The Lamp of Memory, 1849, from Project Gutenberg: http://www.gutenberg.org/files/35898/35898-h/35898-h.htm.

21. Wilkie Collins, *Basil*, 1852, Oxford, Oxford University Press, 1990.

22. *The Athenaeum*, 4 December 1852, p. 1322~1323.

23. 다음 자료에 인용됨. Norman Page (ed.), *Wilkie Collins: The Critical Heritage*, London, Routledge, 2002, p. 5.

24. *Punch* magazine 1863, 다음 자료를 보라. http://www.ltmcollection.org/resources/index.html?IXglossary=Public+transport+in+Victorian+London:+Part+Two:+Underground.

25. Porter, *London*, p. 282.

26. 다음 자료에 인용됨. Olsen, *Growth of Victorian London*, p. 197.

27. 다음 자료에 인용됨. Porter, *London*, p. 281.

28. 다음 자료에 인용됨. Olsen, *The Growth of Victorian London*, p. 213.

29. G. K. Chesterton, *The Everlasting Man*, 1925, from Project Gutenberg: http://gutenberg.net.au/ebooks01/0100311.txt.

30. Emily Eden, *The Semi-detached House*, London, Richard Bentley, 1859.

31. George Grossmith and Weedon Grossmith, *Diary of a Nobody*, 1898, Ware, Wordsworth Editions Ltd, 1994.

32. Evelyn Waugh, 다음 자료를 보라. https://sites.google.com/site/petermortonswebsite/home/grossmiths-diary-ofa-nobody/evelyn-waugh-s-annotations-to-his-copy-of-the-diary.

33. François Cellier & Cunningham Bridgeman, *Gilbert and Sullivan and Their Operas; With Recollections and Anecdotes of D'Oyly Carte & Other Famous Savoyards*, Boston, Little, Brown

and Company, 1914, p. 131.

34. Walter Bagehot, *The English Constitution*, 1867, from Project Gutenberg: http://www.guten-berg.org/files/4351/4351-h/4351-h.htm.

35. James Cantlie, F. R. C. S., '"Degeneration Amongst Londoners": A lecture delivered at the Parkes Museum of Hygiene, 27 January 1885', London, Field & Tuer, The Leaden-hall Press, 1885.

36. 다음 자료에 인용됨. Smith, *Railway and its Passengers*, p. 105.

37. Smith, *Railway and its Passengers*, p. 105.

38. H. J. Dyos, *Exploring the Urban Past: Essays in Urban History*, Cambridge, Cambridge University Press, 1982, p. 93.

39. Dyos, *Exploring the Urban Past*, p. 93.

40. Dyos, *Exploring the Urban Past*, p. 87.

3장 '뱀 대가리'와 '미식가'

1. Andrew Jackson Downing, 다음 자료에 인용됨. Milette Shamir, *Inexpressible Privacy: The Interior Life of Antebellum American Literature*, University of Pennsylvania Press, 2005, p. 190.

2. Heinrich Heine, 다음 자료에 인용됨. Wolfgang Schivelbusch, *The Railway Journey: The Industrialization of Time and Space in the 19th Century*, Berkeley, University of California Press, 1986, p. 38.

3. Lawrence Grow, *On the 8:02: An Informal History of Commuting by Rail in America*, New York, Mayflower Books, 1979, p. 27.

4. Grow, *On the 8:02*, p. 28.

5. Revd William G. Eliot Jnr, 다음 자료에 인용됨. Kenneth T. Jackson, *Crabgrass Frontier: The Suburbanization of the United States*, Oxford, University Press, 1985, p. 48.

6. Walt Whitman, 다음 자료에 인용됨. Jackson, *Crabgrass Frontier*, p. 50.

7. Whitman, 다음 자료에 인용됨. Jackson, *Crabgrass Frontier*, p. 28.

8. *New York Tribune*, 21 January 1847, 다음 자료에 인용됨. Jackson, *Crabgrass Frontier*, p. 28.

9. Charles Dickens, *American Notes For General Circulation*, 1842, from Project Gutenberg: http://www.gutenberg.org/files/675/675-h/675-h.htm.

10. Anthony J. Bianculli, *Trains and Technology: The American Railroad in the Nineteenth Century:*

Track and Structures, Newark, University of Delaware Press, 2003, p. 88.

11. 다음 자료의 일부임. 'Ode to William H. Channing' in *The Early Poems of Ralph Waldo Emerson*, New York, and Boston, Thomas Y. Crowell & Company, 1899.

12. Henry David Thoreau, 다음 자료에 인용됨. Shamir, *Inexpressible Privacy*, p. 190.

13. Dickens, *American Notes*.

14. 다음 자료에 인용됨. John H. White Jr., *The American Railroad Passenger Car*, Baltimore, Johns Hopkins University Press, 1985, p. 373.

15. 다음 자료에 인용됨. Olsen, *Growth of Victorian London*, p. 23.

16. 다음 자료에 인용됨. Vincent F. Seyfried, *The Long Island Rail Road: A Comprehensive History, Part Two: The Flushing, North Shore & Central Railroad*, 1963. http://en.wikisource.org/wiki/The_Long_Island_Rail_Road:_A_Comprehensive_History,_Part_Two:_The_Flushing,_North_Shore_%26_Central_Railroad.

17. Gustav Kobbé, *The Central Railroad of New Jersey*, 251 Broadway, New York, 1890. https://archive.org/stream/centralrailroado00kobb/centralrailroado00kobb_djvu.txt.

18. 다음 자료를 보라. 'The Untold Delights of Duluth': http://collections.mnhs.org/MNHistoryMagazine/articles/34/v34i02p067-078.pdf.

19. Grow, *On the 8: 02*, p. 163.

20. Charles Francis Adams, *Notes on Railroad Accidents*, New York, G. P. Putnam's Sons, 1879.

21. 다음 자료에 인용됨. Schivelbusch, *Railway Journeys*, p. 72.

22. 다음 자료에 인용됨. Schivelbusch, *Railway Journeys*, p. 65.

23. Eileen S. De Marco, *Reading and Riding: Hachette's Railroad Bookstore Network in Nineteenth-Century France*, Bethlehem, Lehigh University Press, 2006, p. 40~41.

24. 다음 자료에 인용됨. Schivelbusch, *Railway Journeys*, p. 77.

25. Charles Dickens, Andrew Halliday, Charles Collins, Hesba Stretton, and Amelia B. Edwards, *Mugby Junction* in the Extra Christmas Number of *All the Year Round*, 1866, London, Chapman and Hall, 1898.

26. 다음 자료에 인용됨. Schivelbusch, *Railway Journeys*, p. 35.

27. Peter Galison, 'Einstein's Clocks: The Place of Time', *Critical Inquiry*, vol. 26, no. 2, winter 2000, p. 355~389.

4장 자동차 열풍

1. H. G. Wells, *Anticipations of the Reaction of Mechanical and Scientific Progress upon Human Life and Thought*, 1901, p. 10, from Project Gutenberg: http://www.gutenberg.org/files/19229/19229-h/19229-h.htm.

2. *The State of Wisconsin 2007-2008 Blue Book*, Wisconsin Legislative Reference Bureau, Madison, 2007, p. 148.

3. John B. Rae, *The American Automobile*, Chicago, University of Chicago Press, 1965, p. 7.

4. Rae, *American Automobile*, p. 1.

5. James J. Flink, *The Car Culture*, Cambridge, Massachusetts, MIT Press, 1975, p. 19.

6. Flink, *Car Culture*, p. 39~40.

7. 다음 자료를 보라. http://www.thehenryford.org/research/henryFordQuotes.aspx.

8. Flink, *Car Culture*, p. 34.

9. Eric Morris, 'From Horse Power to Horsepower', 다음 자료를 보라. http://www.uctc.net/access/30/Access%2030%20-%2002%20-%20Horse%20Power.pdf.

10. Flink, *Car Culture*, p. 39.

11. John Steinbeck, *East of Eden*, London, William Heinemann Ltd in association with Octopus Books, 1976, p. 730.

12. 뉴욕의 운전기사들과 칼런 자동차법에 관한 반응에 관해서는 다음 자료를 보라. Frederick H. Elliott, 'Working Out New Auto Law In New York', *New York Times*, 16 October 1910. http://query.nytimes.com/mem/archive-free/pdf?res=F00E11FB345D16738DDDAF0994D8415B808DF1D3.

13. Jackson, *Crabgrass Frontier*, p. 256.

14. 다음 자료를 보라. http://forgottenchicago.com/articles/chicago-motor-club-building/.

15. Hoover Committee, 1929.

16. 허버트 후버의 1928년 선거 표어였다.

17. Edwin Black, 'Hitler's Carmaker: How Will Posterity Remember General Motors' Conduct?', History News Network: http://hnn.us/ article/38829.

18. Charles Erwin Wilson, Confirmation hearings before the Senate Armed Services Committee (1952), responding to Sen. Robert Hendrickson's question regarding conflicts of interest. 다음 자료에 인용됨. William Safire, *Safire's Political Dictionary*, New York, Random House, 1978.

19. 다음 자료에 인용됨. Flink, *Car Culture*, p. 155.

20. 다음 자료에 인용됨. Flink, *Car Culture*, p. 157.

21. G. K. Chesterton, 'The Rolling English Road', 1913.

22. 다음 자료에 인용됨. Joe Moran, *On Roads: A Hidden History*, London, Profile Books, 2009, p. 31.

23. Sean O'Connell, 'The Social and Cultural Impact of the Car in Interwar Britain', Ph. D. submission, Centre for Social History, University of Warwick, 1995, p. 14.

24. O'Connell, 'Social and Cultural Impact of the Car', p. 25.

25. O'Connell, 'Social and Cultural Impact of the Car', p. 21.

26. 'The Olympia Motor Show', *British Medical Journal*, 17 October 1931, p. 718.

27. O'Connell, 'Social and Cultural Impact of the Car', p. 15.

28. O'Connell, 'Social and Cultural Impact of the Car', p. 51.

29. 2011년 현재 런던의 평균 차량 속도는 다음 자료를 보라. 'London Streets, Performance Report', Transport for London, Quarter 1 2011/12.

30. Osbert Lancaster, *Pillar to Post*, London, John Murray, 1938, p. 68.

31. 'Slough' (1937), from *John Betjeman's Collected Poems*, London, John Murray, 1958, p. 22.

5장 도시와 교외 사이

1. 다음 자료에 인용됨. Jackson, *Crabgrass Frontier*, p. 175.

2. 다음 자료에 인용됨. Jackson, *Crabgrass Frontier*, p. 190.

3. Jackson, *Crabgrass Frontier*, p. 252.

4. Herbert J. Gans, *The Levittowners: Ways of Life and Politics in a New Suburban Community*, New York, Pantheon Books, 1967 (third printing), p. xvii.

5. Gans, *The Levittowners*, p. 224.

6. William H. Whyte Jr, *The Organization Man*, New York, Doubleday, 1956, 다음 자료에 인용됨. Robert D. Putnam, Bowling Alone: The Collapse and Revival of American Community, New York, Simon & Schuster, 2000, p. 209.

7. Jackson, *Crabgrass Frontier*, p. 257.

8. Jackson, *Crabgrass Frontier*, p. 258.

9. Jackson, *Crabgrass Frontier*, p. 268.

10. 다음 자료에 인용됨. Flink, *Car Culture*, p. 174.

11. 다음 자료를 보라. http://ucapusa.com/classic_car_commercials_ford_23.htm#.

12. Flink, *Car Culture*, p. 195.

13. 'Long Shot Gambler on Short Cars', *Life* magazine, 24 March 1958.

14. 밋 롬니에 관해서는 다음 자료를 보라. http://thinkprogress.org/climate/2012/08/28/
744811/romney-opposes-fuel-efficiency-standards-actually-movingus-toward-
energy-independence/.

15. 다음 자료에 인용됨. John Keats, *The Insolent Chariots*, Philadelphia and New York, J. B.
Lippincott & Co., 1958, p. 102.

16. Keats, *Insolent Chariots*, p. 98.

17. Keats, *Insolent Chariots*, p. 103.

18. John Keats, *The Crack in the Picture Window*, Boston, Houghton Mifflin, 1956, p. 7.

19. 다음 자료에 인용됨. Jackson, *Crabgrass Frontier*, p. 244.

20. Jackson, *Crabgrass Frontier*, p. 241.

21. 디트로이트와 블록 털기에 관해서는 다음 자료를 보라. Scott Martelle, *Detroit: A Biogra-
phy*, Chicago, Chicago Review Press, 2012, p. 191~192.

22. Moran, *On Roads*, p. 180.

23. 다음 자료를 보라. To New Horizons: http://archive.org/details/ToNewHor1940.

24. Jackson, *Crabgrass Frontier*, p. 248.

25. 다음 자료를 보라. http://www.youtube.com/watch?v=6wniXPj7vwM.

26. Rae, *American Automobile*, p. 1.

6장 중산모와 미니 쿠퍼

1. Norman Longmate, *How We Lived Then: History of Everyday Life During the Second World War*,
London, Pimlico, 2002 edition, p. 296.

2. Cecil McGivern, *Junction X*, London, War Office, 1944. Available online at: http://freespace.
virgin.net/neil.worthington/jx/theworks.htm.

3. Wolmar, *Fire & Steam*, p. 263.

4. *Let Us Face the Future*, 1945, http://www.labour-party.org.uk/manifestos/1945/1945-labour-
manifesto.shtml.

5. 다음 자료에 인용됨. Engel, *Eleven Minutes Late*, p. 195.

6. 다음 자료에 인용됨. Engel, *Eleven Minutes Late*, p. 196.

7. 다음 자료에 인용됨. Wolmar, *Fire & Steam*, p. 275.

8. 다음 자료에 인용됨. Wolmar, *Fire & Steam*, p. 271.

9. John Betjeman, 다음 자료에 인용됨. Engel, *Eleven Minutes Late*, p. 197.

10. 다음 자료에 인용됨. David Kynaston, *Austerity Britain, 1945-51*, London, Bloomsbury Publishing, 2007, p. 403.

11. 다음 자료에 인용됨. Engel, *Eleven Minutes Late*, p. 225.

12. 다음 자료에 인용됨. Kynaston, *Austerity Britain*, p. 403.

13. Colin G. Pooley and Jean Turnbull, 'Commuting, transport and urban form: Manchester and Glasgow in the mid-twentieth century', *Urban History*, vol. 27, no. 3, 2000, Cambridge, Cambridge University Press, 2000, p. 373.

14. Kynaston, *Austerity Britain*, p. 403~404.

15. 다음 자료를 보라. http://birminghamhistory.co.uk/forum/showthread.php?t=8.

16. *Daily Express* 1948, 다음 자료에 인용됨. Kynaston, *Austerity Britain*, p. 301.

17. 다음 자료에 인용됨. Kynaston, *Austerity Britain*, p. 403.

18. 다음 자료를 보라. http://news.bbc.co.uk/ onthisday/hi/dates/stories/may/26/newsid_2502000/2502691.stm.

19. Pooley and Turnbull, 'Commuting, transport…', p. 381.

20. 다음 자료를 보라. http://www.motorsports halloffame.com/Hall-of-Fame-Members/Bio.aspx?q=Stirling%20Moss.

21. 다음 자료에 인용됨. Moran, *On Roads*, p. 26.

22. Moran, *On Roads*, p. 27.

23. 'Olympic Britain: Social and economic change since the 1908 and 1948 London Games', House of Commons Library, 2012, p. 135.

24. 다음 자료에 인용됨. Moran, *On Roads*, p. 207.

7장 두 바퀴는 좋다

1. 다음 자료에 인용됨. 'Viva Vespa', by Janice Kirkpatrick, *Design Week*, 22 August 1996.

2. Corelli Barnett, *The Lost Victory: British Dreams, British Realities 1945-1950*, London, Macmillan, 1995, p. 392.

3. Lewis H. Siegelbaum, *Cars for Comrades: The Life of the Soviet Automobile*, Ithaca, New York, Cornell University Press, 2008, p. 135.

4. Tracy Nichols Busch, *A Class on Wheels: Avtodor and the 'automobilization' of the Soviet Union*,

1927-1935, Washington, Georgetown University, 2003.

5. 다음 자료에 인용됨. 'Suburbanisation, employment change and commuting in the Tal-linn Metropolitan Area' (2005), Institute of Geography, University of Tartu: http://epc2006.princeton.edu/ papers/60516.

6. 일본과 혼다 슈퍼컵에 관해서는 다음 자료를 보라. Jeffrey W. Alexander, *Japan's Motorcycle Wars: An Industry History*, Vancouver, UBC Press, 2008.

7. 태국 정부의 통근 관련 조사에 관해서는 다음 자료를 보라. R. Choiejit and R. Teung-fung, 'Urban Growth and Commuting Patterns of the Poor in Bangkok', 2004: http://geography.wincoll.ac.uk/pages/PreU/files/3A1/80_Bangkok/bangkok%20 -%20migration,%20commuting%20and%20growth.pdf.

8. 오토바이에서 자동차로의 전환에 관해서는 다음 자료를 보라. 'China's urban transport development strategy: proceedings of a symposium in Beijing, November 8-10, 1995': http://documents.worldbank.org/curated/en/1997/01/695034/chinas-urban-transport-development-strategyproceedings-symposium-beijing-november-8-10-1995.

9. Andrew Neather, *London Evening Standard*, 30 June 2011.

10. David Barter, *Obsessive Compulsive Cycling Disorder*, lulu.com (paperback edition), 2013, p. 157.

8장 러시아워와 푸시맨

1. House of Commons Transport Committee, *Overcrowding on Public Transport, Seventh Report of Session 2002-03*, London, The Stationery Office, 2003.

2. Edward T. Hall, *The Hidden Dimension* (1966) New York, Anchor Books, 1990, p. 39.

3. John Drury, Chris Cocking, Steve Reicher, 'The Nature of Collective Resilience: Survivor Reactions to the 2005 London Bombings', *International Journal of Mass Emergencies and Disasters*, vol. 27, March 2009, p. 66~95.

4. Drury et al., 'The Nature of Collective Resilience'.

5. Paul Bloom, 'First Person Plural', *The Atlantic*, November 2008.

6. 〈소녀병〉과 이하의 설명에 관해서는 다음 자료를 보라. Alisa Freedman, *Tokyo in Transit: Japanese Culture on the Rails and Road*, Redwood City, CA, Stanford University Press, 2010.

7. 다음 자료를 보라. Joe Navarro, *What Every BODY is Saying*, New York, HarperCollins, 2008.

8. 다음 자료를 보라. http://en.rocketnews24.com/2012/08/24/japanese-man-arrested-forsquirting-mayonnaise-on-unsuspecting-high-school-girls/.

9. Daniel Krieger, 'Why Women Only Transit Options Have Caught On', *The Atlantic*, 8 February 2008.

10. Krieger, 'Why Women-Only Transit…'.

11. Krieger, 'Why Women-Only Transit…'.

12. 다음 자료를 보라. http://en.rocketnews 24.com/2012/11/12/break through-deodorizing-underwear-can-make-your-farts-silent-andnot-deadly-also-eliminates-an-array-of-body-odors-fast/.

13. 뭄바이 교외 철도에 관해서는 다음 자료를 보라. *Bombay Railway: Pressures*, BBC 4 http://www.bbc.co.uk/programmes/b007t30p.

14. 행동 건축에 관해서는 다음 자료를 보라. Samanth Subramanian, 'Mind games to stop death on the tracks', *live mint & The Wall Street Journal*, 6 January 2010: http://www.livemint.com/Home-Page/PGOJwDyboNbejam61mpotL/Mind-games-to-stop-death-on-the-tracks.html.

15. Mitzi Baker, 'Music moves brain to pay attention, Stanford study finds', Stanford School of Medicine, 1 August 2007: http://med.stanford.edu/news_releases/2007/july/music.html.

16. '아가씨 괴롭히기'에 관해서는 다음 자료를 보라. http://archive.indianexpress.com/news/69--jump-in-cases-of-eveteasing-men-entering-ladies-compartmentssin-2012/1061111/0.

17. David Wilkes, *Daily Mail*, 7 March 2012.

18. 다음 자료를 보라. http://www.endviolenceagainstwomen.org.uk/news/20/4-in-10-young-women-in-londonsexually-harassed-over-last-year.

19. 다음 자료를 보라. http://www.bbc.co.uk/news/world-asia-16596181?print=true.

9장 노상 분노

1. David Williams, *London Evening Standard* and *Daily Mail*, 다음 자료를 보라. http://www.dailymail.co.uk/news/article-39965/Stay-M25-rush-hour.html#ixzz2xIOIXWcH.

2. Gilles Duranton and Matthew A. Turner, 'The Fundamental Law of Road Conges-

tion: Evidence from US Cities', *American Economic Review*, vol. 101, no. 6, 2011, p. 2616~2652.

3. 'Aggressive Driving: Three Studies', AAA Foundation for Traffic Safety, Washington, March 1997 (AAA study): https://www.aaafoundation.org/sites/default/files/agdr3study.pdf.

4. Offences Against the Person Act 1861, Section 35.

5. Moran, *On Roads*, p. 91.

6. 다음 자료를 보라. http://commdocs.house.gov/committees/trans/hpw105-34.000/hpw105-34_0.HTM.

7. AAA, Foundation for Traffic Safety, study, 1997.

8. Paul Eberle, *Terror on the Highway*, Amherst, New York, Prometheus Books, 2006.

9. 다음 자료를 보라. http://caselaw.findlaw.com/oh-court-of-appeals/1410080.html.

10. Dr Leon James and Dr Diane Nahl, 'Dealing with Stress and Pressure in the Vehicle. Taxonomy of Driving Behavior: Affective, Cognitive, Sensorimotor', in J. Peter Rothe (ed.) *Driving Lessons: Exploring Systems That Make Traffic Safer*, Edmonton, University of Alberta Press, 2002.

11. *Diagnostic and Statistical Manual of Mental Disorders*, American Psychiatric Association, Fifth Edition, 2013.

12. James and Nahl, 'Dealing with Stress and Pressure in the Vehicle'.

13. 다음 자료를 보라. D. Goleman, *Emotional Intelligence*, New York, Bantam Books, 1995, p. 62.

14. Jack Katz, *How Emotions Work*, Chicago, University of Chicago Press, 1999, p. 25.

15. Rick Nevin (2000), 다음 자료를 보라. http://www.ricknevin.com/uploads/Nevin_2000_Env_Res_Author_Manuscript.pdf.

16. James and Nahl, 'Dealing with Stress and Pressure in the Vehicle'.

17. Sheldon Rampton and John Stauber, 'Trading on Fear', *Guardian*, 12 July 2003.

18. 다음 자료를 보라. http://www.onecountry.com/052rapaille2.html.

19. 다음 자료를 보라. The Hummer forum: http://www.elcovaforums.com/forums/archive/index.php/t-38591.html.

20. Don Nelson, 'New meaning to the term "road hog"', *San Francisco Business Times*, 25 April 1999.

21. 다음 자료를 보라. http://cta.ornl.gov/cta/Publications/Reports/Analysis_of_Impact_of_

SUVs_in_US.pdf.

22. 다음 자료를 보라. Daniel Goleman and Clay Shirky, 'Web Rage: Why It Happens, What It Costs You, How to Stop', *CIO*, 28 June 2007: http://www.cio.com/article/121550/Web_Rage_Why_It_Happens_What_It_Costs_You_How_to_Stop.

23. 'Road Rage: How to Avoid Aggressive Driving', AAA Foundation for Traffic Safety, Washington, 2013: https://www.aaafoundation.org/sites/default/files/RoadRage Brochure.pdf.

24. Steve Albrecht, DBA, 'The Psychology of Road Rage', in *Psychology Today*, 2013: http://www.psychologytoday.com/blog/the-act-violence/201301/the-psychology-road-rage.

25. 달라이라마의 망명 장소에서 일어난 노상 분노 사건에 관해서는 다음 자료를 보라. Sanjay Yadav, *The Times of India*, 10 July 2012.

26. *Hindustan Times*, 4 August 2012.

27. 성스러운 소몰이에 관해서는 다음 자료를 보라. Jeremy Kahn, 'Urban Cowboys Struggle With India's Sacred Strays', *New York Times* (New Delhi Journal), 5 November 2008.

28. 다음 자료를 보라. http://en.rian.ru/russia/ 20101201/161578641.html.

29. Howard Tsang, 'Drivers' Education in Japan: Personality tests and "Road Rage"?', *Asia Pacific Memo*, 24 May 2012.

30. 다음 자료를 보라. *Herald Scotland*, 28 December 2001: http://www.heraldscotland.com/sport/spl/aberdeen/rac-calls-for-road-rage-test-for-new-driversanger-control-should-be-part-of-motoring-exam-1.163653.

31. *Daily Mail*, 9 February 2013.

10장 출퇴근 전쟁과 사냥꾼의 유전자

1. Robert F. Kennedy, 다음 자료에 인용됨. 'GDP: One of the Great Inventions of the 20th Century', *Survey of Current Business*, January 2000.

2. 일상 재구성 기법에 관해서는 다음 자료를 보라. Daniel Kahneman and Alan B. Kruger, 'Developments in the Measurement of Subjective Well-Being', *Journal of Economic Perspectives*, vol. 20, no. 1, winter 2006, p. 3~24. (또 다음 자료에 요약 수록됨. Daniel Kahneman, *Thinking, Fast and Slow*, Penguin, 2012, p. 393~394.)

3. OECD 행복 지수에 관해서는 다음 자료를 보라. http://www.oecd.org/statistics/howslife.

htm. 또 덴마크에 관해서는 다음 자료를 보라. http://www.oecdbetterlifeindex.org/countries/denmark/.

4. Alois Stutzer and Bruno S. Frey, 'Stress That Doesn't Pay: The Commuter Paradox', Institute for Empirical Research in Economics, University of Zurich, Working Paper Series ISSN 1424–04599, Working Paper no. 151, August 2004.

5. Lothlorien S. Redmond and Patricia L. Mokhtarian, 'The Positive Utility of the Commute: Modeling Ideal Commute Time and Relative Desired Commute Amount', *Transportation*, vol. 28, no. 2, 2001, p. 179~205, http://www.uctc.net/papers/526.pdf.

6. Brad Edmondson, 'Personal Travel: The Long and Short of It', New Ideas For Tracking Travellers, Transportation Research Circular E–C026, p. 22.

7. Martin Turcotte, 'Like commuting? Workers' perceptions of their daily commute', Statistics Canada, Catalogue no. 11–008: http://www2.canada.com/vancouversun/news/extras/commuting.pdf.

8. 다음 자료를 보라. http://www.worldcrunch.com/dutch-train-companysolves-toilet-fiasco-emergency-pee-bag/culture-society/dutch-traincompany-solves-toilet-fiasco-with-emergency-pee-in-a-bag/c3s4040/.

9. Adam Alter, 'How Nature resets our minds and bodies', *The Atlantic*, 1 April 2013.

10. 녹색 공간에 관해서는 다음 자료를 보라. Mathew P. White, Ian Alcock, Benedict W. Wheeler and Michael H. Depledge, 'Would You Be Happier Living in a Greener Urban Area? A Fixed-Effects Analysis of Panel Data', *Psychological Science*, published online 23 April 2013, DOI:10.1177/ 0956797612464659.

11. '슈탈 루프트'에 관해서는 다음 자료를 보라. http://metro.co.uk/2011/03/ 04/cow-fart-cansoffers-authentic-smell-of-countryside-642451/.

12. Sophie Chick, Savills, 'Value in the commuter zone', 19 February 2013: http://www.savills.co.uk/research_articles/141560/144657-0. 또 다음 자료를 보라. Insights, *Commuting Trends Review*, Autumn 2010, Blue Door Media Ltd, for Savills.

13. Cesare Marchetti, 'Anthropological Invariants in Travel Behaviour', *Technological Forecasting and Social Change*, vol. 47, no. 1, 1994, p. 88.

14. 탄자니아의 하드자 부족에 관해서는 다음 자료를 보라. Michael Finkel, 'The Hadza', *National Geographic* magazine, December 2009. http://ngm.nationalgeographic.com/print/2009/12/hadza/finkel-text.

15. Dave Givens talking to Andrea Seabrook of NPR, 14 June 2008, 또 다음 자료를 보라.

http://seattletimes.com/html/nationworld/2002970862_commute04.html.

16. 다음 자료를 보라. http://www.bbc.co.uk/news/magazine-25551393.

17. 다음 자료를 보라. http://www.americanschool buscouncil.org/issues/environmental-benefits.

11장 보고 듣고 먹는 법을 바꾸다

1. 상류층의 전화 혐오에 관해서는 다음 자료를 보라. Alan S. C. Ross, 'Linguistic class-indicators in present-day English', *Neuphilologische Mitteilungen* (Helsinki), vol. 55, 1954, p. 113~149.

2. Dan Goleman and Clay Shirky, 'Web Rage: Why it Happens, What it Costs You, How to Stop', *CIO*, 28 June 2007. http://www.cio.com/article/121550/Web_Rage_Why_It_Happens_What_It_Costs_You_How_to_Stop.

3. 다음 자료를 보라. http://www.mumsnet.com/Talk/_chat/a2032406-Man-watchingporn-on-train-WWYD.

4. James Frazer, *The Golden Bough*, 1922 edition, from Project Gutenberg: http://www.gutenberg.org/files/41082/41082-h/41082-h.html.

5. 대중교통의 박테리아에 관해서는 다음 자료를 보라. Aston University Press Release, 26 July 2013: 'Aston involved in Mission for Health Campaign'.

6. 뉴욕 지하철의 박테리아에 관해서는 다음 자료를 보라. Roxanne Khamsi, 'Subway Freeloaders', *New York* magazine, 3 November 2013: http://nymag.com/news/intelligencer/topic/subway-bacteria-2013-11/.

7. S. J. Cutler, A. R., Fooks, W. H. van der Poel, 'Public health threat of new, reemerging, and neglected zoonoses in the industrialized world', *Emerging Infectious Diseases*, January 2010, 16 (1): http://www.ncbi.nlm.nih.gov/pubmed/20031035.

8. Arnold Palmer, *Movable Feasts: Changes in English Eating Habits*, Oxford, Oxford University Press, 1984 paperback edition.

9. Keats, *The Insolent Chariots*, p. 13.

10. Annika Mengisen, 'How's My Driving? A Q&A With the Author of Traffic', Freakonomics.com, 6 May 2008: http://freakonomics.com/2008/06/05/hows-my-driving-a-qa-with-the-author-of-traffic/.

11. Elizabeth Landau, 'Can you believe this traffic? Health consequences of a long commute',

CNN, 24 November 2012: http://edition.cnn.com/2012/11/19/health/driving-traffic-commute-consequences/.

12. 데이터모니터에 관해서는 다음 자료를 보라. 'Food Service at the Service Station Channel in Europe', July 2012: http://www.datamonitor. com/store/Product/toc. aspx?productId=CM00083-005.

13. *British Baker* magazine, 2012.

14. BBC News 2 June 2005: http://news.bbc.co.uk/1/hi/uk/4604869.stm.

15. Moran, *On Roads*, p. 185.

16. 다음 자료를 보라. http://digital.library.unt.edu/ark:/67531/metadc1641/m1/116/.

17. Gene Lyons, 'Profiting from political road rage', *Salon*, 20 January 2011: http://www.salon. com/2011/01/20/gene_lyons_road_rage/.

12장 흐름을 통제하는 사람들

1. Anonymous [attempted suicide], *Guardian*, 27 January 2012. http://www.theguardian.com/ lifeandstyle/2012/jan/27/i-threw-myself-under-a-train.

2. Robert Griffiths, *Mind the Doors! Tales of a Tube train driver, since 1966*, Kettering, Northants, Silver Link, 2002, p. 28.

3. 다음 자료를 보라. www.goingunderground.net.

4. Magnus Mills, *The Maintenance of Headway*, London, Bloomsbury, 2009, p. 67.

5. Episode 6, *The Tube*, BBC TV documentary, 2012.

6. Moran, *On Roads*, p. 63.

7. Moran, p. 67.

8. 휼렛패커드와 통근자의 두뇌 활동에 관해서는 다음 자료를 보라. Andrew Clark, 'Want to feel less stress? Become a fighter pilot, not a commuter', *Guardian*, 30 November 2004.

9. 좌석 확보 전략에 관해서는 다음 자료를 보라. Brendan Nelson, 'Do you want to sit down on the Overground during rush hour? Then prepare for war', 4 October 2011, on www.brelson.com.

10. Mills, *The Maintenance of Headway*, p. 126.

11. Jane Oakes, Episode 6, *The Tube*, BBC TV documentary, 2012.

12. *Daily Telegraph*, 11 October 2012.

13. Central-line twitter feed 31 March 2014.

14. David Lee, 'Handling the London Waterloo rush hour on Twitter', BBC News 27 July 2013.

15. 웨스트 애시필드 역에 관해서는 다음 자료를 보라. Ian Mansfield, 'London Underground's "secret" tube station', 9 July 2010: http://www.ianvisits.co.uk/blog/2010/07/09/london-undergrounds-secret-tube-station/.

16. *Guardian*, 11 October 2000: http://www.guardian.co.uk/society/2000/oct/11/guardiansocietysupplement2.

17. 자살 사건이 기관사들에게 끼치는 심리적 영향에 관해서는 다음 자료를 보라. Richard Farmer, Troy Tranah, Ian O'Donnell and Jose Catalan, 'Railway suicide: the psychological effects on drivers', *Psychological Medicine*, vol. 22, no. 2, 1992, p. 407~414. doi:10.1017/S003329170003035X.

18. Professor M. A. J. Kompier, 'Bus drivers: Occupational stress and stress prevention', Working Paper CONDI/T/WP.2/1996, International Labour Office, Geneva, 1996.

19. Kompier, 'Bus drivers', p. 9.

20. Edward Simpkins, 'What a way to run a railway', *Daily Telegraph*, 2 December 2001.

21. 클라우디우 안드라지의 '인간 요소 간섭 제거'에 관해서는 다음 자료를 보라. http://metroautomation.org/wpcontent/uploads/2012/12/PTI_2011_6.pdf.

13장 가상 통근 시대

1. William Mitchell, *City of Bits: Space, Place and the Infobahn*, Cambridge, Mass., MIT Press, 1994: http://mitpress2.mit.edu/ebooks/City_of_Bits/Getting_to_the_Good_Bits/1994Telepresence.html.

2. Jack Nilles, 'Telecommunications and Organizational Decentralization', *IEEE Transactions on Communications*, vol. COM-23, no. 10, October 1975.

3. Alvin Toffler, 'The Electronic Cottage', 14 October 1981, http://www.embedded.com/print/4319730.

4. Lars Qvortrup, 다음 자료에 인용됨. Paul J. Jackson and Jos M. van der Wielen (eds), *Teleworking: International Perspectives. From Telecommuting to the Virtual Organisation*, London, Routledge, 1998, p. 21.

5. Ruth David, 'The Father of Indian Outsourcing', *Forbes*, 29 May 2007: http://www.forbes.

com/2007/05/21/outsourcing-ramanindia-oped-cx_rd_0522raman.html.

6. Chris Walker and Morgan Hartley, 'The Culture Shock of India's Call Centers', *Forbes*, 16 December 2012: http://www.forbes.com/sites/morganhartley/2012/12/16/the-culture-shock-of-indias-callcenters/.

7. *Daily Mail*, 28 April 2014: http://www.dailymail.co.uk/news/article-2270536/Wales-heard-What-Welsh-BT-customer-told-spoke-centre-worker-India.html.

8. 다음 자료를 보라. http://www.ibm.com/ibm/cnvironment/climate/commuting.shtml.

9. IBM의 직원 수 통계에 관해서는 다음 자료를 보라. http://www.ieeeusa.org/calendar/conferences/stem/2012/presentations/HIRA.pdf.

10. IBM의 직원 수 관련 비밀 유지에 관해서는 다음 자료를 보라. http://www.computerworld.com/s/article/9169678/IBM_stops_disclosing_U.S._headcount_data.

11. 다음 자료를 보라. http://blogs.timesofindia.indiatimes.com/Tech-a-tete/entry/if-cognizant-is-indian-so-are-ibm-and-accenture.

12. 다음 자료를 보라. http://allthingsd.com/20130225/survey-says-despiteyahoo-ban-most-tech-companies-support-work-from-home-foremployees/?utm_source=dlvr.it&utm_medium=twitter.

13. 다음 자료를 보라. http://www.smh.com.au/it-pro/business-it/do-as-we-say-not-as-we-do-googlers-donttelecommute-20130218-2eo8w.html.

14. James Surowiecki, 'Face Time', *The New Yorker*, 18 March 2003.

15. Nate C. Hindman, *Huffington Post*, 26 February 2013: http://www.huffingtonpost.com/2013/02/26/marissa-mayer-memo-yahoo-home_n_2764725.html.

16. 다음 자료를 보라. Surowiecki, 'Face Time'.

17. Tanya Steel, 'Inside Google's Kitchens', *Gourmet Live*, 3 July 2012: http://www.gourmet.com/food/gourmetlive/2012/030712/inside-googles-kitchens?printable=true.

18. Rory Carroll, 'Why people hate the Google Bus', *Guardian*, 26 May 2013.

19. Carroll, 'Why people hate the Google Bus'.

20. Justine Sharrock, 'What's it like to drive the "Google Bus"', *BuzzFeed*, 24 July 2013: http://www.buzzfeed.com/justinesharrock/what-its-like-to-drive-the-google-bus.

21. Andrew Valentine, Verizon, http://www.verizonenterprise.com/security/blog/index.xml?postername=Andrew%20Valentine.

22. Timothy Ferriss, *The 4-Hour Workweek*, London, Vermilion, 2011 edition, p. 131.

23. 'How Clean is Your Cloud?', Greenpeace International, April 2012.

24. James Glanz, 'The Cloud Factories, Power, Pollution and the Internet', New York Times, 22 September 2012.

25. Mark P. Mills, CEO, Digital Power Group, 'The Cloud Begins with Coal-Big Data, Big Networks, Big Infrastructure, and Big Power, An Overview of the Electricity used by the Global Digital Ecosystem', August 2013.

14장 자동화와 고속화, 또는 통근의 종말

1. Steve Kemper, *Code Name Ginger: The Story Behind Segway and Dean Kamen's Quest to Invent a New World*, 2003. 다음 자료를 보라. http://www.stevekemper.net/disc.htm.

2. 2011년 현재 영국의 통근 관련 통계에 관해서는 다음 자료를 보라. http://www.ons.gov.uk/ons/dcp171776_227904.pdf.

3. 다음 자료를 보라. 'Commuting in America III: The Third National Report on Commuting Patterns and Trends', Transportation Research Board of the National Academies, 2006; Alan E. Pisarski, 'Commuting in the 21st Century', Final Data, 29 June 2011.

4. Alan Pisarski, 'Forcing Drivers Off the Road Won't Solve Virginia's Traffic Woes', *The Virginia News Letter*, vol. 76, no. 1, January/February 2000.

5. 다음 자료를 보라. Brad Edmondson, 'Personal Travel'.

6. *Financial Times*, 7 November 2013: http://www.ft.com/cms/s/0/1edaf8f6-479a-11e3-9398-00144feabdc0.html#axzz2k4AdHGQz.

7. *Milwaukee Sentinel*, 8 December 1926.

8. http://www.youtube.com/watch?v=CqSDWoAhvLU.

9. 구글과 메르세데스의 운전자 없는 자동차에 관해서는 다음 자료를 보라. Dan Neil, 'Driverless Cars for the Road Ahead', *Wall Street Journal*, 27 September 2013.

10. International Movie Database online: http://m.imdb.com/title/tt0064 603/quotes?qt=qt0375405.

11. 춘카 무이와 운전자 없는 자동차에 관해서는 다음 자료를 보라. http://www.forbes.com/sites/chunkamui/.

12. Chris Knapman, 'Large-scale trial of driverless cars to begin on public roads', *Daily Telegraph*, 2 December 2013: http://www.telegraph.co.uk/motoring/news/10484839/Largescale-trial-of-driverless-cars-to-begin-on-public-roads.html.

13. KPMG와 운전자 없는 자동차에 관해서는 다음 자료를 보라. 'Self-driving cars: the

next revolution': https://www.kpmg.com/US/en/IssuesAndInsights/ArticlesPublica tions/Documents/self-driving-cars-next-revolution.pdf.

14. Dan Neil, 'Driverless Cars'.

15. Jim Pickard, 'Mandelson fears HS2 will prove an 'expensive mistake'', *Financial Times*, 2 July 2013.

16. Matt Ridley, 'Hadrian's wall was a marvellous mistake; so is HS2', 26 July 2013: http:// www.rationaloptimist.com/blog/hadrian%27s-wall-was-a-marvellous-mistake-so- is-hs2.aspx.

17. 다음 자료를 보라. http://www.businessweek.com/articles/2013-07-12/french-wreck- reveals-hidden-danger-in-itsvaunted-train-system.

18. 다음 자료를 보라. http://pedestrianobservations.wordpress.com/2013/08/13/loopy- ideas-are-fine-if-youre-an-entrepreneur/.

19. 세계의 인구 예측과 수용 능력에 관해서는 다음 자료를 보라. *World Population Monitor- ing 2001*, United Nations, Department of Economic and Social Affairs, Population Division, New York, 2001, p. 31ff.

20. John Heaver Fremlin, 'How Many People Can the World Support?', *New Scientist*, no. 415, 1964, p. 285~287.

21. Robert Louis Stevenson, *Virginibus Puerisque*, 1881.

참고문헌

AAA Foundation for Traffic Safety, 'Aggressive Driving: Three Studies', Washington, March 1997.

Adams, Charles Francis, *Notes on Railway Accidents*, New York, G. P. Putnam's Sons, 1879.

Alexander, Jeffrey W., *Japan's Motorcycle Wars: An Industry History*, Vancouver, UBC Press, 2008.

Bagehot, Walter, *The English Constitution*, 1867, Project Gutenberg edition. 〔월터 배젓, 《영국 헌정》, 이태석·김종원 옮김(지식을만드는지식, 2012)〕

Barnett, Correlli, *The Lost Victory, British Dreams, British Realities 1945-1950*, London, Macmillan, 1995.

Barter, David, *Obsessive Compulsive Cycling Disorder*, lulu.com (paperback edition) 2013.

Betjeman, John, *John Betjeman's Collected Poems*, London, John Murray, 1958.

Bianculli, Anthony J., *Trains and Technology: The American Railroad in the Nineteenth Century: Track and Structures*, Newark, University of Delaware Press, 2003.

Busch, Tracy Nichols, *A Class on Wheels: Avtodor and the 'automobilization' of the Soviet Union, 1927-1935*, Washington, Georgetown University, 2003.

Cantlie, James, 'Degeneration Amongst Londoners: A lecture delivered at the Parkes Museum of Hygiene, January 27, 1885', London, Field & Tuer, The Leadenhall Press, 1885.

Cellier, François, & Cunningham, Bridgeman, *Gilbert and Sullivan and their Operas; with recollections and anecdotes of D'Oyly Carte & Other Famous Savoyards*, Boston, Little, Brown and Company, 1914.

Chesterton, G. K., *The Everlasting Man*, 1925, Project Gutenberg edition.

Choiejit, R. and R. Teungfung, 'Urban Growth and Commuting Patterns of the Poor in Bangkok', Ratiporn, 2004.

Collins, Wilkie, *Basil*, 1852, Oxford, Oxford University Press, 1990.

Dahl, Roald, *Someone Like You*, New York, Alfred Knopf, 1953. 〔로알드 달, 〈달리는 폭슬리〉, 《세계 챔피언》, 정해영 외 옮김(강, 2005)〕

De Marco, Eileen S., *Reading and Riding: Hachette's Railroad Bookstore Network in Nineteenth Century France*, Bethlehem, Lehigh University Press, 2006.

Dickens, Charles, *American Notes For General Circulation*, 1842, Project Gutenberg edition.

_____, *The Uncommercial Traveller*, 1860, Project Gutenberg edition. 〔찰스 디킨스,《밤 산책》, 이은정 옮김(은행나무, 2014)〕

_____, *Mugby Junction: being the Extra Christmas Number of All the Year Round*, 1866, London, Chapman and Hall, 1898.

_____, *Great Expectations*, 1867, Project Gutenberg edition. 〔찰스 디킨스,《위대한 유산》, 류 경희 옮김(열린책들, 2014)〕

Drinka, George Frederick, *The Birth of Neurosis, Myth, Malady and the Victorians*, New York, Simon and Schuster, 1984.

Drury, John, Chris, Cocking, Steve, Reicher, 'The Nature of Collective Resilience: Survivor Reactions to the 2005 London Bombings', *International Journal of Mass Emergencies and Disasters*, vol. 27, March 2009.

Duranton, Gilles and Matthew A. Turner, 'The Fundamental Law of Road Congestion: Evidence from US Cities', *American Economic Review*, 101 (6).

Dyos, H. J., *Exploring the Urban Past: Essays in Urban History*, Cambridge, Cambridge University Press, 1982.

Eden, Emily, *The Semi-detached House*, London, Richard Bentley, 1859.

Emerson, George Rose, *London: How the Great City Grew*, London, 1862.

Emerson, Ralph Waldo, 'Ode to William H. Channing', *The Early Poems of Ralph Waldo Emerson*, New York and Boston, Thomas Y. Crowell & Company, 1899.

Engel, Matthew, *Eleven Minutes Late: A Train Journey to the Soul of Britain*, London, Pan, 2010.

Farmer, Richard, Troy Tranah, Ian O'Donnell and Jose Catalan, 'Railway suicide: the psychological effects on drivers', *Psychological Medicine*, vol. 22, no. 2, 1992.

Fay, Sam, *A Royal Road: Being the History of the London & South Western Railway, from 1825 to the present time*, Kingston-on-Thames, W. Drewett, 1882.

Ferriss, Timothy, *The 4-Hour Workweek*, expanded and updated edition, London, Vermilion, 2011. 〔티모시 페리스,《4시간》, 최원형 옮김(부키, 2008)〕

Flink, James J., *The Car Culture*, Cambridge, Mass., MIT Press, 1975.

Frazier, James, *The Golden Bough*, 1922, Project Gutenberg edition. 〔제임스 조지 프레이저,《황 금가지》, 박규태 옮김(을유문화사, 2005)〕

Freedman, Alisa, *Tokyo in Transit: Japanese Culture on the Rails and Road*, Redwood City, CA, Stanford University Press, 2010.

Fremlin, John Heaver, 'How Many People Can the World Support?', *New Scientist*, no. 415,

1964.

Galison, Peter, 'Einstein's Clocks: The Place of Time', *Critical Inquiry*, vol. 26, no. 2, 2000.

Gans, Herbert J., *The Levittowners: Ways of Life and Politics in a New Suburban Community*, New York, Pantheon Books, 1967.

Goleman, Daniel, *Emotional Intelligence*, New York, Bantam Books, 1995. 〔대니얼 골먼, 《EQ 감성지능》, 한창호 옮김(웅진지식하우스, 2008)〕

Griffiths, Robert, *Mind the Doors: Tales of a Tube train driver, since 1966*, Kettering, Northants, Silver Link, 2002.

Greenpeace International, 'How Clean is Your Cloud?', April 2012.

Grossmith, George and Grossmith, Weedon, *Diary of a Nobody*, 1898, Ware, Wordsworth Editions Ltd, 1994. 〔조지 & 위던 그로스미스, 《노바디스 다이어리》, 윤채윤 옮김(동안, 2016)〕

Grow, Lawrence, *On the 8: 02: An Informal History of Commuting by Rail in America*, New York, Mayflower Books Inc., 1979.

Hall, Edward T., *The Hidden Dimension*, 1966, New York, Anchor Books edition, 1990. 〔에드워드 T. 홀, 《숨겨진 차원: 공간의 인류학》, 최효선 옮김(한길사, 2003)〕

Harrington, Ralph, *Trains, technology and time-travellers: how the Victorians re-invented time*, www.artificialhorizon.org.

Horne, Richard, 'Dust, or Ugliness Redeemed', *Household Words*, 13 July 1850.

House of Commons Library, *Olympic Britain: Social and economic change since the 1908 and 1948 London Games*, 10 July 2012.

Jackson, Alan A., *Semi-Detached London*, Oxford, Wild Swan Publications, 1991.

Jackson, Kenneth T., *Crabgrass Frontier: The Suburbanization of the United States*, Oxford, Oxford University Press, paperback edition, 1985.

Jackson, Paul J. and Jos M. van der Wielen (eds), *Teleworking: International Perspectives: From telecommuting to the Virtual Organisation*, London, Routledge, 1998.

James, Leon and Diane, Nahl, 'Dealing with Stress and Pressure in the Vehicle. Taxonomy of Driving Behavior: Affective, Cognitive, Sensorimotor', in J. Peter Rothe (ed.), *Driving Lessons: Exploring Systems That Make Traffic Safer*, Edmonton, Canada, University of Alberta Press, 2002.

Kahneman, Daniel, *Thinking, Fast and Slow*, Penguin, 2012. 〔대니얼 카너만, 《생각에 관한 생각》, 이진원 옮김(김영사, 2012)〕

Kahneman, Daniel and Alan B. Kruger, 'Developments in the Measurement of Subjective Well-Being', *Journal of Economic Perspectives*, vol. 20, no. 1, Winter 2006.

Katz, Jack, *How Emotions Work*, Chicago, University of Chicago Press, 1999.

Kay, James Phillips, *The Moral and Physical Condition of the Working Class employed in the Cotton Manufacture in Manchester*, 1832.

Keats, John, *The Insolent Chariots*, Philadelphia and New York, J. B. Lippincott Company, 1958.

_____, *The Crack in the Picture Window*, Boston, Houghton Mifflin, 1957.

Kobbe, Gustav, *The Central Railroad of New Jersey*, 251 Broadway, New York, 1890.

Kompier, Professor M. A. J., 'Bus drivers: Occupational stress and stress prevention', Working Paper CONDI/T/WP.2/1996, Geneva, International Labour Office, 1996.

Krieger, Daniel, 'Why Women-Only Transit Options Have Caught On', *The Atlantic*, 8 February 2008.

Kynaston, David, *Austerity Britain, 1945-51*, London, Bloomsbury Publishing, 2007.

Lancaster, Osbert, *Pillar to Post*, London, John Murray, 1938.

Lardner, Dionysus, *Railway Economy: a Treatise on the New Art of Transport, its Management, Prospects and Relations*, London, 1850.

Longmate, Norman, *How We Lived Then: History of Everyday Life During the Second World War*, London, Pimlico, 2002.

Marchetti, Cesare, 'Anthropological Invariants in Travel Behaviour', *Technological Forecasting and Social Change*, vol. 47, no. 1, 1994.

Martelle, Scott, *Detroit: A Biography*, Chicago, Chicago Review Press, 2012.

Mayhew Henry, *London Labour and the London Poor*, vols. 1 and 2, London, 1851 and 1862.

McGivern, Cecil, *Junction X*, London, BBC, 1944.

Mills, Magnus, *The Maintenance of Headway*, London, Bloomsbury Publishing, 2009.

Mills, Mark P. (Digital Power Group), 'The Cloud Begins with Coal—Big Data, Big Networks, Big Infrastructure, and Big Power, An Overview of the Electricity used by the Global Digital Ecosystem', August 2013.

Mitchell, William, *City of Bits: Space, Place and the Infobahn*, Cambridge, Mass., MIT Press, 1994. 〔윌리엄 미첼,《비트의 도시》, 이희재 옮김(김영사, 1999)〕

Moran, Joe, *On Roads: A Hidden History*, London, Profile Books, 2009.

Navarro, Joe, *What Every Body is Saying*, New York, HarperCollins, 2008. 〔조 내버로 외,《FBI 행동의 심리학》, 박정길 옮김(웅진씽크빅, 2010)〕

Nilles, Jack, 'Telecommunications and Organizational Decentralization', *IEEE transactions on Communications*, vol. COM-23, no. 10, October 1975.

O'Connell, Sean, 'The Social and Cultural Impact of the Car in Interwar Britain', Ph. D. submission, Centre for Social History, University of Warwick, 1995.

Olsen, Donald J., *The Growth of Victorian London*, London, B. T. Batsford Ltd, 1976.

Oxford Dictionary of National Biography, Oxford University Press, 2004.

Palmer, Arnold, *Movable Feasts: Changes in English Eating Habits*, Oxford, Oxford University Press, 1984.

Panton, Jane Elizabeth, *Suburban Residences and How to Circumvent Them*, London, Ward & Downey Ltd, 1896.

Pisarski, Alan E., 'Commuting in America III: The Third National Report on Commuting Patterns and Trends', Transportation Research Board of the National Academies, 2006.

Pooley, Colin G. and Jean Turnbull, 'Commuting, transport and urban form: Manchester and Glasgow in the mid-twentieth century', *Urban History*, vol. 27, no. 3 (2000), Cambridge, Cambridge University Press, 2000.

Porter, Roy, *London: A Social History*, London, Penguin, 2000.

Putnam, Robert D., *Bowling Alone: The Collapse and Revival of American Community*, New York, Simon & Schuster, 2000. [로버트 D. 퍼트넘, 《나 홀로 볼링》, 정승현 옮김(페이퍼 로드, 2009)]

Rae, John B., *The American Automobile*, Chicago, University of Chicago Press, 1965.

The Railway Traveller's Handy Book (1862), Oxford, Old House books & maps, Oxford, 2012.

Rawcliffe, J. M., 'Bromley: Kentish market town to London suburb, 1841-81', in *The Rise of Suburbia*, edited by F. M. L. Thompson, Leicester, Leicester University Press, 1982.

Redmond, Lothlorien S. and Patricia L., Mokhtarian, 'The Positive Utility of the Commute: Modeling Ideal Commute Time and Relative Desired Commute Amount', *Transportation*, vol. 28, no. 2, 2001.

Richardson, R. C., 'The "Broad Gauge" and the "Narrow Gauge", Railways and Religion in Victorian England', in *The Impact of the Railway on Society in Britain: Essays in Honour of Jack Simmons*, Aldershot, Ashgate, 2003.

Ross, Alan S. C., 'Linguistic class-indicators in present-day English', *Neuphilologische Mitteilungen* (Helsinki), vol. 55, 1954.

Ruskin, John, *The Seven Lamps of Architecture*, Chapter IV, The Lamp of Beauty, 1849, Project Gutenberg edition. 〔존 러스킨,《건축의 일곱 가지 등불》, 현미정 옮김(마로니에 북스, 2012)〕

Safire, William, *Safire's Political Dictionary*, New York, Random House, 1978.

Schivelbusch, Wolfgang, *The Railway Journey: the Industrialization of Space and Time in the 19th Century*, Berkeley, University of California Press, 1986.

Secord, James A., *Victorian Sensation, The Extraordinary Publication, Reception, and Secret Authorship of Vestiges of the Natural History of Creation*, Chicago and London, University of Chicago Press, 2000.

Seyfried, Vincent F., *The Long Island Rail Road: A Comprehensive History, Part Two: The Flushing, North Shore & Central Railroad*, 1963.

Siegelbaum, Lewis H., *Cars for Comrades: The Life of the Soviet Automobile*, Ithaca, Cornell University Press, 2008.

Shamir, Milette, *Inexpressible Privacy: The Interior Life of Antebellum American Literature*, University of Pennsylvania Press, 2005.

Simmons, Jack, *The Victorian Railway*, London, Thames and Hudson, 1991.

Smiles, Samuel, *Lives of the Engineers*, John Murray, London, 1862.

Smith, David Norman, *The Railway and its Passengers: A Social History*, London, David & Charles, 1988.

Steinbeck, John, *East of Eden*, London, Heinemann, 1976. 〔존 스타인벡,《에덴의 동쪽》, 정회성 옮김(민음사, 2008)〕

Stevenson, Robert Louis, *Virginibus Puerisque*, Project Gutenberg edition, 1881.

Stutzer, Alois and Bruno S., Frey, 'Stress That Doesn't Pay: The Commuter Paradox', Institute for Empirical Research in Economics, University of Zurich, *Working Paper Series* ISSN 1424-04599, Working Paper no. 151, August 2004.

Tammaru, Tiit, 'Sub-urbanisation, employment change and commuting in the Tallinn Metropolitan Area', Institute of Geography, University of Tartu, Estonia, 2005.

Thomas, T. M., 'A Suburban Connemara', *Household Words*, 8 March 1851.

Thompson, F. M. L. (ed.), *The Rise of Suburbia*, Leicester University Press, 1982.

United Nations, *World Population Monitoring 2001*, Department of Economic and Social Affairs, Population Division, New York, 2001.

Wells, H. G., *Anticipations of the Reaction of Mechanical and Scientific Progress upon Human Life and*

Thought, 1901, Project Gutenberg edition.

Whelan, Laura, *Class, Culture and Suburban Anxieties in the Victorian Era*, London, Routledge, 2009.

White, John H. Jr, *The American Railroad Passenger Car*, Baltimore, Johns Hopkins University Press, 1985.

Whyte, William H. Jr, *The Organization Man*, New York, Doubleday, 1956.

The State of Wisconsin 2007-2008 Blue Book, Wisconsin Legislative Reference Bureau, Madison, 2007.

Wolmar, Christian, *Fire & Steam: How the Railways Transformed Britain*, London, Atlantic Books, London, paperback edition, 2008.

The Year-Book of Facts in Science and Art, Tilt and Bogue, London, 1841.

찾아보기

출퇴근의 역사

매일 5억 명의 직장인이 일하러 가면서 겪는 일들

펴낸날   초판 1쇄 2016년 10월 20일
           초판 3쇄 2019년 8월 5일

지은이   이언 게이틀리
옮긴이   박중서
펴낸이   김현태

펴낸곳   책세상
주소   서울시 마포구 잔다리로 62-1, 3층 (우편번호 04031)
전화   02-704-1251(영업부), 02-3273-1333(편집부)
팩스   02-719-1258
이메일   bkworld11@gmail.com
광고제휴 문의 bkworldpub@naver.com

홈페이지 chaeksesang.com   **페이스북** /chaeksesang   **홈페이지** www.bkworld.co.kr
트위터   @chaeksesang   **인스타그램** @chaeksesang   **네이버포스트** bkworldpub
등록   1975. 5. 21. 제1-517호
ISBN   979-11-5931-083-6 03900

이 도서의 국립중앙도서관 출판시도서목록(CIP)은 서지정보유통지원시스템 홈페이지
(http://seoji.nl.go.kr)와 국가자료공동목록시스템(http://www.nl.go.kr/kolisnet)에서
이용하실 수 있습니다.(CIP제어번호 : CIP2016023965)